“十二五”职业教育国家规划教材
经全国职业教育教材审定委员会审定

高职高专电子信息类系列教材

电路与电子技术简明教程

（第四版）

于宝明　张　园　主编

科学出版社
北　京

内 容 简 介

本书是经全国职业教育教材审定委员会审定的“十二五”职业教育国家规划教材，是编者根据多年从事该课程教学的实践和改革经验，结合近年来电子技术的发展编写而成的。

全书共分为10章，主要介绍了电路分析基础、正弦交流电路、常用半导体器件、信号放大电路、集成运算放大电路、直流稳压电源、逻辑代数基础、组合逻辑电路、时序逻辑电路、数/模和模/数转换器。结合各章节内容，配以相关技能训练项目，突出实践技能的培养，加强知识与实践的统一。考虑到不同专业对电子技术的相关要求有所区别，对部分章节标注了“*”，供任课教师选取。

本书可作为高职高专院校和成人教育各专业“电子技术”或“电工电子技术”课程的教材或教学参考书，也可供相关工程技术人员学习与参考。

图书在版编目(CIP)数据

电路与电子技术简明教程/于宝明，张园主编. —4版. —北京：科学出版社，2019.11

(“十二五”职业教育国家规划教材·高职高专电子信息类系列教材)

ISBN 978-7-03-063388-0

Ⅰ.①电… Ⅱ.①于… ②张… Ⅲ.①电路理论-高等职业教育-教材 ②电子技术-高等职业教育-教材 Ⅳ.①TM13 ②TN01

中国版本图书馆CIP数据核字（2019）第254659号

责任编辑：赵丽欣/责任校对：王 颖

责任印制：吕春珉/封面设计：东方人华平面设计部

科学出版社出版

北京东黄城根北街16号

邮政编码：100717

http://www.sciencep.com

铭浩彩色印装有限公司印刷

科学出版社发行 各地新华书店经销

*

2006年9月第 一 版 2020年10月第十七次印刷

2010年9月第 二 版 开本：787×1092 1/16

2015年1月第 三 版 印张：17 1/2

2019年11月第 四 版 字数：418 000

定价：48.00元

（如有印装质量问题，我社负责调换〈铭浩〉）

销售部电话 010-62136230 编辑部电话 010-62134021

前　　言

本书是根据高等职业院校工科类专业对“电子技术”及“电工电子技术”课程教学的基本要求，并结合近年来电子技术的发展和高职教育教学实践编写而成的。

本书由三个部分组成：第一部分主要介绍电路分析的基础知识，内容包括电路分析基础、正弦交流电路；第二部分主要介绍模拟电子技术的知识，内容包括常用半导体器件、信号放大电路、集成运算放大电路、直流稳压电源；第三部分主要介绍数字电子技术的知识，内容包括逻辑代数基础、组合逻辑电路、时序逻辑电路、数/模和模/数转换器。

在内容选取、章节顺序安排以及编写方面，本书具有如下几个特点。

(1) 在教材内容的选择上以够用为度，突出重点，化解难点，删除较抽象复杂且应用较少的理论知识，内容阐述力求通俗易懂。

(2) 结合各章节理论内容，根据编者多年的电子技术实践教学经验，精心提炼技能训练项目，突出实践技能的培养，加强知识与实践的统一。不同院校可结合自己的实际安排相关的训练项目。

(3) 各章节以“应用示例→器件认知→器件特性→应用电路→技能训练”为编写脉络，以实用产品引入教学内容，提高学生的学习兴趣，以技能训练巩固所学知识，提高综合技能。

(4) 顺应电子技术发展的需要，适当减少了电工技术和模拟电子技术的内容，加强了数字电子技术的内容，特别是增加了新技术、新知识及其相关应用。

(5) 在各相应章节中编入元器件选用方法、使用注意事项、检测方法，电子电路的应用场合及工程实践常识等，突出了工程实用性。

(6) 为适应不同专业的课程教学要求，本书中还列出了部分选学内容，以“*”号标记，供各专业根据具体情况选用。

(7) 对于部分知识点，配以微课等视频资源，读者可以扫描二维码观看。

本书由南京信息职业技术学院于宝明、张园担任主编并统稿，南京信息职业技术学院王红然、郭慧参与了编写，南京泰之联无线科技有限公司韩飞高级工程师提供了部分企业案例，并提供了具体指导。

为了方便教学，本书配有免费教学课件，有需要的读者可以发邮件到 56813984@qq.com 索取。

由于编者水平有限，书中错误和不妥之处在所难免，欢迎各位读者批评指正。

目　　录

第 1 章

电路分析基础

从日常生活中的照明电路到电冰箱、电视机等家电电路，从通信网络电路到各种复杂的工业控制电路，电路已广泛地应用到日常生活、高新技术的方方面面。本章介绍电路与电路模型的基本概念，电路中电压、电流和功率的关系以及分析方法，这些内容是全书的重要基础。

1.1 应用示例

电路是电流的通路，它由电工设备或元器件按照一定方式组合起来，以满足用电需要。人们在日常生活、生产和科学实验中会用到各种各样的电路，如工厂供电电路，收音机、电视机中将微弱的电信号加以放大的电路，计算机的存储电路，手电筒电路等。

如图 1-1（a）所示，该电路的作用是实现电能的输送、分配与变换。发电机将其他形式的能量转换为电能，通过变压器和输电线输送到工厂、城市和农村，再利用各种用电设备，将电能转换为光能、热能和机械能等形式的能量为人类服务。

电路中为电路提供电能的设备称为电源；消耗或转换电能的器件称为负载；将电源和负载连接起来，形成闭合路径，并实现对整个电路的控制、保护和测量的部分称为中

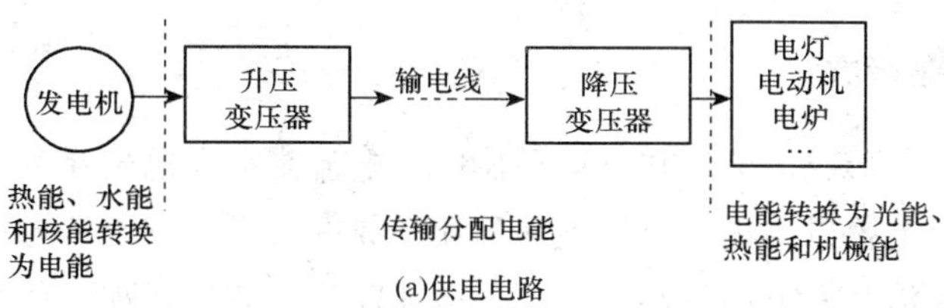

(a)供电电路

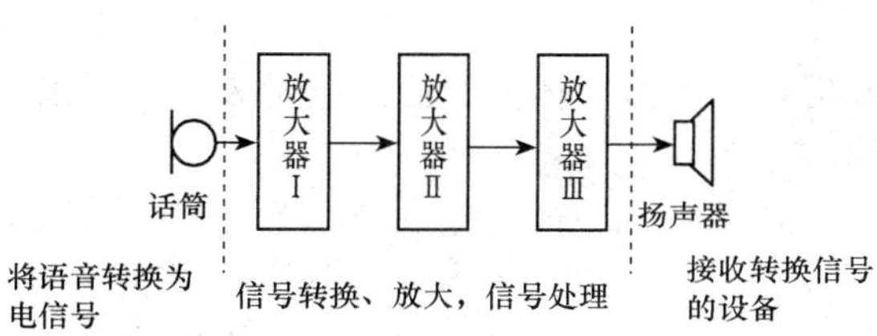

(b)扩音器电路

图 1-1 电路示意图

间环节，主要包括连接导线、控制电器等。

图 1-1（b）的作用是实现信号的传递与处理。话筒把声音或音乐等信息转换为相应的电信号（电压或电流），这种电信号很微弱，经过放大器放大，传递到扬声器，再把电信号还原为声音或音乐。话筒输出的电信号称为信号源；扬声器接收的转换信号称为负载。信号的传递与处理，往往要由许多不同功能的单元组合而成的一个复杂系统来完成。在一定意义上，系统、电路、网络是同义词。

实际电路都是由电阻器、电容器、线圈、变压器、电源等多种元器件组成的。为了分析方便，常常对各种实际电路元器件理想化，用一个能够表征其主要电磁性能的“模型”——理想元器件来表示。

如图 1-2（a）所示的手电筒电路，若用“电阻元件”表示小电珠，用“理想电压源”和一个“电阻元件”串联表示干电池，则其等效电路如图 1-2（b）所示。该等效电路是将实际电路元件用理想电路元件表征后，由这些理想电路元件连接而成，这个由理想电路元件构成的电路称为“电路模型”。

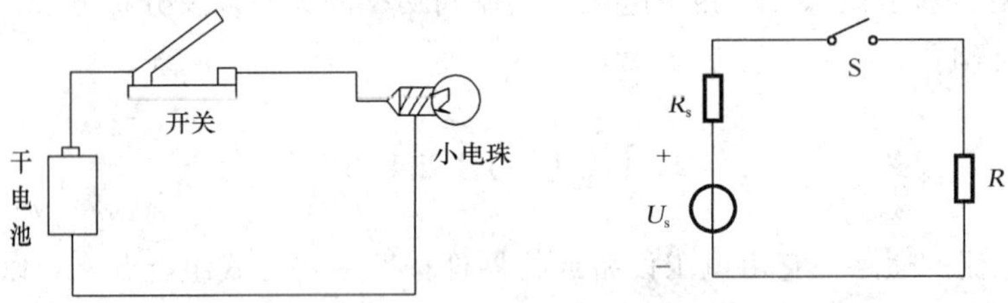

（a）手电筒电路　　（b）电路模型

图 1-2　手电筒电路

1.2　电路中的物理量

电路的特点是能描述各电路元件间的连接关系。电路分析的基本任务是分析计算电路中的基本物理量：电流、电压和电功率。

1.2.1　电流及其参考方向

电荷的定向移动形成电流。在金属导体中，电流是自由电子在电场的作用下做定向运动形成的。历史上曾以为电流是正电荷移动形成的，因此把电流方向规定为正电荷的运动方向，正电荷沿某一方向运动等效于负电荷朝相反方向运动，所产生的电效应是一样的。

电流的大小用单位时间内通过导体横截面的电量表示。如果在时间 dt 内通过导体横截面的电量是 dq，则通过导体的电流

$$I=\frac{dq}{dt} \tag{1-1}$$

电量的单位为库［仑］，用符号 C 表示；电流的单位为安［培］，用符号 A 表示。如果在 1s 内通过导体截面的电量为 1C，则通过导体的电流为 1A。

在实际应用中，常用的电流单位还有千安（kA）、毫安（mA）、微安（μA）等，它们之间的换算关系如下：

$$1\text{kA} = 1000\text{A} = 10^3\text{A}$$
$$1\text{mA} = 10^{-3}\text{A}$$
$$1\mu\text{A} = 10^{-6}\text{A}$$

大小和方向不随时间变化的电流称为恒定电流，简称直流，常用字母 DC 标识。上面所举的手电筒电路中的电流就是直流。

> 提示：通常用大写字母 I 表示直流，小写字母 i 表示交流。

大小和方向随时间作周期性变化的电流则称为交变电流，简称交流，常用字母 AC 标识，电力网提供的正弦交流电就是一种交变电流。

在分析电路时，往往不能事先断定电路中电流的实际方向。为了电路分析和计算的需要，引入了电流的“参考方向”的概念。

任意选定一段电路或一个元器件中电流的方向作为电流方向，用带箭头的实线段表示，这个任意选定的电流方向称为电流的参考方向。由于参考方向是事先任意选定的，所以它不一定就是电流的实际方向。例如，在图 1-3 中，带箭头的实线段表示电流的参考方向，带箭头的虚线段表示电流的实际方向。规定：若计算出的电流值为正值，则电流的实际方向与参考方向相同；若计算出的电流值为负值，则电流的实际方向与参考方向相反。

在未规定参考方向的情况下，电流的正负是没有意义的。

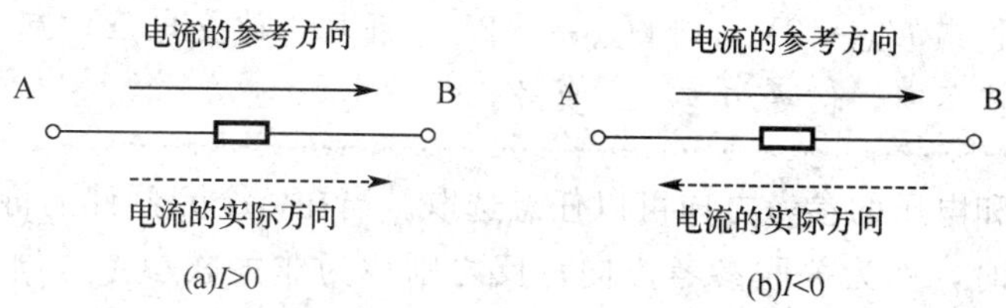

图 1-3　电流的方向

1.2.2　电压及其参考方向

电压是表征单位电荷在电场力的作用下移动所做的功。在电路中，如果电场力将正电荷 dq 从点 A 移动到点 B 所做的功为 dW，则 A、B 两点之间的电压为

$$U_{\text{AB}} = \frac{\text{d}W}{\text{d}q} \tag{1-2}$$

式中，W 表示电场力做的功，单位为焦［耳］，用符号 J 表示；电压的单位为伏［特］，用符号 V 表示。

电压的单位还有微伏（μV）、毫伏（mV）、千伏（kV）等，它们之间的换算关系如下：

$$1\text{kV} = 1000\text{V} = 10^3\text{V}$$
$$1\text{mV} = 10^{-3}\text{V}$$

$$1\mu V = 10^{-6} V$$

大小和方向（或极性）不随时间变化的电压称为直流电压，用大写字母 U 表示。大小和方向（或极性）都随时间作周期性变化的电压称为交流电压，用小写字母 u 表示。

与电流类似，在分析电压时也要规定电压的参考方向，通常有三种表示方式：

(1) 采用实线箭头表示，如图 1-4 (a) 所示。

(2) 采用正（+）、负（－）极性表示，称为参考极性，如图 1-4 (b) 所示。

(3) 表示电压的字母加上双下标，如 U_{AB} 表示电压的参考方向由 A 指向 B。

确定了电压的参考方向后，当电压的值为正时，表示电压的实际方向与参考方向一致；当电压的值为负时，表示电压的实际方向与参考方向相反。

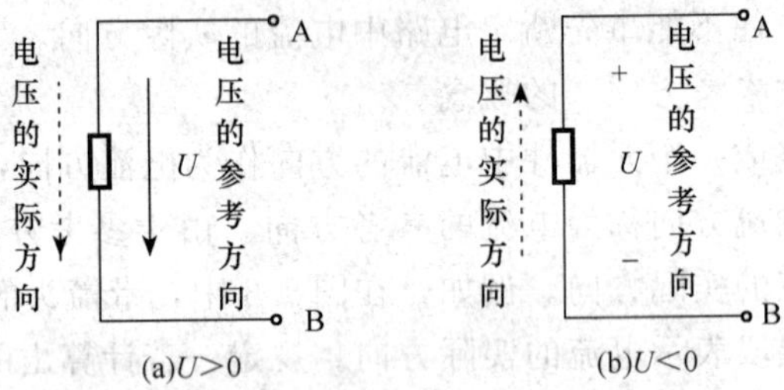

图 1-4 电压的方向

> 提示：U_{AB} 表示电压的参考方向由 A 点指向 B 点，U_{BA} 表示电压的参考方向由 B 点指向 A 点。若 $U_{AB}=2V$，则 $U_{BA}=-2V$。可见，改变电压的起点和终点的顺序，电压的数值不变，但要相差一个负号。

电路中电流和电压的参考方向可以任意选取。当在一个元器件上将电流和电压的参考方向取得一致时，称为关联参考方向；反之则称为非关联参考方向（图 1-5）。对于负载上电流和电压的参考方向，习惯上常取关联参考方向。

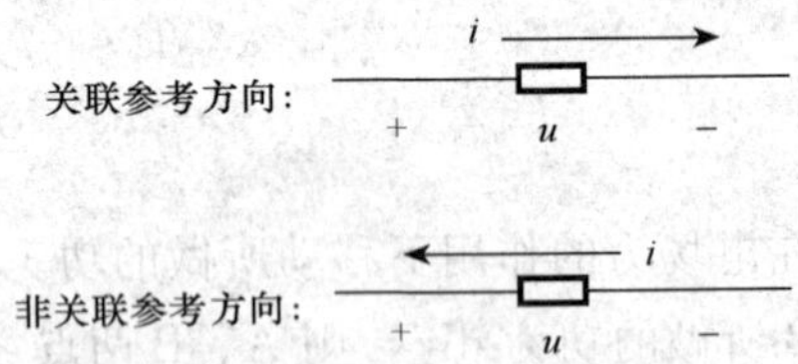

图 1-5 关联参考方向与非关联参考方向

1.2.3 电位

在电路中任选一点为参考点，则某点到参考点的电压称为这一点（相对于参考点）的电位。电位用符号 V 表示，如 a 点电位记作 V_a。当选择 0 点为参考点时，则 $V_a = u_{a0}$。

若 a、b 两点的电位分别记作 V_a、V_b，则

$$V_a - V_b = u_{a0} - u_{b0} = u_{a0} + u_{0b} = u_{ab} \tag{1-3}$$

这样，两点间的电压就是两点间的电位之差。电压也称为电位差。

电路中各点的电位值与参考点的选择有关。当所选的参考点变动时，各点的电位值也将变动。因此，不能离开参考点而讨论各点电位。因为各点电位的高低是相对的，所以任意两点间的电压值是不变的，即两点间的电压值是绝对的。

> 提示：通常将参考点本身的电位规定为零，所以参考点也称为零电位点。一般我们把大地看成是零电位点。

【例 1-1】 如图 1-6 所示，元件两端电压为 1V，若已知正电荷由该元件的点 B 移到点 A 且获得能量，请指出电压的实际方向。

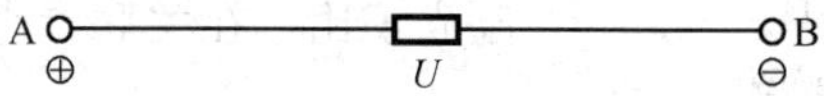

图 1-6　【例 1-1】图

解：正电荷由点 B 移到点 A 且获得能量，说明点 B 为低电位，点 A 为高电位。电压的实际方向由点 A 指向点 B。

> 提示：参考方向的选择可以是任意的。为了分析方便起见，通常采用关联的参考方向，即电流与电压降参考方向一致。在关联参考方向下，只需标出电流的参考方向或电压的参考方向即可。

1.2.4　功率和能量

电流通过电路中的元件时，电场力要做功。通常用电功率表示元器件消耗或提供电能的快慢。电功率是功对时间的变化率，简称功率，即

$$p = \frac{\mathrm{d}W}{\mathrm{d}t} = \frac{u\mathrm{d}q}{\mathrm{d}t} = ui \tag{1-4}$$

在直流电路中，功率与电流、电压均不随时间变化，上式可写成

$$P = UI \tag{1-5}$$

功率的单位为瓦［特］，符号为 W。另外功率单位还有 kW、mW 等。

在关联参考方向下，当功率 $P>0$ 时，表示元器件消耗能量，即吸收功率；当 $P<0$ 时，表示元器件向外提供电能，即输出功率。

【例 1-2】 在家庭照明电路中，电源电压是 220V，对额定功率为 60W 的照明灯，其额定电流是多少？

解：由 $p=ui$，得

$$i = \frac{p}{u} = \frac{60}{220} = 0.27(\mathrm{A})$$

1.3　电路中的基本元件

电阻、电容、电感是电路中常用的三个无源元件。这三个元件的特性可以用元件电

压和电流的关系表示，这个关系称为电压-电流关系，也称为伏安特性。

电气设备的额定值

1.3.1 电阻元件及其伏安特性

电阻元件是实际电阻器的理想化模型。常用的实际电阻器有金属膜电阻器、碳膜电阻器、线绕电阻器，以及电炉中的加热丝、白炽灯中的灯丝等。电阻元件简称电阻，用字母 R 表示，其单位是欧［姆］，符号是 Ω。$G=1/R$，称为电导，其单位为西［门子］，符号为 S。

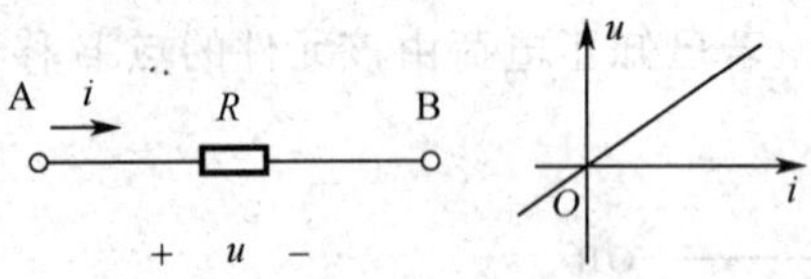

(a) 图形符号　(b) 伏安特性曲线

图 1-7　电阻的图形符号和伏安特性曲线

电阻元件的图形符号如图 1-7（a）所示。当电流 i 通过电阻 R 时，R 两端将产生电压 u，由欧姆定律得知，电阻上的电压与流过它的电流成正比，在关联参考方向时，有

$$u = Ri \tag{1-6}$$

流过电阻的电流 i 与电压 u 之间的关系曲线称为电阻元件的伏安特性曲线。线性电阻的伏安特性曲线如图 1-7（b）所示。

对于线性电阻元件，在电压与电流的关联参考方向下，元件吸收的功率为

$$p = ui = Ri^2 = \frac{u^2}{R} = Gu^2 \tag{1-7}$$

式中，R 和 $G\left(G=\dfrac{1}{R}\right)$ 是正常数，所以功率 p 恒为正值。这说明任何时刻电阻元件都不可能发出电能，而只能从电路中吸收电能，所以电阻元件是耗能元件。

电阻元件在工作中常会引起温度的升高，所以电器设备都规定有自己的额定值。如果电器设备两端外加电压或流过的电流大大高于其额定值，电器设备将被烧毁，甚至造成设备和人身事故。

1.3.2 电容元件及其伏安特性

电容元件又称电容器，简称电容。电容器通俗地讲就是存储电荷的容器，它具有存储（积聚）电荷的功能。

电容器由两个互相靠近而又彼此绝缘的导体构成，这两个导体称为电容器的极或极板，它们之间的绝缘物质称为电介质，如图 1-8（a）所示。

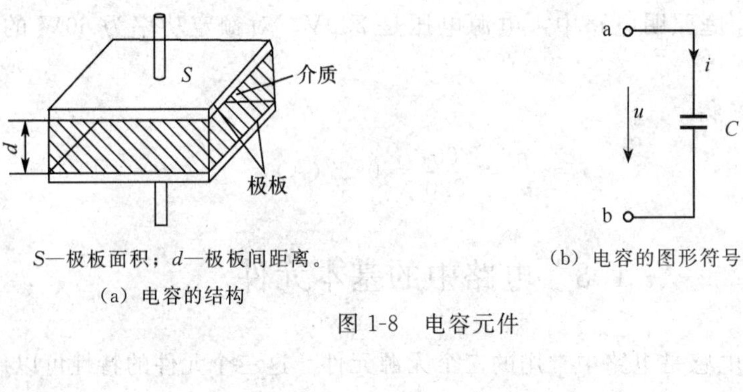

S—极板面积；d—极板间距离。

（a）电容的结构　（b）电容的图形符号

图 1-8　电容元件

电容的图形符号如图 1-8（b）所示。如果电容器两极板间的电压是 U 时，电容器任一极板所带电荷量是 Q，那么 Q 与 U 的比值称为电容器的电容量，简称电容，用字母 C 表示，即

$$C=\frac{Q}{U} \tag{1-8}$$

式中，Q 为电容器一个极板上的电荷量（C）；U 为电容器两极板间的电压（V）；C 为电容（F）。

实际应用中，法拉（F）作为单位太大，常用较小的单位，如微法（μF）和皮法（pF）表示。

$$1\mu\text{F}=10^{-6}\text{F}\quad 1\text{pF}=10^{-12}\text{F}$$

当电容上的电压 u 变化时，极板上的电荷量 q 也随之变化，在电路中就出现了电流。在电压、电流取关联参考方向情况下，设在时间 $\mathrm{d}t$ 内，极板上的电荷改变了 $\mathrm{d}q$，则

$$i=\frac{\mathrm{d}q}{\mathrm{d}t}=C\frac{\mathrm{d}u}{\mathrm{d}t} \tag{1-9}$$

式（1-9）就是电容元件上的 i-u 关系。可以看出，电容上的电流与电压变化率成正比。直流电时，电压不随时间变化，即电流值为零。因此，电容有隔直流、通交流的作用。

任一时刻，电容元件吸收的功率为

$$p(t)=u(t)i(t)=Cu(t)\frac{\mathrm{d}u(t)}{\mathrm{d}t} \tag{1-10}$$

在时间由 $-\infty$ 到 t 时刻，电容元件吸收的电场能量为

$$\begin{aligned}W_C(t)&=\int_{-\infty}^{t}p(t)\mathrm{d}t=\int_{-\infty}^{t}Cu(t)\frac{\mathrm{d}u(t)}{\mathrm{d}t}\mathrm{d}t=C\int_{u(-\infty)}^{u(t)}u(t)\mathrm{d}u(t)\\&=\frac{1}{2}Cu^2(t)-\frac{1}{2}Cu^2(-\infty)\end{aligned}$$

电容元件吸收的能量以电场能量的形式储存在元件的电场中。可以认为在 $t=-\infty$ 时，$u(-\infty)=0$，其电场能量也为零，则

$$W_C(t)=\frac{1}{2}Cu^2(t) \tag{1-11}$$

由上式可知，电容元件在某一时刻的储能仅取决于该时刻的电压值，只要有电压存在，就有储能，且储能 $W_C\geqslant 0$。

从 t_1 到 t_2 时刻，电容元件吸收的能量为

$$W_C(t)=C\int_{u(t_1)}^{u(t_2)}u(t)\mathrm{d}u(t)=\frac{1}{2}Cu^2(t_2)-\frac{1}{2}Cu^2(t_1)=W_C(t_2)-W_C(t_1) \tag{1-12}$$

当 $|u(t_2)|>|u(t_1)|$ 时，$W_C(t_2)>W_C(t_1)$，电容元件充电；反之，电容元件放电。由上式可知，若电容元件原来没有充电，则它在充电时吸收并储存起来的能量一定会在放电完毕时全部释放，它并不消耗能量。所以，电容元件是一种储能元件。同时，电容元件不会释放出多于它所吸收或储存的能量，因此它是一种无源元件。

对于一个实际电容元件，其参数主要有两个，一个是电容值，另一个是耐压值。电容的耐压值是指电容元件安全使用时所能承受的最大电压。在使用时，如果超过其耐压

值，则电容内的电介质将被击穿，电容被烧毁。

1.3.3 电感元件及其伏安特性

在工程中广泛应用导线绕制的线圈，例如，在电子电路中常用的空心或带铁氧体的高频线圈，电磁铁或变压器中含有在铁心上绕制的线圈等。线圈中有电流流过时会在线圈周围形成磁场。也就是说，线圈储存了磁场能量。如果忽略线圈的电阻值，只考虑其储存磁场能量的特性，就可以抽象出电感元件，如图 1-9 所示。

显然电流 i 越大，与线圈相交链的磁通就越大，磁通与之交链的线圈匝数的乘积称为磁通链 Ψ。Ψ 与 i 的比值称为电感元件的电感，用符号 L 表示，即

$$L=\frac{\Psi}{i} \tag{1-13}$$

电感 L 是元件本身的固有参数，其大小与线圈的几何形状、匝数及其中间的磁介质有关。图 1-10 所示为电感元件的图形符号。

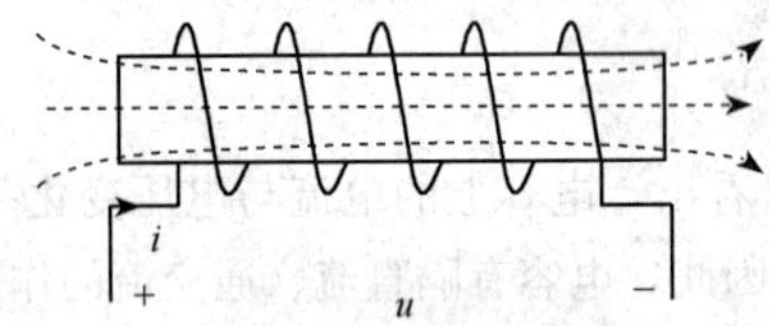

图 1-9　电感元件

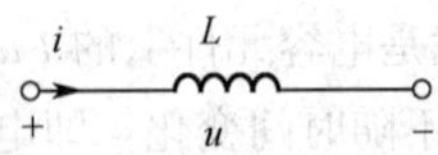

图 1-10　电感元件的图形符号

在采用电压电流关联参考方向的情况下，可以得到

$$u(t)=\frac{\mathrm{d}\Psi}{\mathrm{d}t}=\frac{\mathrm{d}(Li)}{\mathrm{d}t}=L\frac{\mathrm{d}i}{\mathrm{d}t} \tag{1-14}$$

式（1-14）表明电感上的电压与通过其的电流对时间的变化率成正比。

在直流电路中，电流不随时间变化，磁场也不随时间变化，电感相当于短路（$u=0$）。

在电压和电流的关联参考方向下，线性电感元件吸收的功率为

$$p=ui=Li\frac{\mathrm{d}i}{\mathrm{d}t} \tag{1-15}$$

从 $-\infty$ 到 t 的时间段内电感吸收的磁场能量为

$$W_L(t)=\int_{-\infty}^{t}p\mathrm{d}t=\int_{-\infty}^{t}Li\frac{\mathrm{d}i}{\mathrm{d}t}\mathrm{d}t=\frac{1}{2}Li^2(t)-\frac{1}{2}Li^2(-\infty)$$

由于在 $t=-\infty$ 时，$i(-\infty)=0$，代入上式得

$$W_L(t)=\frac{1}{2}Li^2(t) \tag{1-16}$$

这就是线性电感元件在任何时刻的磁场能量表达式。

从 t_1 到 t_2 时刻，线性电感元件吸收的磁场能量为

$$W_L(t)=L\int_{i(t_1)}^{i(t_2)}i(t)\mathrm{d}i(t)=\frac{1}{2}Li^2(t_2)-\frac{1}{2}Li^2(t_1)=W_L(t_2)-W_L(t_1) \tag{1-17}$$

当电流 $|i|$ 增加时，$W_L>0$，元件吸收能量；反之，当电流 $|i|$ 减小时，元件释放能量。可见电感元件并不是把吸收的能量消耗掉，而是以磁场能量的形式储存在磁场中。所以，电感元件是一种储能元件。同时，它不会释放出多于它吸收或存储的能量，因此它是一种无源元件。

1.4 电　　源

当电流通过用电器（电灯、电炉等）时，用电器把电能转换为所需要的其他形式的能。为了能够向用电器连续不断地提供电能，需要一种可以把其他形式的能转换成电能的装置，这种装置称为电源。

1.4.1 理想电源模型

电源为电路提供能量。实际中使用的电源种类繁多，如干电池、蓄电池、发电机等。有的端电压基本不随外部电路变化，有的提供的电流基本不随外部电路变化。因而有两种电源模型：电压源和电流源。

1. 理想电压源

理想电压源是实际电源的一种理想化模型，如图 1-11（a）所示。理想电压源有两个基本性质：一是它的端电压是恒定值或为一定的时变函数 $u_s(t)$，与通过它的电流无关；二是它的电流由与它连接的外电路决定。理想电压源的电压、电流的参考方向及伏安特性如图 1-11 所示，其中图 1-11（b）表示理想直流电压源（如理想电池），图 1-11（c）为其伏安特性，它是一条平行于 i 轴的直线。

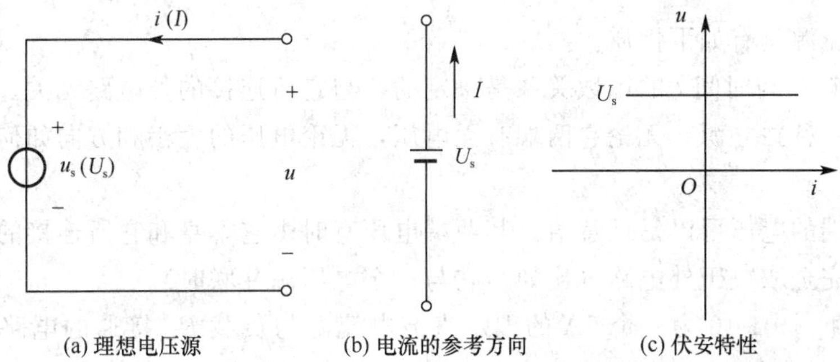

图 1-11　理想电压源的电压、电流的参考方向及伏安特性

从上述的 u-i 关系曲线可看出，理想电压源具有如下特性。

（1）端电压 u 恒等于 u_s，即端电压 u 完全由理想电压源 u_s 决定，而与电流 i 无关，即 u 与外电路无关。

（2）在 u_s 确定的情况下，电流 i 的大小和实际方向仅由外部电路确定，外部电路变化了，电流 i 的大小和实际方向就要变化。

对于理想电压源，若电压源电压 u_s 与电流 i 为关联参考方向时，则理想电压源的功率为：$p=u_si$；若电压源电压 u_s 与电流 i 为非关联参考方向时，$p=-u_si$。计算可得：若 $p>0$，则该电压源吸收功率；反之，则该电压源发出功率。

2. 理想电流源

电流源是一种产生恒定电流的装置。理想电流源是为电路提供能量的另一种电源，也是从实际电源抽象出来的一种模型，如图 1-12（a）所示（参考方向与端电压一致）。

理想电流源也有两个基本性质：一是它向电路提供的电流是恒定值 I_s 或是一定的时变函数 $i_s(t)$，与其端电压的大小和方向无关；二是它的端电压是由与它连接的外电路决定的。

在图 1-12（a）所示的理想电流源中，小写 i_s 与大写 I_s 用于区别理想交流电流源和理想直流电流源。图 1-12（b）为理想直流电流源的伏安特性曲线，它是一条平行于 u 轴的直线。

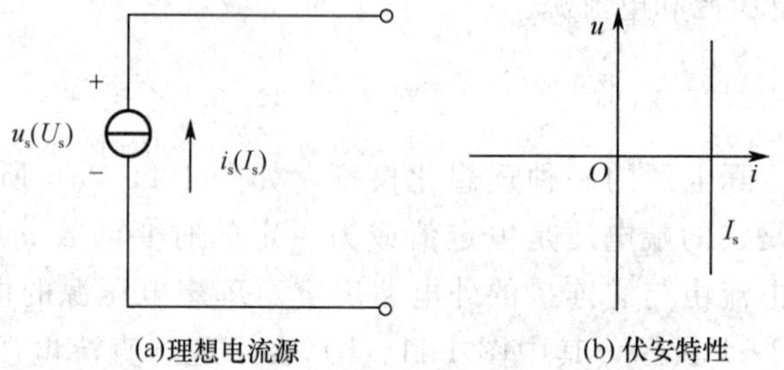

图 1-12　理想电流源及其伏安特性

理想电流源具有如下性质。

（1）电流 i_s 与时间 t 的函数关系是一定的，与它所连接的外电路无关。因此，理想电流源也是一种独立源。无论它两端有无电压，无论电压的大小和方向如何，都不影响它的电流。

（2）两端的电压可以是任意值。其两端电压有时由它本身和它所连接的外电路共同决定，有时完全取决于外电路（比如当它与一个电压源并联时）。

【例 1-3】 图 1-13 为一个 5A 的理想直流电流源与负载 R_L 接通的电路，分别求出当 $R_L=2\Omega$、5Ω 时 R_L 上的端电压。

解：当 $R_L=2\Omega$ 时，$U_{AB}=10V$。

当 $R_L=5\Omega$ 时，$U_{AB}=25V$。

可见电流 $I=5A$ 保持不变，但其端电压将随负载 R_L 的变化而改变。

【例 1-4】 如图 1-14 所示电路，已知 $U_s=10V$，$I_s=5A$，$R=5\Omega$，求 U_{ab} 及各元件的功率。

解：电路中的电流：

$$I=I_s=5\ (A)$$

a、b 两点间的电压：

$$U_{ab}=IR+U_s=5\times5+10=35\ (V)$$

各元件的功率：

$$\text{电压源}\ P_{U_s}=IU_s=5\times10=50\ (W)$$

电流源 $P_{I_s}=-I_sU_{ab}=-5\times35=-175$（W）

电阻 $P_R=I^2R=5^2\times5=125$（W）

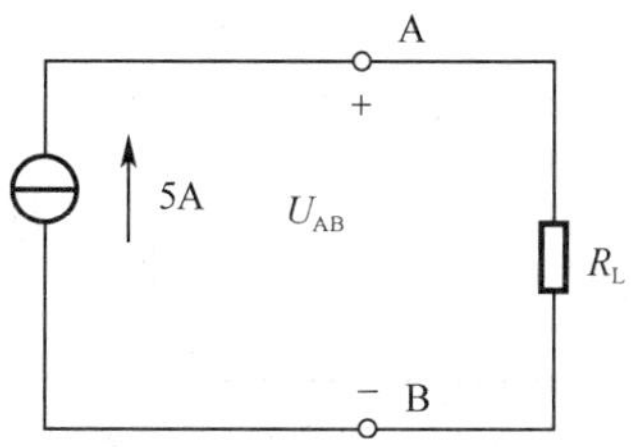

图 1-13　【例 1-3】图

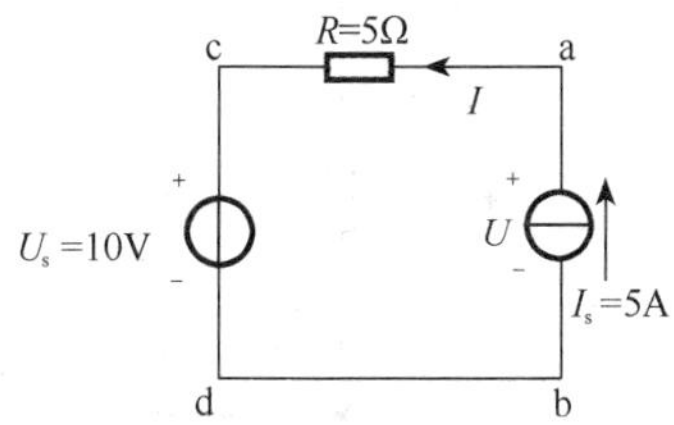

图 1-14　【例 1-4】图

1.4.2　实际电源模型

事实上，理想电源并不存在。例如，干电池这种实际的直流电源，当接通负载后，其端电压就会降低，这是因为电池内部存在电阻的缘故。

1. 实际电压源

实际电压源在为电路提供能量时，自身也会消耗能量。这种消耗可以等效为一个电阻的消耗，通常把这个电阻称为内阻。这样一个实际的电压源可以等效为一个理想电压源和一个内阻的串联模型，如图 1-15（a）所示。

实际电压源的端电压为

$$U=U_s-R_sI \tag{1-18}$$

实际电压源伏安特性如图 1-15（b）所示。显然，电源的内阻 R_s 越小，电压源的端电压 U 越接近于 U_s，实际电压源就越接近于理想电压源。

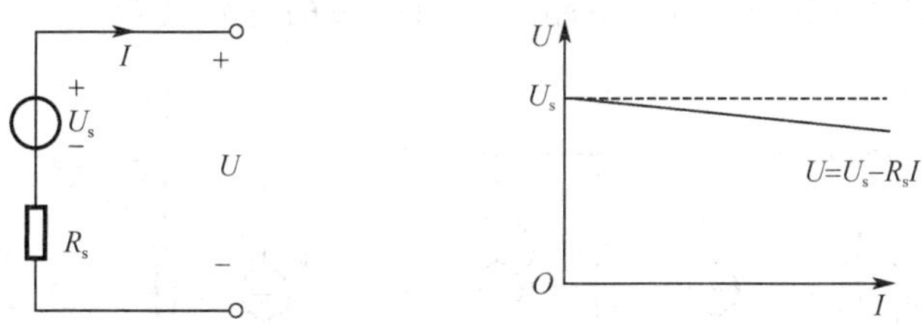

(a) 实际电压源模型　(b) 伏安特性

图 1-15　实际电压源模型及伏安特性

2. 实际电流源

实际电流源在为电路提供能量时，自身也会消耗能量。这种消耗可以等效为一个电阻的消耗，通常把这个电阻称为内阻。这样一个实际的电流源可以等效为一个理想电流源和一个内阻的并联模型，如图 1-16（a）所示。

实际电流源的端电流为

$$I=I_s-U/R_i \tag{1-19}$$

实际电流源伏安特性如图 1-16（b）所示。显然，电源的内阻 R_i 越大，电流源的端

电流 I 越接近于 I_s，实际电流源就越接近于理想电流源。

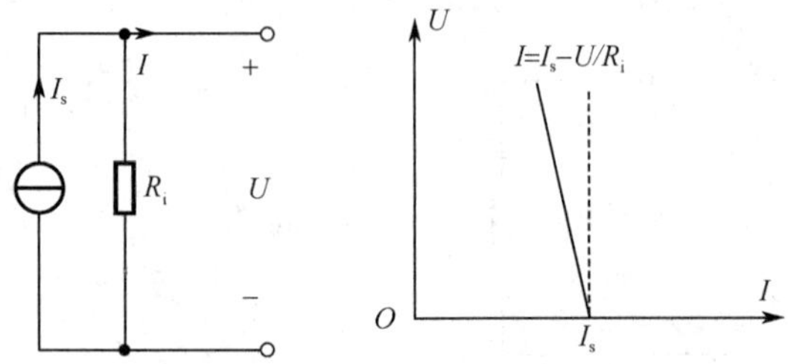

(a) 实际电流源模型 (b) 伏安特性

图 1-16 实际电流源模型及伏安特性

3. 两种实际电源模型的等效变换

实际电压源和实际电流源同为电源的电路模型，是从其对外电路作用效果而作的不同角度的抽象，那么，实际电压源和实际电流源二者可以等效，等效的依据是电路的外特性相同。具体地说，只要在图 1-15（a）和图 1-16（a）两电路中电阻 R（端口处外接电阻 R）上通过的电流 I 和 R 上获得的电压 U 分别相等，则电压源和电流源互为等效电路。

根据式（1-18）、式（1-19），要使两个电路等效，则有

$$\begin{cases} U_s = R_i I_s \\ R_s = R_i \end{cases} \quad 或 \quad \begin{cases} I_s = \dfrac{U_s}{R_s} \\ R_i = R_s \end{cases} \tag{1-20}$$

这就是两种电源模型等效变换的条件。变换中需要注意：如果 a 点是电压源的正极性，变换后电流源其电流的参考方向应指向 a。

【例 1-5】 如图 1-17（a）所示电路，试用电源的等效变换方法将该图化简成最简电路。

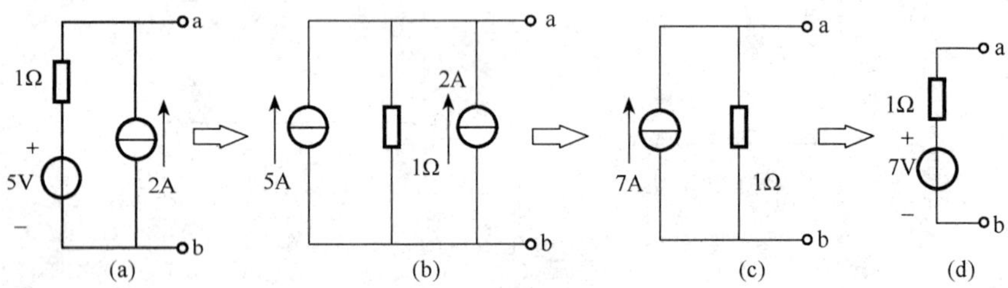

图 1-17 【例 1-5】图

解：分析时将电路按“由远而近”，逐步进行简化。

（1）将图 1-17（a）中 5V 电压源模型支路等效变换成电流源模型支路，得到如图 1-17（b）所示的等效电路。

（2）将图 1-17（b）中 5A 和 2A 电流源合并，得到如图 1-17（c）所示的等效电路。

（3）将图 1-17（c）中 7A 和 1Ω 电流源模型等效变换成电压源模型，得到如图 1-17（d）所示的等效电路。

1.4.3　受控源

前面介绍的电压源对外输出的电压为一个独立量，电流源对外输出的电流也为一个独立量，因此常被称为独立源。在电路分析中还会遇到另一类电源，它们的电压或电流受电路中其他支路上的电压或电流控制，称为受控源。受控源本身不能直接起激励作用，而只是用来反映电路中某一支路电压或电流对另一支路电压或电流的控制关系。

受控源有以下四种类型。

（1）电压控制电压源（voltage controlled voltage source，VCVS）。

（2）电压控制电流源（voltage controlled current source，VCCS）。

（3）电流控制电压源（current controlled voltage source，CCVS）。

（4）电流控制电流源（current controlled current source，CCCS）。

各类受控源的符号如图 1-18 所示。

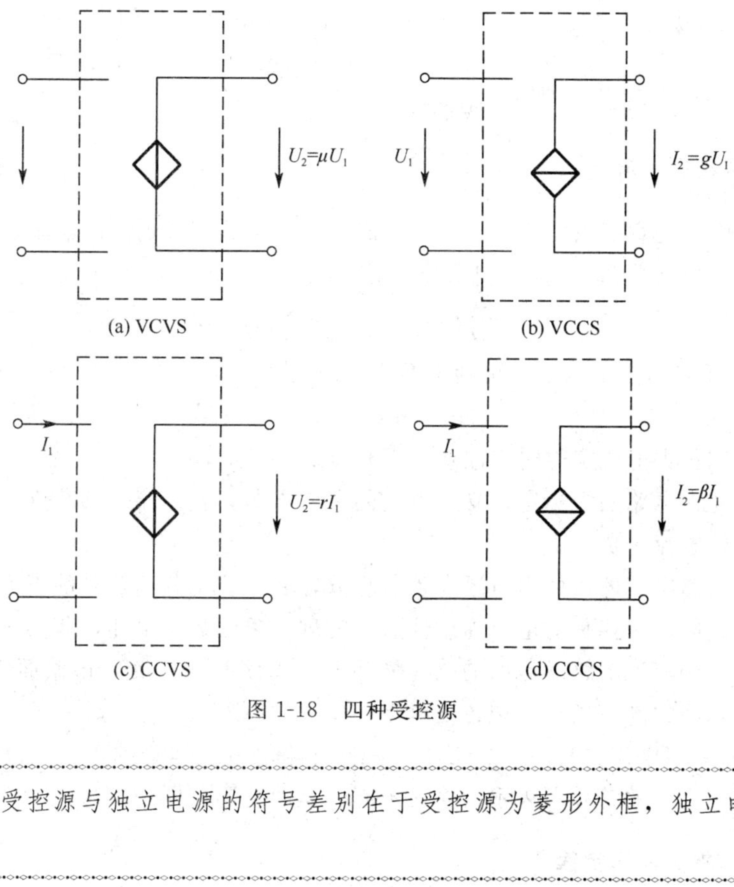

图 1-18　四种受控源

> 提示：受控源与独立电源的符号差别在于受控源为菱形外框，独立电源为圆形外框。

1.5　基尔霍夫定律

基尔霍夫定律是进行电路分析的基本定律，它又分为基尔霍夫电流定律（Kirchoff's

current law，KCL）和基尔霍夫电压定律（Kirchoff 's voltaye law，KVL）。前者适用于节点，说明电路中各电流之间的约束关系；后者适用于回路，说明电路中各部分电压之间的约束关系。

(1) 支路：电路中至少包含一个电路元器件并流过同一电流的分支，称为支路，如图 1-19 所示，共有 ABE、ACE、ADE 三条支路。其中 ABE 和 ACE 为有源支路，ADE 为无源支路。

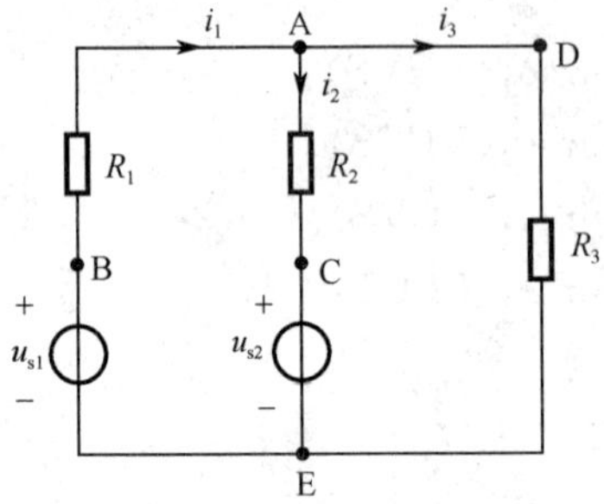

图 1-19 电路的名词解释示意图

(2) 节点：三条或三条以上支路的交汇点称为节点。图 1-19 中 A、E 是节点，B、C、D 不是节点。

(3) 回路：电路中由若干条支路组成的闭合路径称为回路。图 1-19 中，ACEBA、ADEBA、ACEDA都是回路。此电路只有三个回路。

(4) 网孔：回路平面内不再含有其他支路的回路称为网孔。图 1-19 电路中，ACEBA、ACEDA 就是网孔，而 ADEBA 回路平面内含有 ACE 支路，所以它不是网孔。

1.5.1 基尔霍夫电流定律

对电路中的任意节点，流入该节点电流之和等于从该节点流出电流之和，这称为基尔霍夫电流定律（简称 KCL）。其数学表达式为

$$\sum I = 0 \quad 或 \quad \sum i = 0 \tag{1-21}$$

如图 1-19 所示，对于节点 A，可列出 KCL 方程为

$$i_1 = i_2 + i_3 \quad 或 \quad i_1 - i_2 - i_3 = 0$$

应用基尔霍夫电流定律时应注意以下几点。

(1) 首先在电路图中标定各支路电流的参考方向，若设流入某节点的电流为正，则流出该节点的电流为负。

(2) 各支路电流的数值本身还有正负之分，必须注意两套符号的正确使用。

基尔霍夫电流定律是对电流连续性这一物理现象的数学描述，其实质是电荷守恒定律，即任一时刻流入支路横截面的电荷量必定等于该时刻从支路横截面流出的电荷量。这也符合在电路中同一条支路中各处电流都相等的原理。

用 KCL 列写电流方程时，务必注意：各支路电流值本身的正、负符号与各支路电流的参考方向表示的符号所表示的意义不同，是两套不相同的符号，不可混淆。

1.5.2 基尔霍夫电压定律

沿任意一个回路绕行，回路中各段电压的代数和恒等于零，这称为基尔霍夫电压定律（简称 KVL）。其数学表达式为

$$\sum U = 0 \quad 或 \quad \sum u = 0 \tag{1-22}$$

在列方程式时，首先选定回路绕行方向。凡电压的参考方向与绕行方向一致时该电

压取正，凡电压的参考方向与绕行方向相反时该电压取负。

在图 1-19 中，对回路 BACEB，若选择顺时针绕行方向，按图中各元件端电压的参考方向，可列出 KVL 方程为

$$U_{BA}+U_{AC}+U_{s2}-U_{s1}=0$$

应用时应注意以下几点。

(1) 必须先选定回路的绕行方向，可以是顺时针，也可以是逆时针。各元件端电压的参考方向也应选定。

(2) 若电压的参考方向与回路的绕行方向一致，则该项电压取正，反之则取负。

(3) 各元件端电压本身的值还有正负之分，必须注意两套符号的正确使用。

1.5.3　支路电流法

对于较复杂电路，可以用基尔霍夫电流定律和基尔霍夫电压定律推导出各种分析方法，支路电流法便是其中之一。

支路电流法即为以电路中各支路电流为未知量，然后应用基尔霍夫电流定律和电压定律分别对节点和回路列出所需要的方程组，而后解出各未知支路电流。

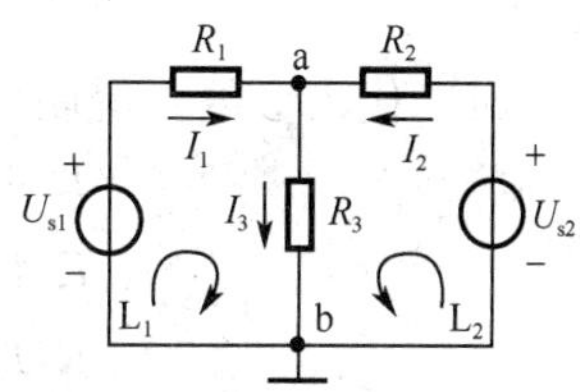

图 1-20　支路电流法

如图 1-20 所示，电路有 3（$b=3$）条支路，2（$n=2$）个节点，以支路电流为未知量，需要 3 个独立方程可求解出未知电流。

首先，应用基尔霍夫电流定律列出方程。

对节点 a：

$$I_1+I_2-I_3=0$$

对节点 b：

$$I_3-I_1-I_2=0$$

它们是非独立的方程（重复的）。可见，对具有两个节点的电路，应用电流定律只能列出 2－1＝1 个独立方程。一般地说，对具有 n 个节点的电路应用基尔霍夫电流定律只能得到（$n-1$）个独立 KCL 方程。

其次，应用基尔霍夫电压定律列出独立方程。图 1-20 中有两个网孔回路。

单孔回路 L_1：

$$R_1I_1+R_3I_3=U_{s1}$$

单孔回路 L_2：

$$R_2I_2+R_3I_3=U_{s2}$$

可见，应用 KVL 可以列出$[b-(n-1)]$个独立的回路电压方程，则独立方程数等于未知电流数，方程组有唯一解。可以任选其中（$n-1$）个节点，列出的电流方程即是独立电流方程；选取电路中的网孔列出的电压方程即是独立电压方程。也可选择适当回路，列出 $[b-(n-1)]$ 个独立电压方程。

应用支路电流法的步骤如下。

(1) 假定各支路电流 I、电压 U 的参考方向。

（2）选定独立节点，列出独立的 KCL 方程式。

（3）选定网孔，列出独立的 KVL 方程式。

（4）代入参数，解联立方程组。

支路电流法

【例 1-6】 如图 1-20 所示电路，已知 $U_{s1}=140\text{V}$，$U_{s2}=90\text{V}$，$R_1=20\Omega$，$R_2=5\Omega$，$R_3=6\Omega$，求各支路电流。

解：（1）假定各支路电流 I、电动势 U_s 的参考方向。

（2）选定独立节点，列出独立的 KCL 电流方程式。

对节点 a：

$$I_1+I_2-I_3=0$$

（3）选定网孔，列出独立的 KVL 电压方程式。

单孔回路 L_1：

$$R_1I_1+R_3I_3=U_{s1}$$

单孔回路 L_2：

$$R_2I_2+R_3I_3=U_{s2}$$

（4）代入参数，解联立方程组。

$$\begin{cases}I_1+I_2-I_3=0\\R_1I_1+R_3I_3=U_{s1}\\R_2I_2+R_3I_3=U_{s2}\end{cases}，\quad 即\begin{cases}I_1+I_2-I_3=0\\20I_1+6I_3=140\\5I_2+6I_3=90\end{cases}$$

解得：$I_1=4\text{A}$；$I_2=6\text{A}$；$I_3=10\text{A}$。

1.6 戴维南定理

戴维南定理指出：含独立电源的线性电阻单口网络 N，就端口特性而言，可以等效为一个理想电压源和一个电阻串联的单口网络，如图 1-21（a）所示。理想电压源的电压等于单口网络在负载开路时的电压 u_{oc}；电阻 R_o 是单口网络内全部独立电源为零值时（电压源短接、电流源开断），所得单口网络 N_0 的等效电阻，如图 1-21（b）所示。

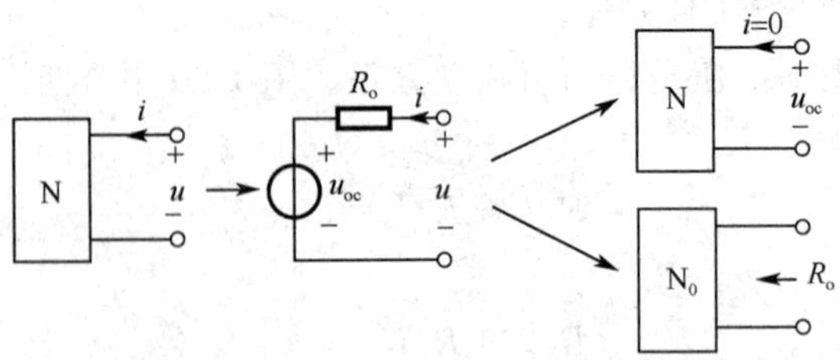

(a) 单口网络N等效电路　(b) 单口网络N_0等效电阻

图 1-21　戴维南定理

在图 1-21（b）中，u_{oc} 称为开路电压，R_o 称为戴维南等效电阻。所谓开路电压，就是指将外电路断开后端口处的电压。在电子电路中，当将单口网络视为电源时，常称戴维南等效电阻为输出电阻，用 R_o 表示；当将单口网络视为负载时，则称戴维南等效电阻为输入电阻，用 R_i 表示。电压源 u_{oc} 和电阻 R_o 的串联单口网络，称为戴维南等效电路。

当单口网络的端口电压和电流采用关联参考方向时，其端口电压电流关系方程可表示为

$$u = R_o i + u_{oc} \tag{1-23}$$

把电压源变换为电流源，单口网络 N 可以用 I_s 并联 R_o 表示，称为诺顿定理。

【例 1-7】 求如图 1-22（a）所示单口网络的戴维南等效电路。

解：在单口网络的端口上标明开路电压 u_{oc} 的参考方向，注意到 $i=0$，可求得

$$u_{oc} = -1 + 2 \times 2 = 3(\text{V})$$

将单口网络内 1V 电压源用短路代替，2A 电流源用开路代替，得到图 1-22（b）所示电路，由此求得

$$R_o = 1 + 2 + 3 = 6(\Omega)$$

根据 u_{oc} 的参考方向，可画出戴维南等效电路，如图 1-22（c）所示。

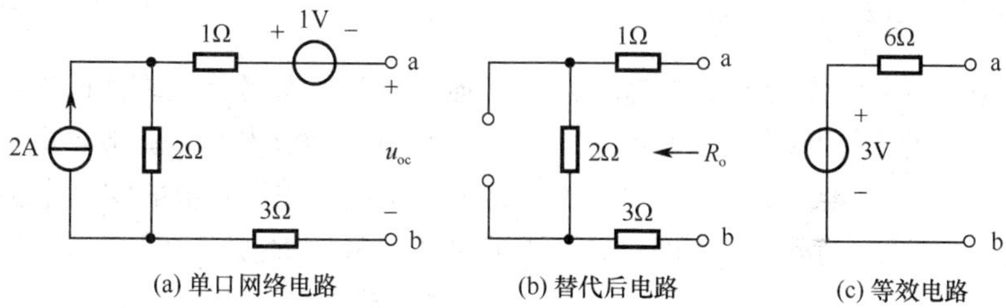

图 1-22　戴维南定理

【例 1-8】 如图 1-23（a）所示电路，已知 $R_1=30\Omega$，$R_2=60\Omega$，$R_3=18\Omega$，$R_4=40\Omega$，$R_5=160\Omega$，$R_6=10\Omega$，$u_{s1}=60\text{V}$，$u_{s5}=100\text{V}$，$u_{s6}=140\text{V}$。试利用戴维南定理求电流 i。

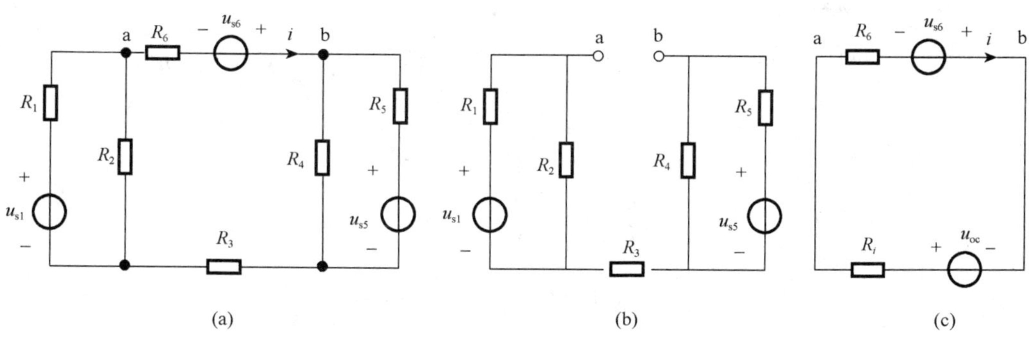

图 1-23　【例 1-8】图

解：将图 1-23（a）所示电路中的 R_6 与 u_{s6} 串联支路作为外电路，其内部电路如图 1-23（b）所示，根据戴维南定理，其输入电阻为

$$R_i = \frac{R_1 R_2}{R_1 + R_2} + R_3 + \frac{R_4 R_5}{R_4 + R_5} = \frac{30 \times 60}{30 + 60} + 18 + \frac{40 \times 160}{40 + 160} = 70(\Omega)$$

开路电压为

$$u_{oc}=u_{ab}=\frac{u_{s1}}{R_1+R_2}\cdot R_2-\frac{u_{s5}}{R_4+R_5}\cdot R_4=\frac{60}{30+60}\times 60-\frac{100}{40+160}\times 40=20(\mathrm{V})$$

这样，图 1-23（a）所示的电路可等效成图 1-23（c）所示的电路。在图 1-23（c）中，电流为

$$i=\frac{u_{s6}+u_{oc}}{R_6+R_i}=\frac{140+20}{10+70}=2(\mathrm{A})$$

1.7 节点电压法

节点电压法有时简称节点法，是电路分析中的一种重要方法。它是由基尔霍夫电流定律演变而来的，对于分析具有两个节点的多支路电路，尤为方便。大型复杂网络用计算机辅助分析时，节点法是一种基本的分析方法。

1.7.1 节点分析法及其一般形式

在电路中任选某一节点作为参考节点，其他节点与此参考节点之间的电压称为节点电压。节点电压的参考极性规定参考节点为负，其余独立节点为正。节点电压法是以节点电压为未知量，在独立节点上，根据 KCL 列出用节点电压表示的支路电流方程，通过解方程组求出节点电压，借此再计算各支路电流的解题方法。

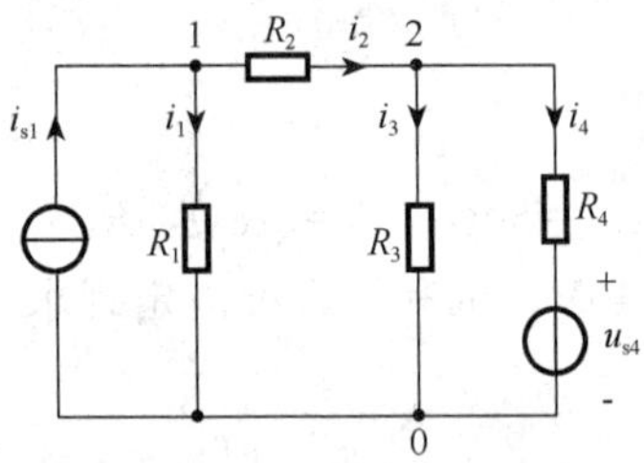

图 1-24 节点分析法

以图 1-24 为例，设节点 0 为参考节点，节点 1 和节点 2 到参考节点的电压分别为 u_1 和 u_2。根据 KCL，可以列出两个独立的电流方程

$$i_1+i_2=i_{s1}$$

$$-i_2+i_3+i_4=0$$

各支路根据 VCR 可得

$$i_1=\frac{u_1}{R_1},i_2=\frac{u_1-u_2}{R_2},i_3=\frac{u_2}{R_3},i_4=\frac{u_2-u_{s4}}{R_4}$$

代入上式整理得

$$\begin{cases}\left(\dfrac{1}{R_1}+\dfrac{1}{R_2}\right)u_1-\dfrac{1}{R_2}u_2=i_{s1}\\ -\dfrac{1}{R_2}u_1+\left(\dfrac{1}{R_2}+\dfrac{1}{R_3}+\dfrac{1}{R_4}\right)u_2=\dfrac{u_{s4}}{R_4}\end{cases}$$

上式也可写成

$$\begin{cases}(G_1+G_2)u_1-G_2u_2=i_{s1}\\ -G_2u_1+(G_2+G_3+G_4)u_2=G_4u_{s4}\end{cases}\tag{1-24}$$

设以 $G_{11}=G_1+G_2$ 代表节点 1 的自导，$G_{22}=G_2+G_3+G_4$ 代表节点 2 的自导，G_{11}、G_{22}分别为连到节点 1、2 的所有电导之和，自导总是正的；用 G_{12}、G_{21}代表节点 1 和节点 2 的互导，等于两节点间的公共电导，互导总是负的。用 i_{s11}、i_{s22}分别表示电流源流入节点 1 或节点 2 的电流。当电流源指向节点时前面取正号，电压源和电阻串联支路则

变成电流源与电阻并联支路。这样方程组（1-24）就可以写成一般形式：

$$\begin{cases}G_{11}u_1+G_{12}u_2=i_{s11}\\G_{21}u_1+G_{22}u_2=i_{s22}\end{cases}\tag{1-25}$$

式（1-25）可以应用到多个节点的电路。设电路中有 n 个节点，则有（$n-1$）个节点电压，其方程组形式为

$$\begin{cases}G_{11}u_1+G_{12}u_2+\cdots+G_{1(n-1)}u_{n-1}=i_{s11}\\G_{21}u_1+G_{22}u_2+\cdots+G_{2(n-1)}u_{n-1}=i_{s22}\\\qquad\cdots\\G_{(n-1)1}u_1+G_{(n-1)2}u_2+\cdots+G_{(n-1)(n-1)}u_{n-1}=i_{s(n-1)(n-1)}\end{cases}\tag{1-26}$$

应用节点电压法的解题步骤如下。

（1）指定参考节点，其余节点与参考节点间的电压就是节点电压，节点电压均以参考节点为“－”极。

（2）列出节点电压方程，应注意自导总是正的，互导总是负的。

（3）连接到参考节点的电流源，当其电流指向节点时取正号，反之取负号。连接到节点的电压源与电阻串联支路，其中电压源的参考“＋”极性指向节点时取正号，反之取负号。

（4）解出各节点电压，由节点电压及KVL和VCR关系求各支路电流或电压。

【例1-9】 电路如图1-24所示，若已知 $R_1=3\Omega$，$R_2=6\Omega$，$R_3=9\Omega$，$R_4=18\Omega$，$i_{s1}=4\text{A}$，$u_{s4}=81\text{V}$。试用节点电压法求各支路电流。

解：根据图中的节点电压 u_1，u_2，可列出节点电压方程组：

$$\begin{cases}\left(\dfrac{1}{R_1}+\dfrac{1}{R_2}\right)u_1-\dfrac{1}{R_2}u_2=i_{s1}\\-\dfrac{1}{R_2}u_1+\left(\dfrac{1}{R_2}+\dfrac{1}{R_3}+\dfrac{1}{R_4}\right)u_2=\dfrac{u_{s4}}{R_4}\end{cases}$$

将已知条件代入得

$$\begin{cases}\left(\dfrac{1}{3}+\dfrac{1}{6}\right)u_1-\dfrac{1}{6}u_2=4\\-\dfrac{1}{6}u_1+\left(\dfrac{1}{6}+\dfrac{1}{9}+\dfrac{1}{18}\right)u_2=\dfrac{81}{18}\end{cases}$$

解得：

$$u_1=15\text{V},\quad u_2=21\text{V}$$

各支路电流为

$$i_1=\frac{u_1}{R_1}=\frac{15}{3}=5(\text{A})$$

$$i_2=\frac{u_1-u_2}{R_2}=\frac{15-21}{6}=-1(\text{A})$$

$$i_3=\frac{u_2}{R_3}=\frac{21}{9}=\frac{7}{3}(\text{A})$$

$$i_4 = \frac{u_2 - u_{s4}}{R_4} = \frac{21 - 81}{18} = -\frac{10}{3}(\text{A})$$

1.7.2 两节点电路

如图 1-25 为两节点电路，它对研究几个电源并联工作状态极为重要。

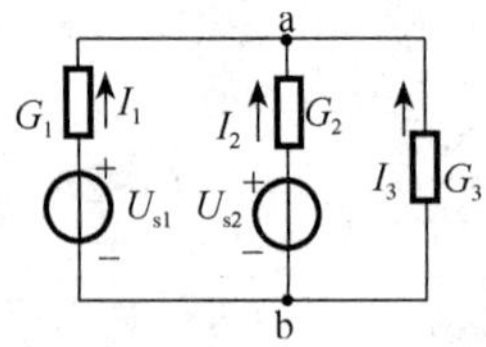

图 1-25 两节点电路

设 b 点为零电位参考点，即 $V_b=0$，则 $U_{ab}=V_a-V_b=V$，根据式（1-26）可得

$$(G_1 + G_2 + G_3)U_{ab} = U_{s1}G_1 + U_{s2}G_2$$

各支路根据 VCR 可得

$$I_1 = (U_{s1} - U_{ab})G_1, \quad I_2 = (U_{s2} - U_{ab})G_2, \quad I_3 = -U_{ab}G_3$$

对于只有两个节点而有多条支路并联组成的电路，在求各支路中的响应时，可以先求出这两个节点间的电压，而后再求各支路电流。弥尔曼定理给出了直接求解节点电压的公式，即

$$V_a = \frac{\sum U_s G}{G_{11}} \tag{1-27}$$

【例 1-10】 两个实际电源的电压值和内阻值为 24V/0.4Ω、22V/0.5Ω，两电源并联为负载提供电能，如图 1-26 所示，问当负载电阻分别为 2Ω 和 10Ω 时，电源的工作状态有何变动？

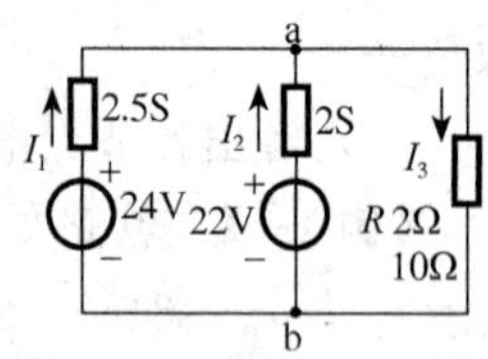

图 1-26 【例 1-10】图

解：当负载为 2Ω 时，节点电压为

$$U_{ab} = \frac{U_{s1}G_1 + U_{s2}G_2}{G_1 + G_2 + G_3} = \frac{24 \times 2.5 + 22 \times 2}{2.5 + 2 + 0.5} = 20.8(\text{V})$$

此时，U_{s1}和 U_{s2}都大于 U_{ab}，两电源都在供电状态。

$$I_1 = (U_{s1} - U_{ab})G_1 = (24 - 20.8) \times 2.5 = 8(\text{A})$$

$$I_2 = (U_{s2} - U_{ab})G_2 = (22 - 20.8) \times 2 = 2.4(\text{A})$$

由此可见，电源的电压高，提供的电流也大。

当负载为 10Ω 时，节点电压

$$U_{ab} = \frac{U_{s1}G_1 + U_{s2}G_2}{G_1 + G_2 + G_3} = \frac{24 \times 2.5 + 22 \times 2}{2.5 + 2 + 0.1} = 22.6(\text{V})$$

此时，电源 $U_{s1} > U_{ab}$，为供电状态，而电源 $U_{s2} < U_{ab}$，为负载工作状态。

$$I_1 = (U_{s1} - U_{ab})G_1 = (24 - 22.6) \times 2.5 = 3.5(\text{A})$$

$$I_2 = (U_{s2} - U_{ab})G_2 = (22 - 22.6) \times 2 = -1.2(\text{A})$$

从上例可知，由于电源的电压和内阻不同，输出电流也不同，而且随着负载的变化，运行状态也会发生改变。因此，在两电源并联工作时，为了使电源同时向外提供电能，应力求并联电源的电压和内阻分别相等。

1.8　最大功率传输定理

在电子技术实际应用中，常常要求负载从给定电源（或信号源）获得最大功率，这就是最大功率传输问题。许多电子设备所用的电源或信号源内部结构都比较复杂，可将其视为有源二端电路。用戴维南定理将其等效成一个电压源模型，如图 1-27 所示。

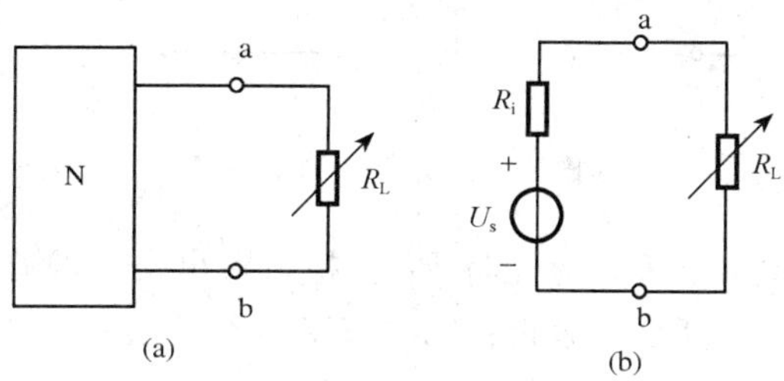

图 1-27　最大功率传输定理

在图 1-27 所示电路中，流经负载 R_L 的电流为

$$I=\frac{U_s}{R_i+R_L}$$

负载吸收的功率 P 为

$$P=I^2R_L=\left(\frac{U_s}{R_i+R_L}\right)^2R_L=\frac{U_s^2}{(R_i-R_L)^2+4R_iR_L}R_L$$

即

$$P=\frac{U_s^2}{\dfrac{(R_i-R_L)^2}{R_L}+4R_i}$$

在电源（或信号源）给定（即 U_s 和 R_i 不变）的前提下，要求负载能获得最大功率，从上式可以看出，只有当$\dfrac{(R_i-R_L)^2}{R_L}$最小，即 $R_i=R_L$ 时，功率 P 最大。

因此负载获得最大功率的条件是：负载的阻值等于电源的内阻，即

$$R_L=R_i \tag{1-28}$$

不难看出，此时负载获得的最大功率为

$$P=\frac{U_s^2}{4R_i} \tag{1-29}$$

负载最大功率传输条件也称为最大功率传输定理。在工程上，把满足最大功率传输的条件称为阻抗匹配。

阻抗匹配的概念在实际中常见，如在有线电视接收系统中，由于同轴的传输阻抗为 75Ω，为了保证阻抗匹配以获得最大功率传输，就要求电视接收机的输入阻抗也为 75Ω。有时很难保证负载电阻与电源内阻相等，为了实现阻抗匹配就必须进行阻抗变换，常用的阻抗变换器有变压器、射极输出器等。

【例 1-11】 求图 1-28（a）所示电路中，电阻 R_L 为多大时它消耗的功率最大，并求出最大功率。

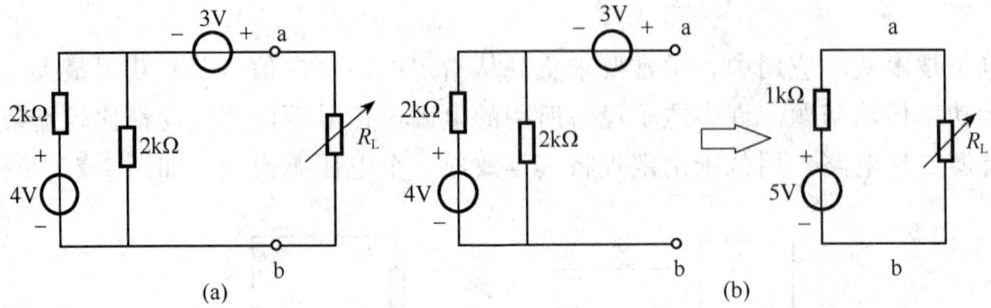

图 1-28 【例 1-11】图

解：为求出 R_L 的最大功率，应先将 R_L 去掉，求出余下的有源二端网络的戴维南等效电路，如图 1-28（b）所示。解得：$U_{OC}=5V$，$R_i=k\Omega$。

因此，当 $R_L=1k\Omega$ 时有最大功率为

$$P_{max}=\left(\frac{U_{OC}}{R_i+R_L}\right)^2 R_L=\left(\frac{5}{2000}\right)^2\times 1000=6.25\times 10^{-3}(W)=6.25(mW)$$

1.9 技能训练

1.9.1 电阻器的识别

1）测试设备

电工电路综合测试台 1 台，0～30V 直流稳压电源 1 台，毫安表 1 只，数字万用表 1 块，电阻若干。

2）测试说明

（1）电阻器的型号。随着电子工业的迅速发展，电阻器的种类也越来越多，为了区别电阻器的类型，在电阻器上可用字母型号来标注，如图 1-29 所示。

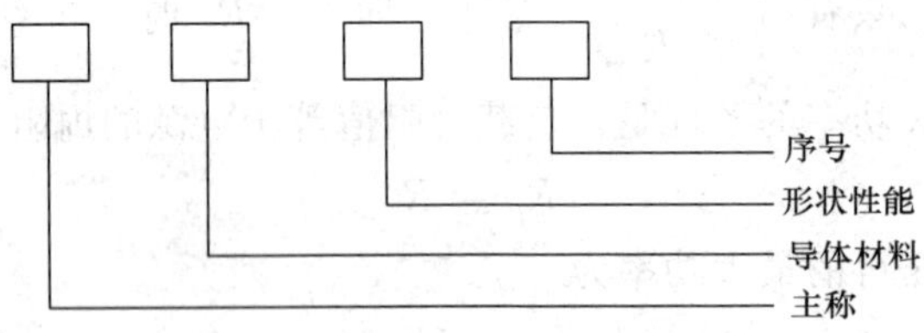

图 1-29 电阻器类别与型号表示

（2）电阻器的规格标注方法。电阻器的类别、标称阻值及误差、额定功率一般都标注在电阻元件的外表面上，目前常用的标注方法有两种。

① 直标法：是将电阻器的类别及主要技术参数直接标注在它的表面上，如图 1-30（a)所示。有的国家或厂家用一些文字符号标明单位，例如 3.3kΩ 标为 3k3，这样可以避免因小数点面积小导致不易看清的缺点。

② 色标法：是将电阻器的类别及主要技术参数用颜色（色环或色点）标注在它的

表面上，如图 1-30（b）所示。碳质电阻器和一些小碳膜电阻器的阻值和误差，一般用色环来表示（个别电阻器也有用色点表示的）。

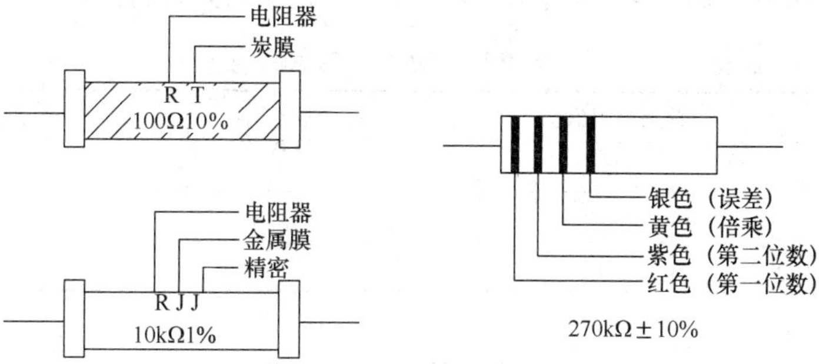

(a) 直标法　(b) 色标法

图 1-30　电阻器规格标注方法

色环所代表的数及数字意义如表 1-1 所示。

表 1-1　色环所代表的数及数字意义

颜色	棕	红	橙	黄	绿	蓝	紫	灰	白	黑	金	银	本色
有效数字	1	2	3	4	5	6	7	8	9	0			
乘数	10^1	10^2	10^3	10^4	10^5	10^6	10^7	10^8	10^9	10^0	10^{-1}	10^{-2}	
允许偏差±%	1	2			0.5	0.25	0.1				5	10	20

识别一个色环电阻器的标称值和精度，首先要确定首环和尾环（精度环）。首、尾环确定后，就可按图 1-30（b）中每道色环所代表的意义读出标称值和精度。

按照色环的印制规定离电阻器端边最近的为首环，较远的为尾环，五环电阻器中尾环的宽度是其他环的 1.5～2 倍。

3）测试步骤

（1）直接读取法。根据表 1-1 中的不同颜色代表的阻值写出电阻器的色环颜色或根据电阻器色环颜色读出电阻器阻值，并填入表 1-2。

表 1-2　色环电阻器的识别

环数	电阻器阻值	首环	第二环	第三环	第四环	第五环
四环	27kΩ（±10%）					
	100Ω（±5%）					
		红	红	橙	无色	
五环	1kΩ（±1%）					
	100Ω（±2%）					
		棕	紫	绿	金	银

（2）万用表测量法。将万用表置欧姆挡，注意选择合适的量程（倍率），将红表笔插入“V·Ω”插孔中，短接表笔调零后，进行电阻的测量，并将测量数据填入表 1-3。

表 1-3 万用表测电阻值

所用仪器	给定电阻值	量程（倍率）	实测值
万用表	51Ω		
	560Ω		
	10kΩ		

1.9.2 电压、电位的测量和基尔霍夫电压定律的验证

1）测试设备

电工电路综合测试台 1 台，0～30V 直流稳压电源 1 台，毫安表 1 只，数字万用表 1 块。

2）测试说明

KVL 指出，在任一时刻，沿电路中任一闭合回路绕行一周，该回路中所有元器件（或支路）电压的代数和恒等于零，即$\sum U=0$。它说明了电路中各段电压的约束关系，它与电路中元器件无关。

测试电路如图 1-31 所示。

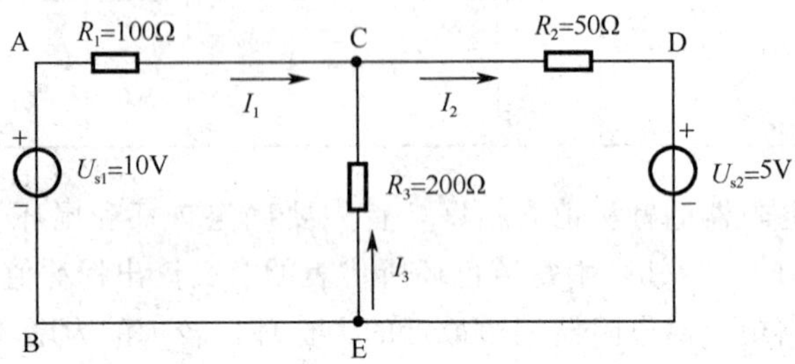

图 1-31 测试电路

3）测试步骤

① 连接电路：调直流稳压电源输出 $U_{s1}=10V$、$U_{s2}=5V$，用万用表电压挡测量。按图 1-31 所示连接电源和电阻。

② 电压测量：用万用表测量相关电压值，并将结果填入表 1-4。

③ 电位测量：以 B 点为参考点，分别测量 A、C、D、E 点的电位，并将结果填入表 1-4。

④ 根据测量出的电压值，分别计算不同回路中电压的代数和，看其是否符合基尔霍夫电压定律。

结论：任意一个回路中各段电压的代数和________（等于/不等于）零。

表 1-4　实验数据记录

电位值				电压值						
V_A	V_C	V_D	V_E	U_{AB}	U_{AC}	U_{CD}	U_{CE}	U_{DE}	U_{DB}	$U_{AB}-U_{AC}-U_{CE}$

1.9.3　电流的测量和基尔霍夫电流定律的验证

1）测试设备

电工电路综合测试台 1 台，0～30V 直流稳压电源 1 台，毫安表 1 只，数字万用表 1 块。

测试电路如图 1-31 所示。

2）测试步骤

① 连接电路：调直流稳压电源输出 $U_{s1}=10V$、$U_{s2}=5V$，用万用表电压挡测量。按图 1-31 所示连接电源和电阻。

② 电流测量：用万用表分别测量 I_1、I_2、I_3 值，并将结果填入表 1-5。

③ 电压测量：用万用表分别测量 U_{AC}、U_{CD}、U_{CE}值，并将结果填入表 1-5。

④ 根据测量出的电流值和电压值，验证欧姆定律。

⑤ 分别计算不同回路中电压的代数和，看其是否符合基尔霍夫电压定律。

⑥ 根据测量出的电流值，计算节点 C 的电流的代数和，看其是否符合基尔霍夫电流定律。

结论：任意流入/流出一个节点的电流的代数和________（等于/不等于）零。

表 1-5　实验数据记录

电流值			电压值		
I_1	I_2	I_3	U_{AC}	U_{CD}	U_{CE}

*1.9.4　有源二端网络等效参数的测定

1）测试设备

电工电路综合测试台 1 台，0～30V 直流稳压电源 1 台，灵敏电流计 1 只，数字万用表 1 块，电阻箱 1 台，电阻器若干。

2）测试说明

任何一个有源二端网络，对外电路来说，可以用一个电压源和一个电阻来代替，U_{OC}和 R_i 分别为有源二端网络的开路电压和入端电阻，如图 1-32 和图 1-33 所示。

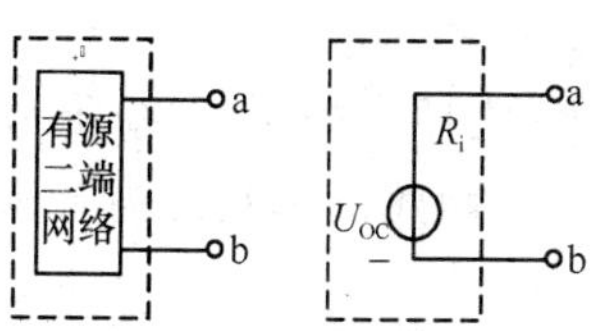

图 1-32　有源二端网络等效电路

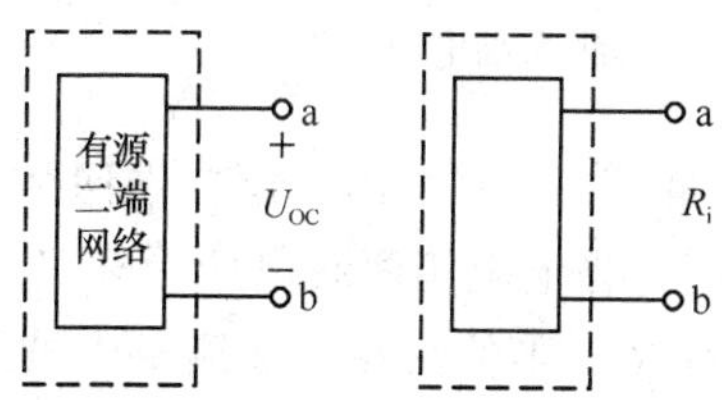

图 1-33　开路电压与入端电阻的测定

用实验的方法测定有源二端网络的参数，主要有以下几种方法。

（1）开路电压 U_{OC} 的测量方法。

① 直接测量法：当有源二端网络的入端电阻 R_i 较小，与电压表的内阻相比较可以忽略不计时，可以用电压表直接测量该网络的开路电压 U_{OC}。

② 补偿法：当有源二端网络的入端电阻 R_i 较大，采取直接测量法的误差较大时，可采用补偿法。补偿法是为了解决电压测量误差而采用的一种方法。由于电压表存在内阻，特别是在等效电源内阻较大时，电压表内阻的接入将改变被测电路的工作状态，而给测量结果带来一定的误差。测量方法如图 1-34 所示，图中虚线方框内为补偿电路，U_s 为直流电源，R_P 为分压器，G 为检流计。将补偿电路的两端与被测电路相连接，调节分压器的输出电压，使检流计的指示为零，此时电压表显示的电压值就是被测网络的开路电压 U_{OC}。由于此时被测网络相当于开路，不输出电流，网络内部无电压降。

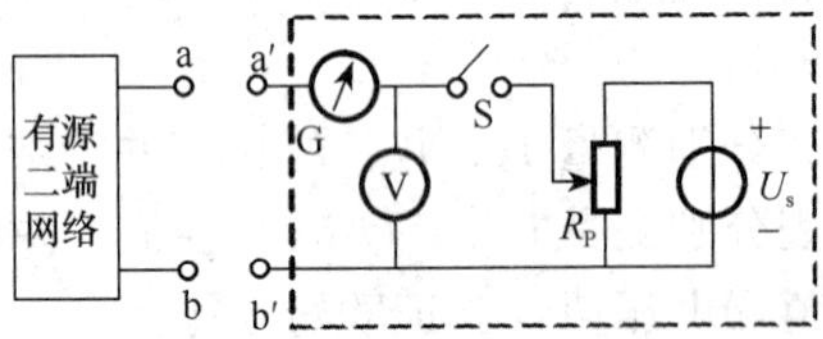

图 1-34 补偿法测量开路电压

（2）入端电阻 R_i 的测量方法。

① 外加电源法：将有源二端网络内部除去电源（电压源用导线代替、电流源用开路代替），然后在网络两端加上一个合适的电压源 U_s，如图 1-35 所示，测出流入网络的电流 I，此时入端等效电阻为 $R_i=U_s/I$。这种方法仅适用于电压源的内阻很小和电流源的内阻很大的情况。如果无源二端网络仅由电阻元件组成，也可以用万用表的欧姆挡直接测量 R_i，如图 1-36 所示。

② 开路短路法：在测量出有源二端网络的开路电压 U_{OC} 之后，再测量网络的短路电流 I，如图 1-37 所示，则可计算出 $R_i=U_{OC}/I$。

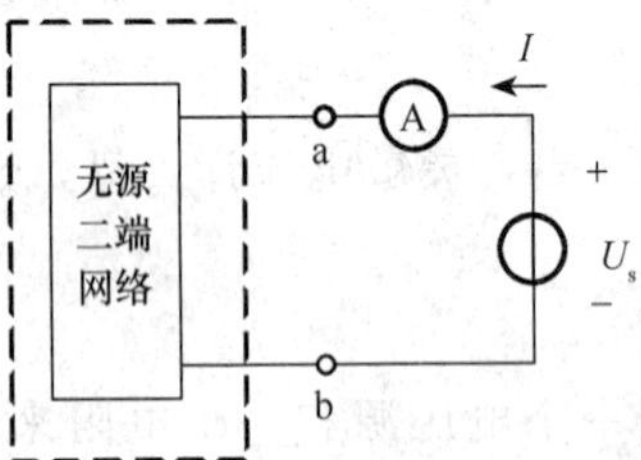

图 1-35 外加电源法测入端电阻

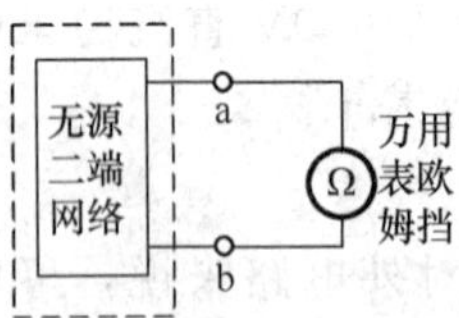

图1-36 万用表欧姆挡测入端电阻

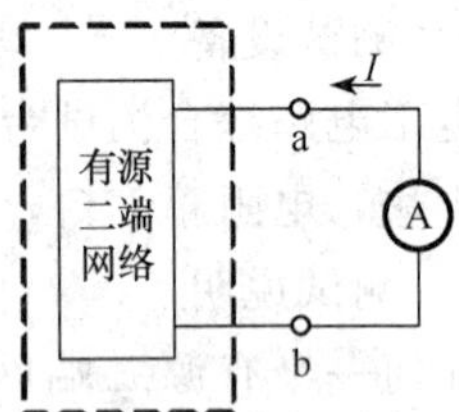

图 1-37 测量网络短路电流

③ 半偏法：在测量出有源二端网络的开路电压 U_{OC} 之后，如图 1-38 所示，调节电阻箱电阻值，当电阻箱两端电压为开路电压的一半时，电阻箱的读数即为有源二端网络的入端电阻 R_i。半偏法在实际测量中被广泛采用。

（3）负载获得最大功率。当电源给定，取负载电阻等于等效电源的内阻时，负载将获得最大功率，称为负载与电源匹配。这一概念经常用于电子电路中。

3）测试电路

测试电路如图 1-39 所示。

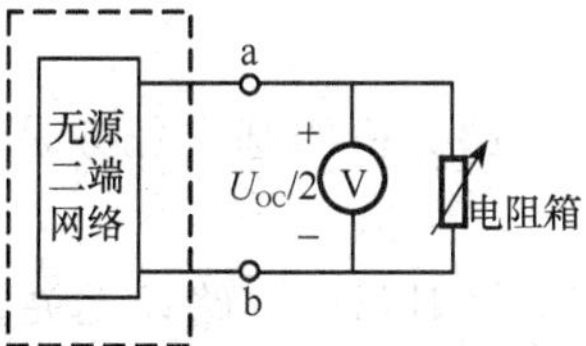

图 1-38　半偏法测入端电阻

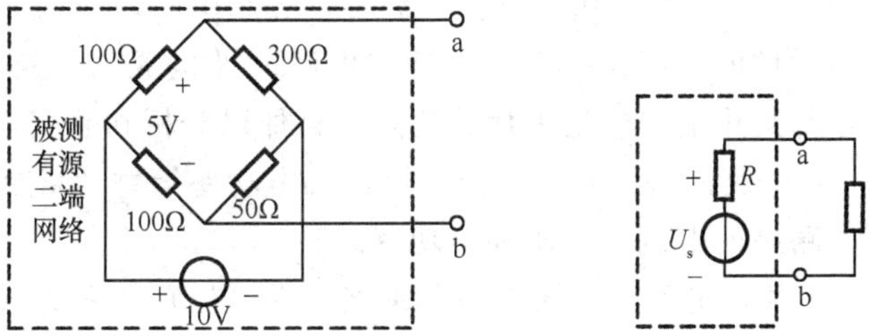

(a) 有源二端网络的测试电路　(b) 戴维南定理的测试电路

图 1-39　测试电路

4）测试步骤

(1) 测定开路电压 U_{OC} 和入端电阻 R_i。按图 1-39（a）接线，参照训练内容说明，测量有源二端网络的开路电压 U_{OC} 和入端电阻 R_i，将测量结果填入表 1-6。

表 1-6　开路电压 U_{OC} 和入端电阻 R_i 数据

开路电压 U_{OC}		入端电阻 R_i	
直接测量法		外加电源法	
补偿法		开路短路法	
取值		半偏法	
		取值	

(2) 测定有源二端网络的外特性。在图 1-39（a）所示网络的两端接电阻箱作为负载电阻 R_L，分别取不同的值，测量相应的端电压 U 和电流 I，并将测量结果填入表 1-7。

表 1-7　测量有源二端网络外特性的数据

R_L（Ω）	0	50	100	200	500	∞
U（　）						
I（　）						

(3) 测量戴维南等效电路的外特性。根据步骤（1）所测得的有源二端网络的开路电压 U_{OC} 和入端电阻 R_i，按如图 1-39（b）所示接线，U_{OC} 使用直流稳压电源，R_i 直接使用电阻。然后在线路两端接电阻箱作为负载电阻 R_L，根据表 1-8 中电阻的取值测量对应的端电压和电流，并将测量结果填入表 1-8。

表 1-8　测量戴维南等效电路外特性的数据

R_L（Ω）	0	50	100	200	500	∞
U（　）						
I（　）						

知识小结

• 电路按其作用通常由电源、负载和中间环节三部分组成。理想电路元件是指实际电路元件的理想化模型。由理想电路元件构成的电路称为电路模型。在电路理论研究中，都是用电路模型来代替实际电路加以分析和研究。

• 电路的特性是由电流、电压和电功率等物理量描述的。电路分析的基本任务是计算电路中的电流、电压和电功率。

• 某点电位等于该点与参考点（零电位）之间的电位差，计算时与所选路径无关。

• 电荷的定向运动形成电流，习惯上把正电荷运动的方向规定为电流的实际方向。电路中在电场力的作用下，单位正电荷从A点经任意路径移到B点所做的功，被称为A、B两点间的电压，即 $u=\mathrm{d}W/\mathrm{d}q$。参考方向是事先选定的一个方向。如果电压和电流的参考方向选择一致，则称电压和电流的参考方向为关联参考方向，简称关联方向。

• 电路中的基本元件（电阻、电容、电感）及其伏安特性。

• 电源是一种能将其他形式的能量转换成电能的装置或设备，电源给电路提供电能。电压源的端电压以固定规律变化，不会因为它所连接的电路不同而改变，通过它的电流取决于与它连接的外电路。电流源的电流以固定规律变化，与端电压无关，且电流源的端电压随着与它连接的外电路的不同而不同。电压源和电流源常被称为独立源。

• 基尔霍夫电流定律指出：任一时刻，流入节点或闭合回路的全部电流等于流出的全部电流。即它们的电流代数和等于零：$\sum I=0$。基尔霍夫电压定律指出：任一时刻，绕行一个闭合回路的电压之和等于零；或在一个闭合回路中，电阻上电压降的代数和等于电源电压的代数和，即 $\sum U=0$ 或 $\sum U_{\mathrm{s}}=\sum IR$ 。

• 节电电压法及弥尔曼定理的应用。以节点电位为前提，然后根据欧姆定理求解支路电流。

• 戴维南定理：任何一个复杂的有源电路，除所研究的支路外，可用一个实际电压源模型（即一个理想电压源和一个内阻串联）表示，这个理想电压源为有源网络的开路电压，内阻为网络内全部电源置零（即理想电压源短路，理想电流源开路）时二端网络之间的输入电阻。

思考与练习

1.1 在图1-40所示电路中，$U_{\mathrm{ab}}=-4\mathrm{V}$，试问a、b两点哪点电位高？

1.2 如图1-41所示电路，电压参考方向已选定，$U_1=5\mathrm{V}$，$U_2=-3\mathrm{V}$，求 U_{ab}、U_{ba}，U_{cd}、U_{dc}的值。

1.3 在图1-42所示电路中，按给定的电压、电流参考方向，求电流 I 的值。

图 1-40　习题 1.1 图

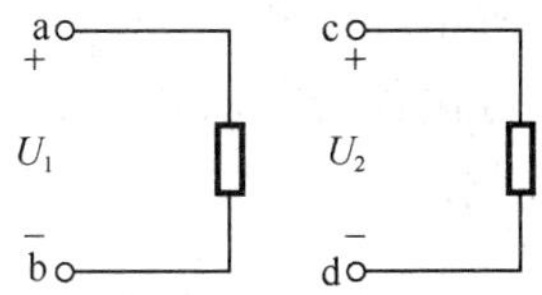

图 1-41　习题 1.2 图

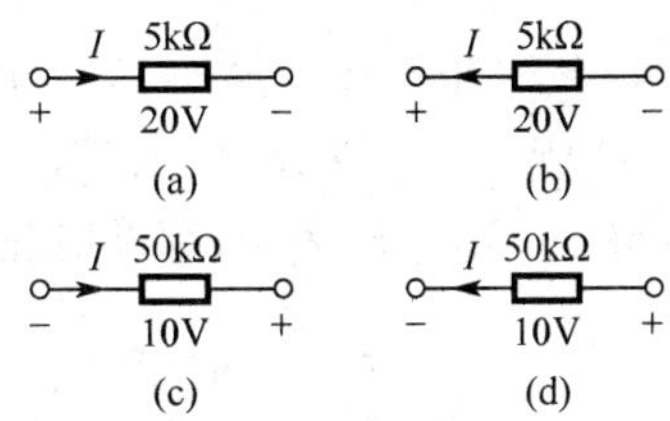

图 1-42　习题 1.3 图

1.4　一个 100kΩ/1W 的电阻，使用时两端允许加的最大电压是多少？一个 10kΩ/0.5W的电阻，使用时允许通过的最大电流是多少？

1.5　如图 1-43 所示，以 C 为参考点，已知 $V_A=10V$，$V_B=5V$，$V_D=-3V$，试写出 U_{AB}、U_{BC}、U_{BD}和 U_{AD}各为多少伏。

1.6　在图 1-44 中，4 个元件代表电源或负载。通过实验测量得知：$I_1=4A$，$I_2=-6A$，$I_3=2A$，$U_1=10V$，$U_2=10V$，$U_3=-5V$，$U_4=15V$，试：

(1) 判断哪些元件是电源？哪些是负载？

(2) 计算各元件的功率，检验整个电路的功率是否平衡。

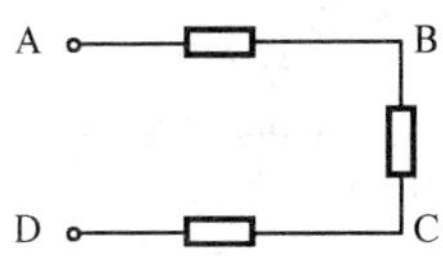

图 1-43　习题 1.5

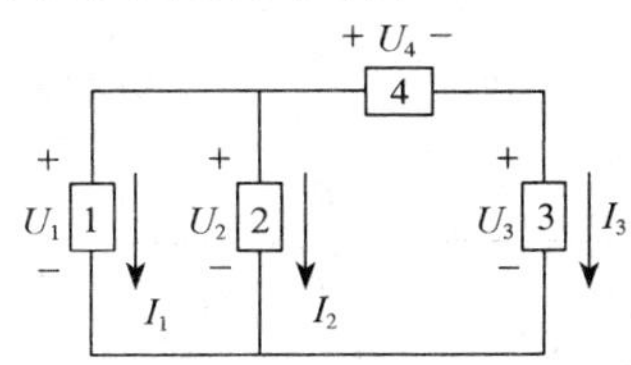

图 1-44　习题 1.6 图

1.7　电路如图 1-45 所示，求电路等效电阻 R_{ab}。

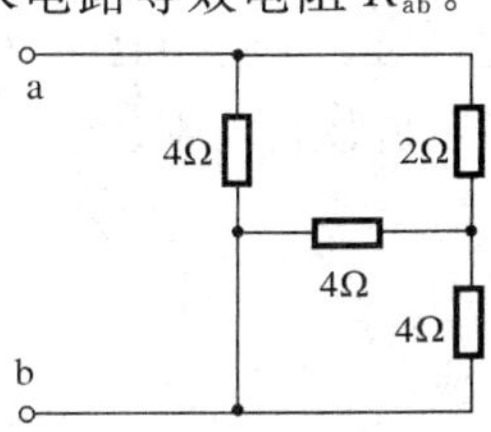

图 1-45　习题 1.7 图

1.8　如图 1-46 所示电路，设点 b 为参考点，求点 a 的电位 V_a。

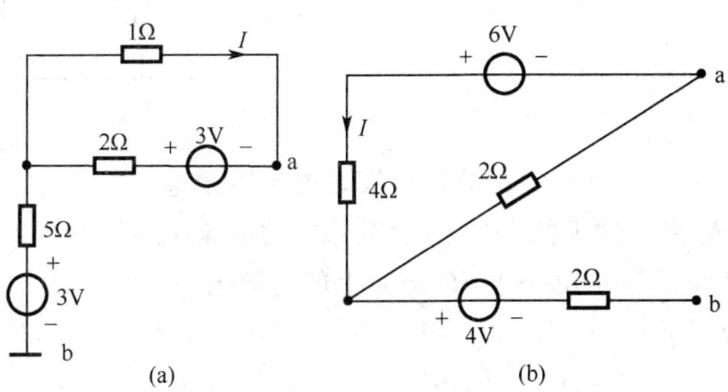

图 1-46　习题 1.8 图

1.9　如图 1-47 所示，已知 $I_s=3A$，求 I。

1.10　一含源支路 ab 如图 1-48 所示，已知 $U_{s1}=4V$，$U_{s2}=16V$，$U_{ab}=5V$，$R_1=2\Omega$，$R_2=3\Omega$，$R_3=5\Omega$，设电流参考方向如图所示，求 I。

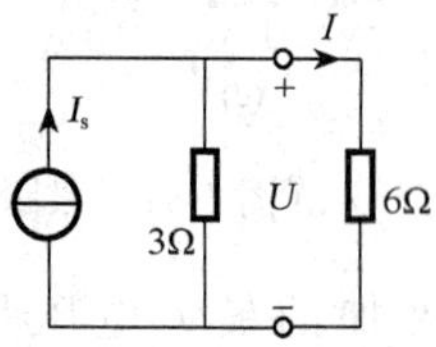

图 1-47　习题 1.9 图

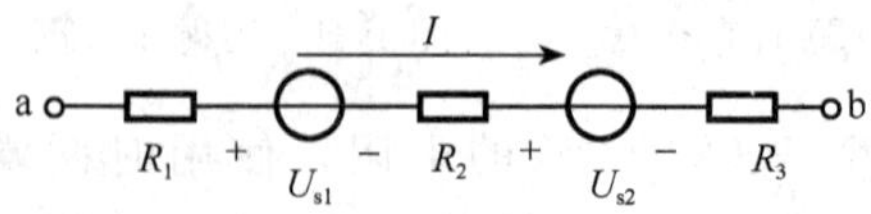

图 1-48　习题 1.10 图

1.11　电路如图 1-49 所示，已知 $U_{s1}=5V$，$U_{s2}=10V$，$R_1=1\Omega$，$R_2=4\Omega$，$R_3=1\Omega$，$R_4=4\Omega$，求 I 和 U_{ab}。

1.12　如图 1-50 所示，试求电路中的 U_{ab}。

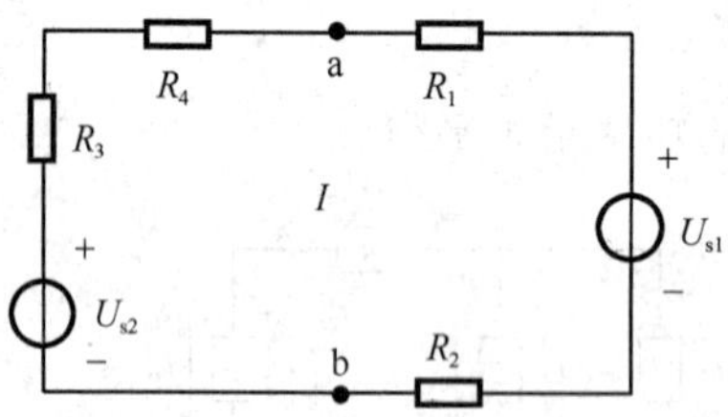

图 1-49　习题 1.11 图

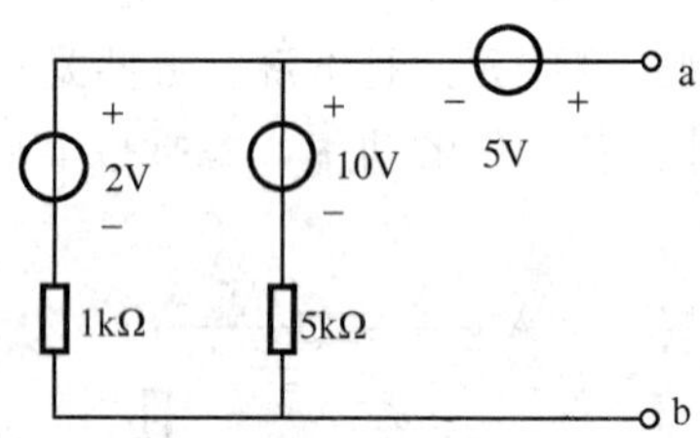

图 1-50　习题 1.12 图

1.13　图 1-51 所示电路中，在开关 S 断开和闭合的两种情况下，试求 A 点的电位。

1.14　独立电压源能否短路？独立电流源能否开路？

1.15　电路如图 1-52 所示，在（1）$R=10k\Omega$；（2）$R=5k\Omega$；（3）$R=2k\Omega$ 情况下，试判断 5V 电压源是发出功率还是吸收功率。

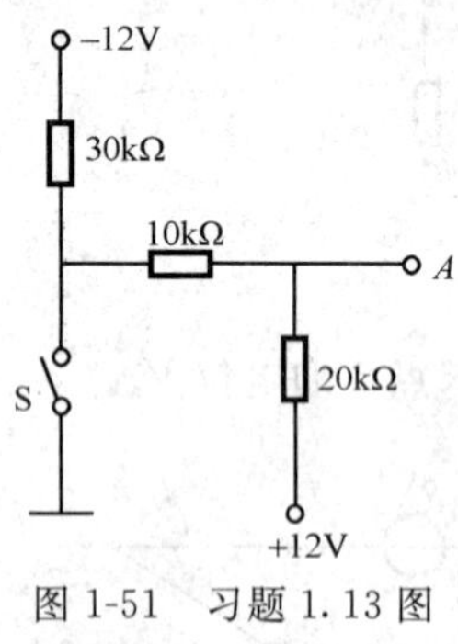

图 1-51　习题 1.13 图

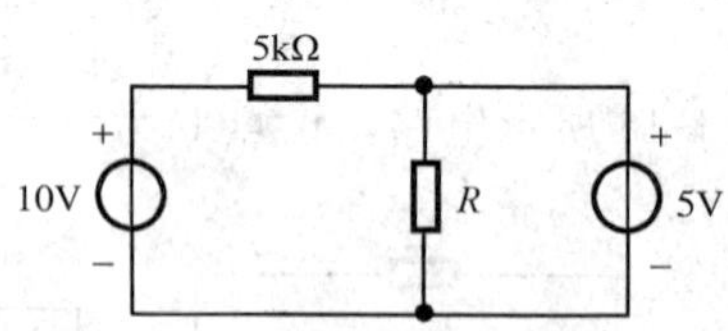

图 1-52　习题 1.15 图

1.16　电路如图 1-53 所示，试分别求等效电压源模型。

1.17　应用戴维南定理求图 1-54 所示电路中的电流 I。

1.18　试求图 1-55 所示电路中 5Ω 电阻上的电流 i。

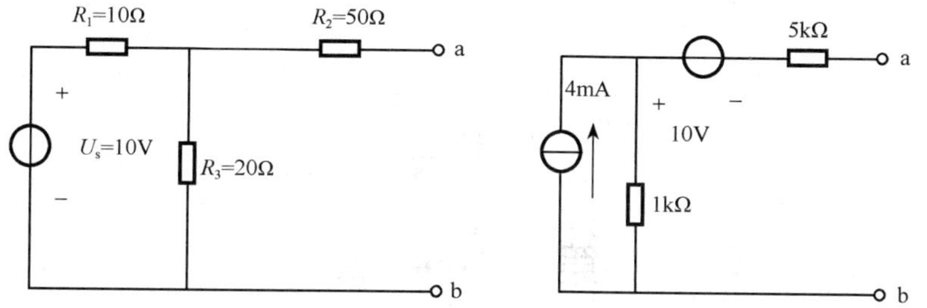

图 1-53　习题 1.16 图

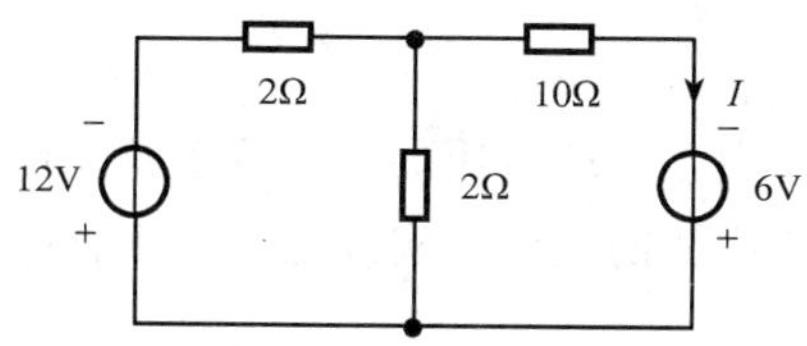

图 1-54　习题 1.17 图

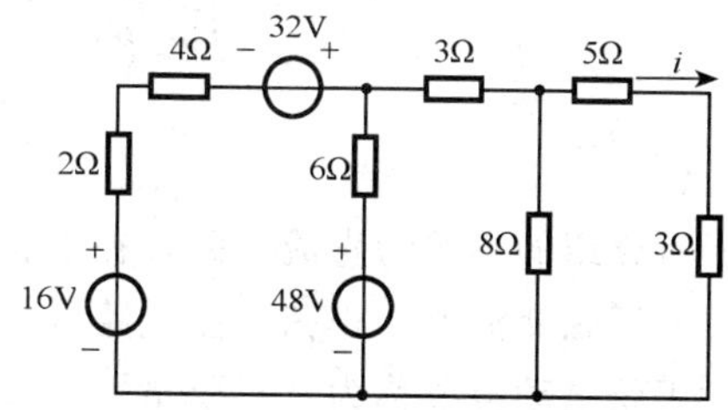

图 1-55　习题 1.18 图

1.19　电路如图 1-56 所示，试列出用支路电流法求解各支路电流的方程。

1.20　用节点电压法求图 1-57 电路中各支路电流。

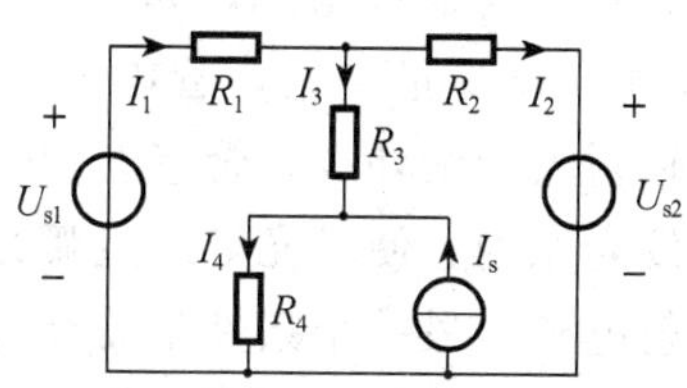

图 1-56　习题 1.19 图

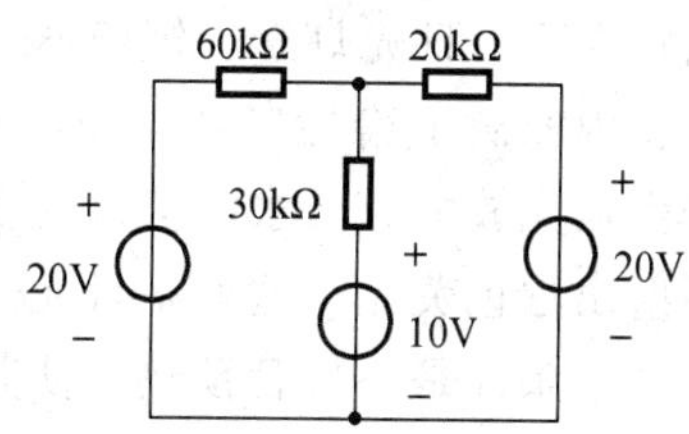

图 1-57　习题 1.20 图

1.21　电路如图 1-58 所示，试问 R_L 获得最大功率时的 R_L 值及其最大功率是多少？

1.22　如图 1-59 所示电路，当负载 R_L 分别为 2Ω、10Ω、20Ω、100Ω 时，求负载 R_L 上的功率。如果 R_L 为可调电阻，试判断当 R_L 为何值时，在负载上可以获得最大功率。

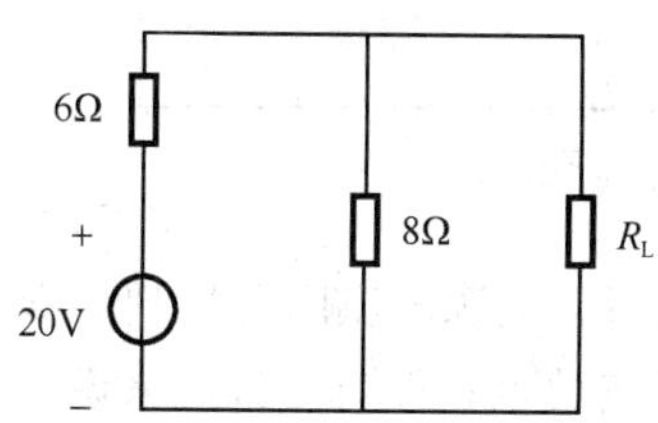

图 1-58　习题 1.21 图

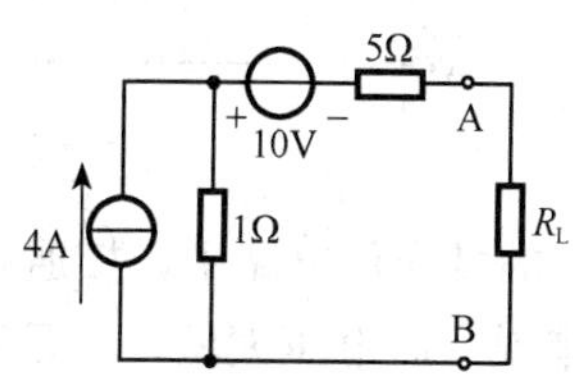

图 1-59　习题 1.22 图

第 2 章

正弦交流电路

前面所介绍的主要为直流电路，在工程实际中，一般所用的多为按正弦规律变化的交流电，即正弦交流电。正弦交流电路分析具有广泛的理论及实际意义。正弦电流、正弦电压、正弦电动势统称为“正弦量”。

2.1 应用示例

日光灯电路主要由日光灯管、镇流器、启辉器等元器件组成，如图 2-1 所示。灯管两端有灯丝，管内充满了惰性气体（氩气或氪气）及少量水银，管内壁涂有一层荧光粉，当管内产生弧光放电时，水银蒸汽受激发辐射大量紫外线，管壁上的荧光粉在紫外线的激发下辐射出白色荧光，这就是日光灯的发光原理。使日光灯产生弧光放电必须具备两个条件：一个条件是将灯管预热，使其发射电子；另一个条件是需要有一个较高的电压使管内气体击穿放电。

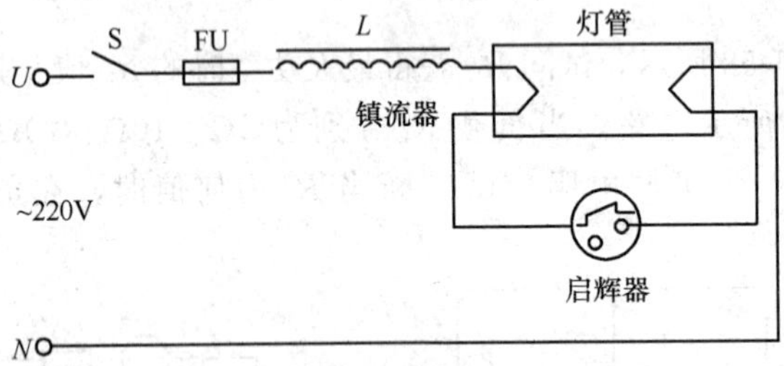

图 2-1　日光灯电路

如图 2-1 所示的日光灯电路中，接通电源时，电源电压同时加到灯管和启辉器的两个电极上。对灯管来说，此电压太低，不足以使其放电；但对启辉器来说，此电压可以使它产生辉光放电。启辉器中双金属片因放电受热膨胀，动触片从而与静触片接触，于是有电流流过镇流器、灯丝和启辉器，灯丝受到预热。经 1～3 秒后，启辉器两触片分开（因启辉器内辉光放电停止，双金属片冷却），使电路中电流突然中断，于是镇流器（一个带有铁心的电感线圈）中产生一个瞬间的高电压，此电压与电源电压叠加后加在灯管两端，将管内气体击穿而产生弧光放电。灯管点燃后，由于镇流器的存在，灯管两端的电压比电源电压低得多（具体数值与灯管功率有关，一般在 50～100V 的范围内），不足以使启辉器放电，其触点不再闭合。由此可见，启辉器相当于一个自动开关的作用，而镇流器在启动时产生高电压的作用，在启动前灯丝预热瞬间及启动后灯管工作时起限流作用。

2.2　正弦交流电路的基本概念

2.2.1　正弦量及其三要素

在正弦交流电路中，电流和电压的大小和方向都随时间按正弦规律变化，其在任一瞬时的数值称为正弦量的瞬时值。瞬时值是时间的函数，通常以 $i(t)$、$u(t)$ 表示，也可以表示为 i、u。图 2-2 所示为正弦交流电流波形。

在直流电路的分析中，离开方向去分析电压和电流是没有意义的。而在交流电路的分析中，正弦量的实际方向总是随时间改变，因而无法确定某一时刻的实际方向，此时选取正弦量的参考方向是十分重要的。正弦量的参考方向是事先假定的，如图 2-3所示，用实线箭头表示参考方向，用虚线箭头表示某一瞬时的实际方向。例如，在正半周时，参考方向与实际方向相同，则 $i>0$；而在负半周时情况则相反。与直流电路相同，若某一段电路上电压和电流的参考方向一致时，称为关联的参考方向，否则为非关联的参考方向。正弦量不仅可以用波形图来表示，还可以用函数表达式来表示。

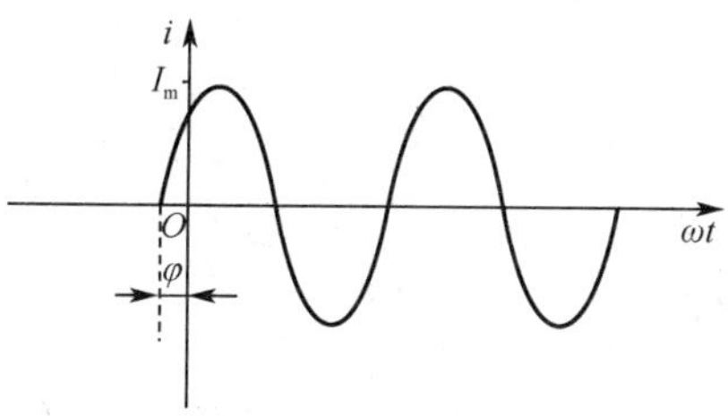

图 2-2　正弦交流电流波形

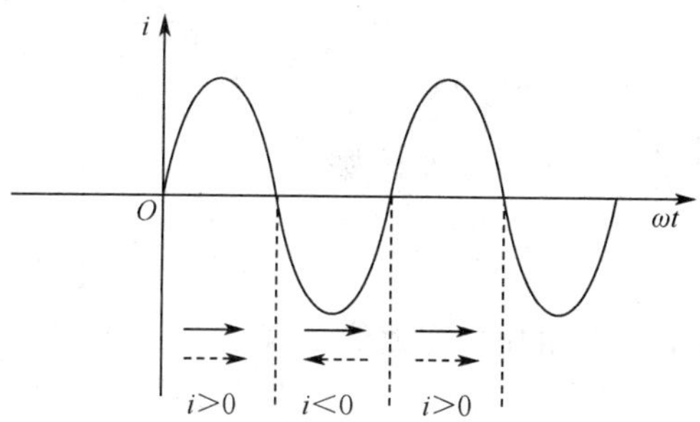

图 2-3　正弦量的参考方向

图 2-2 所示为一正弦交流电流 i，在所规定参考方向下的数学表达式为

$$i(t) = I_m \sin(\omega t + \varphi) \tag{2-1}$$

式中，I_m 为幅值（又称振幅值或最大值）；ω 为角频率；φ 为初相。

幅值、角频率和初相称为正弦量的三要素。

1. 幅值与有效值

式（2-1）中，幅值 I_m 是正弦电流在整个变化过程中所能达到的最大数值。正弦量的幅值用带下标 m 的大写字母来表示，如电压的幅值 U_m。电路的一个重要作用是能量转换，而正弦量的瞬时值、最大值都不能确切反映它们在转换能量方面的效果，为此，引入了有效值的概念。有效值通常用大写字母表示，如 I、U 等。

一个交流电流 i 和一个直流电流 I，分别作用于同一电阻 R，如果经过一个周期 T 的时间二者产生的热量相等，则该直流电流 I 称为交流电流 i 的有效值。

在一个周期 T 的时间内直流电流 I 通过电阻 R 所产生的热量为

$$Q = I^2RT$$

在相同时间内交流电流 i 通过同一电阻 R 所产生的热量为

$$Q' = \int_0^T i^2 R\mathrm{d}t$$

由定义可知 Q 与 Q' 相等，即

$$\int_0^T i^2 R\mathrm{d}t = I^2RT$$

解得周期电流的有效值为

$$I = \sqrt{\frac{1}{T}\int_0^T i^2\mathrm{d}t} \tag{2-2}$$

对于正弦量，设

$$i(t) = I_\mathrm{m}\sin\omega t$$

代入上式，得

$$\begin{aligned} I &= \sqrt{\frac{1}{T}\int_0^T i^2\mathrm{d}t} = \sqrt{\frac{1}{T}\int_0^T I_\mathrm{m}^2\sin^2\omega t\,\mathrm{d}t} = \sqrt{\frac{I_\mathrm{m}^2}{T}\int_0^T \frac{1-\cos 2\omega t}{2}\mathrm{d}t} \\ &= \sqrt{\frac{I_\mathrm{m}^2}{2T}\left[\int_0^T \mathrm{d}t - \frac{1}{2\omega}\int_0^T \cos 2\omega t\,\mathrm{d}(2\omega t)\right]} = \sqrt{\frac{I_\mathrm{m}^2}{2T}\left(t\Big|_0^T - \frac{1}{2\omega}\sin 2\omega t\Big|_0^T\right)} \\ &= \sqrt{\frac{I_\mathrm{m}^2}{2T}(T-0)} = \sqrt{\frac{I_\mathrm{m}^2}{2}} = \frac{I_\mathrm{m}}{\sqrt{2}} = 0.707I_\mathrm{m} \end{aligned}$$

所以正弦电流的有效值为

$$I = \frac{I_\mathrm{m}}{\sqrt{2}} = 0.707I_\mathrm{m} \tag{2-3}$$

同样，正弦电压的有效值为

$$U = \frac{U_\mathrm{m}}{\sqrt{2}} = 0.707U_\mathrm{m} \tag{2-4}$$

引入有效值后，正弦量的解析式常写为

$$\begin{cases} i(t) = \sqrt{2}I\sin(\omega t + \varphi_i) \\ u(t) = \sqrt{2}U\sin(\omega t + \varphi_u) \end{cases} \tag{2-5}$$

如果不加说明，正弦量的大小皆指有效值。交流电气设备铭牌上所标的电流、电压值都是有效值。例如，民用交流电压 220V，工业交流电压 380V。

> 提示：在选择电器的耐压时，必须考虑电压的最大值。例如，耐压为 220V 的电容器就不能接到电压有效值为 220V 的交流电路中，因为电压的有效值为 220V 时，电压的最大值是 311V，会使电容器因击穿而损坏。

2. 频率与周期

正弦量循环变化一次所需要的时间称为周期，用符号 T 表示，单位为秒（s）。正弦量在单位时间内（1s）变化的循环次数，称为频率，用符号 f 表示，单位为赫兹

(Hz)，简称赫。

周期和频率的关系为

$$f = \frac{1}{T} \tag{2-6}$$

周期和频率都表示正弦量变化的快慢，对于正弦函数，通常还用角频率 ω 表示正弦量变化的快慢。机械物体旋转一周为 2π 弧度，正弦量变化一周也定为 2π 弧度，称为电角度。角频率是正弦函数在单位时间内变化的电角度（弧度数），即

$$\omega = \frac{2\pi}{T} = 2\pi f \tag{2-7}$$

角频率 ω 的单位为弧度/秒，用符号 rad/s 表示。

我国和世界上大多数国家都采用 50Hz 作为国家电力工业的标准频率，通常称为工频。工频的周期是 0.02s，角频率 $\omega = 2\pi f = 314\text{rad/s}$。少数国家的工频为 60Hz。声音信号频率为 20～20000Hz，无线电通信使用的频率则较高。

3. 相位与初相

式 (2-1) 中的 $(\omega t + \varphi)$ 称为正弦量的相位（或称相位角），它是随时间变化的。相位是表示正弦量在某一瞬间所处状态的物理量，它不仅能确定正弦量瞬时值的大小和正负的角度，还能表示出正弦量变化的趋势。

φ 是正弦量在 $t=0$（即计时起点）时的相位，称为正弦量的初相位，简称初相。初相确定了正弦量在计时起点的瞬时值，反映了正弦量在计时起点的状态。相位和初相的单位，用弧度 (rad) 或度 (°) 表示。

计时起点即 $t=0$ 的时刻。计时起点可任意选择，但一经选定后，初相的大小和正负也就确定了。例如，当正弦量到达零值（正弦量每变化一周期有两次为零，零值是指由负向正过渡时的值）时作为计时起点，则 $\varphi=0$，如图 2-4 (a) 所示；当正弦量到达某一正值时作为计时起点，则 $\varphi>0$，如图 2-4 (b) 所示；当正弦量到达某一负值时作为计时起点，则 $\varphi<0$，如图 2-4 (c) 所示。在波形图上可以看到，正弦量的初相是由正弦量的零值到坐标原点之间的角度表示的。我们规定 φ 的取值范围为 $|\varphi| \leqslant \pi$，即 $-180° \leqslant \varphi \leqslant 180°$。

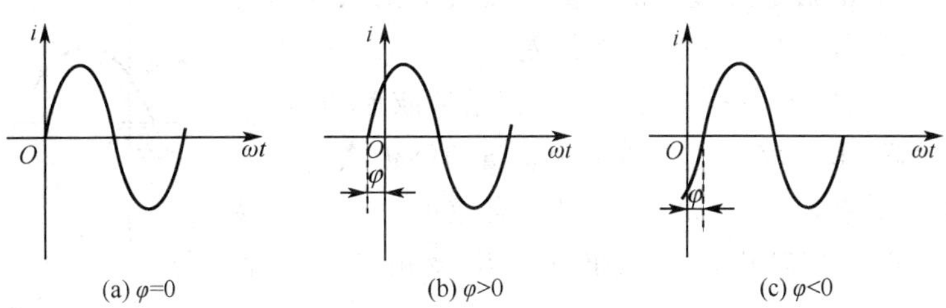

图 2-4　正弦量的初相

两个同频率正弦量的相位之差称为相位差，用 φ_{12} 表示。设有两个同频率正弦电流

$$i_1(t) = I_{m1}\sin(\omega t + \varphi_1)$$

$$i_2(t) = I_{m2}\sin(\omega t + \varphi_2)$$

其相位差为

$$\varphi_{12} = (\omega t + \varphi_1) - (\omega t + \varphi_2) = \varphi_1 - \varphi_2 \tag{2-8}$$

可见，同频率正弦量的相位差又等于它们的初相之差，且与时间 t 无关。不同频率的两个正弦量之间的相位差是随时间变化的。本书以后所用到的相位差，都是对同频率正弦量而言的。我们规定相位差的取值范围为 $|\varphi_{12}|\leqslant\pi$，相位差决定了两个正弦量之间的相位关系。

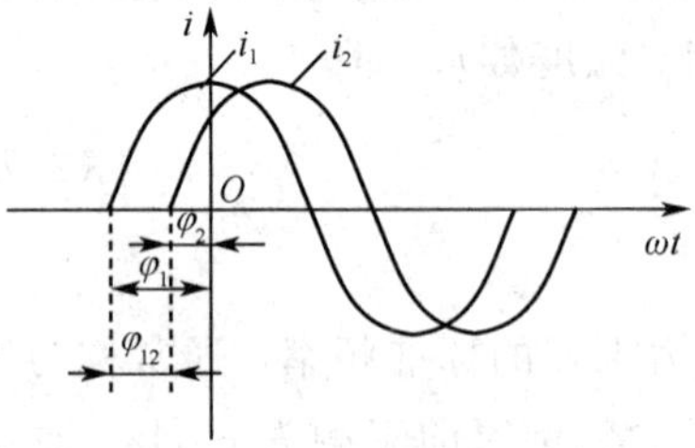

图 2-5 相位差

若 $\varphi_{12}=\varphi_1-\varphi_2>0$，称 i_1 超前 i_2 数值为 $|\varphi_{12}|$ 的角度（或称 i_2 滞后 i_1 数值为 $|\varphi_{12}|$ 的角度）；若 $\varphi_{12}=\varphi_1-\varphi_2<0$，称 i_1 滞后 i_2 数值为 $|\varphi_{12}|$ 的角度（或称 i_2 超前 i_1 数值为 $|\varphi_{12}|$ 的角度）。如图 2-5 所示为 i_1 超前 i_2 数值为 $|\varphi_{12}|$ 的角度。

相位差有以下几个特殊值。

（1）若 $\varphi_{12}=\varphi_1-\varphi_2=0$，则称这两个同频率的正弦量为同相，如图 2-6（a）所示。

（2）若 $\varphi_{12}=\varphi_1-\varphi_2=\pm\dfrac{\pi}{2}$，则称这两个同频率的正弦量为正交，如图 2-6（b）所示。

（3）若 $\varphi_{12}=\varphi_1-\varphi_2=\pm\pi$，则称这两个同频率的正弦量为反相，如图 2-6（c）所示。

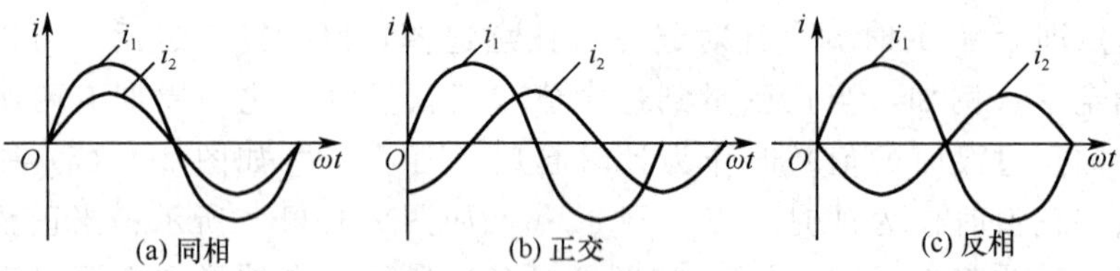

图 2-6 正弦量的同相、正交、反相

在电路分析中，为了更方便地比较几个正弦量的相位关系，通常确定一个正弦量的初相为零，称这个正弦量为参考正弦量，而其他正弦量的初相就等于它们与参考正弦量之间的相位差。

【例 2-1】 在选定的参考方向下，正弦量的波形如图 2-7 所示，已知 $f=50\text{Hz}$，求：（1）写出正弦量的解析式，并说出该正弦量的三要素；（2）写出正弦量的有效值；（3）若参考方向与图中参考方向相反，请重新写出该正弦量的表达式。

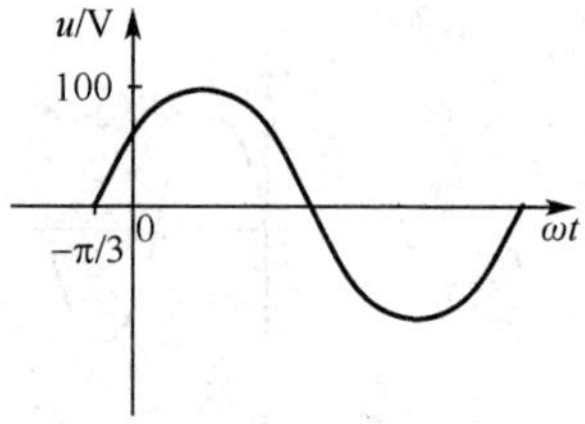

图 2-7 【例 2-1】图

解：（1）从波形可知

$$\omega = 2\pi f = 2\pi\times 50 = 100\pi(\text{rad/s})$$

$$\varphi = \frac{\pi}{3}$$

$$U_m = 100(\text{V})$$

电压的解析式

$$u = 100\sin\left(100\pi t + \frac{\pi}{3}\right)(\text{V})$$

（2）正弦量的有效值为

$$U = \frac{U_m}{\sqrt{2}} = \frac{100}{\sqrt{2}} = 50\sqrt{2} = 70.7(\text{V})$$

（3）当参考方向与图中参考方向相反时，其电压表达式为

$$u = -100\sin\left(100\pi t + \frac{\pi}{3}\right) = 100\sin\left(100\pi t + \frac{\pi}{3} - \pi\right) = 100\sin\left(100\pi t - \frac{2\pi}{3}\right)(\text{V})$$

【例 2-2】 现有两个同频率的正弦量，$u=311\sin(\omega t+60°)$V、$i=10\sin(\omega t-60°)$A，求这两个正弦量的相位差。

解：已知

$$\varphi_u = 60°, \quad \varphi_i = -60°$$

则

$$\varphi_{ui} = \varphi_u - \varphi_i = 60° - (-60°) = 120°$$

即 u 超前 i 120°，或 i 滞后 u 120°。

2.2.2　正弦量的相量表示法

1．复数简介

复数是由实数和虚数之和构成的，其代数形式为

$$A = a + \text{j}b \tag{2-9}$$

式中，a 为实部；b 为虚部；j 表示虚部单位。

在数学中，虚部单位用 i 表示；在电路中，为了与电流 i 进行区别，用 j 表示。虚部单位 $\text{j}=\sqrt{-1}$。

1）用图形表示复数

以实数数轴和虚数数轴为相互垂直的坐标轴而构成的平面，称为复数平面，简称复平面，如图 2-8 所示。其中“+1”表示实数数轴，“+j”表示虚数数轴。每一个复数在复平面上可以找到唯一的一点与之对应，而复平面上的每一个点也都对应唯一的一个复数。在图 2-8（a）中，可知 $A_1=2+\text{j}3$，$A_2=2-\text{j}2$，$A_3=-3-\text{j}3$，$A_4=-4+\text{j}2$。

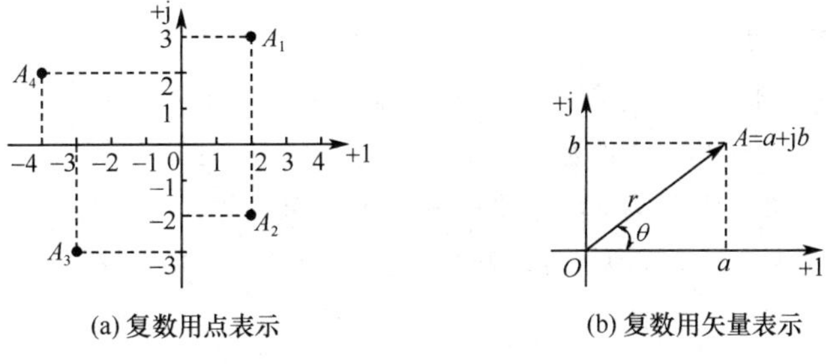

图 2-8　复平面及复数的表示

复数还可以用复平面上的矢量表示，如图 2-8（b）所示。复数 A 在实轴上的投影为 a，在虚轴上的投影为 b。该复数对应一个复矢量，矢量的长度 r 称为复数的模（复数 A 的模表示为 $|A|$，取正值），矢量与实轴正方向的夹角 θ 称为复数的辐角（$-\pi \leqslant \theta \leqslant \pi$）。由三角函数可知

$$\begin{cases} r = |A| = \sqrt{a^2 + b^2} \\ \theta = \arctan \dfrac{b}{a} \\ a = r\cos\theta \\ b = r\sin\theta \end{cases} \tag{2-10}$$

这时，复数可以写成

$$A = a + \mathrm{j}b = r\cos\theta + \mathrm{j}r\sin\theta \tag{2-11}$$

2）复数四种表达式

（1）代数式：$A=a+\mathrm{j}b$。

（2）三角函数式：$A=r\cos\theta+\mathrm{j}r\sin\theta$。

（3）指数式：$A=r\mathrm{e}^{\mathrm{j}\theta}$（由数学中的欧拉公式 $\mathrm{e}^{\mathrm{j}\theta}=\cos\theta+\mathrm{j}\sin\theta$ 得到）。

（4）极坐标式：$A=r\angle\theta$。

以上四种形式可以利用式（2-10）进行互换。

可以把复数的极坐标形式画成图 2-9 所示形式，该图称为相量图。

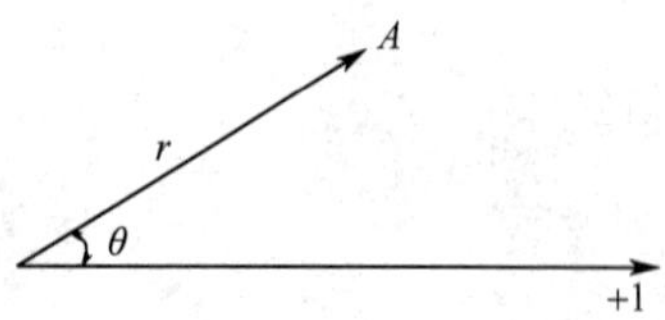

图 2-9 相量图

【例 2-3】 写出复数 $A_1=3-\mathrm{j}4$ 和 $A_2=10\angle 45^\circ$ 的其他三种表达式。

解：A_1 的模 $r_1=\sqrt{3^2+(-4)^2}=5$，A_1 的辐角 $\theta_1=\arctan-\dfrac{4}{3}=-53.1^\circ$

（1）三角函数式：$A_1=5\cos(-53.1^\circ)+\mathrm{j}5\sin(-53.1^\circ)$。

（2）指数式：$A_1=5\mathrm{e}^{\mathrm{j}(-53.1^\circ)}$。

（3）极坐标式：$A_1=5\angle -53.1^\circ$。

A_2 的实部 $a_2=10\cos45^\circ=5\sqrt{2}$，$A_2$ 的虚部 $b_2=10\sin45^\circ=5\sqrt{2}$。

（1）代数式：$A_2=5\sqrt{2}+\mathrm{j}5\sqrt{2}$。

（2）三角函数式：$A_2=10\cos45^\circ+\mathrm{j}10\sin45^\circ$。

（3）指数式：$A_2=10\mathrm{e}^{\mathrm{j}45^\circ}$。

两复数矢量图如图 2-10 所示。

【例 2-4】 写出复数 1、-1、j、$-$j 的极坐标式。

解：复数 1 的实部为 1，虚部为 0，极坐标式 $1=1\angle 0^\circ$；

复数 -1 的实部为 -1，虚部为 0，极坐标式 $-1=1\angle 180^\circ$；

复数 j 的实部为 0，虚部为 1，极坐标式 $\mathrm{j}=1\angle 90^\circ$；

复数 $-$j 的实部为 0，虚部为 -1，极坐标式 $-\mathrm{j}=1\angle -90^\circ$；

其矢量图分别如图 2-11 所示。

3）复数的四则运算

（1）复数的加减运算：复数相加（或相减）时，要先将复数化为代数形式，然后将实部和实部相加（相减），虚部和虚部相加（相减）。

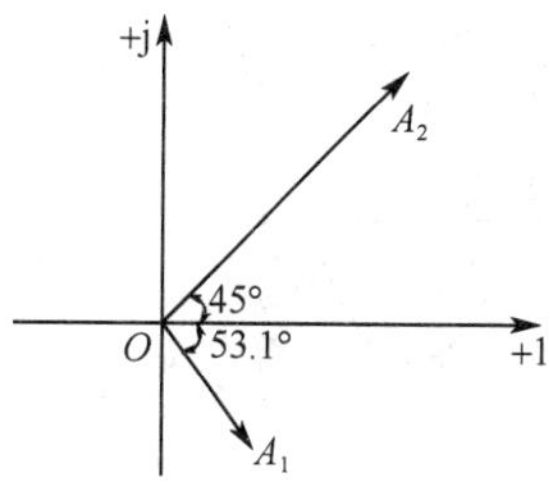

图 2-10　【例 2-3】矢量图

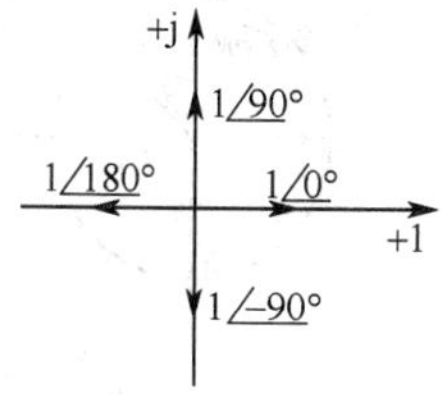

图 2-11　【例 2-4】矢量图

设有两个复数 $A=a_1+\mathrm{j}b_1=r_1\angle\theta_1$，$B=a_2+\mathrm{j}b_2=r_2\angle\theta_2$，则

$$A\pm B=(a_1+\mathrm{j}b_1)\pm(a_2+\mathrm{j}b_2)=(a_1\pm a_2)+\mathrm{j}(b_1\pm b_2) \qquad (2\text{-}12)$$

复数的加减运算还可以用矢量图来表示，两复数相加减其矢量满足“平行四边形法则”，如图 2-12 所示。

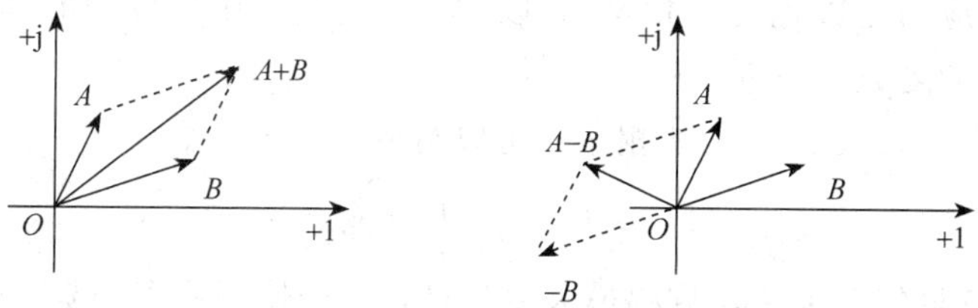

图 2-12　平行四边形法则（加减运算）

（2）复数的乘除运算：先将复数写成指数形式或极坐标形式，复数相乘时，将模相乘，辐角相加；复数相除时，将模相除，辐角相减。

设有两个复数 $A=r_1\mathrm{e}^{\mathrm{j}\theta_1}=r_1\angle\theta_1$，$B=r_2\mathrm{e}^{\mathrm{j}\theta_2}=r_2\angle\theta_2$，则

$$A\times B=r_1\mathrm{e}^{\mathrm{j}\theta_1}\times r_2\mathrm{e}^{\mathrm{j}\theta_2}=r_1r_2\mathrm{e}^{\mathrm{j}(\theta+\theta_2)}=r_1r_2\angle(\theta_1+\theta_2) \qquad (2\text{-}13)$$

$$\frac{A}{B}=\frac{r_1\mathrm{e}^{\mathrm{j}\theta_1}}{r_2\mathrm{e}^{\mathrm{j}\theta_2}}=\frac{r_1}{r_2}\mathrm{e}^{\mathrm{j}(\theta-\theta_2)}=\frac{r_1}{r_2}\angle(\theta_1-\theta_2) \qquad (2\text{-}14)$$

【例 2-5】 已知 $A=8+\mathrm{j}6$，$B=6-\mathrm{j}8$，求 $A+B$、$A-B$、$A\times B$ 和 $\frac{A}{B}$。

解：$A+B=(8+\mathrm{j}6)+(6-\mathrm{j}8)=(8+6)+\mathrm{j}(6-8)=14-\mathrm{j}2$

$$A-B=(8+\mathrm{j}6)-(6-\mathrm{j}8)=(8-6)+\mathrm{j}[6-(-8)]=2+\mathrm{j}14$$

$$A\times B=(8+\mathrm{j}6)\times(6-\mathrm{j}8)=10\angle 36.9°\times 10\angle -53.1°=100\angle -16.2°$$

$$\frac{A}{B}=\frac{(8+\mathrm{j}6)}{(6-\mathrm{j}8)}=\frac{10\angle 36.9°}{10\angle -53.1°}=1\angle 90°$$

2. 正弦量的相量表示法

正弦量在数学上可以用三角函数式和波形图表示，但用这两种方式进行正弦量的计算非常繁琐，为了便于分析和解决问题，一般采用正弦量的相量表示法。

在复平面上，一个长度为正弦量幅值 I_m、初相为 φ 的有向线段按逆时针方向以 ω 的角速度旋转，该有向线段称为旋转矢量，任意时刻在纵轴上的投影为 $I_m\sin(\omega t+\varphi)$。当旋转矢量旋转一周时，其投影对应于一个完整的周期正弦波，如图 2-13 所示。

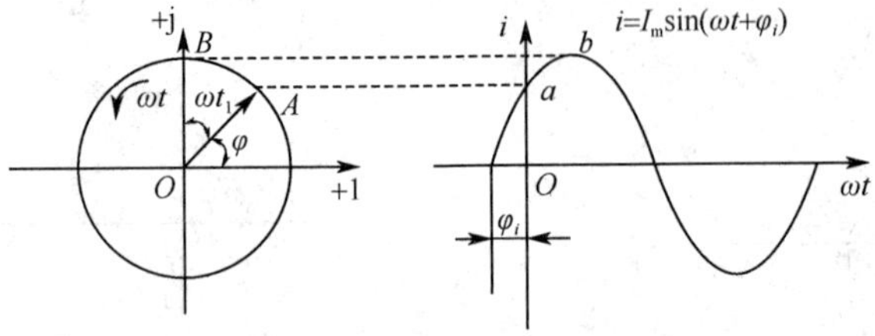

图 2-13　正弦量与旋转矢量

由于复平面上各个同频率的旋转矢量的旋转速度相等，所以各量间是相对静止的。在电路分析中，主要是分析各正弦量之间的相互关系，因此，电路分析中可先不考虑角频率这个要素。正弦量的相量表示法就是用静止的初态旋转相量（幅值 I_m、初相为 φ）表示这个正弦量。

与正弦量相对应的复数称为“相量”，以“$\dot{A}$”表示。在复数上加黑点表示它是时间函数，以与一般的复数相区别。

正弦量 $i(t)=I_m\sin(\omega t+\varphi)$ 的相量，可以写成

$$\dot{I}_m=I_m e^{j\varphi}=I_m\angle\varphi \tag{2-15}$$

相量 $\dot{I}_m$ 的模为正弦量的最大值，故称最大值相量，另外使用更多的是有效值相量，即

$$\dot{I}=Ie^{j\varphi}=I\angle\varphi \tag{2-16}$$

本书以后没有特别说明，都指的是有效值相量。

【例 2-6】 已知正弦电压 $u_1=311\sin(\omega t-30°)$V，$u_2=100\sin(\omega t+45°)$V，写出 u_1 和 u_2 的相量形式。

解：u_1 的有效值相量为

$$\dot{U}_1=\frac{311}{\sqrt{2}}\angle-30°=220\angle-30°\ (\text{V})$$

u_2 的有效值相量为

$$\dot{U}_2=\frac{100}{\sqrt{2}}\angle45°=70.7\angle45°\ (\text{V})$$

【例 2-7】 已知 $\dot{I}=10\angle-\frac{\pi}{3}$ A，$\dot{U}=(3+j4)$V，写出 $\dot{I}$ 和 $\dot{U}$ 表示的正弦量。

解：i 的瞬时值表达式为

$$i=10\sqrt{2}\sin\left(\omega t-\frac{\pi}{3}\right)\text{A}$$

因为

$$\dot{U}=(3+j4)=5\angle53.1°\ (\text{V})$$

所以，u 的瞬时值表达式为

$$u=5\sqrt{2}\sin(\omega t+53.1°)\text{V}$$

【例 2-8】 已知正弦电压 $u_1=5\sqrt{2}\sin(\omega t+53.1°)\text{V}$，$u_2=5\sqrt{2}\sin(\omega t+36.9°)\text{V}$，求 u_1+u_2。

解：u_1 的有效值相量：

$$\dot{U}_1=5\angle 53.1°=3+\text{j}4\ (\text{V})$$

u_2 的有效值相量：

$$\dot{U}_2=5\angle 36.9°=4+\text{j}3\ (\text{V})$$

$$\dot{U}_1+\dot{U}_2=(3+\text{j}4)+(4+\text{j}3)=7+\text{j}7=7\sqrt{2}\angle 45°\ (\text{V})$$

$$u_1+u_2=7\sqrt{2}\cdot\sqrt{2}\sin(\omega t+45°)=14\sin(\omega t+45°)(\text{V})$$

3. 相量形式的基尔霍夫定律

在直流电路中讨论过的基尔霍夫定律同样适用于交流电路。

基尔霍夫电流定律（KCL）：任一瞬间，流过电路一个节点（或闭合面）的各电流瞬时值的代数和等于零，即

$$\sum i=0$$

正弦交流电路中各电流都是与电源同频率的正弦量，把这些同频率的正弦量用相量表示，即

$$\sum \dot{I}=0 \tag{2-17}$$

基尔霍夫电压定律（KVL）：同一瞬间，电路的一个回路中各段电压瞬时值的代数和等于零，即

$$\sum u=0$$

将各电压用相量形式表示，即

$$\sum \dot{U}=0 \tag{2-18}$$

如图 2-14 所示，根据 KCL 则有

$$-i_1-i_2+i_3+i_4+i_5=0$$

相量形式的 KCL 为

$$-\dot{I}_1-\dot{I}_2+\dot{I}_3+\dot{I}_4+\dot{I}_5=0$$

列写 KCL 方程时注意：电流前的正负符号由其参考方向决定，若参考方向指向节点的电流取正号，则离开节点的电流就取负号。

如图 2-15 所示，根据 KVL 则有

$$u_1+u_2-u_3-u_4=0$$

相量形式的 KVL 为

$$\dot{U}_1+\dot{U}_2-\dot{U}_3-\dot{U}_4=0$$

同样，列写 KVL 方程时应注意其参考方向与绕行方向的关系。

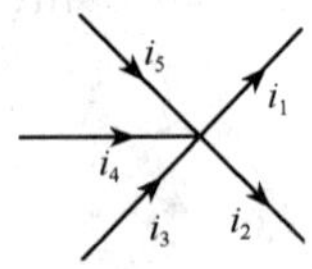

图 2-14 基尔霍夫电流定律

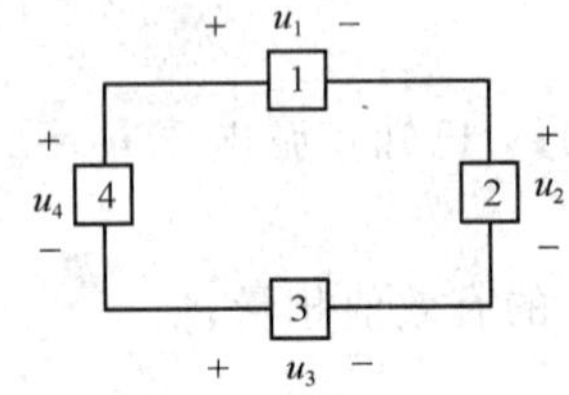

图 2-15 基尔霍夫电压定律

2.3 正弦交流电路的分析

2.3.1 正弦交流电路中的阻抗与导纳

1. 电阻元件伏安关系的相量形式

如图 2-16（a）所示，电阻元件电路在正弦稳态下的伏安关系为

$$u_R = Ri_R$$

因为 u_R、i_R 是同频率的正弦量，所以其相量形式为

$$\dot{U}_R = R\dot{I}_R \tag{2-19}$$

上式即为电阻元件伏安关系的相量形式，相量关系式既能表示电压与电流有效值关系，也能表示其相位关系，由式（2-19）可知，有效值关系为 $U_R = RI_R$；相位关系为 $\dot{U}_R$ 与 $\dot{I}_R$ 同相。

图 2-16（b）给出了电阻元件的端电压、电流相量形式的示意图，图 2-16（c）给出了电阻元件上的端电压与电流的相量图。

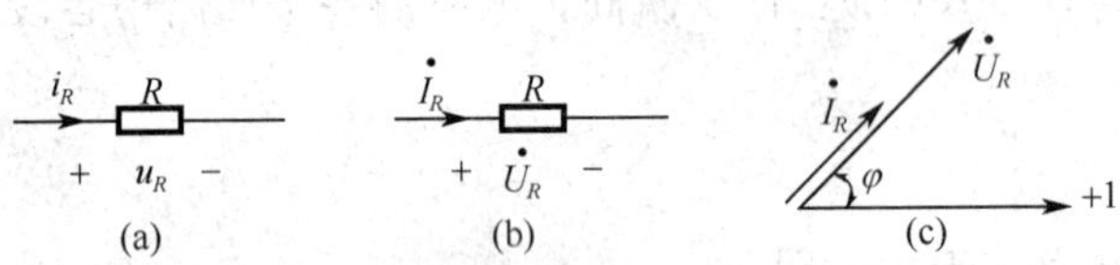

图 2-16 电阻元件的相量关系

2. 电感元件伏安关系的相量形式

如图 2-17（a）所示，电感元件电路在正弦稳态下的伏安关系为

$$u_L = L\frac{\mathrm{d}i_L}{\mathrm{d}t}$$

设电流 $i_L = I_{Lm}\sin(\omega t + \varphi)$，其相量形式为 $\dot{I}_L = I_L \angle\varphi$，则

$$\begin{aligned} u_L &= L\frac{\mathrm{d}i_L}{\mathrm{d}t} = L\frac{\mathrm{d}I_{Lm}\sin(\omega t + \varphi)}{\mathrm{d}t} \\ &= \omega L I_{Lm}\cos(\omega t + \varphi) \\ &= \omega L I_{Lm}\sin\left(\omega t + \varphi + \frac{\pi}{2}\right) \end{aligned}$$

用相量形式表示为

$$\dot{U}_L = \omega L I_L \angle\varphi + \frac{\pi}{2} = \mathrm{j}\omega L\dot{I}_L \tag{2-20}$$

令 $X_L=\omega L$，X_L 称为感抗，单位为欧（Ω）。感抗是用来表示电感元件对电流起阻碍作用的一个物理量，在电压一定的条件下，感抗越大，电路中的电流越小。感抗 $X_L=\omega L=2\pi f$，与电源频率（或角频率）及电感成正比。因为电源频率越高，电流变化也就越快，产生的自感电动势就越大，通过同样的电流需要外加电压越大，也就是它对电流的障碍作用大了，所以感抗就越大；反之，频率越低，感抗也就越小，对于直流来说，频率 $f=0$，感抗也就为零，相当于短路。必须注意，感抗是电压、电流有效值之比，而不是它们的瞬时值之比，同时，感抗只对正弦电流有意义。

所以，式（2-20）可以写成

$$\dot{U}_L = \mathrm{j}X_L\dot{I}_L \tag{2-21}$$

u_L 与 i_L 为同频率的正弦量，其频率由电源频率决定，同时它们还存在如下关系。

有效值关系为

$$U_L = X_L I_L = \omega L I_L = 2\pi f L I_L$$

相位关系为

$$\varphi_u = \varphi_i + \frac{\pi}{2}$$

即电感上电压超前电流 90°，或者说电流滞后电压 90°。

图 2-17（b）给出了电感元件的端电压、电流相量形式的示意图，图 2-17（c）给出了电感元件上的端电压与电流的相量图。

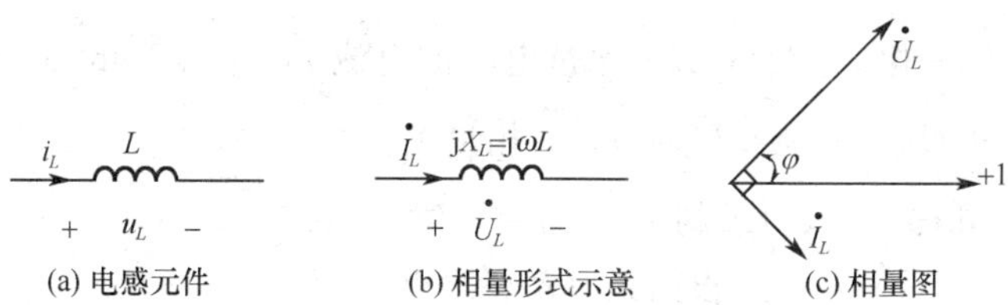

图 2-17　电感元件的相量关系

3. 电容元件伏安关系的相量形式

如图 2-18（a）所示，电容元件电路在正弦稳态下的伏安关系为

$$i_C = C\frac{\mathrm{d}u_C}{\mathrm{d}t}$$

设电压 $u_C = U_{Cm}\sin(\omega t+\varphi)$，其相量形式为 $\dot{U}_C = U_C\angle\varphi$，则

$$\begin{aligned} i_C &= C\frac{\mathrm{d}u_C}{\mathrm{d}t} = C\frac{\mathrm{d}U_{Cm}\sin(\omega t+\varphi)}{\mathrm{d}t} \\ &= \omega C U_{Cm}\cos(\omega t+\varphi) \\ &= \omega C U_{Cm}\sin\left(\omega t+\varphi+\frac{\pi}{2}\right) \end{aligned}$$

其相量形式为

$$\dot{I}_C = \omega C U_C \angle\varphi+\frac{\pi}{2} = \mathrm{j}\omega C\,\dot{U}_C$$

也可以表示为

$$\dot{U}_C = \frac{\dot{I}_C}{\mathrm{j}\omega C} = -\mathrm{j}\,\frac{1}{\omega C}\dot{I}_C = -\mathrm{j}X_C\dot{I}_C \tag{2-22}$$

式（2-22）称为电容元件伏安关系的相量形式。它包含了电容元件上电压和电流的有效值关系 $U_C=X_CI_C$，又包含了电流超前电压 90°的相位关系。

式（2-22）中，$X_C=\frac{1}{\omega C}$，称为电容元件的容抗，其单位为欧姆（Ω）。容抗用来表示电容器在充放电过程中对电流的一种障碍作用，当电容元件两端的电压一定时，频率越高，容抗越小，电流越大。这是由于频率越高，电容上电压变化越快，在相同时间内移动的电荷越多的缘故。若频率 $f\to 0$ 时，容抗 $X_C=\frac{1}{\omega C}=\frac{1}{2\pi fC}\to\infty$，则 $I_C\to 0$。即电容在直流电路中相当于开路。因此，电容元件具有隔直流通交流的作用。

图 2-18（b）给出了电容元件的端电压、电流相量形式的示意图，图 2-18（c）给出了电容元件上的端电压与电流的相量图。

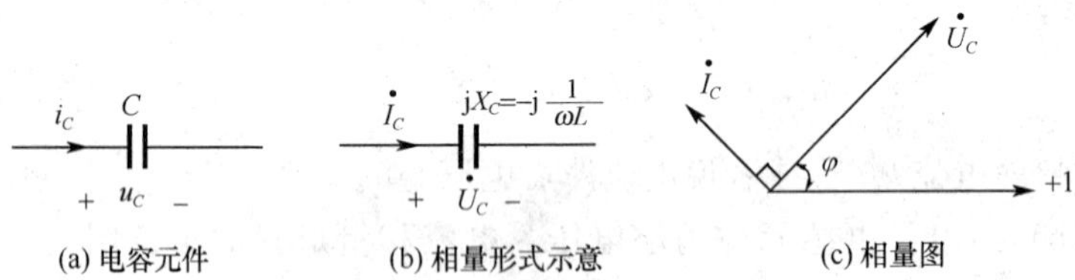

图 2-18 电感元件的相量关系

【例 2-9】 已知一电阻 $R=10\Omega$，通过电阻的电流 $i_R=5\sqrt{2}\sin(\omega t-30°)\mathrm{A}$，求：电阻两端的电压 u_R 和 U_R，并画出$\dot{U}_R$、$\dot{I}_R$ 的相量图。

解：$i_R=5\sqrt{2}\sin(\omega t-30°)\mathrm{A}$ 的相量 $\dot{I}_R=5\angle -30°\ \mathrm{A}$

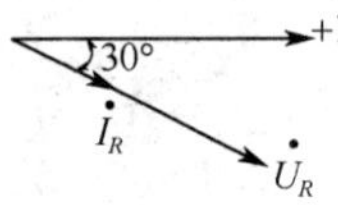

图 2-19 【例 2-9】相量图

根据式（2-19）得

$$\dot{U}_R = R\dot{I}_R = 10\times 5\angle -30° = 50\angle -30°\ (\mathrm{V})$$

所以

$$u_R = 50\sqrt{2}\sin(\omega t-30°)\mathrm{V},\quad U_R = 50\mathrm{V}$$

其相量图如图 2-19 所示。

【例 2-10】 某一电容 $C=20\mu\mathrm{F}$，接在电压 $u=220\sqrt{2}\sin(100\pi t+45°)$ V 的交流电源上，求容抗和电路中的电流。

解：$u=220\sqrt{2}\sin(100\pi t+45°)$ V 的相量$\dot{U}=220\angle 45°$ V

电容的容抗

$$X_C = \frac{1}{\omega C} = \frac{1}{100\times 3.14\times 20\times 10^{-6}} = 159(\Omega)$$

因为

$$\dot{U}_C = -\mathrm{j}X_C\dot{I}_C$$

所以

$$\dot{I}_C=\frac{\dot{U}_C}{-\mathrm{j}X_C}=\frac{220\angle 45^\circ}{-\mathrm{j}159}=1.38\angle 45^\circ+90^\circ=1.38\angle 135^\circ(\mathrm{A})$$

4. 阻抗

图 2-20（a）所示为一无源二端网络，网络只含线性电阻、电感、电容。在正弦稳态情况下，在端口施加交流电压 u，将产生同频率的交流电流 i，若电压和电流取关联参考方向，则端口电压相量和电流相量的比值定义为该电路的复阻抗，简称阻抗，用字母 Z 表示。即

$$Z=\frac{\dot{U}}{\dot{I}} \tag{2-23}$$

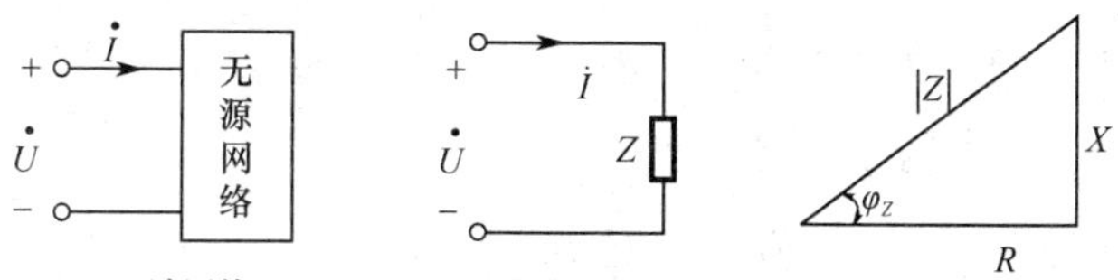

图 2-20　无源二端网络的阻抗

设电压 $u=\sqrt{2}U\sin(\omega t+\varphi_u)$，则产生同频率电流为

$$i=\sqrt{2}I\sin(\omega t+\varphi_i)$$

电压和电流对应的相量形式为

$$\dot{U}=U\angle\varphi_u,\quad \dot{I}=I\angle\varphi_i$$

则电路阻抗为

$$Z=\frac{\dot{U}}{\dot{I}}=\frac{U\angle\varphi_u}{I\angle\varphi_i}=\frac{U}{I}\angle\varphi_u-\varphi_i=|Z|\angle\varphi_Z \tag{2-24}$$

$|Z|$ 称为阻抗 Z 的模，它等于电压与电流有效值的比值，反映了阻抗的大小；φ_Z 称为阻抗角，反映了电压与电流之间的相位关系。阻抗 Z 的单位是欧姆（Ω）。

阻抗 Z 还可以表示成

$$Z=|Z|\angle\varphi_Z=|Z|\cos\varphi_Z+\mathrm{j}|Z|\sin\varphi_Z=R+\mathrm{j}X \tag{2-25}$$

式中，$R=|Z|\cos\varphi_Z$ 称为阻抗 Z 的电阻；$X=|Z|\sin\varphi_Z$ 称为阻抗 Z 的电抗。

按照阻抗 Z 的代数形式，R、X、$|Z|$ 三者之间的关系可以用一个直角三角形来表示，我们称其为阻抗三角形，如图 2-20（c）所示。

一个二端电路的阻抗 $Z=R+\mathrm{j}X$ 可等效地看作是由电阻 R 与电抗 X 组成，阻抗中的电阻为正值，电抗可以为正，也可以为负。若 $X>0$，则阻抗角 $\varphi_Z>0$，该阻抗为感性阻抗；若 $X<0$，则阻抗角 $\varphi_Z<0$，该阻抗为容性阻抗；若 $X=0$，则 $\varphi_Z=0$，该阻抗为电阻性阻抗。

对应电阻、电感、电容元件，它们对应的阻抗分别是

$$Z_R=\frac{\dot{U}_R}{\dot{I}_R}=R,\quad Z_L=\frac{\dot{U}_L}{\dot{I}_L}=\mathrm{j}X_L,\quad Z_C=\frac{\dot{U}_C}{\dot{I}_C}=-\mathrm{j}X_C$$

注意：阻抗 Z 不是正弦量，因此 Z 是复数而不是相量。

5. 导纳

阻抗的倒数称为导纳（或称复导纳），用大写字母 Y 表示，即

$$Y=\frac{1}{Z}=\frac{\dot{I}}{\dot{U}} \tag{2-26}$$

导纳的单位为西门子，简称西（S）。导纳也可以表示为

$$Y=|Y|\angle\varphi_y=|Y|\cos\varphi_y+\mathrm{j}|Y|\sin\varphi_y=G+\mathrm{j}B \tag{2-27}$$

式中，G 为电导；B 为电纳；$|Y|$ 为导纳模；φ_y 为导纳角。

根据以上定义可知，单个元件 R、L、C 的导纳分别为

$$Y_G=\frac{1}{R}=G;\quad Y_L=\frac{1}{\mathrm{j}X_L}=-\mathrm{j}\frac{1}{X_L}=-\mathrm{j}B_L;\quad Y_C=\frac{1}{-\mathrm{j}X_C}=\mathrm{j}\frac{1}{X_C}=\mathrm{j}B_C$$

式中，G 为电导；B_L 为感纳；B_C 为容纳。

【例 2-11】 如图 2-20（b）所示，已知端口电压 $\dot{U}=30\angle 30^\circ$ V，端口电流 $\dot{I}=5\angle -30^\circ$ A，求电路阻抗。

解：根据式（2-23）得

$$Z=\frac{\dot{U}}{\dot{I}}=\frac{30\angle 30^\circ}{5\angle -30^\circ}=6\angle 60^\circ(\Omega)$$

该阻抗为感性阻抗。

2.3.2 简单正弦交流电路的分析

1. 多阻抗串联电路的分析

图 2-21（a）所示为多阻抗串联电路，各阻抗端口电压与电流关系为

$$\dot{U}_1=Z_1\dot{I}=(R_1+\mathrm{j}X_1)\dot{I}$$
$$\dot{U}_2=Z_2\dot{I}=(R_2+\mathrm{j}X_2)\dot{I}$$
$$\dot{U}_n=Z_n\dot{I}=(R_n+\mathrm{j}X_n)\dot{I}$$

则电路端口电压为

$$\dot{U}=\dot{U}_1+\dot{U}_2+\cdots+\dot{U}_n=(Z_1+Z_2+\cdots+Z_n)\dot{I}=Z\dot{I} \tag{2-28}$$

式中，阻抗 Z 为串联电路的等效阻抗，又因为 $Z=R+\mathrm{j}X=|Z|\angle\varphi$，则

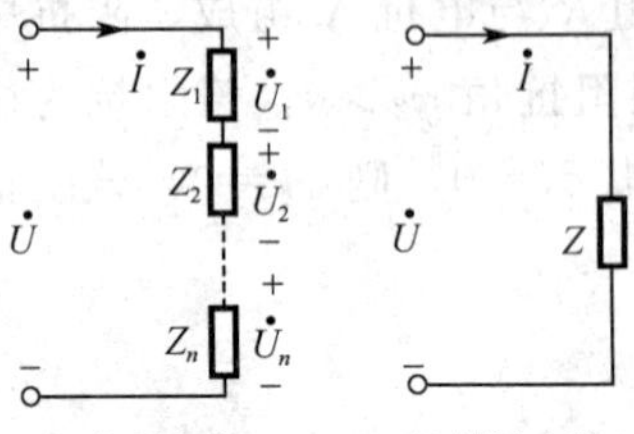

(a) 串联电路　(b) 等效电路

图 2-21 阻抗串联及其等效电路

$R=R_1+R_2+\cdots+R_n$ 为串联电路的等效电阻；

$X=X_1+X_2+\cdots+X_n$ 为串联电路的等效电抗；

$|Z|=\sqrt{R^2+X^2}$ 为串联电路的阻抗模；

$\varphi=\arctan\dfrac{X}{R}$ 为串联电路的阻抗角。图 2-21（a）的等效电路如图 2-21（b）所示。

注意：$|Z|\neq|Z_1|+|Z_2|+\cdots+|Z_n|$，

$\varphi \neq \varphi_1 + \varphi_2 + \cdots + \varphi_n$。

交流电路中多阻抗串联电路和直流电路纯电阻串联电路的分析方法相似，只要把电阻用相应的复阻抗表示，把欧姆定律用相量式的欧姆定律表示即可。在运算过程中注意使用复数运算规则。

2. 多阻抗并联电路的分析

图 2-22 所示为两支路并联电路，根据图示参考方向，各支路电流为

$$\dot{I}_1 = \frac{\dot{U}}{Z_1}, \quad \dot{I}_2 = \frac{\dot{U}}{Z_2}$$

总电流为

$$\dot{I} = \dot{I}_1 + \dot{I}_2 = \frac{\dot{U}}{Z_1} + \frac{\dot{U}}{Z_2} = \dot{U}\left(\frac{1}{Z_1} + \frac{1}{Z_2}\right) = \frac{\dot{U}}{Z} \tag{2-29}$$

式中，Z 为并联电路的等效阻抗，则

$$\frac{1}{Z} = \frac{1}{Z_1} + \frac{1}{Z_2} \quad 或 \quad Z = \frac{Z_1 Z_2}{Z_1 + Z_2} \tag{2-30}$$

若电路总电流 $\dot{I}$ 已知，可用分流公式求取各阻抗支路的电流，即

$$\dot{I}_1 = \frac{Z_2}{Z_1 + Z_2}\dot{I}, \quad \dot{I}_2 = \frac{Z_1}{Z_1 + Z_2}\dot{I}$$

若对于有多条支路的并联电路，其等效阻抗为

$$\frac{1}{Z} = \frac{1}{Z_1} + \frac{1}{Z_2} + \cdots + \frac{1}{Z_n} \tag{2-31}$$

多条支路并联电路不仅可以用阻抗法分析，也可以用导纳法分析。如图 2-23 所示为多支路并联电路。

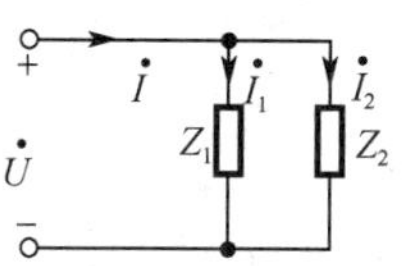

图 2-22　两阻抗并联电路

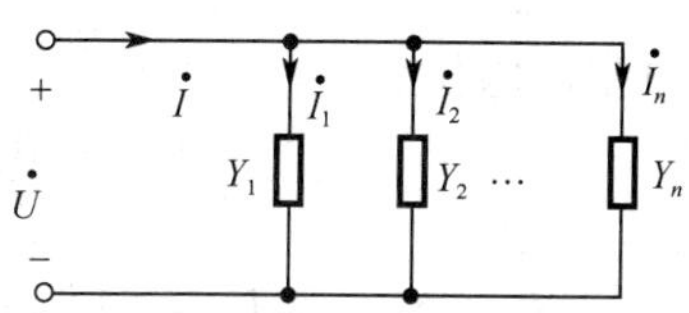

图 2-23　导纳法分析多支路并联电路

参考方向如图所示，各支路电流为

$$\dot{I}_1 = Y_1\dot{U}, \quad \dot{I}_2 = Y_2\dot{U}, \cdots, \quad \dot{I}_n = Y_n\dot{U}$$

总电流为

$$\dot{I} = \dot{I}_1 + \dot{I}_2 + \cdots + \dot{I}_n = (Y_1 + Y_2 + \cdots + Y_n)\dot{U} = Y\dot{U} \tag{2-32}$$

式中，Y 为并联电路的等效导纳，$Y = Y_1 + Y_2 + \cdots + Y_n$。

又因为 $Y = G + \mathrm{j}B$，所以 $G = G_1 + G_2 + \cdots + G_n$ 为并联电路的等效电导；$B = B_1 + B_2 + \cdots + B_n$ 为并联电路的等效电纳。

同样，交流电路中多阻抗并联电路和直流电路纯电阻并联电路的分析方法相似，只要把电导用相应的复导纳表示，把欧姆定律用相量式的欧姆定律表示即可。

【例 2-12】 如图 2-24 所示电路，设有两个负载 $Z_1 = (3 + \mathrm{j}3)\Omega$，$Z_2 = (8 - \mathrm{j}6)\Omega$ 相

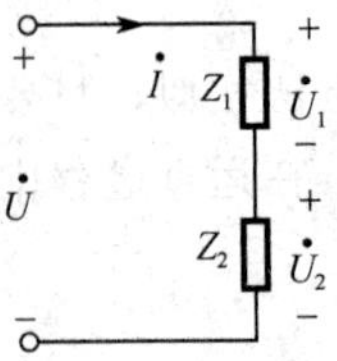

图 2-24 【例 2-12】图

串联，接在 $u=220\sqrt{2}\sin(\omega t+60°)$ V 的电源上，求等效阻抗 Z，电路电流 i 和负载电压 u_1、u_2。

解：参考方向如图 2-24 所示，等效阻抗为

$$\begin{aligned}Z &= Z_1+Z_2=(3+\mathrm{j}3)+(8-\mathrm{j}6)\\ &=11-\mathrm{j}3=11.4\angle{-15.3°}(\Omega)\end{aligned}$$

电压 $u=220\sqrt{2}\sin(\omega t+60°)$ V 的相量为 $\dot{U}=220\angle{60°}$ V，则电流为

$$\dot{I}=\frac{\dot{U}}{Z}=\frac{220\angle{60°}}{11.4\angle{-15.3°}}=19.3\angle{75.3°}(\mathrm{A})$$

所以

$$i=19.3\sqrt{2}\sin(\omega t+75.3°)\mathrm{A}$$

又

$$\dot{U}_1=Z_1\dot{I}=(3+\mathrm{j}3)\times 19.3\angle{75.3°}=3\sqrt{2}\angle{45°}\times 19.3\angle{75.3°}=81.9\angle{120.3°}(\mathrm{V})$$

$$\dot{U}_2=Z_2\dot{I}=(8-\mathrm{j}6)\times 19.3\angle{75.3°}=10\angle{-36.9°}\times 19.3\angle{75.3°}=193\angle{35.4°}(\mathrm{V})$$

其对应的解析式为

$$u_1=81.9\sqrt{2}\sin(\omega t+120.3°)(\mathrm{V}),\quad u_2=193\sqrt{2}\sin(\omega t+35.4°)(\mathrm{V})$$

【例 2-13】 如图 2-25 所示电路，已知电阻 $R=40\Omega$，电感 $L=223$mH，电容 $C=80\mu$F，电路两端电压 $u=220\sqrt{2}\sin(314t+30°)$V，求（1）电路电流 $\dot{I}$；（2）各元件两端电压 $\dot{U}_R$、$\dot{U}_L$、$\dot{U}_C$；（3）确定电路的性质；（4）画出电压和电流的相量图。

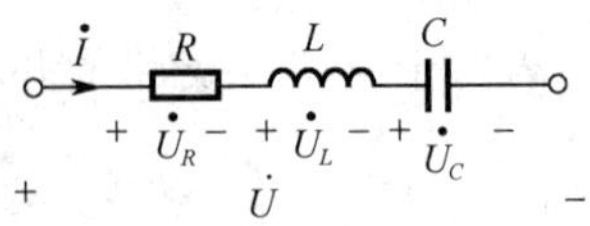

图 2-25 【例 2-13】图

解：（1）电阻的阻抗为

$$Z_R=R=40(\Omega)$$

感抗

$$X_L=\omega L=314\times 223\times 10^{-3}=70(\Omega)$$

电感的阻抗为

$$Z_L=\mathrm{j}X_L=\mathrm{j}70(\Omega)$$

容抗

$$X_C=\frac{1}{\omega C}=\frac{1}{314\times 80\times 10^{-6}}=40(\Omega)$$

电容的阻抗为

$$Z_C=-\mathrm{j}X_C=-\mathrm{j}40(\Omega)$$

电路总阻抗为

$$Z=Z_R+Z_L+Z_C=40+\mathrm{j}70-\mathrm{j}40=40+\mathrm{j}30=50\angle{36.9°}(\Omega)$$

电路两端电压为

$$u=220\sqrt{2}\sin(314t+30°)(\mathrm{V})$$

其相量为

$$\dot{U} = 220\angle 30^\circ(\mathrm{V})$$

电路电流为

$$\dot{I} = \frac{\dot{U}}{Z} = \frac{220\angle 30^\circ}{50\angle 36.9^\circ} = 4.4\angle -6.9^\circ\ (\mathrm{A})$$

（2）各元件端电压为

$$\dot{U}_R = \dot{I}R = 4.4\angle -6.9^\circ \times 40 = 176\angle -6.9^\circ(\mathrm{V})$$

$$\dot{U}_L = \mathrm{j}X_L\dot{I} = \mathrm{j}70 \times 4.4\angle -6.9^\circ = 308\angle 83.1^\circ(\mathrm{V})$$

$$\dot{U}_C = -\mathrm{j}X_C\dot{I} = -\mathrm{j}40 \times 4.4\angle -6.9^\circ = 176\angle -96.9^\circ(\mathrm{V})$$

（3）由于 $Z=50\angle 36.9^\circ\Omega$，阻抗角 $\varphi=36.9^\circ>0$，判断电路为电感性电路。

（4）在复平面上，先作出相量 $\dot{I}=4.4\angle -6.9^\circ$ A，$\dot{U}_R$ 与 $\dot{I}$ 同相，$\dot{U}_L$ 超前 $\dot{I}$ 90°，$\dot{U}_C$ 滞后 $\dot{I}$ 90°，按比例作出 $\dot{U}_R$、$\dot{U}_L$、$\dot{U}_C$，最后按三角形法作出 $\dot{U}$。相量图如图 2-26 所示。

【例 2-14】 如图 2-27 所示电路，已知元件 $R_1=4\Omega$，$R_2=7\Omega$，$X_L=3\Omega$，$X_C=7\Omega$，电源电压 $\dot{U}=10\angle 0^\circ$ V，求输入阻抗 Z 及各支路电流 $\dot{I}$、$\dot{I}_1$、$\dot{I}_2$。

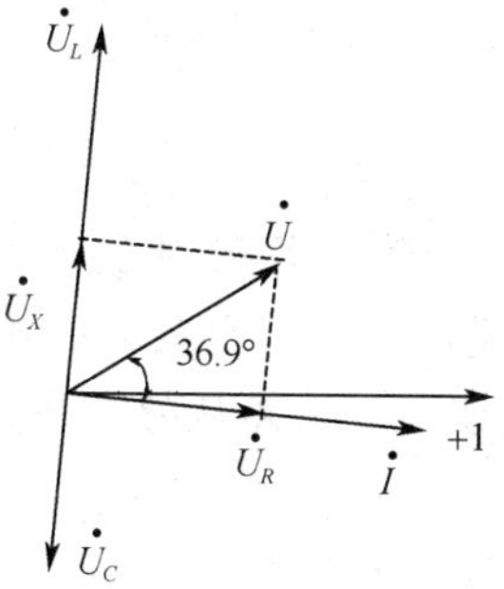

图 2-26　【例 2-13】相量图

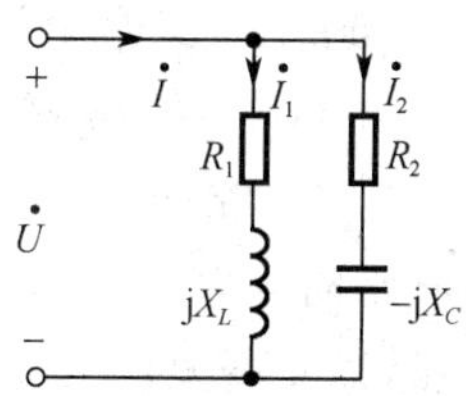

图 2-27　【例 2-14】图

解：两并联支路的阻抗为

$$Z_1 = R_1 + \mathrm{j}X_L = 4 + \mathrm{j}3 = 5\angle 36.9^\circ(\Omega)$$

$$Z_2 = R_2 + \mathrm{j}X_C = 7 - \mathrm{j}7 = 10\angle -45^\circ(\Omega)$$

电路输入阻抗为

$$Z = \frac{Z_1Z_2}{Z_1+Z_2} = \frac{5\angle 36.9^\circ \times 10\angle -45^\circ}{4+\mathrm{j}3+7-\mathrm{j}7} = 4.3\angle 11.9^\circ(\Omega)$$

各支路电流为

$$\dot{I}_1 = \frac{\dot{U}}{Z_1} = \frac{10\angle 0^\circ}{5\angle 36.9^\circ} = 2\angle -36.9^\circ(\mathrm{A})$$

$$\dot{I}_2 = \frac{\dot{U}}{Z_2} = \frac{10\angle 0^\circ}{10\angle -45^\circ} = 1\angle 45^\circ\ (\mathrm{A})$$

$$\dot{I} = \frac{\dot{U}}{Z} = \frac{10\angle 0^\circ}{4.3\angle 11.9^\circ} = 2.33\angle -11.9^\circ(\mathrm{A})$$

或者

$$\dot{I}=\dot{I}_1+\dot{I}_2=2\angle{-36.9^\circ}+1\angle{45^\circ}=(1.6-\mathrm{j}1.2)+(10.707+\mathrm{j}0.707)$$
$$=2.3-\mathrm{j}0.49=2.33\angle{-11.9^\circ}(\mathrm{A})$$

2.3.3 正弦交流电路的功率

1. 瞬时功率 p

如图 2-28 所示为无源二端网络，其内部不含独立电源，只含电阻、电感和电容元件。选定电压和电流为关联参考方向，则将端口电压 u 和端口电流 i 的乘积定义为该电路的瞬时功率，用小写字母 p 表示：

$$p=ui \tag{2-33}$$

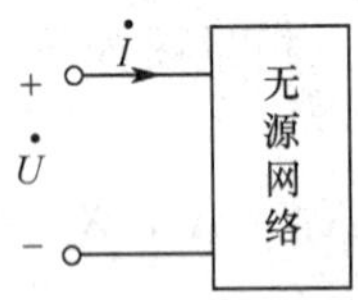

图 2-28 无源二端网络

若设端口电压和端口电流分别为

$$u=\sqrt{2}U\sin(\omega t+\varphi_u),\quad i=\sqrt{2}I\sin(\omega t+\varphi_i)$$

则

$$\begin{aligned}p=ui&=\sqrt{2}U\sin(\omega t+\varphi_u)\times\sqrt{2}I\sin(\omega t+\varphi_i)\\&=UI\cos(\varphi_u-\varphi_i)+UI\cos(2\omega t+\varphi_u+\varphi_i)\\&=UI\cos\varphi+UI\cos(2\omega t+\varphi_u+\varphi_i)\end{aligned} \tag{2-34}$$

式中，$\varphi=\varphi_u-\varphi_i$，且 $|\varphi|\leqslant\frac{\pi}{2}$。

上式中的第一项 $UI\cos\varphi$ 始终大于或等于零，且不随时间变化；第二项的值 $UI\cos(2\omega t+\varphi_u+\varphi_i)$ 正负交替，是瞬时功率中可逆部分，说明能量在电源和端口电路之间来回交换。当 u、i 符号相同时，p 为正值，说明此时电路从外电路吸收功率；当 u、i 符号相反时，则电路向外电路输出功率。

瞬时功率的实际意义不大，工程中人们更关注的是有功功率（P）、无功功率（Q）和视在功率（S）。

2. 有功功率 P

有功功率是瞬时功率在一个周期内的平均值。即

$$P=\frac{1}{T}\int_0^T p(t)\mathrm{d}t=\frac{1}{T}\int_0^T[UI\cos\varphi+UI\cos(2\omega t+\varphi_u+\varphi_i)]\mathrm{d}t=UI\cos\varphi \tag{2-35}$$

有功功率 P 的单位为瓦［特］，符号为 W，它是无源二端网络实际消耗的功率，它不仅与电压和电流的有效值有关，而且还与电压和电流之间的相位差有关。式中 $\cos\varphi$ 称为功率因数，可用 λ 表示，即 $\lambda=\cos\varphi$。

3. 无功功率 Q

无功功率 Q 表示电感、电容元件与外电路或电源进行能量交换的能力，它不消耗电能，与瞬时功率中的可逆部分有关。其定义式为

$$Q=UI\sin\varphi \tag{2-36}$$

无功功率 Q 的单位为乏尔（var），简称乏。

如果二端网络分别为电阻、电容、电感单个元件，则可得出相应的有功功率和无功功率。

对于电阻元件，电压和电流同相，相位差 $\varphi_R=0$，则

$$P_R=U_RI_R=I_R^2R=\frac{U_R^2}{R},\quad Q_R=0,\quad \lambda=\cos\varphi_R=1$$

所以，电阻的有功功率始终大于零，是耗能元件。

对于电容元件，电压和电流的相位差 $\varphi_C=-90^\circ$（电压滞后电流），则

$$P_C=0,\quad Q_C=-U_CI_C,\quad \lambda=\cos\varphi_C=0$$

所以，电容不消耗有功功率，但和电源之间存在能量的交换。

对于电感元件，电压与电流的相位差 $\varphi_L=90^\circ$（电压超前电流），则

$$P_L=0,\quad Q_L=U_LI_L,\quad \lambda=\cos\varphi_L=0$$

所以，电感与电容一样和电源之间存在能量的交换。

4. 视在功率 S

视在功率 S 又称表现功率，通常用来表征交流设备的容量，定义为

$$S=UI \tag{2-37}$$

视在功率的单位为伏安（V·A）。

有功功率 P、无功功率 Q 和视在功率 S 之间存在着下列关系

$$P=UI\cos\varphi=S\cos\varphi,\quad Q=UI\sin\varphi=S\sin\varphi,\quad S=\sqrt{P^2+Q^2},$$

$$\varphi=\arctan\frac{Q}{P},\quad \lambda=\cos\varphi=\frac{P}{S}$$

可见 P、Q、S 可以构成一个直角三角形，称为功率三角形，如图 2-29 所示。

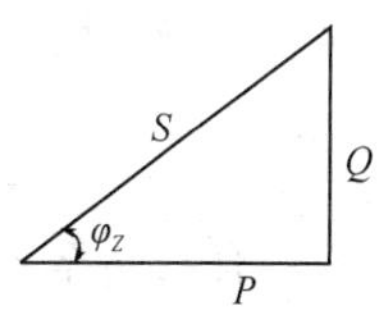

图 2-29　功率三角形

5. 功率因数 $\cos\varphi$

在交流电路中，负载从电源接收的有功功率 $P=UI\cos\varphi$，式中的 $\cos\varphi$ 是电路的功率因数。功率因数是电力系统的一个重要参数，它直接影响到发、变电设备容量的利用率和输电线路的功率损耗。

日常接触的负载通常为感性负载，因此经常采用在负载两端并联电容的方法提高电路的功率因数。这样可以使电感中的磁场能量与电容中的电场能量交换，从而减少电源与负载间能量的互换。

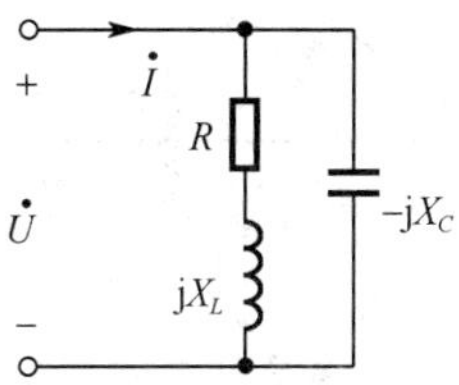

图 2-30　【例 2-15】图

【例 2-15】 如图 2-30 所示电路，已知 $\dot{U}=100\angle 0^\circ$ V，$R=3\Omega$，$X_L=4\Omega$，$X_C=5\Omega$，求电路输入阻抗 Z、有功功率 P、无功功率 Q 和视在功率 S。

解：两支路阻抗分别为

$$Z_1=R+\mathrm{j}X_L=3+\mathrm{j}4=5\angle 53.1^\circ(\Omega),$$

$$Z_2=-\mathrm{j}X_C=-\mathrm{j}5=5\angle -90^\circ(\Omega)$$

电路输入阻抗 Z 为

$$Z=\frac{Z_1Z_2}{Z_1+Z_2}=\frac{5\angle 53.1^\circ\times 5\angle -90^\circ}{3+\mathrm{j}4-\mathrm{j}5}$$

$$=\frac{25\angle -36.9^\circ}{3-\mathrm{j}1}\Omega=\frac{25\angle -36.9^\circ}{3.16\angle -18.4^\circ}=7.9\angle -18.5^\circ(\Omega)$$

端口电流为

$$\dot{I}=\frac{\dot{U}}{Z}=\frac{100\angle 0^\circ}{7.9\angle -18.5^\circ}=12.7\angle 18.5^\circ(\mathrm{A})$$

有功功率 P 为

$$P=UI\cos\varphi=100\times 12.7\cos(-18.5^\circ)=1204(\mathrm{W})$$

无功功率 Q 为

$$Q=UI\sin\varphi=100\times 12.7\sin(-18.5^\circ)=-403(\mathrm{var})$$

视在功率 S 为

$$S=UI=100\times 12.7=1270(\mathrm{V\cdot A})$$

【例 2-16】 如图 2-31 所示 RL 串联电路，已知 $u=10\sqrt{2}\sin(314t)\mathrm{V}$，$R=30\Omega$，$L=127\mathrm{mH}$，求：(1) 电路输入阻抗 Z；(2) 电流 $\dot{I}$；(3) 有功功率 P、无功功率 Q 和视在功率 S；(4) 画出电压和电流的相量图。

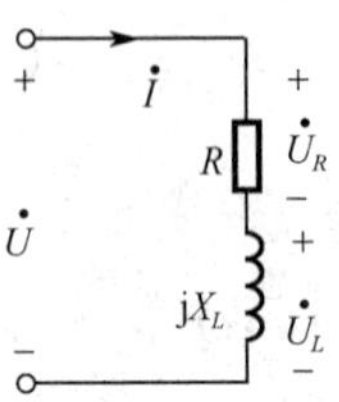

图 2-31 【例 2-16】图

解：(1) 由 $u=10\sqrt{2}\sin(314t)$，得

$$\dot{U}=10\angle 0^\circ\ \mathrm{V}\quad \omega=314\mathrm{rad/s}$$

$$X_L=\omega L=314\times 127\times 10^{-3}\approx 40(\Omega)$$

$$Z=R+\mathrm{j}X_L=30+\mathrm{j}40=50\angle 53.1^\circ(\Omega)$$

(2) 电路的电流为

$$\dot{I}=\frac{\dot{U}}{Z}=\frac{10\angle 0^\circ}{50\angle 53.1^\circ}=0.2\angle -53.1^\circ(\mathrm{A})$$

(3) 有功功率 P 为

$$P=UI\cos\varphi=10\times 0.2\cos 53.1^\circ=1.2(\mathrm{W})$$

无功功率 Q 为

$$Q=UI\sin\varphi=10\times 0.2\sin 53.1^\circ=1.6(\mathrm{var})$$

视在功率 S 为

$$S=UI=10\times 0.2=2(\mathrm{V\cdot A})$$

(4) 选定电压与电流参考方向一致，如图 2-31 所示。

电阻两端电压

$$\dot{U}_R=R\dot{I}=30\times 0.2\angle -53.1^\circ=6\angle -53.1^\circ(\mathrm{V})$$

电感两端电压

$$\dot{U}_L=\mathrm{j}X_L\dot{I}=\mathrm{j}40\times 0.2\angle -53.1^\circ=8\angle 36.9^\circ(\mathrm{V})$$

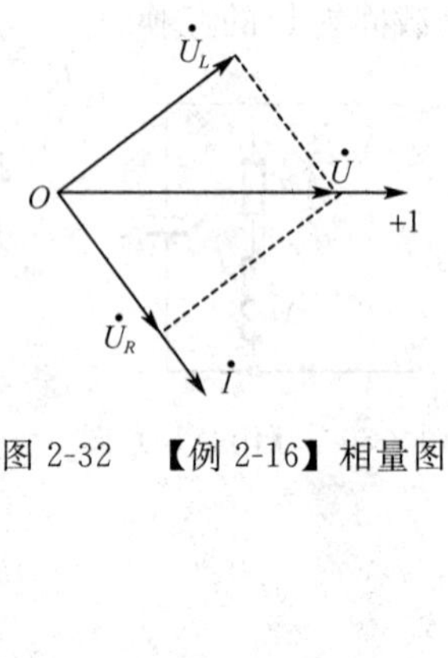

图 2-32 【例 2-16】相量图

在复平面上，先作出相量 $\dot{I}=0.2\angle -53.1^\circ\ \mathrm{A}$，$\dot{U}_R$ 与 $\dot{I}$ 同相，$\dot{U}_L$ 超前 $\dot{I}\ 90^\circ$，按比例作出 $\dot{U}_R$、$\dot{U}_L$，最后按三角形法作出 $\dot{U}$。电压和电流的相量图如图 2-32 所示。

2.4　三相交流电路

前面介绍的正弦交流电路均是指输出一个电压或电流，习惯上称这种电路为单相交流电路。但电力工业普遍采用三相制，即三相交流电路。三相正弦交流电路是以单相正弦交流电路为基础的，二者具有密切的联系。

三相电源的产生

2.4.1　三相电源

1. 三相电源的产生

概括地说，三相交流电源是由三个单相交流电源按一定方式进行组合，而这三个单相交流电源的频率相同、幅值相等、相位彼此相差 120°。

如图 2-33 所示为最简单的三相交流发电机示意图。绕组三相 AX、BY、CZ 在位置上分别相差 120°，产生的三相电压 u_A、u_B、u_C，在时间间隔上也分别相差 120°。其在空间中，每相绕组的端点 A、B、C 为绕组的起端，称为“相头”，X、Y、Z 为绕组的末端，称为“相尾”。三相电压的参考极性定义为“相头”为正，“相尾”为负。如图 2-34 所示为三相交流电源的电路符号，若以三相电压 u_A 的初相角为 0°，则各相电压的解析式为

$$\begin{cases} u_A = U_m\sin\omega t \\ u_B = U_m\sin(\omega t - 120^\circ) \\ u_C = U_m\sin(\omega t + 120^\circ) \end{cases} \tag{2-38}$$

相量式为

$$\begin{cases} \dot{U}_A = U\angle 0^\circ \\ \dot{U}_B = U\angle -120^\circ \\ \dot{U}_C = U\angle 120^\circ \end{cases} \tag{2-39}$$

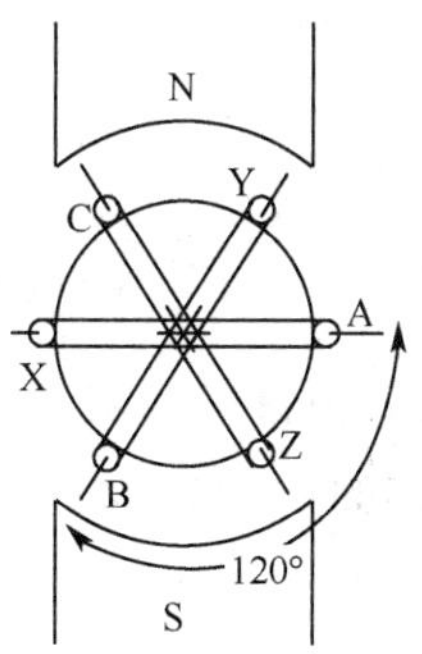

图 2-33　三相交流发电机示意图

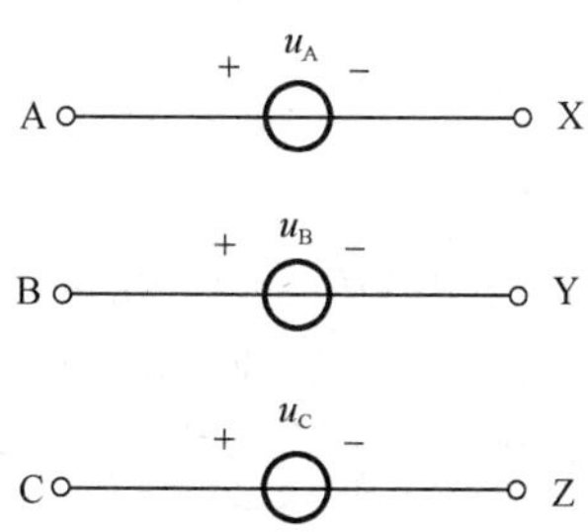

图 2-34　三相交流电源电路符号

三相电源的波形及相量图如图 2-35 所示。

频率相同、幅值相等、相位彼此相差 120°的正弦量（如 u_A、u_B、u_C）称为对称三相正弦量。由对称三相正弦量组成的电源称为对称三相电源。本书若无特殊说明，提到三相电源时均指对称三相电源。

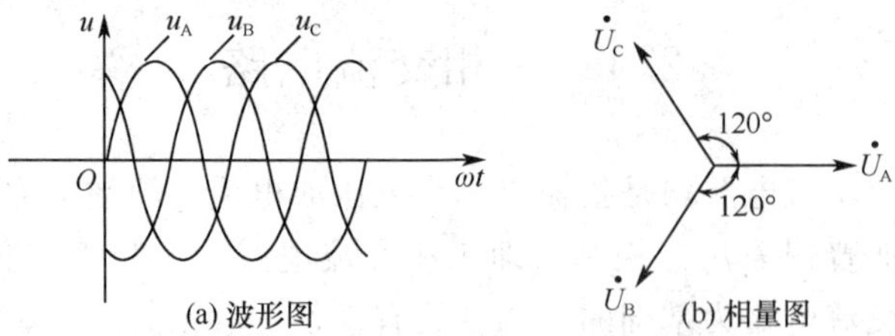

(a) 波形图　　(b) 相量图

图 2-35　对称三相电源的波形图及相量图

对称三相电压依次达到最大值或零值的先后顺序称为相序。A→B→C→A 为顺相序，A→C→B→A 为逆相序，工程上通用的相序为顺相序。本书着重讨论顺相序的情况。

2. 三相电源的星形连接

三相电源的星形连接

三相交流发电机的每一相绕组都是独立的电源，其连接方式一般有两种，一种是星形（Y）连接，一种是三角形（△）连接。下面仅分析星形连接方法。

将三相绕组的末端 X、Y、Z 连接成一点，此点称为中点 N，从中点 N 引出的线称为中线（零线）。而从三相绕组的首端 A、B、C 引出的三根线称为端线（火线）。如图 2-36 所示为三相电源的星形连接。带中线的三相制称为三相四线制，无中线的三相制称为三相三线制。

端线与中线之间的电压称为相电压，即

$$\dot{U}_{AN}=\dot{U}_{A},\quad \dot{U}_{BN}=\dot{U}_{B},\quad \dot{U}_{CN}=\dot{U}_{C} \tag{2-40}$$

对称三相电源的相电压有效值常用 U_P 表示。

端线间的电压叫作线电压，用$\dot{U}_{AB}$，$\dot{U}_{BC}$，$\dot{U}_{CA}$表示，其方向规定为 A→B，B→C，C→A。通常用 U_L 表示线电压的有效值。

根据 KVL 可得线电压和相电压的关系为

$$\begin{cases}\dot{U}_{AB}=\dot{U}_{A}-\dot{U}_{B}\\ \dot{U}_{BC}=\dot{U}_{B}-\dot{U}_{C}\\ \dot{U}_{CA}=\dot{U}_{C}-\dot{U}_{A}\end{cases} \tag{2-41}$$

假设 A 相的相电压为参考相量，则线电压和相电压的相量图如图 2-37 所示。由该图可知，若相电压是对称的，电源的三个线电压也是对称的，且线电压的有效值是相电压有效值的$\sqrt{3}$倍，即 $U_L=\sqrt{3}U_P$，线电压超前对应的相电压 30°。即

$$\begin{cases}\dot{U}_{AB}=\sqrt{3}\,\dot{U}_{A}\angle 30^\circ\\ \dot{U}_{BC}=\sqrt{3}\,\dot{U}_{B}\angle 30^\circ\\ \dot{U}_{CA}=\sqrt{3}\,\dot{U}_{C}\angle 30^\circ\end{cases} \tag{2-42}$$

注意：只有在三相对称电源中，三相电压的相量和才为零，即

$$\dot{U}_{A}+\dot{U}_{B}+\dot{U}_{C}=0 \tag{2-43}$$

而无论是否为三相对称电源，三个线电压的相量和总为零，因为

$$\dot{U}_{AB}+\dot{U}_{BC}+\dot{U}_{CA}=\dot{U}_{A}-\dot{U}_{B}+\dot{U}_{B}-\dot{U}_{C}+\dot{U}_{C}-\dot{U}_{A}=0 \tag{2-44}$$

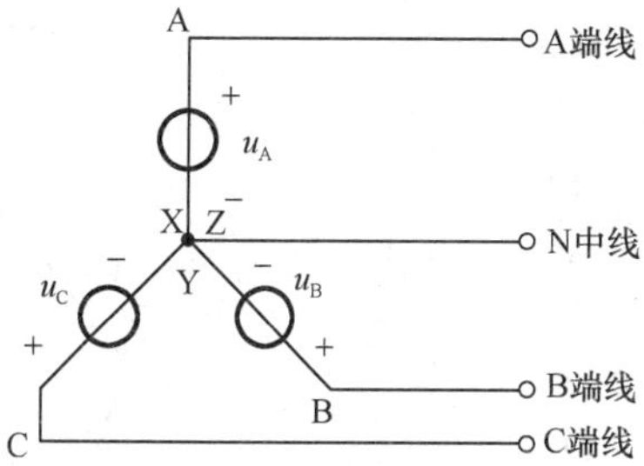

图 2-36　三相电源星形连接

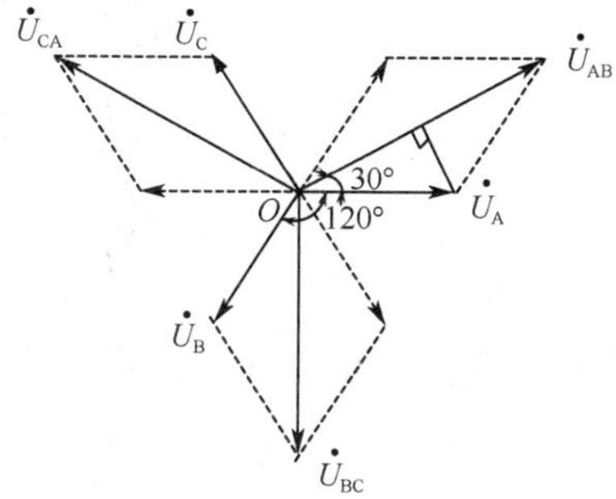

图 2-37　相量图

2.4.2　对称三相负载及其连接

三相负载同样也有两种连接方法，即星形连接和三角形连接。

1. 负载的星形连接

如图 2-38 所示，把三相负载的一端连接为一点 N′，另一端与三相电源的端线相连，这种连接方式称为三相负载的星形连接。若三相负载 $Z_A=Z_B=Z_C$，则称为对称负载，否则称为不对称负载。在三相电路中，若电源对称，负载也对称，则称为三相对称电路。

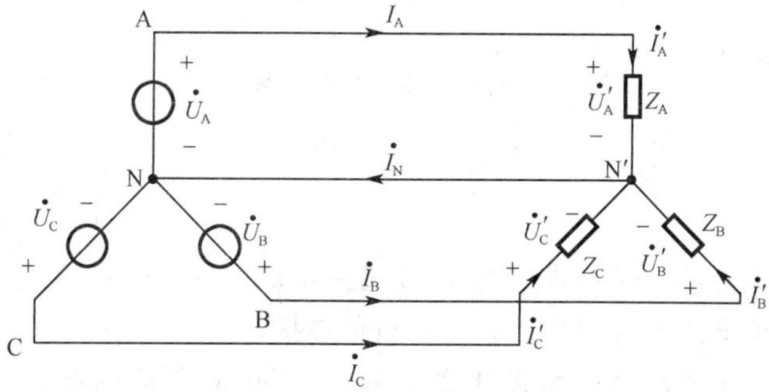

图 2-38　三相负载的星形连接

三相负载的星形连接

由图 2-38 可知，负载相电压与电源相电压对应相等，即

$$\dot{U}'_A=\dot{U}_A,\quad \dot{U}'_B=\dot{U}_B,\quad \dot{U}'_C=\dot{U}_C \tag{2-45}$$

三相电路中，流过每根端线的电流称为线电流，用 $\dot{I}_A$、$\dot{I}_B$、$\dot{I}_C$ 表示，方向规定为由电源端指向负载端；而流过负载的电流称为相电流，用$\dot{I}'_A$、$\dot{I}'_B$、$\dot{I}'_C$表示，方向规定为与负载相电压方向一致；流过中线的电流称为中线电流，用 $\dot{I}_N$ 表示，方向规定为由负载端指向电源端。显然，在负载为星形连接时，相电流等于对应的线电流，即

$$\dot{I}'_A=\dot{I}_A,\quad \dot{I}'_B=\dot{I}_B,\quad \dot{I}'_C=\dot{I}_C \tag{2-46}$$

由 KCL 可知

$$\dot{I}_N=\dot{I}_A+\dot{I}_B+\dot{I}_C \tag{2-47}$$

负载的相电压与相电流的关系，与单相交流电路相电压与相电流的关系相同，即

$$\begin{cases} \dot{I}_A = \dot{I}'_A = \dfrac{\dot{U}'_A}{Z_A} = \dfrac{\dot{U}_A}{Z_A} \\ \dot{I}_B = \dot{I}'_B = \dfrac{\dot{U}'_B}{Z_B} = \dfrac{\dot{U}_B}{Z_B} \\ \dot{I}_C = \dot{I}'_C = \dfrac{\dot{U}'_C}{Z_C} = \dfrac{\dot{U}_C}{Z_C} \end{cases} \tag{2-48}$$

若为对称负载，即 $Z_A = Z_B = Z_C = Z$，则

$$\dot{I}_A = \frac{\dot{U}_A}{Z},\quad \dot{I}_B = \frac{\dot{U}_B}{Z},\quad \dot{I}_C = \frac{\dot{U}_C}{Z} \tag{2-49}$$

由此可知，当三相负载对称时，三相电流也对称。此时，中线电流 $\dot{I}_N = \dot{I}_A + \dot{I}_B + \dot{I}_C = 0$，故有无中线都一样，可省去中线，成为三相三线制电路，如图 2-39 所示。

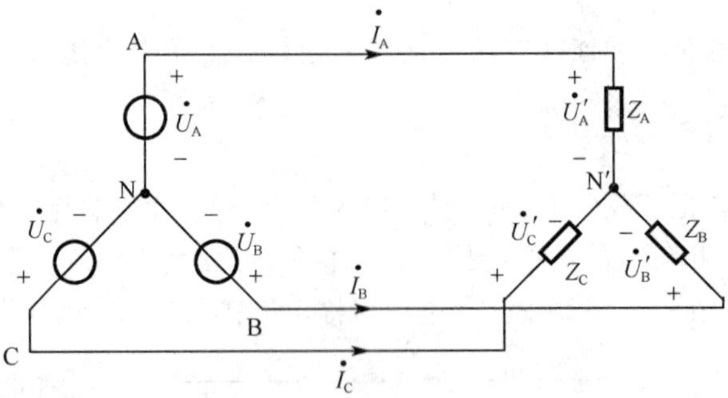

图 2-39　对称三相三线制电路

2. 负载的三角形连接

三相负载的三角形连接

如图 2-40 所示，把三相负载首尾依次连接成三角形，三个连接点与电源的端线相连的连接方式称为三相负载的三角形连接。

从图 2-40 中可以看出，每相负载上的相电压正好是电源的线电压。选定三角形负载相电压的参考方向与电源线电压的参考方向相同。流在负载上的电流称为相电流，即 $\dot{I}_{AB}$、$\dot{I}_{BC}$、$\dot{I}_{CA}$，流在端线上的电流称为线电流，即 $\dot{I}_A$、$\dot{I}_B$、$\dot{I}_C$，其参考方向如图 2-40 所示。

负载相电流为

$$\begin{cases} \dot{I}_{AB} = \dfrac{\dot{U}_{AB}}{Z_{AB}} \\ \dot{I}_{BC} = \dfrac{\dot{U}_{BC}}{Z_{BC}} \\ \dot{I}_{CA} = \dfrac{\dot{U}_{CA}}{Z_{CA}} \end{cases} \tag{2-50}$$

根据 KCL 可知，相电流与线电流的关系为

$$\begin{cases}\dot{I}_A = \dot{I}_{AB} - \dot{I}_{CA} \\ \dot{I}_B = \dot{I}_{BC} - \dot{I}_{AB} \\ \dot{I}_C = \dot{I}_{CA} - \dot{I}_{BC}\end{cases} \tag{2-51}$$

若三相负载对称，则三个相电流也对称，三个线电流也是对称的，这时相电流与线电流都可计算一相，其他两相由对称关系推算。对称电流的相量图如图 2-41 所示，从该图不难得出，线电流有效值是相电流有效值的$\sqrt{3}$倍（$I_L=\sqrt{3}\,I_P$），且线电流滞后于其对应的相电流 30°。即

$$\begin{cases}\dot{I}_A = \sqrt{3}\,\dot{I}_{AB}\,\angle -30^\circ \\ \dot{I}_B = \sqrt{3}\,\dot{I}_{BC}\,\angle -30^\circ \\ \dot{I}_C = \sqrt{3}\,\dot{I}_{CA}\,\angle -30^\circ\end{cases} \tag{2-52}$$

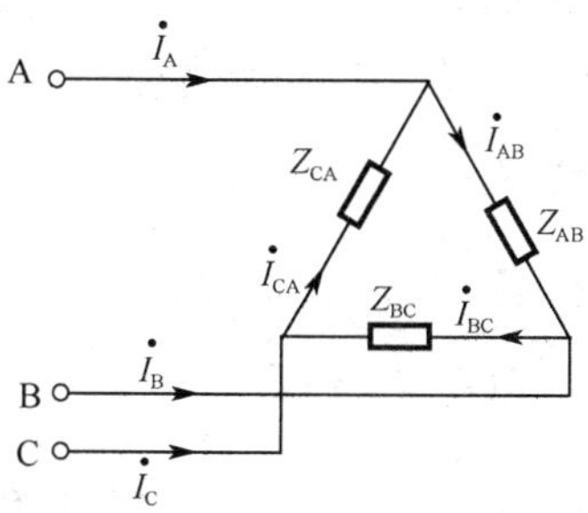

图 2-40　负载的三角形连接

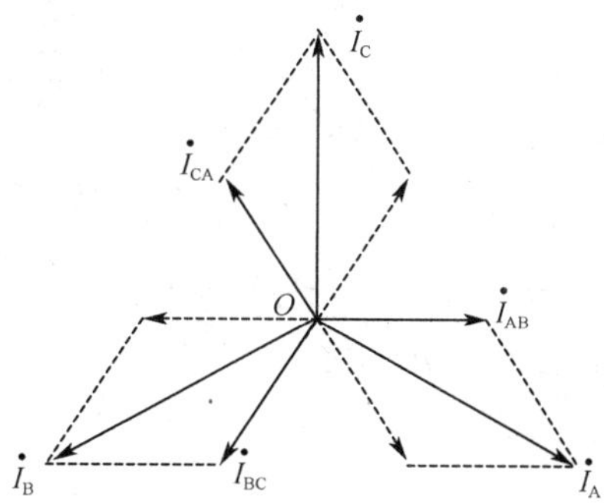

图 2-41　相量图

2.4.3　对称三相电路的分析

三相电路的功率

1. 三相电路的功率

三相负载总有功功率等于各相有功功率之和，即

$$P = P_A + P_B + P_C = U_A I_A \cos\varphi_A + U_B I_B \cos\varphi_B + U_C I_C \cos\varphi_C \tag{2-53}$$

其中，U_A、U_B、U_C 分别为三相负载的相电压；I_A、I_B、I_C 分别为三相负载的相电流；φ_A、φ_B、φ_C 分别为对应相的相电压与相电流的相位差。

在对称三相电路中，每相负载的有功功率相同，即

$$P_A = P_B = P_C \tag{2-54}$$

总有功功率为

$$P = 3U_P I_P \cos\varphi \tag{2-55}$$

当对称负载为星形连接时

$$U_L = \sqrt{3}U_P,\quad I_L = I_P$$

当对称负载为三角形连接时

$$U_L = U_P,\quad I_L = \sqrt{3}\,I_P$$

所以，对称三相负载无论以何种方式连接，都有

$$P = \sqrt{3}U_L I_L \cos\varphi \tag{2-56}$$

注意：φ 是负载相电压和相电流之间的相位差（或指负载的阻抗角）。

同理，对称三相电路的无功功率

$$Q = 3U_P I_P \sin\varphi = \sqrt{3}U_L I_L \sin\varphi \tag{2-57}$$

对称三相电路的视在功率

$$S = 3U_P I_P = \sqrt{3}U_L I_L \tag{2-58}$$

2. 对称三相负载的计算

在三相电路中，若电源对称，负载也对称，则称为三相对称电路。

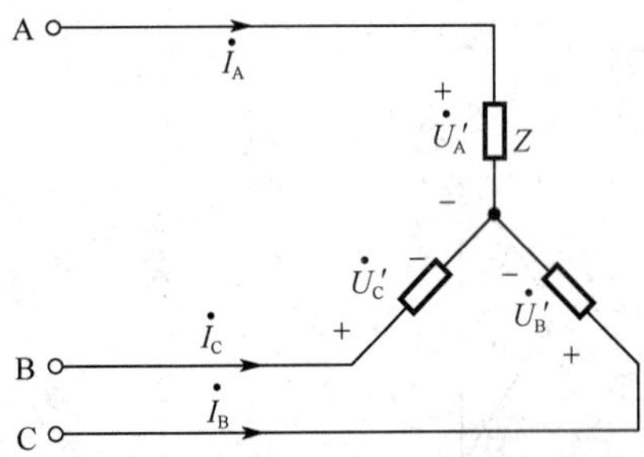

图 2-42 【例 2-17】图

【例 2-17】 如图 2-42 所示电路，已知一对称星形三相负载，每相负载阻抗 $Z=10\angle 53^\circ\ \Omega$，接在三相对称电源上，其中$\dot{U}_{AB}=380\angle 30^\circ$ V，求各负载的相电压和相电流。

解：在对称三相三线制电路中，负载相电压与电源相电压对应相等。

因为

$$\dot{U}_{AB} = 380\angle 30^\circ\,(\text{V})$$

根据式（2-42）和式（2-45）可得

$$\dot{U}'_A = \dot{U}_A = \frac{\dot{U}_{AB}}{\sqrt{3}}\angle -30^\circ = 220\angle 0^\circ(\text{V})$$

由三相电压对称关系，可得到另外两相电压的相量分别为

$$\dot{U}'_B = \dot{U}_B = 220\angle -120^\circ\,(\text{V}),\quad \dot{U}'_C = \dot{U}_C = 220\angle 120^\circ\,(\text{V})$$

负载相电流也对称，可得

$$\dot{I}_A = \frac{\dot{U}'_A}{Z} = \frac{220\angle 0^\circ}{10\angle 53^\circ} = 22\angle -53^\circ(\text{A})$$

$$\dot{I}_B = 22\angle -53^\circ - 120^\circ = 22\angle -173^\circ\,(\text{A})$$

$$\dot{I}_C = 22\angle -53^\circ + 120^\circ = 22\angle 67^\circ\,(\text{A})$$

【例 2-18】 一台三相交流电动机，定子绕组接成星形，额定电压为 380V，额定电流为 2.2A，功率因数为 0.8，求该电动机每相绕组的阻抗。

解：设每相绕组阻抗 $Z=|Z|\angle\varphi$

绕组的相电压为

$$U_P = \frac{U_L}{\sqrt{3}} = \frac{380}{\sqrt{3}} \approx 220(\text{V})$$

绕组的相电流为

$$I_P = I_L = 2.2(\text{A})$$

所以

$$|Z| = \frac{U_P}{I_P} = \frac{220}{2.2} = 100(\Omega)$$

因为

$$\lambda = \cos\varphi = 0.8$$

所以

$$\varphi = 36.9^\circ$$

可得

$$Z = |Z|\angle\varphi = 100\angle 36.9^\circ(\Omega)$$

【例 2-19】 已知三角形对称负载 $Z=(3+j4)\Omega$，接在三相对称线电压 $U_L=220V$ 电源上，求负载相电流与线电流，并计算三相有功功率。

解：设$\dot{U}_{AB}=220\angle 0^\circ$ V，则

$$\dot{U}_{BC} = 220\angle -120^\circ \text{ (V)}, \quad \dot{U}_{CA} = 220\angle 120^\circ \text{ (V)}$$

负载相电流为

$$\dot{I}_{AB} = \frac{\dot{U}_{AB}}{Z} = \frac{220\angle 0^\circ}{3+j4} = \frac{220\angle 0^\circ}{5\angle 53.1^\circ} = 44\angle -53.1^\circ \text{(A)}$$

根据对应关系，可得

$$\dot{I}_{BC} = 44\angle -53.1^\circ - 120^\circ = 44\angle -173.1^\circ \text{ (A)}$$

$$\dot{I}_{CA} = 44\angle -66.9^\circ \text{(A)}$$

根据式 (2-52) 可得，负载线电流为

$$\dot{I}_A = \sqrt{3}\dot{I}_{AB}\angle -30^\circ = \sqrt{3}\times 44\angle -53.1^\circ - 30^\circ = 76.1\angle -83.1^\circ \text{(A)}$$

$$\dot{I}_B = 76.1\angle 156.9^\circ \text{ (A)}$$

$$\dot{I}_C = 76.1\angle 36.9^\circ \text{(A)}$$

根据式 (2-56) 可得三相有功功率为

$$P = \sqrt{3}U_L I_L\cos\varphi = \sqrt{3}\times 220\times 76.1\times\cos 53.1^\circ = 17\,424\text{(W)}$$

*2.5　变　压　器

变压器是以互感现象为理论基础的电磁装置，它是一种常见的电气设备，在电力系统和电子电路中应用广泛。变压器的种类很多，但它们的基本构造和工作原理是相同的。

2.5.1　互感

1. 互感现象

电与磁是密不可分的，电流产生磁场，而磁场变化则感应出电动势。当线圈两端通以变化的电流时，则在其自身引起感应电动势，这种现象称为自感现象。如果在一个线圈的附近放置另外一个线圈，还会发生互感现象。

如图 2-43 所示，两个相邻放置的线圈Ⅰ和线圈Ⅱ，它们的匝数分别为 N_1 和 N_2。当线圈Ⅰ通以变化的电流 i_1 时，其具有变化的磁通 ϕ_{11}，其两端产生电压 u_{11}，这种现象称为自感现象。ϕ_{11}称为线圈Ⅰ的自感磁通，$\psi_{11}=N_1\phi_{11}$称为线圈Ⅰ的自感磁链。同时在线圈Ⅱ中产生磁通 ϕ_{21}，这种由一个线圈的电流变化而在另一个线圈中产生的磁通称为互感磁通，$\psi_{21}=N_2\phi_{21}$称为线圈Ⅱ的互感磁链。由于 ϕ_{21}的变化使线圈Ⅱ产生感应电动势，其两端电压为 u_{21}，这种由于一个线圈电流的变化，使另一个线圈产生感应电动势的现象称为互感现象。这里 u_{21}称为互感电压，互感电压的大小和方向分别满足法拉第电磁感应定律和楞次定律。两线圈之间磁通相互交链的关系称为磁耦合。

同理，线圈Ⅱ中通以交变电流 i_2 时，在线圈Ⅱ中具有自感磁通 ϕ_{22}，其两端产生自感电压 u_{22}。同时在线圈Ⅰ中具有互感磁通 ϕ_{12}，其两端产生互感电压 u_{12}。

2. 耦合系数

在非铁磁性的介质中，电流产生的磁通与电流成正比，当匝数一定时，磁链也与电流成正比。如图 2-43 所示，若电流的参考方向与它产生的磁链的参考方向满足右手螺旋定则，则自感磁链与电流的关系为 $\psi_{11}=L_1 i_1$，其中常数 L_1 为自感系数。

互感和互感电压

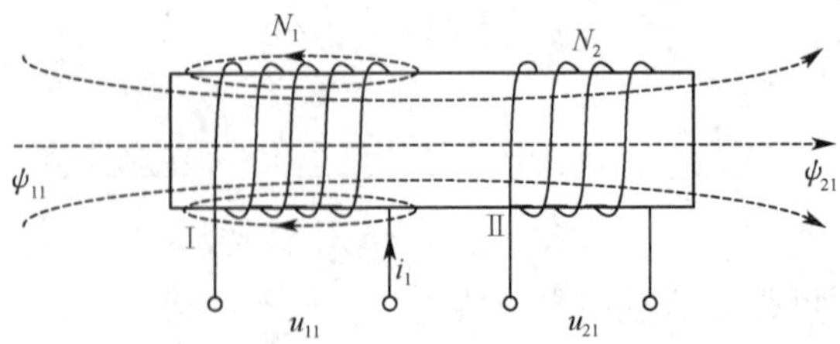

图 2-43 互感线圈

互感磁链与电流的关系为 $\psi_{21}=Mi_1$，其中 M 称为线圈Ⅰ和线圈Ⅱ的互感系数。

两线圈间的互感系数 M 是线圈的固有参数，它取决于两个线圈的匝数、几何尺寸、相对位置和磁介质。互感的大小反映了一个线圈在另一个线圈中产生磁链的能力。互感的单位与自感相同，也为亨［利］，用符号 H 表示。

上述两线圈相互靠近，其耦合的电流所产生的磁通，只有部分相交链。彼此不交链的磁通称为漏磁通。漏磁通越少，说明两个线圈耦合的程度越紧密。两个线圈耦合的程度通常用耦合系数 K 表示，即

$$K=\frac{M}{\sqrt{L_1 L_2}} \tag{2-59}$$

式中，$0\leqslant K\leqslant 1$，耦合系数的大小取决于两个线圈的相对位置及磁介质的性质。K 越大耦合越紧密，漏磁通越少。当 $K=1$ 时称为全耦合，漏磁通为 0。

【例 2-20】 两个互感耦合线圈，已知 $L_1=2\text{H}$，$L_2=8\text{H}$，耦合系数 $K=0.5$，求互感系数 M。

解：根据式（2-59）可得

$$M=K\sqrt{L_1 L_2}=0.5\times\sqrt{2\times 8}=2(\text{H})$$

3. 互感电压

根据电磁感应定律，线圈Ⅰ中电流 i_1 的变化在线圈Ⅱ中产生的互感电压 u_{21} 为

$$u_{21}=|e_{21}|=\left|\frac{\mathrm{d}\Psi_{21}}{\mathrm{d}t}\right|=M\left|\frac{\mathrm{d}i_1}{\mathrm{d}t}\right| \tag{2-60}$$

同理，线圈Ⅱ中电流 i_2 的变化在线圈Ⅰ中产生的互感电压 u_{12} 为

$$u_{12}=|e_{12}|=\left|\frac{\mathrm{d}\Psi_{12}}{\mathrm{d}t}\right|=M\left|\frac{\mathrm{d}i_2}{\mathrm{d}t}\right| \tag{2-61}$$

可见，互感电压与产生互感电压的相邻线圈的电流变化率成正比。

若 i_1、i_2 均为正弦量，如 $i_1=I_{\mathrm{m1}}\sin\omega t$，则

$$\begin{aligned}u_{21}&=M\frac{\mathrm{d}i_1}{\mathrm{d}t}=M\frac{\mathrm{d}(I_{\mathrm{m1}}\sin\omega t)}{\mathrm{d}t}\\&=\omega MI_{\mathrm{m1}}\cos\omega t\\&=\omega MI_{\mathrm{m1}}\sin\left(\omega t+\frac{\pi}{2}\right)\end{aligned} \tag{2-62}$$

互感电压用相量表示为

$$\dot{U}_{21}=\mathrm{j}\omega M\dot{I}_1=\mathrm{j}X_M\dot{I}_1 \tag{2-63}$$

同理

$$\dot{U}_{12}=\mathrm{j}\omega M\dot{I}_2=\mathrm{j}X_M\dot{I}_2 \tag{2-64}$$

2.5.2　理想变压器

变压器是利用互感现象来实现一个电路向另一个电路传递能量或信号的一种装置，它由两个具有互感的线圈组成。如图 2-44 所示为变压器的示意图，其中 $X_M=\omega M$ 称为互感抗，单位为 Ω。

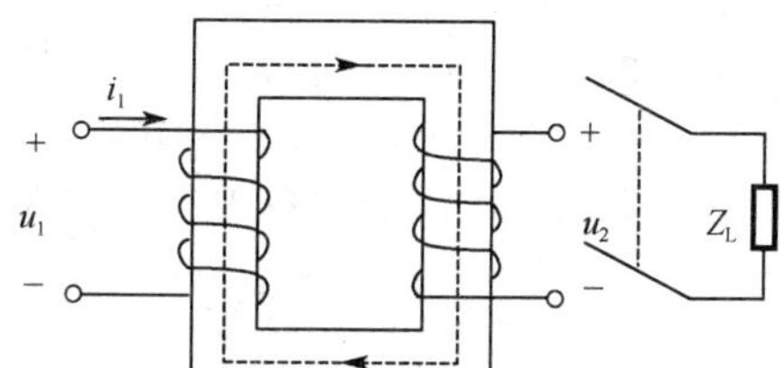

图 2-44　变压器的示意图

变压器通常含有两个线圈，一次线圈（或称初级绕组）接电源，二次线圈（或称次级绕组）接负载。电源能量通过这两个线圈的磁耦合传递给负载，实现能量或信号传递的目的。变压器主要由铁心和绕组构成，是电工、电子技术中常用的电气设备。

1. 理想变压器的条件

理想变压器是一种特殊的、无损耗的、全耦合的变压器。它满足以下条件。

理想变压器

(1) 变压器的全部磁通都闭合在铁心中，即没有漏磁通。

(2) 变压器本身无损耗，即一次线圈和二次线圈没有电阻，铁心中无涡流和磁滞现象。

（3）铁心的磁导率趋于无穷大，产生磁通的磁化电流很小，可以忽略不计。

2. 理想变压器的等效变换

1）电压变换

如图 2-45 所示，图中 N_1、N_2 分别为一次、二次线圈的匝数。根据理想变压器的条件，铁心中磁通为 Φ，可得

$$U_1 = N_1 \frac{\mathrm{d}\Phi}{\mathrm{d}t} \qquad U_2 = N_2 \frac{\mathrm{d}\Phi}{\mathrm{d}t}$$

由以上两式可得，理想变压器的一次侧、二次侧的电压关系为

$$\frac{U_1}{U_2} = \frac{N_1}{N_2} = n \tag{2-65}$$

式中，n 为一次线圈与二次线圈的匝数比，称为变压器的变比或变换系数。理想变压器只能改变电压的大小，无法改变相位。

2）电流变换

由于理想变压器没有有功功率的损耗，也没有无功功率的损耗，所以一次线圈、二次线圈的视在功率相同，则

$$U_1 I_1 = U_2 I_2 \tag{2-66}$$

$$\frac{I_1}{I_2} = \frac{U_2}{U_1} = \frac{N_2}{N_1} = \frac{1}{n} \tag{2-67}$$

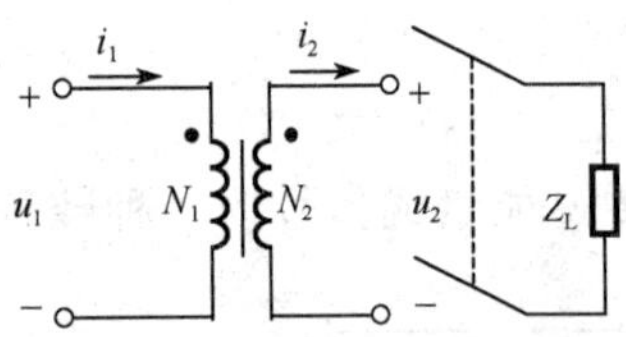

图 2-45 理想变压器电路图

可见，理想变压器一次侧、二次侧电流之比与其线圈匝数成反比，图 2-45 所示电路中的参考方向，$\dot{I}_1$、$\dot{I}_2$ 为同相关系。

3）阻抗变换

理想变压器不仅可变换电压、电流，还可变换电路的阻抗。如图 2-45 所示理想变压器电路，在二次侧接一负载 Z_L，则从一次线圈端看进去的输入阻抗为

$$Z_i = \frac{\dot{U}_1}{\dot{I}_1} = \frac{n\dot{U}_2}{\frac{1}{n}\dot{I}_2} = n^2 \frac{\dot{U}_2}{\dot{I}_2} = n^2 Z_L \tag{2-68}$$

理想变压器将负载阻抗变为原来的 n^2 倍。无线电技术中常利用这一原理进行阻抗变换达到阻抗匹配的目的，使负载获得最大功率。理想变压器的等效电路图如图 2-46 所示。

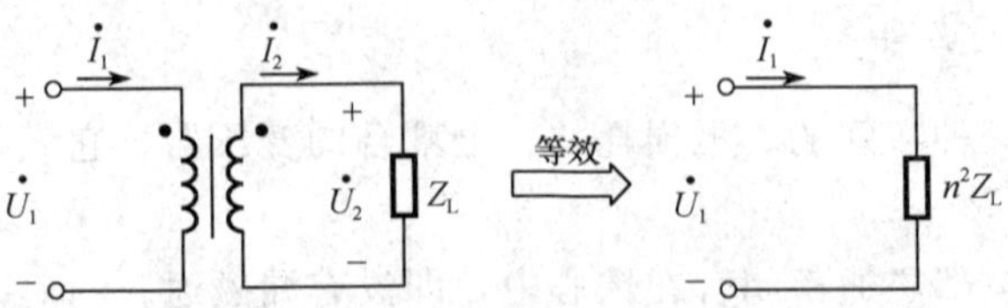

图 2-46 理想变压器的等效电路

【例 2-21】 理想变压器一次侧绕组接在 220V 的电压上，测得二次侧绕组的端电压

为 22V，若一次侧绕组 $N_1=1800$ 匝，求变压器的变比 n 和二次侧绕组的匝数 N_2。

解：根据式（2-65）可得

$$n=\frac{U_1}{U_2}=\frac{220}{22}=10$$

又

$$n=\frac{N_1}{N_2}$$

则

$$N_2=\frac{N_1}{n}=\frac{1800}{10}=180\text{（匝）}$$

【例 2-22】 如图 2-47（a）所示的理想变压器，若变比为 1∶10，求电压 U_1 和 U_2。

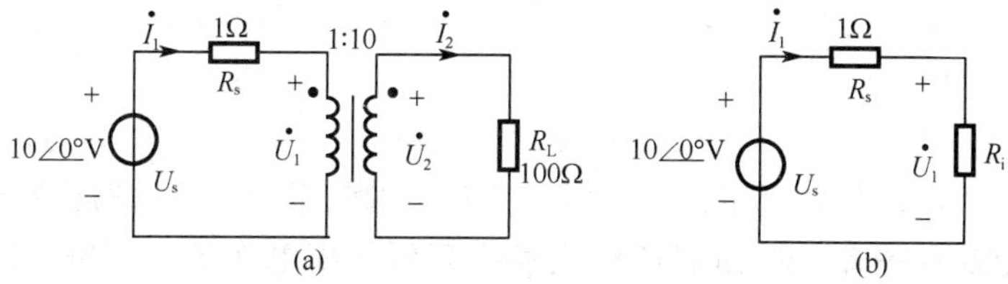

图 2-47　【例 2-22】电路图及其初级等效电路

解：从一次线圈端看进去的输入阻抗为

$$R_i=n^2R_L=\left(\frac{1}{10}\right)^2\times 100=1(\Omega)$$

理想变压器的初级等效电路如图 2-47（b）所示，有

$$U_1=\frac{R_i}{R_i+R_s}\times U_s=\frac{1}{1+1}\times 10=5(\text{V})$$

根据式（2-65）可得

$$U_2=\frac{1}{n}U_1=\frac{1}{\frac{1}{10}}\times 5=50(\text{V})$$

2.6　安全用电技术

随着国民经济的快速发展，电能的应用日益广泛。各种电器设备给人们的生产、生活带来便利的同时，各种电气事故也时有发生。电气事故不但可能造成电气设备损坏，工厂停电、停产，引起电气火灾和爆炸等危害，甚至会造成重大人身伤亡事故，给人们的生命财产带来巨大危害。所谓安全用电，是指在保证人身安全和设备安全的前提下，正确使用电力而采取的科学措施和手段。只有了解安全用电常识，规范操作用电设备，才能防止用电事故的发生。

2.6.1　安全电压

为保证人身安全，各国及各专业组织对安全电压有不同的规定。我国规定工频交流电压有效值 50V 以下或直流 36V 以下为安全电压。如果在金属架或潮湿的场所工作，安全电压等级还要降低。

为了使安全电压的设备能够和电源设备相互配套，我国对工频安全电压规定了以下几个等级，即 42V、36V、24V、12V、6V 五个等级。

对于不同等级的工频安全电压，推荐分别用于以下场合。

（1）42V：用于手持式电动工具。

（2）36V 和 24V：用于一般场所的安全灯或手提灯。

（3）12V：用于特别潮湿场所及在金属容器内使用的照明灯。

（4）6V：用于水下工作的照明灯。

在使用工频安全电压时，一般需要配备变压器，使取自低压电网上的电压降至需要的安全电压。

2.6.2 熔断器

熔断器是指当电流超过规定值时，以本身产生的热量使熔体熔断而断开电路的一种电器，是一种电流保护器。熔断器广泛应用于高低压配电系统和控制系统及用电设备中，用作短路和过电流的保护器，是应用最普遍的保护器件之一。图 2-48 所示为几种常用的熔断器实用图。

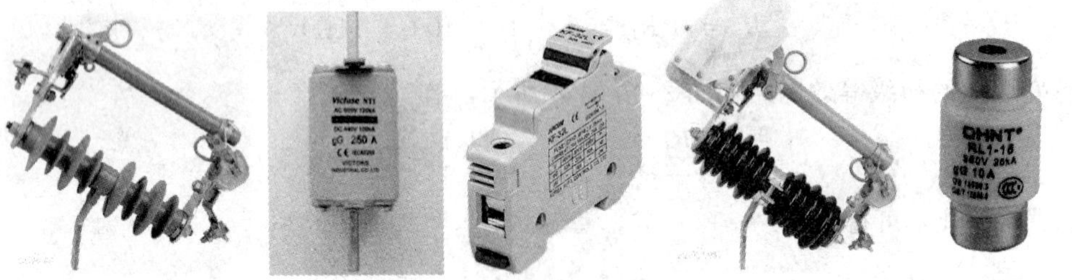

图 2-48 几种熔断器实用图

熔断器是一种过电流保护器，是以金属导体作为熔体而分断电路的电器。使用时，将熔断器串联于被保护电路中，当被保护电路的电流超过规定值，并经过一定时间后，熔体自身产生的热量将熔体熔断，使电路断开，从而对电力系统、各种电工设备及家用电器等起到了一定的保护作用。熔断器具有反时延特性，当过载电流小时，熔断时间长；当过载电流大时，熔断时间短。因此，在一定过载电流范围内至电流恢复正常，熔断器不会熔断，可以继续使用。

熔断器使用注意事项如下。

（1）熔断器的保护特性应与被保护对象的过载特性相适应，考虑到可能出现的短路电流，选用相应分断能力的熔断器。

（2）熔断器的额定电压要适应线路电压等级，熔断器的额定电流要大于或等于熔体额定电流。

（3）线路中各级熔断器熔体额定电流要相应配合，保持前一级熔体额定电流必须大于下一级熔体额定电流。

（4）熔断器的熔体要按要求使用相配套的熔体，不允许随意加大熔体或用其他导体代替熔体。

2.6.3　接地保护

人体有电阻，而且不同部位的电阻值各不相同。当人体接触带电体时，电流会对人体造成两种伤害：电击和电伤。电击是指电流通过人体，使人体内部组织受损造成的伤害，如引起呼吸中枢麻痹、肌肉痉挛、心室颤动、窒息甚至死亡。电伤是指电流对人体外部造成的伤害，常见的有灼伤、烙伤和皮肤金属化等。

电气设备在使用中，若设备绝缘损坏或击穿而造成外壳带电，人体触及外壳时有触电的可能。为此，电气设备必须与大地进行可靠的电气连接，即接地保护，使人体免受触电的危害。下面介绍两种接地方法：保护接地和保护接零。

1）保护接地

在中性点不接地的系统中，正常情况下不带电的电气设备的金属外壳，必须与接地装置可靠连接，这称为保护接地，如图 2-49 所示。这样在电气设备绝缘损坏，人体触及带电外壳时，因采用了保护接地，此时接地电流沿着接地体和人体两条通路流过，流过每一通路的电流值与其电阻的大小成反比，接地电阻通常小于 4Ω，人体电阻通常为 600～1000Ω，因此流过人体的电流很小，可以避免或减轻触电危害，从而起到了保护人身安全的作用。

保护接地适用于中性点不接地的低压电力系统。在不接地电网中，由于单相对地电流较小，利用保护接地可使人体避免发生触电事故。例如，对发电厂和变电所中的电气设备实行保护接地，并尽可能使用同一接地体。但在中性点接地电网中，需要采用保护接零。

2）保护接零

三相四线制中性点直接接地的电路系统中，将电力设备正常不带电的金属外壳与系统的零线相连接称为保护接零，如图 2-50 所示。当发生碰壳短路时，由该相相线、电气设备金属外壳、零线及电源绕组形成闭合电路产生的最大短路电流，立即使熔断丝熔断或使其他保护装置动作，从而迅速切断电源，防止触电事故的发生。需要注意的是，采用保护接零时，不能将保护接地和保护接零混用，而且中性点工作接地必须可靠。

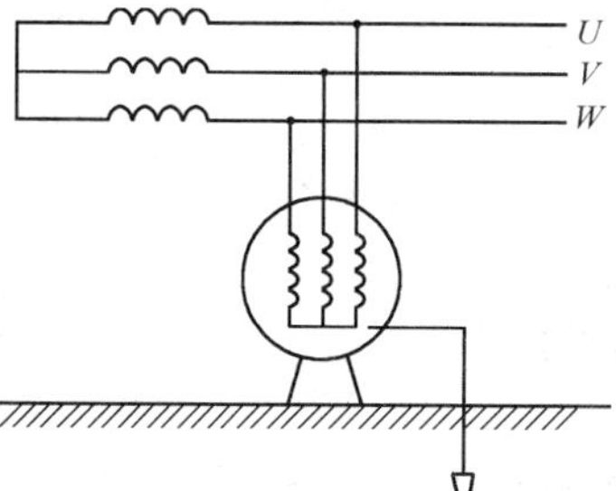

图 2-49　保护接地

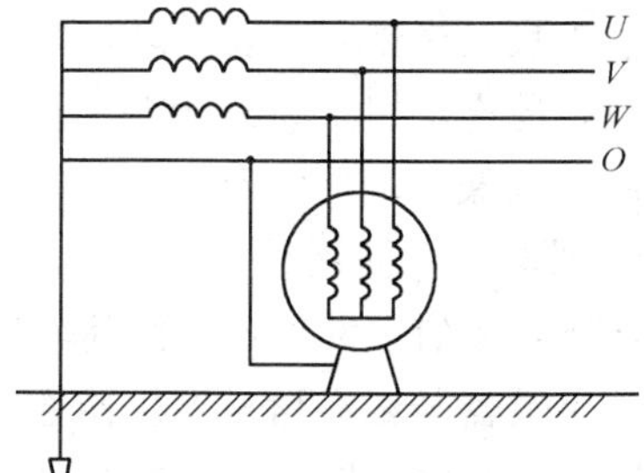

图 2-50　保护接零

为确保保护接零的可靠，还必须禁止在零线上安装熔断器或开关，以防止零线断开，失去保护接零的作用，为此要在零线上的一处或多处再接地，称为重复接地。

2.6.4 触电

触电或雷击是由于人体直接接触电源，使一定量的电流通过人体，致使组织损伤和功能障碍甚至死亡。触电时间越长，人体所受的电损伤越严重。自然界的雷击也是一种触电形式，其电压可高达几千万伏特，造成极强的电流电击，危害极大。

当触电发生时，应做到以下几点。

(1) 迅速切断电源，拉开电闸或用木棍、竹竿等不导电物将电源与触电者分开。

(2) 立即行人工呼吸，心跳停止时，应立即施行心脏按压。并坚持不懈，至复苏或出现尸斑时为止。

(3) 处理灼伤和外伤，预防感染。

(4) 纠正心律失常。

为了更好地使用电能，防止触电事故的发生，必须采取一些安全措施。

(1) 各种电气设备，尤其是移动式电气设备，应建立经常与定期的检查制度，如发现故障或与有关的规定不符合时，应及时加以处理。

(2) 使用各种电气设备时，应严格遵守操作制度。不得将三脚插头擅自改为二脚插头，也不得直接将线头插入插座内用电。

(3) 尽量不要带电工作，特别是在危险场所（如工作地很狭窄，工作地周围有电压在 250V 以上的导体等），禁止带电工作。如果必须带电工作时，应采取必要的安全措施（如站在橡胶毡上或穿绝缘橡胶靴，附近的其他导电体或接地处都应用橡胶布遮盖，并需要有专人监护等）。

(4) 静电可能引起危害，重则可引起爆炸与火灾，轻则可使人受到电击，引起严重后果。消除静电首先应尽量限制静电电荷的产生或积聚。

(5) 严禁利用大地作中性线，即严禁采用三线一地、二线一地或一线一地制。

2.7 技能训练

2.7.1 正弦交流电的测试

(1) 测试设备：电工电路综合测试台 1 台，函数信号发生器 1 台，示波器 1 台，晶体管毫安表 1 只，交流毫伏表 1 只，数字万用表 1 块。

测试电路的连接如图 2-51 和图 2-52 所示。

(2) 测试步骤：

① 用示波器测量正弦信号。

(a) 调节函数信号发生器，使其输出为正弦信号。

(b) 将示波器与函数信号发生器连接。

(c) 通过示波器测量正弦函数的参数，相关数据填入表 2-1。

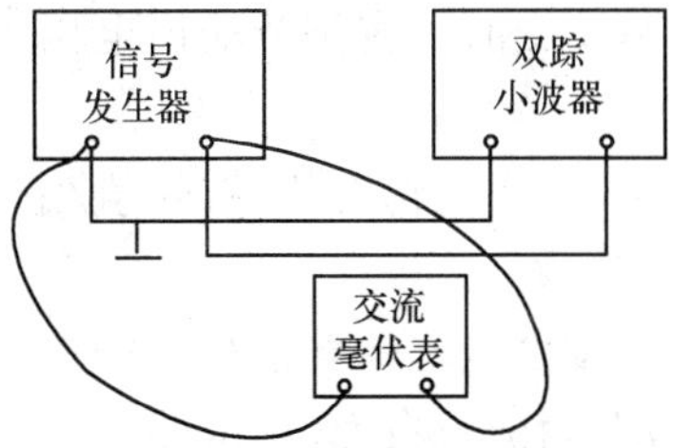

图 2-51　信号发生器与双踪示波器的连接

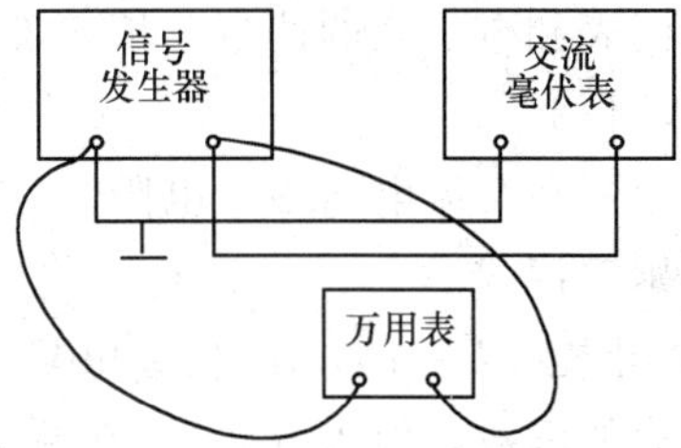

图 2-52　信号发生器与交流毫伏表的连接

表 2-1　用示波器测量正弦信号的测试结果

测试项目	1	2	3	4
频率/Hz				
幅值/mV				

② 用晶体管毫安表测量正弦信号。

(a) 调节函数信号发生器，使其输出为正弦信号。

(b) 将晶体管毫安表与函数信号发生器连接。

(c) 通过晶体管毫安表测量正弦函数的参数，相关数据填入表 2-2 中。

表 2-2　用晶体管毫安表测量正弦信号的测试结果

测试项目	1	2	3	4
信号值/mV				

2.7.2　交流元件频率特性的测试

(1) 测试设备：电工电路综合测试台 1 台，函数信号发生器 1 台，示波器 1 台，晶体管毫安表 1 只。

(2) 测试电路：如图 2-53 所示，电阻 $R'=10\Omega$，信号源用函数信号发生器，保持输出电压为 8V。

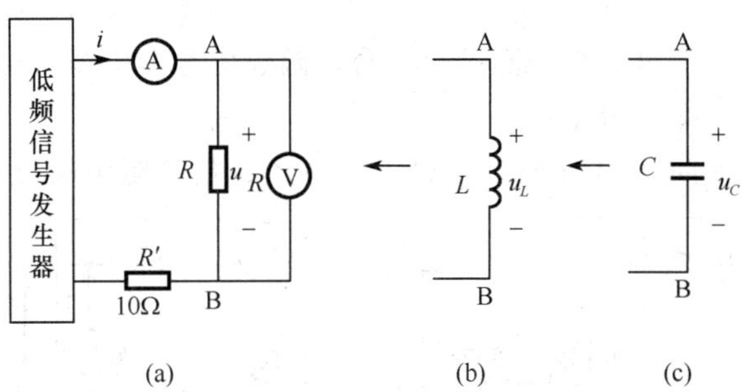

图 2-53　交流元件频率特性测试电路

(3) 测试步骤：

① 按图 2-53 (a) 接好电路。电阻 $R=200\Omega$，按表 2-3 所示数据调节输出频率 f，

读出电流表和电压表的读数，填入表 2-3。注意当频率改变时，应调节输出电压，使其保持 8V 不变。

结论：在交流电路中，电阻元件中电压和电流________（瞬时值/有效值/最大值）满足欧姆定律。

② 用电感 $L=100\text{mH}$ 代替电阻。重复上面步骤，调节输出频率 f 值，读出电流表和电压表的读数，填入表 2-3。在测试过程中，电阻 $R'=10\Omega$ 可以忽略不计。

结论：在交流电路中，理想电感元件的感抗 X_L 与频率 f 成________（正比/反比）。

③ 用电容 $C=10\mu\text{F}$ 代替电感 L，重做上面的实验。

结论：在交流电路中，理想电容元件的容抗 X_C 与频率 f 成________（正比/反比）。

表 2-3 交流元件频率特性测试结果

信号源频率/Hz	50	200	500	1000	1500	5000	10000
U_R							
I							
$R=U_R/I$							
U_L							
I							
$X_L=U_L/I$							
L							
U_C							
I							
$X_C=U_C/I$							
C							

2.7.3 *RC*、*RL* 交流串联电路的测试

（1）测试设备：电工电路综合测试台 1 台，函数信号发生器 1 台，示波器 1 台，晶体管毫安表 1 只，交流毫伏表 1 只。

（2）测试电路：如图 2-54 所示，电阻 $R=200\Omega$，信号源用函数信号发生器。

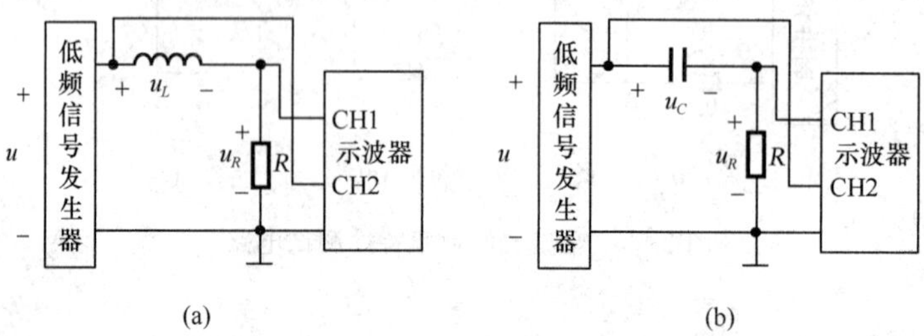

图 2-54 *RL* 和 *RC* 串联测试电路

（3）测试步骤：

① RL 串联电路。

（a）按图 2-54（a）接好电路，电感 $L=100\text{mH}$，调节正弦波信号 $U=8\text{V}$，$f=500\text{Hz}$。用交流毫伏表分别测量 U、U_R 和 U_L 的值并填入表 2-4。

表 2-4　*RL* 串联电路测试结果　　$R=200\Omega$　$L=100\text{mH}$

信号源频率 /Hz	U/V	U_R/V	U_L/V	相位差 φ（计算法）	相位差 φ（示波器观测）
500					
1000					

（b）保持电路中参数不变，用示波器观察 RL 串联电路中电压 $\dot{U}$ 和电流 $\dot{I}$ 的相位关系。

- CH1 通道接电阻电压，采样电阻两端电压信号；
- CH2 通道接电源电压，采样电源两端电压信号。

因为电阻上电压与电流________（同相/反相），两者波形相似，所以 CH1 通道显示的是________（电压 $\dot{U}$/电流 $\dot{I}$）的波形，CH2 通道显示的是________（电压 $\dot{U}$/电流 $\dot{I}$）的波形，从而可以用示波器观测出 $\dot{I}$ 和 $\dot{U}$ 的相位差，并将相位差填入表 2-4。

（c）改变信号源的频率 $f=1000\text{Hz}$，重做（a）、（b）内容。

结论：在交流电路中，RL 串联电路的电压与电流相位关系是：电压________（超前/滞后）电流。

② RC 串联电路。

（a）按图 2-54（b）接好电路，电容 $C=10\mu\text{F}$，调节正弦波信号 $U=8\text{V}$，$f=100\text{Hz}$，用交流毫伏表分别测量 U、U_R 和 U_C 的值并填入表 2-5。

表 2-5　*RC* 串联电路测试结果　　$R=200\Omega$　$C=10\mu\text{F}$

信号源频率 /Hz	U/V	U_R/V	U_C/V	相位差 φ（计算法）	相位差 φ（示波器观测）
100					
200					

（b）保持电路中参数不变，用示波器观察 RC 串联电路中电压 $\dot{U}$ 和电流 $\dot{I}$ 的相位关系。

- CH1 通道接电阻电压，采样电阻两端电压信号；
- CH2 通道接电源电压，采样电源两端电压信号。

因为电阻上电压与电流同相，两者波形相似，所以 CH1 通道显示的是电流 $\dot{I}$ 的波形，CH2 通道显示的是电压 $\dot{U}$ 的波形，从而可以用示波器观测出 $\dot{I}$ 和 $\dot{U}$ 的相位差，并将相位差填入表 2-5。

（c）改变信号源的频率 $f=200\text{Hz}$，重复（a）、（b）步骤。

结论：在交流电路中，RC 串联电路的电压与电流相位关系是：电压________（超前/滞后）电流。

2.7.4 三相平衡负载连接的测试

（1）测试设备：电工电路综合测试台1台，交流电流表1只，交流电压表1只，数字万用表1块。

（2）测试电路：图2-55（a）所示为三相平衡负载星形连接，图2-55（b）所示为三相平衡负载三角形连接，三相负载为电阻性负载，选择一个相同的交流照明灯(12V/20W)，交流电源的相电压为12V，频率为50Hz。

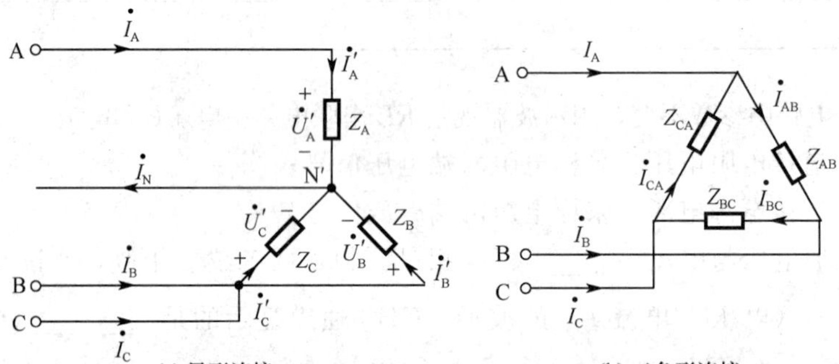

(a) 星形连接　　(b) 三角形连接

图2-55　三相平衡负载星形和三角形连接的测试电路

（3）测试步骤：

① 三相平衡负载星形连接。

(a) 按图2-55（a）接好电路，三相负载 Z_A、Z_B、Z_C 分别选择一个相同的交流照明灯泡。

(b) 用交流电压表测量相电压和线电压，用交流电流表测量相电流和线电流，测量结果填入表2-6。

表2-6　三相平衡负载的星形连接电路的测量结果

相电压/V		线电压/V		相电流/A		线电流/A		中线电流/A
U_A		U_{AB}		I_A		I_{AB}		
U_B		U_{BC}		I_B		I_{BC}		
U_C		U_{CA}		I_C		I_{CA}		

(c) 计算每相负载的功率，计算结果填入表2-7。

表2-7　三相平衡负载的星形连接电路功率的计算

视在功率/(V·A)		有功功率/W		无功功率/var	
S_A		P_A		Q_A	
S_B		P_B		Q_B	
S_C		P_C		Q_C	
S		P		Q	

结论：三相对称负载作星形连接时，在数值上，线电压为________相电压，线电流

为________相电流。

② 三相平衡负载三角形连接。

(a) 按图 2-55 (b) 接好电路，三相负载 Z_{AB}、Z_{BC}、Z_{CA} 分别选择一个相同的交流照明灯泡。

(b) 用交流电压表测量相电压和线电压，用交流电流表测量相电流和线电流，测量结果填入表 2-8。

表 2-8　三相平衡负载的三角形连接电路的测量结果

相电压/V		线电压/V		相电流/A		线电流/A		中线电流/A
U_A		U_{AB}		I_A		I_{AB}		
U_B		U_{BC}		I_B		I_{BC}		
U_C		U_{CA}		I_C		I_{CA}		

(c) 计算每相负载的功率，计算结果填入表 2-9。

表 2-9　三相平衡负载的三角形连接电路功率的计算

视在功率/(V·A)		有功功率/W		无功功率/var	
S_A		P_A		Q_A	
S_B		P_B		Q_B	
S_C		P_C		Q_C	
S		P		Q	

结论：三相对称负载作三角形连接时，在数值上，线电压为________相电压，线电流为________相电流。

知识小结

• 正弦量的三要素：最大值、角频率、初相。

• 正弦量的三种表达式：三角函数表达式、正弦曲线表示法及波形图、相量表示法。

• 电阻、电感、电容元件伏安关系的相量形式，具体如下。

$$\dot{U}_R = R\dot{I}_R,\quad \dot{U}_L = jX_L\dot{I}_L = j\omega L\dot{I}_L,\quad \dot{U}_C = -jX_C\dot{I}_C = -j\frac{1}{\omega C}\dot{I}_C$$

• 相量形式的基尔霍夫定律，具体如下。

$$\text{KCL}:\sum\dot{I} = 0\quad \text{KVL}:\sum\dot{U} = 0$$

• 阻抗与导纳。

阻抗：$Z=R+jX$　导纳：$Y=G+jB$。

阻抗与导纳的关系：$Z=\frac{1}{Y}$。

• 相量法分析简单正弦交流电路。

• 电压与电流的关系：$\dot{U}=Z\dot{I}$ 或 $\dot{I}=Y\dot{U}$。

• 功率，具体如下。

有功功率 P：$P=UI\cos\varphi=S\cos\varphi$。

无功功率 Q：$Q=UI\sin\varphi=S\sin\varphi$。

视在功率 S：$S=UI$。

功率因数 λ：$\lambda=\cos\varphi=\dfrac{P}{S}$。

• 对称三相电源，具体如下。

三相交流电源由三个频率相同、幅值相等、相位彼此相差120°的单相交流电源组成。

$$\dot{U}_A=U\angle 0°,\quad \dot{U}_B=U\angle -120°,\quad \dot{U}_C=U\angle 120°$$

• 对称三相负载及其连接，具体如下。

把三相负载的一端连接为一点 N′，另一端与三相电源的端线相连的连接方式，称为三相负载的星形连接。

把三相负载首尾依次连接成三角形，三个连接点与电源的端线相连的连接方式，称为三相负载的三角形连接。

若三相负载 $Z_A=Z_B=Z_C$，称其为对称负载，否则称为不对称负载。在三相电路中，若电源对称，负载也对称，则称为三相对称电路。

• 对称三相电路的功率，具体如下。

$$P=3U_P I_P\cos\varphi=\sqrt{3}U_L I_L\cos\varphi$$

$$Q=3U_P I_P\sin\varphi=\sqrt{3}U_L I_L\sin\varphi$$

$$S=3U_P I_P=\sqrt{3}U_L I_L$$

• 互感现象。

由于一个线圈电流的变化，使另一个线圈产生感应电动势的现象称为互感现象。

• 耦合系数：

$$K=\frac{M}{\sqrt{L_1 L_2}}\quad (0\leqslant K\leqslant 1)$$

• 理想变压器，具体如下。

理想变压器是一种特殊的、无损耗的、全耦合的变压器。

电压变换关系：

$$\frac{U_1}{U_2}=\frac{N_1}{N_2}=n$$

电流变换关系：

$$\frac{I_1}{I_2}=\frac{U_2}{U_1}=\frac{N_2}{N_1}=\frac{1}{n}$$

阻抗变换关系：

$$Z_i=\frac{\dot{U}_1}{\dot{I}_1}=\frac{n\dot{U}_2}{\frac{1}{n}\dot{I}_2}=n^2\frac{\dot{U}_2}{\dot{I}_2}=n^2 Z_L$$

• 安全用电是指在保证人身安全和设备安全的前提下，正确使用电力而采取的科学措施和手段。

思考与练习

2.1　已知一正弦电流 $i = 10\sin(314t + 80°)$A，试写出其幅值、角频率、周期和初相。

2.2　已知两个正弦电压分别为 $u_1 = 311\sin(314t + 60°)$V，$u_2 = 70.7\sin(314t - 50°)$V，它们之间的相位差是多少？

2.3　已知 $i_1(t) = I_{m1}\sin(\omega t + 120°)$A，$i_2(t) = I_{m2}\sin(\omega t - 120°)$A，求 φ_{12} 并说明超前滞后关系。

2.4　将下列复数写成代数式。

(1) $6\angle 0°$；　(2) $4\angle 90°$；　(3) $10\angle 30°$；

(4) $5\angle -40°$；　(5) $100\angle 120°$；　(6) $12\angle 105°$。

2.5　将下列复数写成极坐标式。

(1) 3；　(2) $-4+j3$；　(3) $10+j10$；

(4) $20-j30$；　(5) $1+j3$；　(6) $-5+j6$。

2.6　已知 $A_1 = 10\angle 30°$，$A_2 = 5\angle 36.9°$，求 $A_1 + A_2$、$A_1 - A_2$、$A_1 \times A_2$、$A_1 \div A_2$。

2.7　已知 $Z_1 = 6 + j8\Omega$，$Z_2 = 5 - j5\Omega$，求 $Z_1 + Z_2$、$\dfrac{Z_1 Z_2}{Z_1 + Z_2}$。

2.8　写出下列正弦量对应的相量，并画出相量图。

(1) $u_1 = 10\sqrt{2}\sin(\omega t)$V；

(2) $u_2 = 20\sqrt{2}\sin(\omega t + 45°)$V；

(3) $u_3 = 30\sqrt{2}\sin(\omega t - 90°)$V。

2.9　求下列相量所代表的正弦量的瞬时值表达式（设角频率为 ω）。

(1) $\dot{U} = 5\angle 36.9°$V；

(2) $\dot{I} = 15 - j20$A。

2.10　已知两正弦电压 $u_1 = 10\sqrt{2}\sin(\omega t + 30°)$V，$u_2 = 10\sqrt{2}\sin(\omega t - 60°)$V，求 $u_1 + u_2$ 和 $u_1 - u_2$。

2.11　将一个额定值为 220V/40W 的白炽灯接在电压 $u = 311\sin(314t + 60°)$V 的电源上，完成下列内容。

(1) 求流过白炽灯的电流有效值，并写出该电流的瞬时值表达式；

(2) 求白炽灯消耗的功率；

(3) 画出电压、电流的相量图。

2.12　把一个电感 10mH、电阻忽略不计的电感线圈接到 $u = 70.7\sin(314t - 30°)$V 的电源上。试求：

(1) 线圈的感抗；

(2) 流过线圈的电流有效值；

(3) 该电流的瞬时值表达式；

（4）电路的无功功率；

（5）作出电压与电流的相量图。

2.13 把一个 $100\mu F$ 的电容器先后接在 $f=50Hz$ 和 $f=500Hz$、电压为 220V 的电源上，试分别计算两种频率下的容抗。

2.14 将电阻 $R=40\Omega$、电感 $L=4.78mH$ 的串联电路接到 $u=311\sin(314t+60°)$ 的电源上，求 i、P、Q、S。

2.15 已知电压相量 $\dot{U}=110\angle 0° V$，电路复阻抗 $Z=4-j6\Omega$，求电路中的电流相量 $\dot{I}$。

2.16 已知 RC 串联电路中，电源电压 $u=100\sqrt{2}\sin(314t+15°)V$，电阻 $R=50\Omega$，电容 $C=100\mu F$，求：（1）电路的总阻抗 Z；（2）电路的电流相量 $\dot{I}$；（3）电流的瞬时值表达式；（4）有功功率 P、无功功率 Q 和视在功率 S；（5）电路的性质。

2.17 在 RLC 串联电路中，已知 $R=8\Omega$，$L=70mH$，$C=122\mu F$，$\dot{U}=120\angle 0° V$，$f=50Hz$，试求电路中的电流 $\dot{I}$，电压 $\dot{U}_R$、$\dot{U}_L$ 和 $\dot{U}_C$，并画出电压和电流的相量图。

2.18 有两个复阻抗 $Z_1=8-j6\Omega$，$Z_2=5+j5\Omega$ 相串联，接在电源电压 $\dot{U}=200\angle 0° V$ 上，求每一复阻抗两端的电压。

2.19 如图 2-56 所示电路，已知 $\dot{U}=100\angle 30° V$，$\dot{I}=5\angle -30° A$，$Z_1=5-j8\Omega$，试求 Z_2。

2.20 如图 2-57 所示电路，已知 $Z_1=(8-j6)\Omega$，$Z_2=(5+j5)\Omega$，接在电源电压 $u=220\sqrt{2}\sin(\omega t+30°)V$ 上，求电流 $\dot{I}$、$\dot{I}_1$、$\dot{I}_2$。

2.21 有三个复阻抗相串联 $Z_1=40+j30\Omega$，$Z_2=20-j20\Omega$，$Z_3=60+j80\Omega$，电源电压 $\dot{U}=100\angle 0° V$，试求：（1）总的复阻抗；（2）电路中的电流；（3）电路的 P、Q、S。

2.22 如图 2-58 所示电路，已知 $R_1=10\Omega$，$R_2=6\Omega$，$X_L=8\Omega$，$X_C=6\Omega$，电源电压 $\dot{U}=100\angle 0° V$，求 AB 两端等效复导纳 Y 及电流 $\dot{I}$。

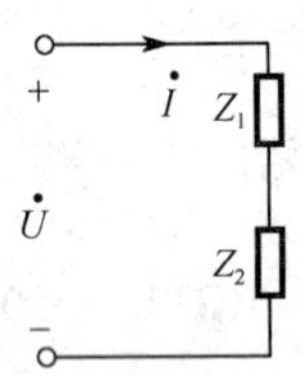

图 2-56 习题 2.19 图

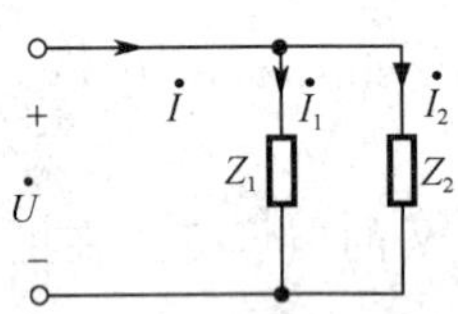

图 2-57 习题 2.20 图

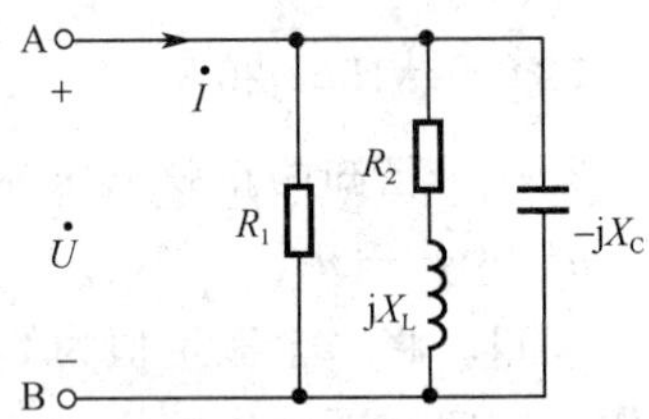

图 2-58 习题 2.22 图

2.23 一组对称三相电压，已知 A 相电压瞬时值 $u_A=311\sin(\omega t+30°)V$，求三相电压的相量表达式，并作出相量图。

2.24 试说明对称三相电路中线电压与相电压、线电流与相电流的关系。

2.25 星形连接对称负载每相阻抗 $Z=(15+j20)\Omega$，接在线电压 $U_L=380V$ 的三相电源上，试求各相电流及线电流。

2.26 三相对称负载电路，每相负载阻抗 $Z=10\angle 53.1°\Omega$，电源线电压 $U_l=380V$，求负载接成星形和三角形时的相电压、线电流和相电流。

2.27　试分析对称三相负载分别为星形连接和三角形连接时，其有功功率的表达式是否相同。

2.28　三相四线制电路中，电源电压$\dot{U}_{AB}=380\angle 0^\circ$ V，各相负载均为 $Z=20\angle 30^\circ\ \Omega$，求各相电流及电路的 P、Q、S。

2.29　什么是保护接地和保护接零？

2.30　什么是互感现象？

2.31　已知两耦合线圈参数：$L_1=0.1$H，$L_2=0.4$H，$M=0.1$H，试求其耦合系数。

2.32　已知两线圈的自感为 $L_1=16$H，$L_2=4$H，则

（1）若 $K=0.5$，求互感 M；

（2）若 $M=6$H，求耦合系数 K；

（3）若两线圈为全耦合，求互感 M。

2.33　理想变压器的作用有哪些？

2.34　有一理想变压器一次侧绕组接在 380V 电压上，测得二次侧绕组的端电压为 76V，如一次侧绕组的匝数为 3000 匝，求变压器的二次侧绕组匝数。

2.35　扩音机的输出变压器，一次线圈 $N_1=300$ 匝，二次线圈 $N_2=60$ 匝，二次侧接阻抗为 16Ω 的扬声器，令二次侧改接阻抗为 8Ω 的扬声器，若使二次侧的等效阻抗保持不变，则二次线圈匝数应为多少（假设一次线圈匝数不变）？

2.36　一理想变压器一次侧、二次侧绕组的匝数分别为 2000 匝和 50 匝，一次侧绕组电流为 0.1A，负载电阻 $R_L=100\Omega$，试求一次侧绕组的电压和负载获得的功率。

2.37　一理想变压器匝数比为 40∶1，负载电阻 $R_L=10\Omega$，负载获得的功率 $P=160$W，试求一次侧绕组的电流 I_1 和电压 U_1。

2.38　如图 2-59 所示的理想变压器电路，若其变比 5∶1，求电流 I_1、I_2。

2.39　一台三相交流电动机，定子绕组接成星形，额定电压为 380V，额定电流为 2.2A，功率因数为 0.8，求该电动机每相绕组的阻抗。

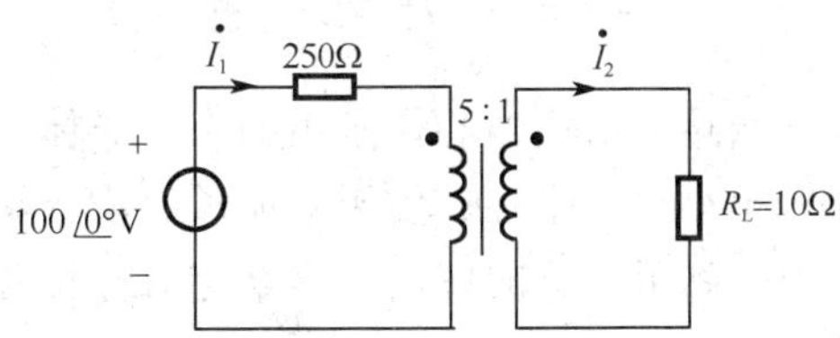

图 2-59　习题 2.38 图

第 3 章

常用半导体器件

3.1 应用示例

人们日常生产、生活中会用到很多电子产品。这些产品五花八门，种类繁多，它们都是由电子元器件组成的电子电路构成的，如最普通的家电产品——收音机，如图 3-1 所示。收音机能把从天线接收到的高频信号经过检波还原成音频信号，送到耳机或扬声器变成声波。收音机的正常工作必须有相应的电路支撑，需要大量的电子元器件。

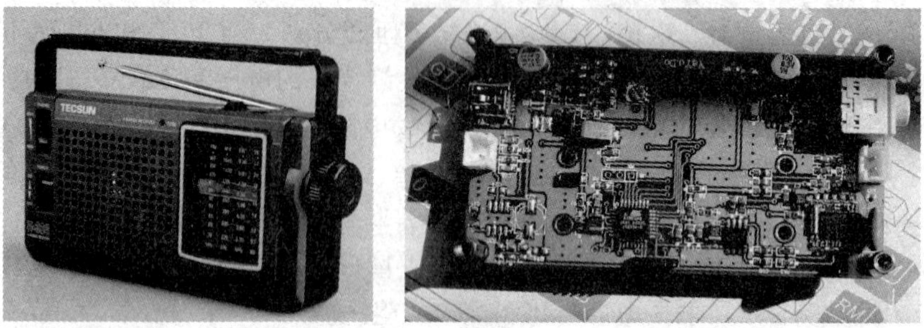

图 3-1　收音机和电路板

半导体器件是各种电子线路的组成核心，常用的有半导体二极管、晶体三极管、场效应管等。这些器件具有体积小、重量轻、使用寿命长、输入功率小和功率转换效率高等优点，在现代电子技术中得到了广泛的应用。本章主要介绍各种常用半导体器件的基本结构、工作原理和伏安特性等。

3.2 半导体二极管及其应用电路

走在马路上，仔细观察十字路口的交通灯，会发现它其实是由一个一个的发光点组成的，每一个发光点就是一只发光二极管。一些汽车的尾灯使用的也是发光二极管，如图 3-2 所示。车站、商场中的一些大屏幕显示器也是由发光二极管点阵组成的。手机显示屏中也使用了发光二极管作为背光。

图 3-2　交通信号灯和汽车尾灯

发光二极管是一种特殊的二极管，半导体二极管（简称二极管）是电子设备中最基本的电子元器件之一。下面从二极管使用的半导体材料入手，介绍二极管器件。

3.2.1　半导体基础知识

1. 半导体材料

半导体器件是由半导体材料制成的。半导体材料是指其导电能力介于导体和绝缘体之间的一种物质，最常用的是硅（Si）和锗（Ge）两种元素。半导体材料之所以得到广泛的应用，是因为具有不同于导体和绝缘体的独特性质。

半导体

（1）当半导体受到外界光或热的激发时，其导电能力会发生显著变化（即光敏与热敏特性）。

（2）在纯净的半导体中加入微量的杂质，其导电能力也会有显著的增加（即掺杂特性）。

2. 本征半导体

本征半导体是完全纯净的、结构完整的半导体晶体，如图 3-3（a）所示。本征半导体中存在大量的价电子，当温度升高或受光照射时，价电子从外界获取能量，少数价电子获得足够大的能量从而挣脱共价键的束缚，成为自由电子，这种现象称为本征激发。

同时在原来共价键的相应位置上留下一个空位，这个空位称为空穴。空穴被视为一种带正电荷的载流子，其电量与电子电量相等。如图 3-3（b）所示，其中 A 处为空穴，B 处为自由电子。自由电子和空穴是成对出现的，因此称为电子空穴对。但是，由于本征激发产生的电子空穴对的数目很少，载流子浓度很低，因此本征半导体的导电能力仍然很弱。

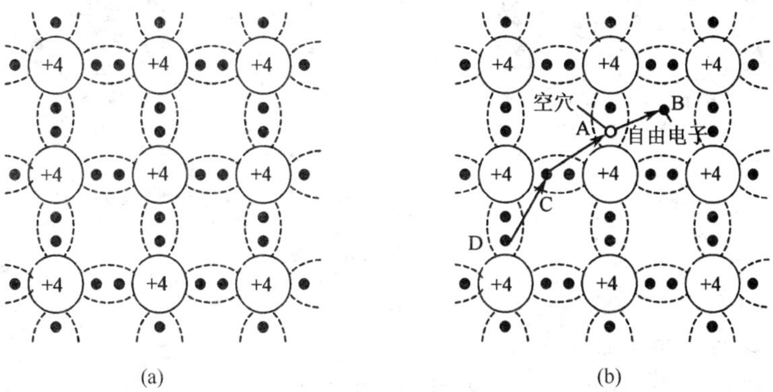

图 3-3　本征半导体

在本征激发产生电子空穴对的同时，自由电子在运动中因能量的损失有可能和空穴相遇，重新被共价键束缚起来，电子空穴对消失，这种现象称为“复合”。显然，在一定的温度下，激发和复合都在不停地进行，但最终将达到动态平衡。

3. 杂质半导体

通过扩散工艺，在本征半导体中掺入微量的合适的杂质，就会使半导体的导电性能发生显著改变，形成杂质半导体。根据掺入杂质的化合价不同，可分为N型半导体和P型半导体。

1）N型半导体

在纯净的硅（或锗）晶体中掺入微量的磷元素，就形成了N型半导体。杂质磷原子有5个价电子，以4个价电子与周围的硅原子形成共价键，多余的一个价电子处于共价键之外，很容易成为自由电子，而磷原子本身因失去电子变成带正电荷的离子，如图3-4（a）所示。

显然，在N型半导体中，自由电子浓度远大于空穴浓度，所以称自由电子为多数载流子（简称“多子”），空穴为少数载流子（简称“少子”）。多子的浓度取决于所掺杂质的浓度，而少子是由本征激发产生的，因此其浓度与温度或光照密切相关。

2）P型半导体

在纯净的硅（或锗）晶体中掺入微量的3价硼元素，就形成了P型半导体。由于硼原子只有3个价电子，与周围的硅原子形成共价键时，因缺少一个电子而产生一个空位（即空穴）。在室温下很容易吸引邻近硅原子的价电子来填补，于是杂质硼原子变为带负电荷的离子，而邻近硅原子的共价键中则出现了一个空穴，如图3-4（b）所示。显然，在P型半导体中，空穴是多子，而自由电子是少子。

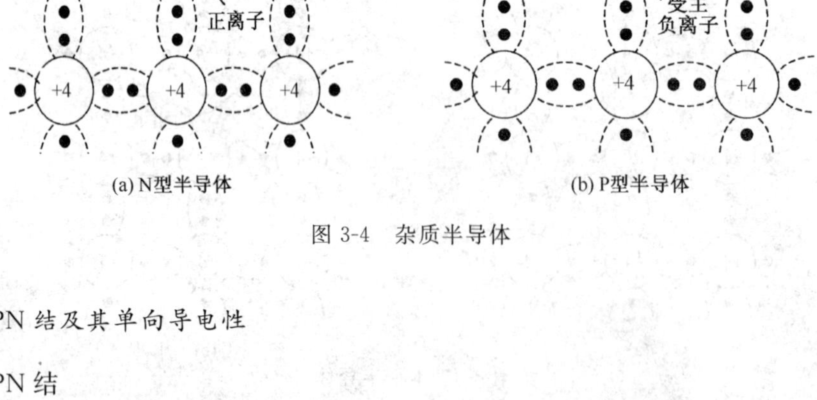

图3-4 杂质半导体

4. PN结及其单向导电性

1）PN结

如果将P型半导体和N型半导体制作在同一块本征半导体基片上，在其交界面就会形成一层很薄的特殊导电层即 PN 结，如图 3-5 所示。PN 结是构成各种半导体器件的基础。它由不能移动的正负离子组成，其中几乎没有载流子，因此又称为空间电荷区或耗尽层。

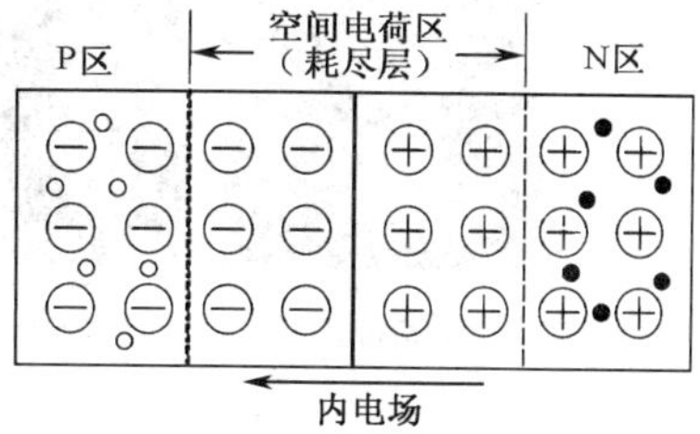

图 3-5　PN 结

2）PN 结的单向导电性

若在 PN 结两端外加电压，即给 PN 结加偏置电压，PN 结中将有电流流过。当外加电压极性不同时，PN 结表现出截然不同的导电性能，即呈现出单向导电性。

（1）正向导通。若 PN 结的 P 端接电源正极、N 端接电源负极，这种接法称为正向偏置，简称正偏，如图 3-6（a）所示。正偏时，PN 结变窄，流过较大的正向电流（主要为多子电流），其方向由 P 区指向 N 区。此时 PN 结对外电路呈现较小的电阻，这种状态称为正向导通。

（2）反向截止。若 PN 结的 P 端接电源负极、N 端接电源正极，这种接法称为反向偏置，简称反偏，如图 3-6（b）所示。反偏时，PN 结变宽，流过较小的反向电流（主要为少子电流），其方向由 N 区指向 P 区。此时 PN 结对外电路呈现较高的电阻，这种状态称为反向截止。

综上所述，PN 结正向导通、反向截止，这就是 PN 结的单向导电性。

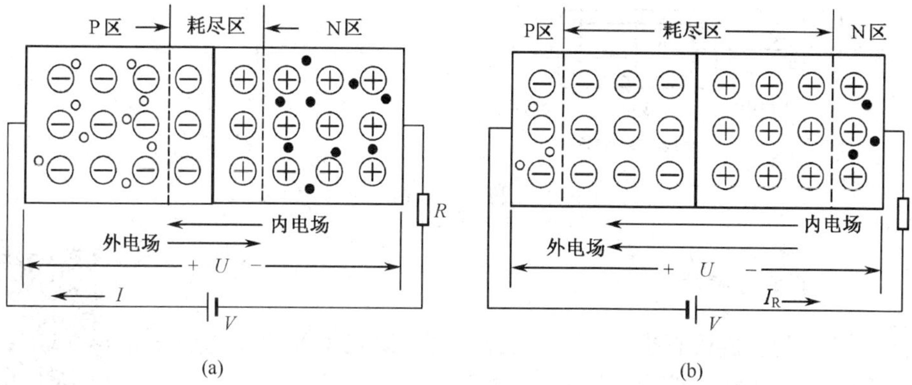

图 3-6　外加电压时的 PN 结

3.2.2　二极管

1. 二极管的结构与符号

单向导电性

二极管是各种半导体器件及其应用电路的基础，各种普通二极管器件的外形图及封装形式如图 3-7 所示。

二极管的基本结构如图 3-8（a）所示。将 PN 结用外壳封装起来，并在两端加上电极引线就构成了半导体二极管。其中，由 P 区引出的电极称为阳极 a，由 N 区引出的电极称为阴极 k。二极管的电路符号如图 3-8（b）所示，其箭头方向表示正向电流的方向，即由阳极指向阴极。

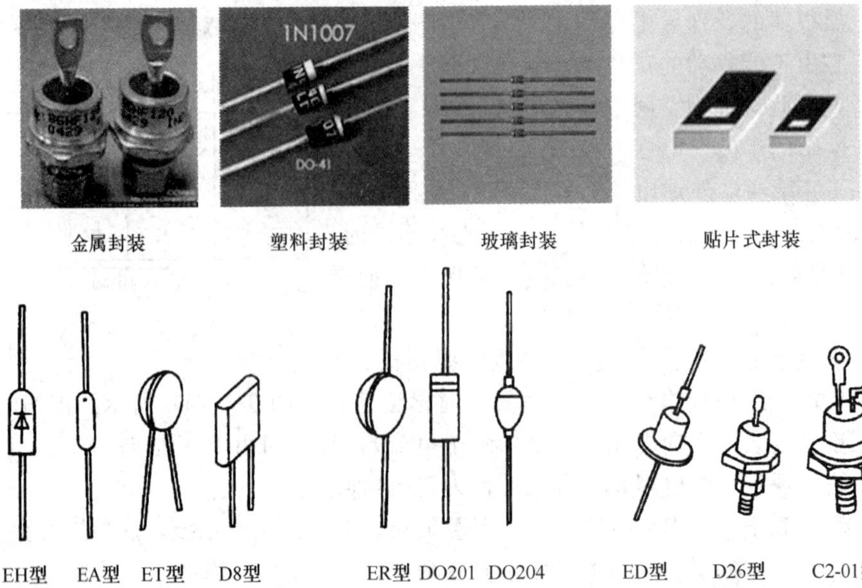

(a) 小功率二极管　(b) 中功率整流二极管　(c) 大功率整流二极管

图 3-7　普通二极管的外形图及封装形式

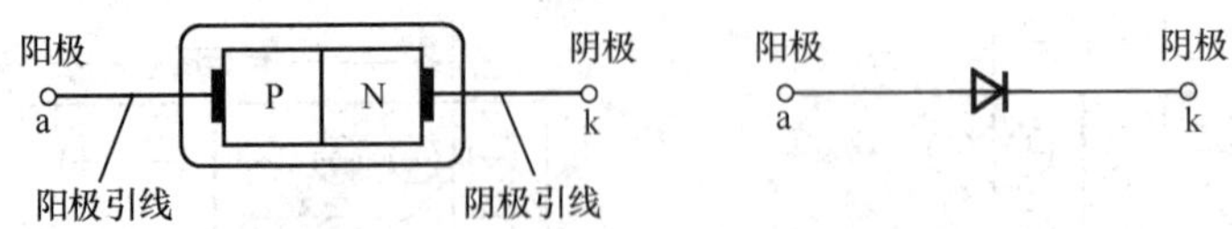

(a) 结构示意图　(b) 符号

图 3-8　二极管的结构和符号

2. 二极管的伏安特性

由于二极管的组成核心是 PN 结，因此二极管最基本的特性就是单向导电性，图 3-9 所示为二极管的伏安特性曲线。

测试稳压二极管伏安特性

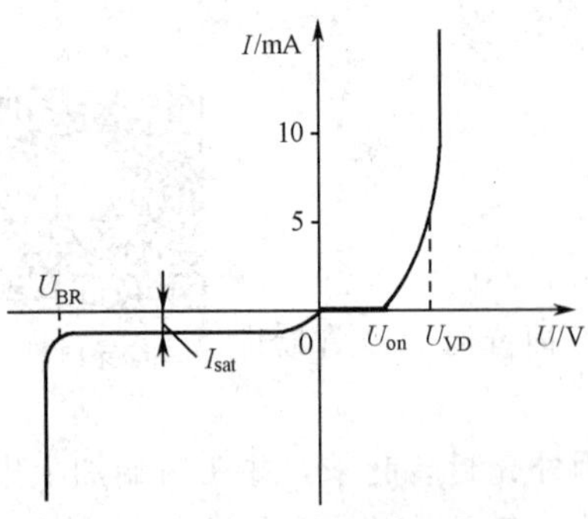

图 3-9　二极管的伏安特性曲线

1）正向特性

在正向特性曲线的起始部分，电流几乎为零，此时二极管没有导通，工作于“死区”，所对应的电压称为死区电压，用 U_{on} 表示。在室温下，硅管的 U_{on}≈0.5V，锗管的 U_{on}≈0.1V。

当 $U>U_{on}$ 时，正向电流随电压的增加而增大，二极管处于导通状态，呈现很小的电阻。当正向电流较大时，正向特性曲线几乎与横轴垂直，此时二极管两端电压（称为管压降，用 U_{VD} 表示）变化很小。通常，硅管的管压降约为 0.6～0.8V，锗管的管压降约为 0.1～0.3V。

2）反向特性

二极管外加反向电压时，反向电流很小，管子处于截止状态，呈现出很大的电阻。当反向电压稍大后，反向电流基本不变，即达到饱和，因此又称反向饱和电流，用 I_{sat} 表示。小功率硅管的反向电流一般小于 0.1μA，而锗管通常为几微安。

当二极管两端所加的反向电压增大到某一数值后，反向电流急剧增加，这种现象称为反向击穿，如图 3-9 所示，其中反向电流开始明显增大时所对应的电压 U_{BR} 称为反向击穿电压。

二极管反向击穿后，一方面失去了单向导电性，另一方面 PN 结将流过很大的电流，可能导致 PN 结过热而烧毁。因此，普通二极管在实际应用中不允许工作在反向击穿区。

3. 二极管的主要参数

半导体器件的参数用来表示其性能指标和安全使用范围，是正确使用和合理选择器件的依据。

1）最大整流电流 I_{FM}

I_{FM} 是指二极管正常工作时允许通过的最大正向平均电流。如果在实际应用中流过二极管的平均电流超过 I_{FM}，管子将过热而烧坏。

2）最高反向工作电压 U_{RM}

U_{RM} 是指二极管在使用时允许加的最大反向电压，通常取反向击穿电压 U_{BR} 的一半为 U_{RM}。在实际使用时，二极管所承受的最大反向电压不应超过 U_{RM}，以免二极管反向击穿。

3）反向电流 I_R

I_R 是指二极管未击穿时的反向电流。I_R 越小，二极管的单向导电性越好。

4）最高工作频率 f_M

f_M 是二极管正常工作的上限频率，由 PN 结的结电容大小决定。当工作频率超过 f_M，二极管将失去单向导电性。

4. 二极管的基本应用电路

应用二极管主要是利用其单向导电性。理想情况下，二极管导通时可以等效为短路，截止时可以等效为断路。

二极管半波整流电路如图 3-10（a）所示。图中 u_i 为交流电压，其幅度一般较大，为几伏以上。

当输入电压 $u_i>0$ 时，二极管导通，$u_o=u_i$；当 $u_i<0$ 时，二极管截止，$u_o=0$，从而可以得到该电路的输入、输出电压波形，如图 3-10（b）所示。显然，该整流电路可以将双向交流电变为单向脉动交流电。

二极管除单向导电特性外，还有许多特性。二极管简易稳压电路主要利用二极管的管压降基本不变特性，用于一些局部的直流电压供给电路中，由于电路简单，成本低，所以应用比较广泛。

二极管的管压降特性：二极管导通后其管压降基本不变，对硅二极管而言这一管压降是 0.7V 左右，对锗二极管而言是 0.2V 左右。

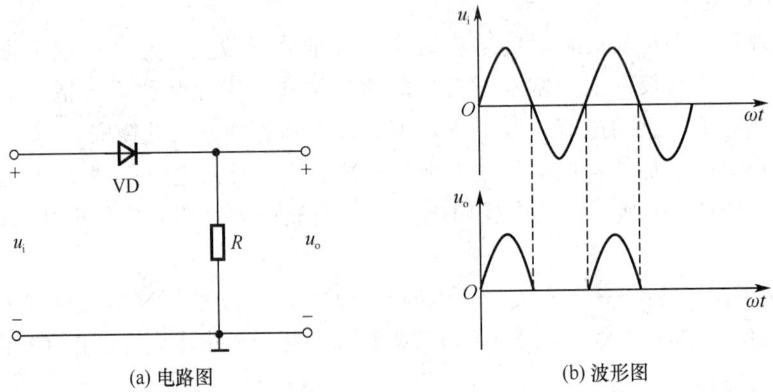

图 3-10　半波整流电路

如图 3-11 所示是由 3 只普通二极管构成的简易直流稳压电路。电路中的 VD_1、VD_2 和 VD_3 是普通二极管，它们串联起来后构成一个简易直流电压稳压电路。

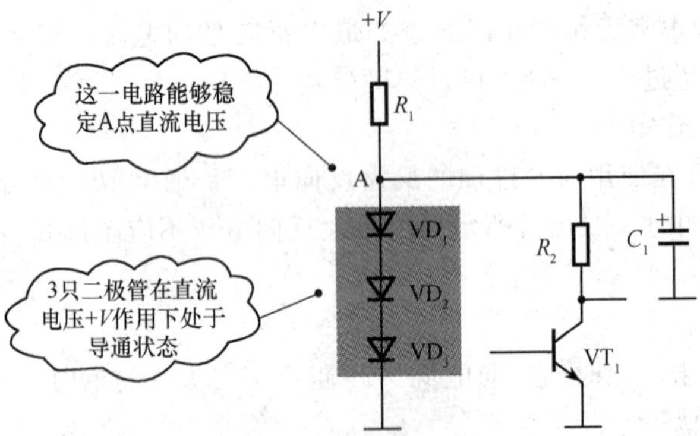

图 3-11　3 只普通二极管构成的简易直流稳压电路

图 3-11 所示电路中，3 只二极管在直流工作电压的正向偏置作用下导通，导通后对这一电路的作用是稳定了电路中 A 点的直流电压。

众所周知，二极管内部是一个 PN 结的结构，PN 结除单向导电特性之外还有许多特性，其中之一是二极管导通后其管压降基本不变，对于常用的硅二极管而言，导通后其正极与负极之间的电压降为 0.7V。

根据二极管的这一特性，可以很方便地分析由普通二极管构成的简易直流稳压电路工作原理。3 只二极管导通之后，每只二极管的管压降是 0.7V，那么 3 只二极管串联之后的直流电压降是 0.7V×3＝2.1V。

5. 二极管检测

二极管引脚的极性可以通过外形识别或数字万用表检测来确定。

1）外形识别

二极管的正负极可从外壳标注或特定的外形结构来判定，如表 3-1 所示。

表 3-1　二极管外形识别

判别方法	图示	说明
通过二极管的造型判别	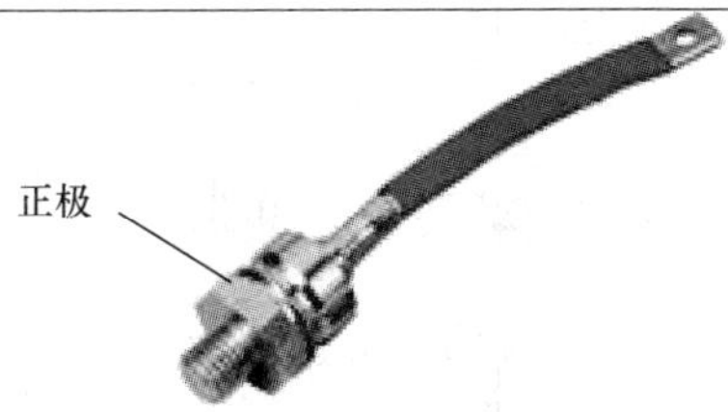	螺栓端为正极
通过二极管的标注判别	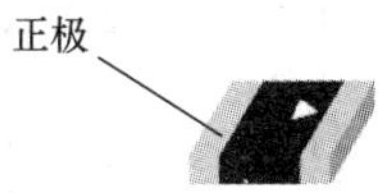	在元件表面标注有二极管极性符号
	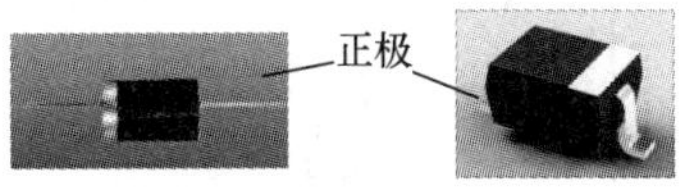	有色环端为负极，另一端为正极
通过二极管电极特征判别		长管脚为正极，短管脚为负极

2）万用表检测

把数字万用表拨到二极管测量挡，将表笔与二极管阳极、阴极相连，如果读数在 0.2～0.7 之间，说明红色表笔连接的引脚为阳极；如果读数为其他值，如 2.6，说明红色表笔连接的引脚为阴极。

二极管的万用表测试

3.3　晶体三极管

在大礼堂举办演唱会时，为了使声音能够更好地传输，礼堂的四周都安装有扬声器，通过放大电路将话筒中的微弱声音进行放大，如图 3-12 所示。

图 3-12　礼堂内放大电路示意图

如图 3-13 所示是一个耳机放大器电路，其核心器件是晶体三极管（bipolar junction transistor，BJT），它可以把输入信号进行一定程度的放大，并从耳机输出放大之后的信号。晶体三极管又称半导体三极管，以下简称晶体管。这个晶体管究竟是如何工作的呢？

3.3.1　晶体管的结构与符号

晶体管是一种具有电流放大作用的半导体器件，又称双极型晶体管。各种晶体管器件的外形图及封装形式如图 3-14 所示。

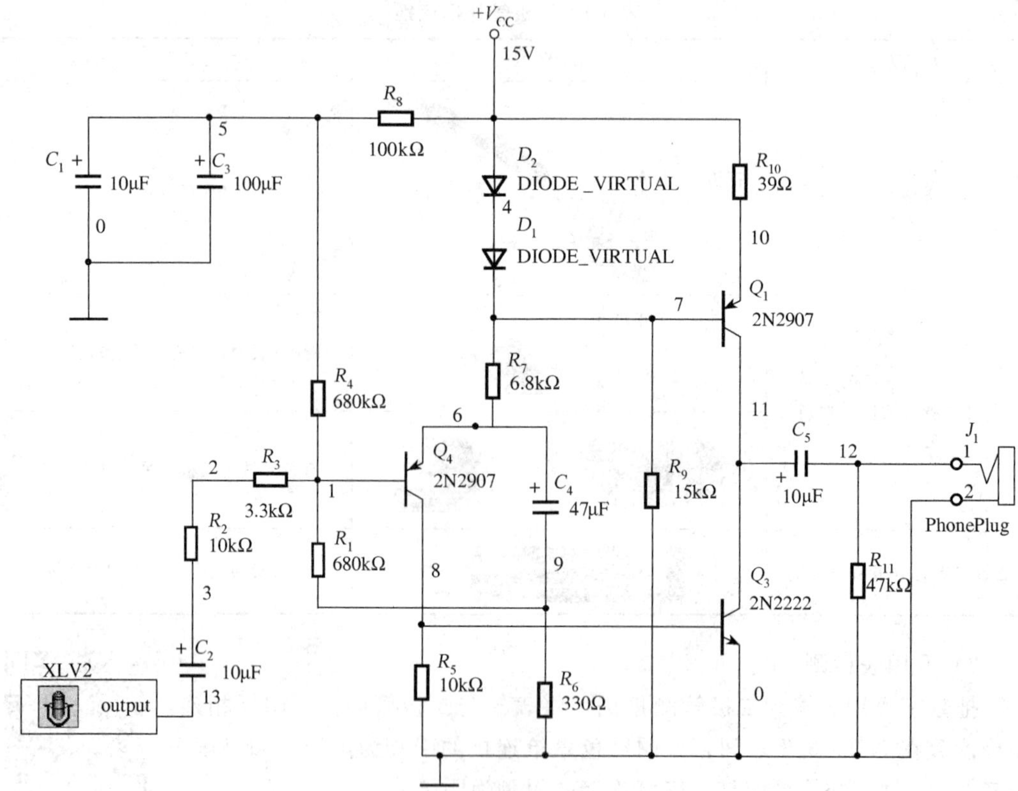

图 3-13 耳机放大器电路

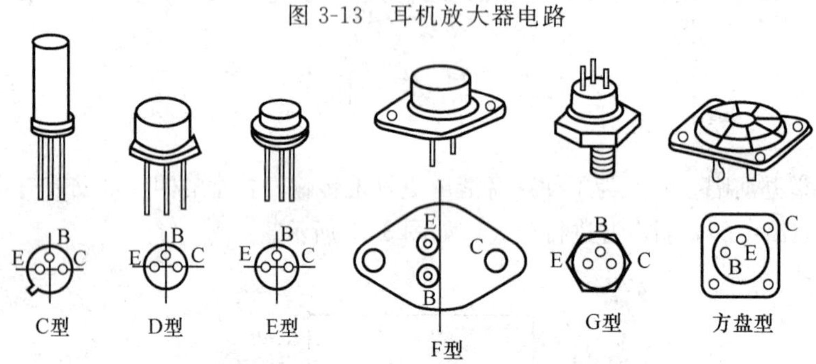

(a) 金属封装

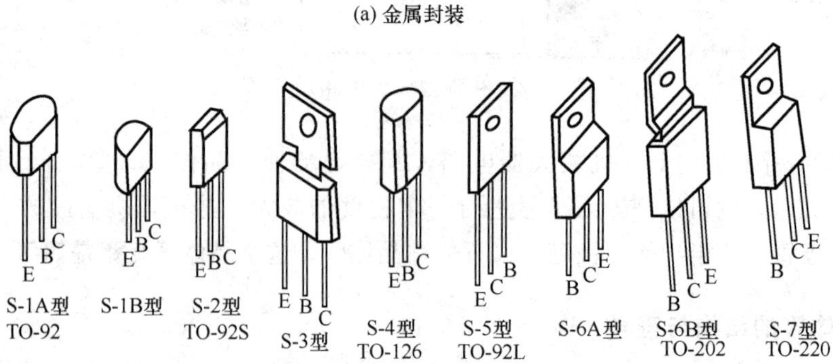

(b) 塑料封装

图 3-14 晶体管器件的外形图及封装形式

晶体管按结构分为 NPN 型和 PNP 型两类。NPN 型晶体管的结构与符号如图 3-15 所示。

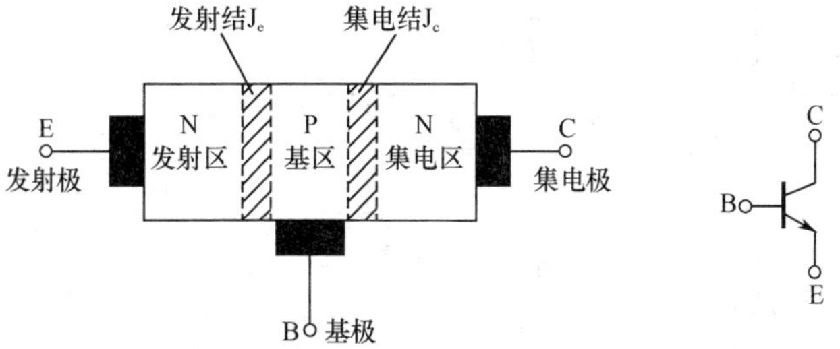

(a) 结构示意图　　(b) 符号

图 3-15　NPN 型晶体管

由图 3-15（a）可见，晶体管有两个 PN 结——发射结和集电结，有三个区——发射区、基区和集电区。从三个区引出三个电极分别称为发射极 E、基极 B 和集电极 C。图 3-15（b）为 NPN 型晶体管的图形符号，其中箭头方向表示发射结正偏时发射极电流的实际方向。

PNP 型晶体管的结构与 NPN 型相似，如图 3-16（a）所示。图 3-16（b）所示为 PNP 型晶体管的图形符号，其箭头方向与 NPN 型相反，但意义相同。

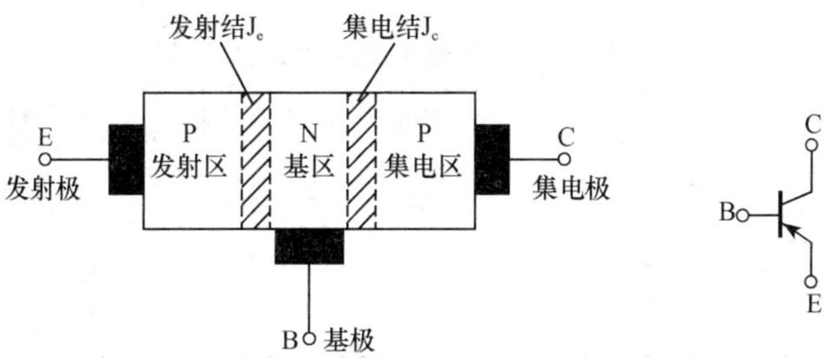

(a) 结构示意图　　(b) 符号

图 3-16　PNP 型晶体管

晶体管的结构特点是基区薄、掺杂浓度很低，发射区和集电区的半导体类型相同，但发射区的掺杂浓度比集电区高；而在几何尺寸上，集电区的面积比发射区大，因此它们不能对调使用。

3.3.2　晶体管的电流放大作用

1. 晶体管的放大偏置

为了使晶体管具有放大作用，在实际使用时，必须使晶体管的发射结处于正向偏置、集电结处于反向偏置。具体来说，对于 NPN 型晶体管，必须使集电极电压高于基极电压，基极电压又高于发射极电压，即 $U_C>U_B>U_E$；而对于 PNP 型晶体管，情况则与上述相反，即 $U_C<U_B<U_E$。符合该要求的晶体管直流偏置电路如图 3-17 所示。

图 3-17（a）中，外加直流电源 V_{BB}使 NPN 管的基极电位 U_B 高于发射极电位 U_E，则发射结正偏；V_{CC}使集电极电位 U_C 高于基极电位 U_B，则集电结反偏。PNP 管偏置电路的电源极性与 NPN 管相反，如图 3-17（b）所示。

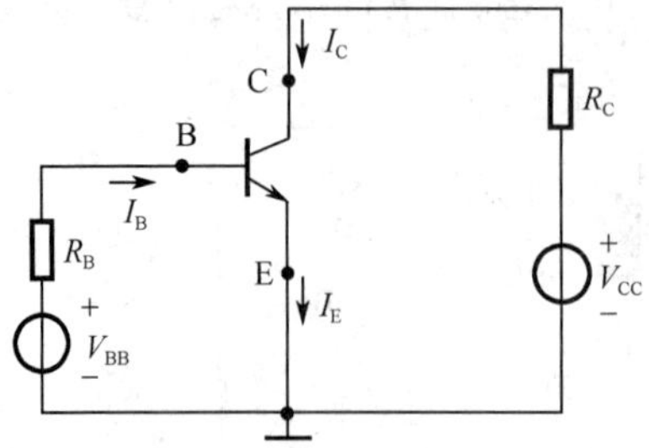

(a) NPN型晶体管偏置电路

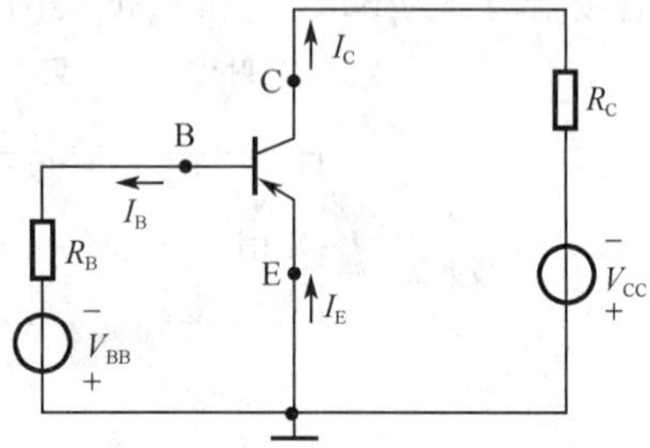

(b) PNP型晶体管偏置电路

图 3-17 晶体管直流偏置电路

2. 晶体管的各极电流关系

晶体管的电流关系

下面通过实验讨论晶体管的各极电流关系。实验电路如图 3-17（a）所示，晶体管采用 3DG6，改变直流电源电压 V_{BB}，则基极电流 I_B、集电极电流 I_C 和发射极电流 I_E 都将发生变化，测量并记录各电流数值，列于表 3-2 中。

表 3-2 晶体管电流测试数据

测试指标	测试数据 1	测试数据 2	测试数据 3	测试数据 4	测试数据 5	测试数据 6
I_B/mA	0	0.02	0.04	0.06	0.08	0.10
I_C/mA	<0.001	0.70	1.50	2.30	3.10	3.95
I_E/mA	<0.001	0.72	1.54	2.36	3.18	4.05
I_C/I_E	—	0.97	0.97	0.97	0.97	0.98
I_C/I_B	—	35	37.5	38.3	38.8	39.5

由此测试结果可得出以下结论。

（1）分析测试数据的每一列，可得

$$I_E = I_B + I_C \tag{3-1}$$

此结果也符合 KCL 定律。

（2）分析第 3 列至第 5 列数据可知，I_C 和 I_E 均远大于 I_B，且 I_C/I_E 和 I_C/I_B 基本保持不变，这就显示了晶体管的电流放大作用。由此可得

$$\bar{\alpha} \approx \frac{I_C}{I_E} \tag{3-2}$$

式中，$\bar{\alpha}$ 为共基极直流电流放大系数，其值一般在 0.95～0.995 之间。

$$\bar{\beta} \approx \frac{I_C}{I_B} \tag{3-3}$$

式中，$\bar{\beta}$ 为共发射极直流电流放大系数，其值一般在几十至几百之间。

因此，有

$$I_C \approx \bar{\alpha} I_E \approx \bar{\beta} I_B \tag{3-4}$$

$$I_E \approx (I + \bar{\beta}) I_B \tag{3-5}$$

显然，由于 $\bar{\alpha} \approx 1$，$\bar{\beta} \gg 1$，因此有 $I_E > I_C \gg I_B$，$I_C \approx I_E$。

同样，晶体管的电流放大作用还体现在基极电流变化量 ΔI_B 和集电极电流变化量 ΔI_C 上。比较第 3 列至第 5 列数据，可得

$$\frac{\Delta I_C}{\Delta I_B}=\frac{2.30-1.50}{0.06-0.04}=\frac{3.10-2.30}{0.08-0.06}=\frac{0.80}{0.02}=40$$

可见，微小的 ΔI_B 可以引起较大的 ΔI_C，且其比值与 $\bar{\beta}$ 近似相等。因此可得

$$\beta=\frac{\Delta I_C}{\Delta I_B} \tag{3-6}$$

式中，β 为共发射极交流电流放大系数。

虽然 β 和 $\bar{\beta}$ 是两个不同的概念，但在晶体管导通时，在 I_C 相当大的变化范围内，$\bar{\beta}$ 基本不变，$\beta \approx \bar{\beta}$，统称为共发射极电流放大系数，均用 β 表示。由于 β 值较大，因此晶体管具有较强的电流放大作用。

（3）当 $I_B=0$ 时（基极开路），$I_C=I_E=I_{CEO}$（穿透电流，含义后述），其中 $I_{CEO}<0.001\text{mA}=1\mu\text{A}$。

图 3-18 所示为 NPN 型和 PNP 型晶体管各极电流关系及方向示意图，其中 PNP 型管的电流关系与 NPN 型管完全相同，但各极电流方向与 NPN 型管正好相反。

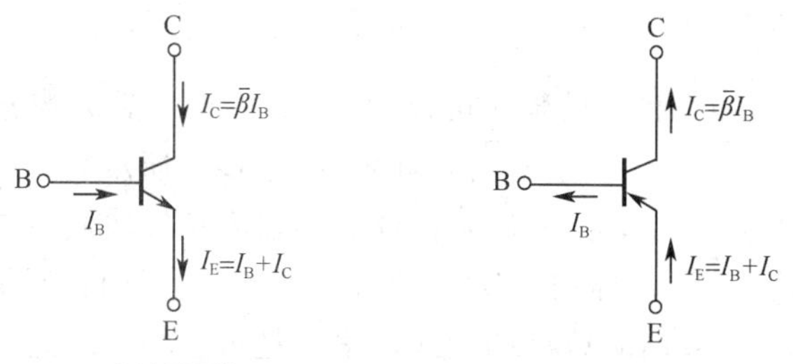

图 3-18　晶体管的各极电流之间的关系

【例 3-1】 如果图 3-18（a）所示晶体管的 $I_B=50\mu A$，$\beta=120$，则 I_C、I_E值为多少？

解：

$$I_C=\beta I_B=120\times 50\mu A=60\ (\text{mA})$$
$$I_E=I_C+I_B=60.05\ (\text{mA})$$

判断晶体管引脚可以使用万用表，数字万用表上有晶体管插座和直流放大倍数 h_{FE} 的测量挡，如图 3-19 所示。直流放大倍数 h_{FE} 衡量的是晶体管对电流的放大能力，取值一般在 10 以上，绝大部分在 100～1000。把 NPN 或 PNP 晶体管的 C、B、E 引脚正确插入对应的插孔，万用表会显示一个 100～1000 之间的读数，如果读数不对，可调整晶体管引脚再读数。

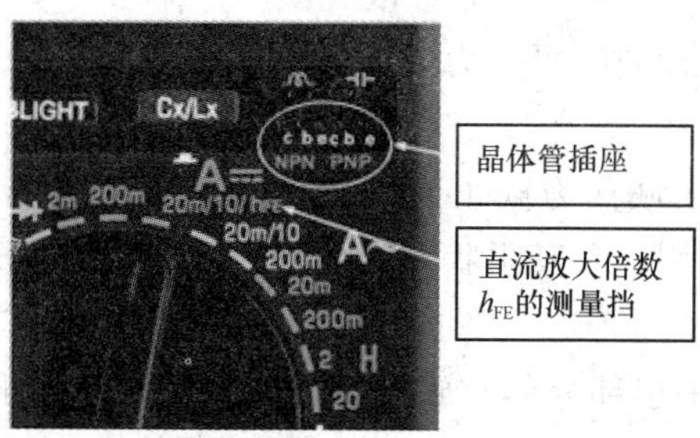

图 3-19　万用表检测 BJT 直流放大倍数 h_{FE}

3.3.3 晶体管的伏安特性曲线

晶体管的伏安特性曲线是用来表示晶体管各极电压和电流之间的相互关系，最常用的是晶体管共射极特性曲线，其测量电路如图 3-20 所示。

测试晶体管共射极输入特性曲线

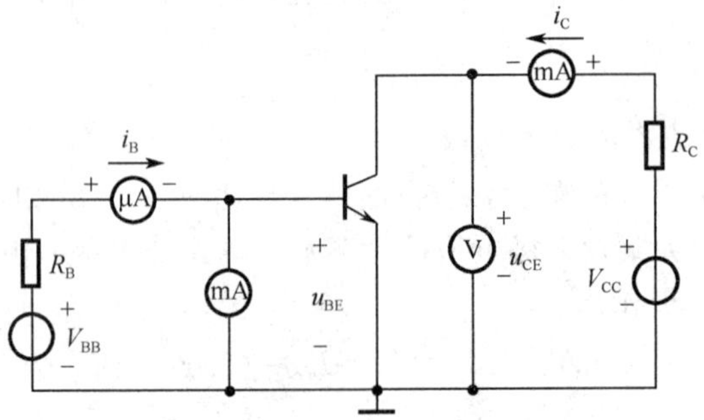

测试晶体管共射极输出特性曲线

图 3-20　晶体管共射极特性曲线测量电路

1. 共射极输入特性曲线

输入特性曲线是指当晶体管的输出电压 u_{CE} 为常数时，输入电流 i_B 与输入电压 u_{BE} 之间的关系曲线，即 $i_B=f(u_{BE})|_{u_{CE}=常数}$，如图 3-21（a）所示。

由图 3-21（a）可见，当 $u_{CE}=0$ 时，晶体管的输入特性曲线与二极管的正向伏安特性相似。当 u_{CE} 增大时，曲线将向右移动。严格地说，u_{CE} 不同，所得到的输入特性曲线也不相同。但实际上，$u_{CE}\geqslant 1V$ 以后的曲线基本上是重合的，因此只用 $u_{CE}=1V$ 时的曲线来表示。

与二极管相似，晶体管的输入特性也有一段死区。一般硅管的死区电压约为 0.5V，锗管约为 0.1V。此外，晶体管正常工作时，发射结电压 u_{BE} 变化不大，一般硅管的 $|U_{BE}|\approx 0.7V$，锗管的 $|U_{BE}|\approx 0.2V$。

2. 共射极输出特性曲线

输出特性曲线是指当晶体管的输入电流 i_B 为常数时，输出电流 i_C 与输出电压 u_{CE} 之间的关系曲线，即 $i_C=f(u_{CE})|_{i_B=常数}$，如图 3-21（b）所示。

由图 3-21（b）可见，各条曲线的形状基本相同。曲线的起始部分很陡，u_{CE} 略有增加，i_C 就迅速增加，当 u_{CE} 超过某一数值（约 1V）后，曲线变得比较平坦，几乎平行于横轴。

晶体管的共射输出特性曲线可分为以下三个区域。

1）截止区

$i_B=0$ 的曲线以下的区域称为截止区，截止区满足发射结和集电结均反偏的条件。此时，晶体管失去放大作用，呈高阻状态，各极之间近似看为开路。

2）放大区

$i_B>0$ 的所有曲线的平坦部分称为放大区，放大区满足发射结正偏和集电结反偏的条件。在放大区，$i_C \approx \beta i_B$，i_C 随 i_B 的变化而变化，即 i_C 受控于 i_B。相邻曲线间的间隔大小反映了 β 的大小，即管子的电流放大能力。

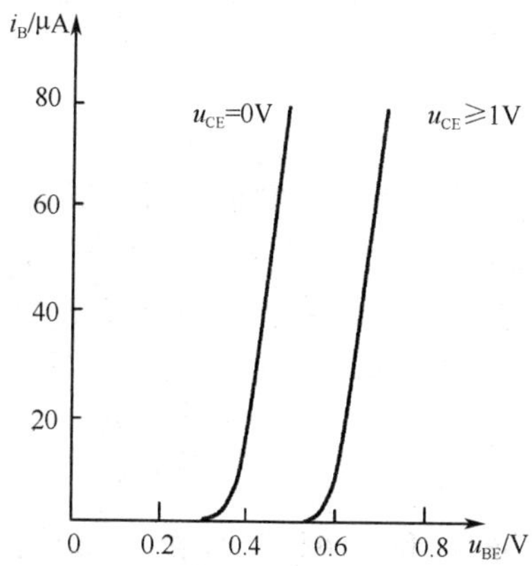

(a) 输入特性曲线 (25℃)

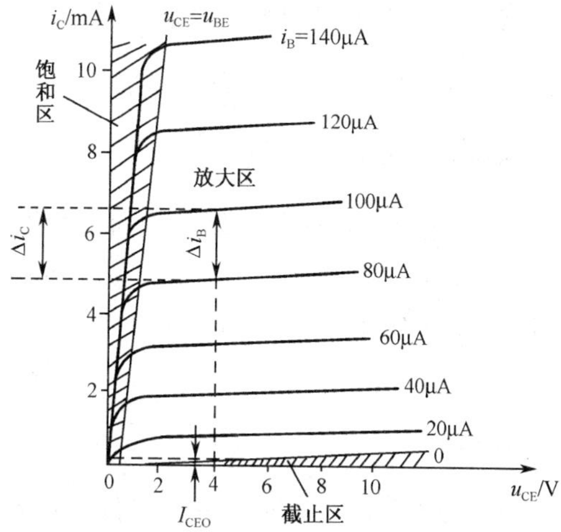

(b) 输出特性曲线 (25℃)

图 3-21　共射极特性曲线

3）饱和区

所有曲线的陡峭上升部分称为饱和区，饱和区满足发射结和集电结均正偏的条件。此时，晶体管各极之间电压很小，而电流却较大，呈现低阻状态，各极之间可近似看成短路。

在放大电路中，晶体管应工作在放大区，而在开关电路中应工作在截止区和饱和区。

【例 3-2】 测得电路中几个晶体管各极对地的电压如图 3-22 所示，试判断它们各工作在什么区（放大区、饱和区或截止区）。

解： VT_1 为 NPN 型管，由于 $u_{BE}=0.7V>0$，发射结为正偏；而 $u_{BC}=-4.3V<0$，集电结为反偏，因此 VT_1 工作在放大区。

VT_2 为 PNP 型管，由于 $u_{EB}=0.2V>0$，发射结为正偏；而 $u_{CB}=-4.8V>0$，集电结为反偏，因此 VT_2 工作在放大区。

VT_3 为 NPN 型管，由于 $u_{BE}=0.7V>0$，发射结为正偏；而 $u_{BC}=0.4V>0$，集电结也为正偏，因此 VT_3 工作在饱和区。

VT_4 为 NPN 型管，由于 $u_{BE}=-0.7V<0$，发射结为反偏；而 $u_{BC}=-6V<0$，集电结也为反偏，因此 VT_4 工作在截止区。

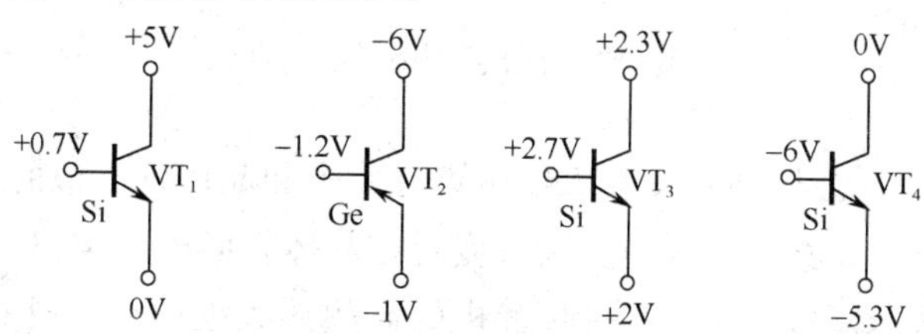

图 3-22　【例 3-2】图

3.3.4 晶体管的主要参数

1. 电流放大系数β和α

如前所述，β和α是表征晶体管电流放大能力的参数。

2. 极间反向电流I_{CBO}和I_{CEO}

I_{CBO}是发射极开路时集电结的反向饱和电流。I_{CEO}是基极开路时集电极与发射极间的穿透电流，且$I_{CEO}=(1+\bar{\beta})I_{CBO}$。管子的反向电流越小，性能越稳定。

由于I_{CBO}的值很小，所以在讨论晶体管的各极电流关系时将其忽略。若考虑I_{CBO}，则

$$I_C=\bar{\beta}I_B+(1+\bar{\beta})I_{CBO}=\bar{\beta}I_B+I_{CEO} \tag{3-7}$$

3. 极限参数

极限参数是指为使晶体管安全工作对它的电流、电压和功率损耗的限制，即正常使用时不宜超过的限度。

1）最大集电极电流I_{CM}

I_C在相当大的范围内晶体管β值基本不变，但当I_C的数值大到一定程度时β值将减小。当β下降到其额定值2/3时的I_C即为I_{CM}。当电流超过I_{CM}时，晶体管的性能将显著下降，甚至可能烧坏管子。

2）最大集电极功耗P_{CM}

P_{CM}表示集电结上允许的损耗功率的最大值，超过此值将导致管子性能变差或烧坏。

$$P_{CM}=I_CU_{CE}$$

3）反向击穿电压$U_{BR(CEO)}$

晶体管有两个PN结，如果反向电压超过一定值，也会发生击穿。$U_{BR(CEO)}$是指基极开路时集-射极间的反向击穿电压，一般在几十伏以上。

在设计晶体管电路时，应根据工作条件选择管子的型号。为防止晶体管在使用中损坏，必须使它工作在图3-23所示的安全工作区内。

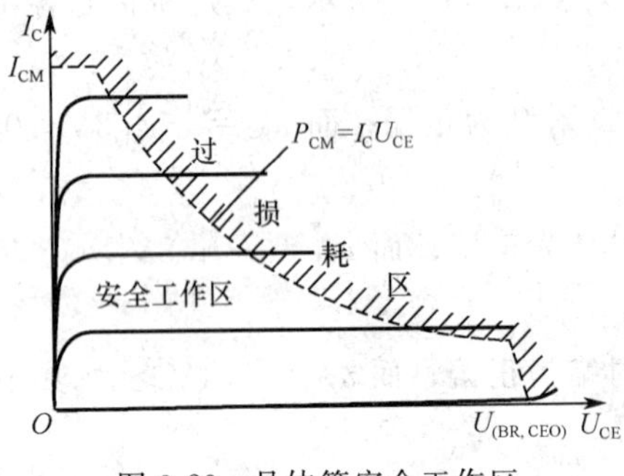

图3-23 晶体管安全工作区

*3.4 晶体场效应管

观察收音机电路，会发现在接收天线附近有一个和晶体管类似的元器件，它是场效应管（field effect transistor，FET）。场效应管与晶体管的外形类似，它也有三个引脚，也可以放大信号。如图3-24所示，在收音机的高频放大电路中，外接天线接收到的无线电波信号由C_1耦合到由L_1、C_4组成的谐振电路，经选频后信号由Q_1场效应管进行

高频放大。放大之后的信号再通过 C_2 耦合到下级电路。场效应管究竟是怎样的器件？和晶体管有何区别？

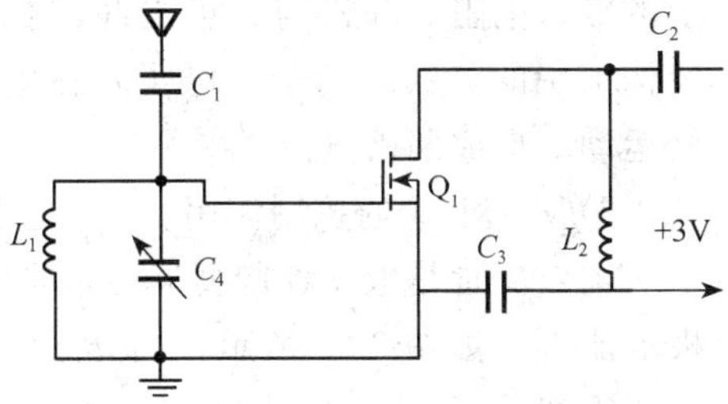

图 3-24　场效应管在高频放大电路中的应用

场效应管是一种利用输入回路的电场效应来控制输出回路电流的半导体器件。场效应管按结构可分为结型场效应管（JFET）和绝缘栅型场效应管（MOSFET）两类；按导电类型又可分为 N 沟道场效应管和 P 沟道场效应管两类。

3.4.1　结型场效应管

1. 结构与符号

N 沟道结型场效应管的结构示意图如图 3-25（a）所示。在一块 N 型半导体的两侧制作两个高掺杂的 P 区，形成两个 PN 结。将两个 P 区相连接，引出电极，称为栅极 G；在 N 型半导体的两端各引出一个电极，分别称为源极 S 和漏极 D。两个 PN 结中间的 N 型半导体形成 D 和 S 间的电流沟道，因此称为 N 沟道结型场效应管。图 3-25（b）为 N 沟道结型场效应管的图形符号，其中箭头的方向表示 PN 结正偏的方向，即由 P 指向 N。

若在 P 型半导体两侧制作两个 N 区，则可构成 P 沟道结型场效应管，其图形符号如图 3-25（c）所示。

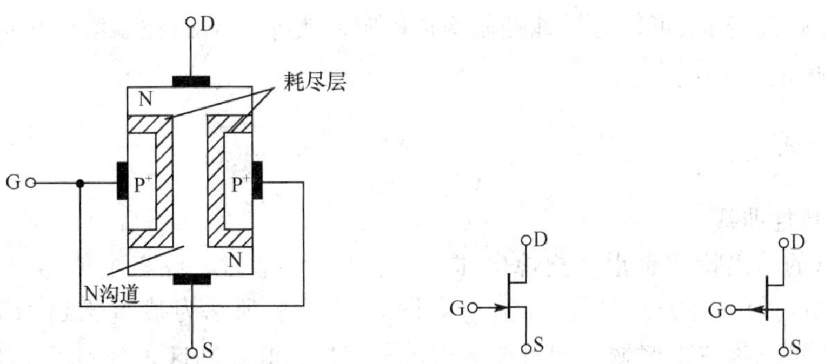

(a) N沟道管结构示意图　(b) N沟道管符号　(c) P沟道管符号

图 3-25　结型场效应管结构与符号

2. 工作原理

1）直流偏置

N 沟道结型场效应管的直流偏置电路如图 3-26 所示。正常工作时，栅极与源极之

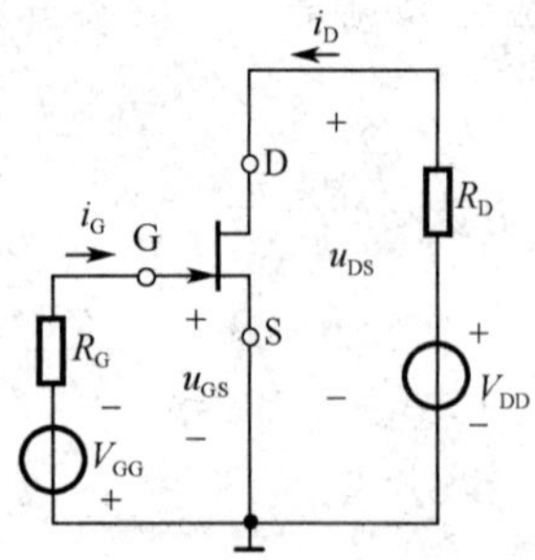

图 3-26 N 沟道 JFET 的偏置电路

间应加负电压，即 $u_{GS}<0$，使栅极与沟道间的 PN 结处于反偏状态，因此栅极电流 $i_G\approx0$，场效应管可呈现高达 $10^7\Omega$ 以上的输入电阻。漏极与源极之间应加正电压，即 $u_{DS}>0$，使 N 沟道中的多数载流子（电子）在电场的作用下由源极向漏极运动，形成漏极电流 i_D。

2）u_{GS}对 i_D 的控制作用

场效应管是电压控制型器件，是利用栅源电压 u_{GS}控制漏极电流 i_D。如图 3-27 所示，当 $u_{GS}=0$ 时，耗尽层很窄，导电沟道很宽；当$|u_{GS}|$增大时，耗尽层因反向偏置加大而变宽，导电沟道变窄，沟道电阻增大，i_D 将减小；当$|u_{GS}|$进一步增大到某一数值时，两侧的耗尽层相遇，导电沟道被完全夹断，$i_D=0$。两侧耗尽层刚好相遇时的栅源电压称为夹断电压，用 $U_{GS,off}$表示。

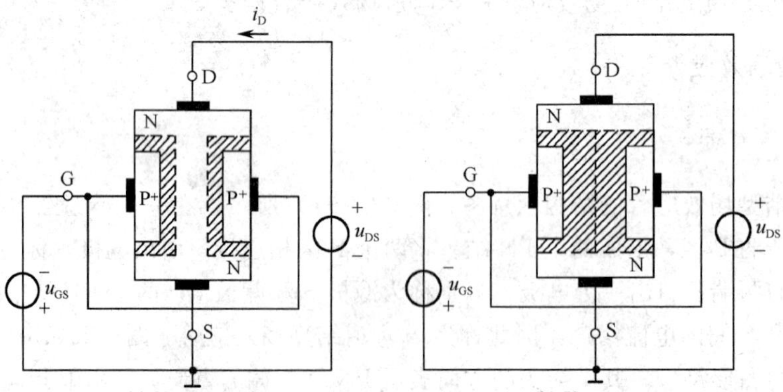

(a) $U_{GS,off}<u_{GS}<0$　　(b) $U_{GS}\leqslant u_{GS,off}$

图 3-27　u_{GS}对沟道的影响

可见，通过改变 u_{GS}可以有效地控制沟道电阻的大小，从而控制漏源极间的导电性能和漏极电流 i_D 的大小。

3. 特性曲线

1）输出特性曲线

场效应管的输出特性是指当栅源电压 u_{GS}为某一定值时，漏极电流 i_D 与漏源电压 u_{DS}之间的关系，即 $i_D=f(u_{DS})|_{u_{GS}}=$常数，图 3-28（a）所示为某 N 沟道 JFET 的输出特性曲线。它可分为三个区域，即可变电阻区、恒流区和夹断区，分别类似于晶体管的饱和区、放大区和截止区。

2）转移特性曲线

场效应管的转移特性是指当漏源电压 u_{DS}为某一定值时，漏极电流 i_D 与栅源电压 u_{GS}的关系，即 $i_D=f(u_{GS})|_{u_{DS}}=$常数，图 3-28（b）为某 N 沟道 JFET 的转移特性曲线。$u_{GS}=0$ 时的 i_D 称为饱和漏电流，用 I_{DSS}表示。$|u_{GS}|$越大，i_D 越小，直观地反映了 u_{GS}对 i_D 的控制作用。

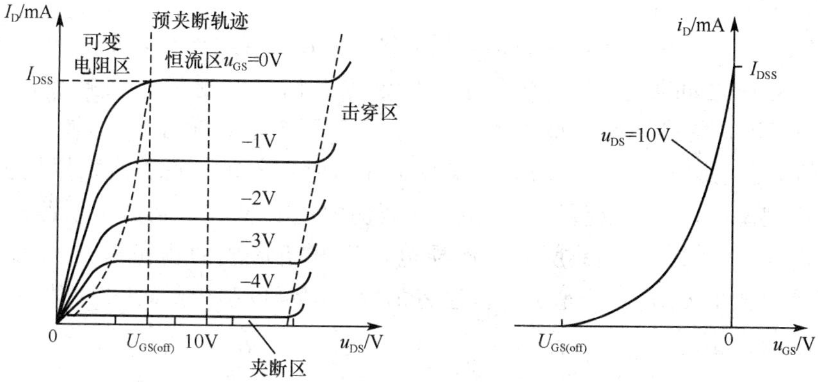

(a) 输出特性　　(b) 转移特性

图 3-28　N 沟道结型场效应管的特性曲线

3.4.2　绝缘栅型场效应管

绝缘栅型场效应管的栅极与源极、漏极完全绝缘，其输入电阻可达 10^{15} Ω。绝缘栅型场效应管也分 N 沟道和 P 沟道两类，每一类又分为增强型和耗尽型两种。

1. 增强型绝缘栅型场效应管

1）结构与符号

N 沟道增强型 MOS 管的结构如图 3-29（a）所示。它是在一块 P 型硅衬底上制作两个高掺杂的 N 区，并引出两个电极，分别作为源极 S 和漏极 D；在 P 型硅表面生成一层 SiO_2 绝缘层，在绝缘层上覆盖一层铝并引出电极，作为栅极 G；管子的衬底也引出一个电极 B。显然，栅极与源极、漏极均绝缘。图 3-29（b）、（c）分别为 N 沟道和 P 沟道增强型 MOS 管的图形符号。

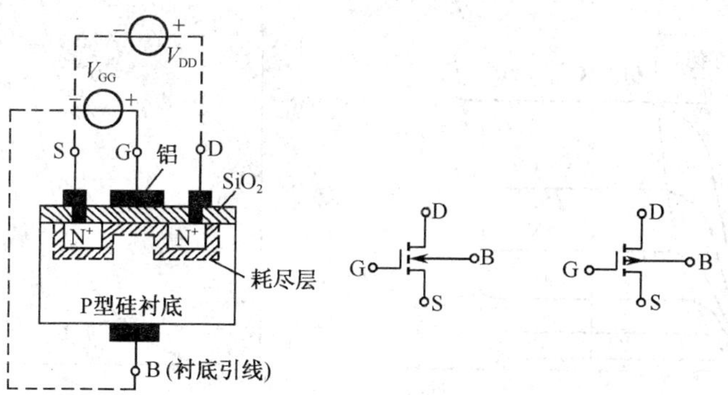

(a) N沟道管结构示意图　　(b) N沟道管符号　　(c) P沟道管符号

图 3-29　增强型 MOS 管的结构及符号

2）工作原理

N 沟道增强型 MOS 管正常工作时，栅源极之间应加正电压，即 $u_{GS}>0$，漏源极之间也应加正电压，即 $u_{DS}>0$。

由图 3-29（a）可见，当 $u_{GS}=0$ 时，漏源极之间没有导电沟道，则 $i_D\approx0$。当 $u_{GS}>0$ 时，栅极和衬底之间形成了一个垂直于半导体表面、由栅极指向衬底的电场，如图 3-30（a)所示，它将排斥 P 型衬底中的空穴而吸引电子。随着 u_{GS} 的增大，被吸引到衬底表面的电子也增多。当 u_{GS} 增大到某一临界值时，P 型衬底表面积累较多的电子，形成一个 N 型薄层，称为反型层。反型层与两侧的 N 区相连，构成了漏源极之间的 N 型导电沟道，如图 3-30（b）所示。使导电沟道开始形成的栅源电压称为开启电压 $U_{GS,th}$。显然，如果 u_{GS} 进一步增大，沟道将加宽，即可以利用 u_{GS} 来控制导电沟道的宽窄及电流 i_D 的大小。

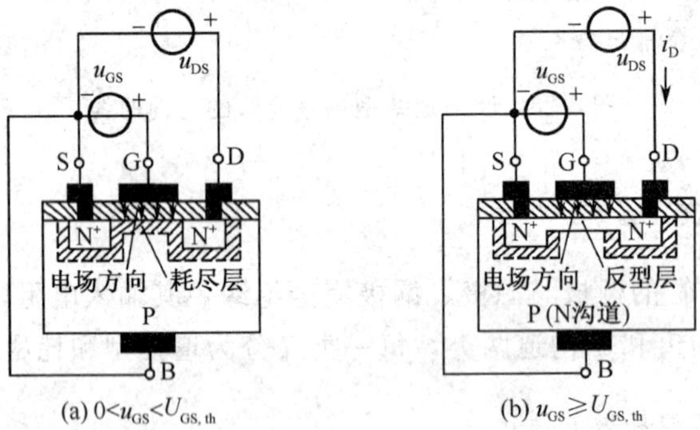

图 3-30　N 沟道增强型 MOS 管导电沟道的形成

3）特性曲线

N 沟道增强型 MOS 管的输出特性曲线和转移特性曲线分别如图 3-31（a)、(b）所示。

N 沟道增强型 MOS 管的输出特性曲线也分为可变电阻区、恒流区和夹断区。由于 $u_{GS}\geqslant U_{GS,th}$ 时沟道才形成，即有 i_D 产生，因此转移特性曲线从 $U_{GS,th}$ 开始，而当 $u_{GS}<U_{GS,th}$ 时，$i_D=0$。

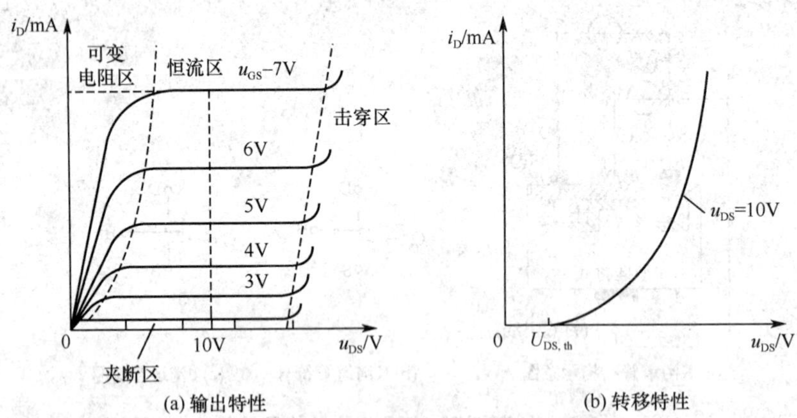

图 3-31　N 沟道增强型 MOS 管的特性曲线

2. 耗尽型绝缘栅型场效应管

1）结构与符号

N 沟道耗尽型 MOS 管的结构如图 3-32（a）所示。它与 N 沟道增强型 MOS 管的结构基本相同，不过在制造时，在 SiO_2 绝缘层中掺入大量的正离子，则可在 P 型衬底表面感应出一个 N 型层，形成 N 沟道。图 3-32（b）、（c）分别为 N 沟道和 P 沟道耗尽型 MOS 管的符号。

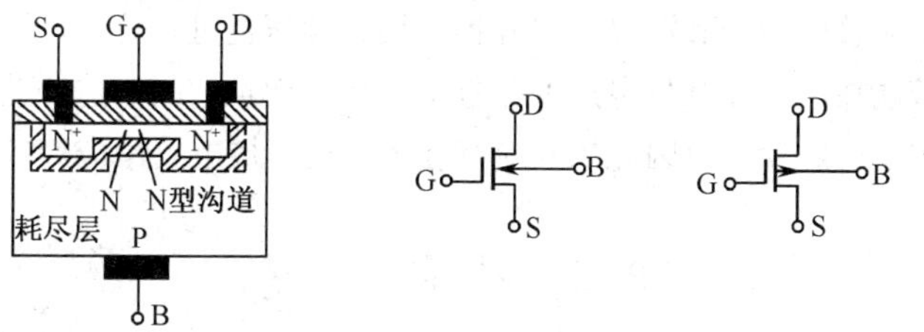

(a) N沟道管结构示意图　(b) N沟道管符号　(c) P沟道管符号

图 3-32　耗尽型 MOS 管的结构与符号

2）工作原理

N 沟道耗尽型 MOS 管正常工作时，漏源极之间应加正电压，即 $u_{DS}>0$，而栅源极之间的偏置电压 u_{GS} 可正可负。

由于 N 沟道耗尽型 MOS 管存在原始导电沟道，若在漏源极之间加正电压 u_{DS}，即使 $u_{GS}=0$，也有 i_D 产生。如果 $u_{GS}>0$，则 P 型衬底表面层的电子增多，沟道变宽，i_D 增大；反之，如果 $u_{GS}<0$，则表面层的电子减少，沟道变窄，i_D 减小。当 u_{GS} 减小到某一临界值时，导电沟道消失，$i_D=0$，这时的栅源电压 u_{GS} 称为夹断电压 $U_{GS,off}$。

3）特性曲线

N 沟道耗尽型 MOS 管的特性曲线如图 3-33 所示，其输出特性曲线也可分为可变电阻区、恒流区和夹断区。由其转移特性曲线可知，$u_{GS}=0$ 时，$i_D=I_{DSS}$；随着 u_{GS} 的减小，i_D 也减小，当 $u_{GS}=U_{GS,off}$ 时，$i_D\approx 0$；当 $u_{GS}>0$ 时，$i_D>I_{DSS}$。

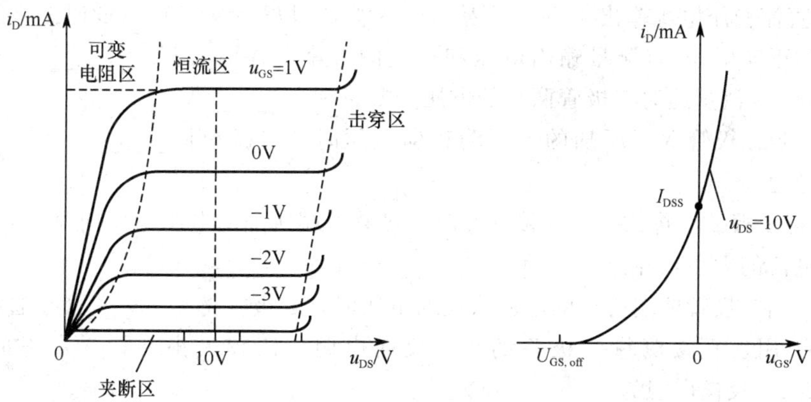

(a) 输出特性　(b) 转移特性

图 3-33　N 沟道耗尽型 MOS 管的特性曲线

3.4.3 场效应管与晶体管的比较

（1）场效应管是电压控制器件，晶体管是电流控制器件。在只允许从信号源取较少电流的情况下，应选用场效应管；在信号电压较低，又允许从信号源取较多电流的条件下，应选用晶体管。

（2）场效应管利用多数载流子导电，称为单极型器件；晶体管既利用多数载流子导电，也利用少数载流子导电，称为双极型器件。

（3）有些场效应管的源极和漏极可以互换使用，栅压也可正可负，灵活性比晶体管好。

（4）场效应管能在小电流和低电压的条件下工作，而且它的制造工艺可以很方便地把很多场效应管集成在一块硅片上，因此场效应管在大规模集成电路中应用广泛。

3.5 技能训练

3.5.1 二极管单向导电性的测试

（1）测试设备：模拟电路综合测试台 1 台，0～30V 直流稳压电源 1 台，数字万用表 1 块，毫安表 1 只。

（2）测试电路：如图 3-34 所示，VD 为 IN4148，R 为 1kΩ。

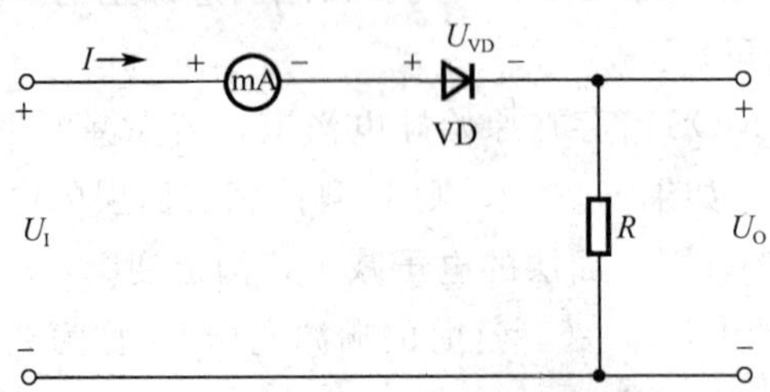

图 3-34 二极管单向导电性测试电路

（3）测试步骤：

① 按图 3-34 接好电路。

② 由直流稳压电源输出 10V 电压接入输入端，即 $U_I=+10V$（此时二极管两端所加的电压为正向电压），测量输出电压和电流的大小，并记录 $U_O=$________ V；$I=$________ mA，测量此时二极管两端的电压为 $U_{VD}=$________ V。

结论：当二极管两端所加的电压为正向电压时，二极管将________（导通/截止，截止即不导通）。

③ 保持步骤②，将二极管反接（此时二极管两端所加的电压为反向电压），测量输出电压和电流的大小，并记录 $U_O=$________ V；$I=$________ mA。

结论：当二极管两端所加的电压为反向电压时，二极管将________（导通/截止）。

④ 用万用表直接测量二极管的正、反向电阻，比较大小并记录：正向电阻为________ kΩ，反向电阻为________ kΩ。

结论：二极管________（具有/不具有）单向导电性，且正向导通时，管压降约为________ V。

3.5.2　伏安法测二极管的特性

测试设备：直流稳压电源、直流电流表、直流电压表、滑线变阻器、可变电阻箱、微安表、开关、待测二极管。

测试程序：

1）测二极管的正向伏安特性

（1）按图 3-35 接好线路。预置滑线变阻器，使电压表的读数为零。电表的量限选择要适当，注意电表的极性。

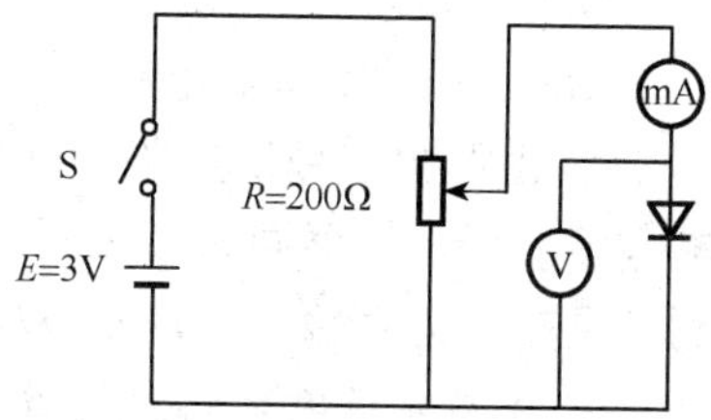

图 3-35　正向伏安特性接线电路图（毫安表从 75mA 开始）

（2）接通电源，改变滑线变阻器的阻值，缓慢增加电压，使电压表读数从 0.06～0.6V 变化（在电流变化大的地方，电压间隔应取小些），读出相应的电流值，实验从 0.06V 开始，每隔 0.06V 读数一次，直到电流达到 30mA 为止，并将读数填入表 3-3，最后断开电源。

表 3-3　记录表

U/V	0.06	0.12	0.18	0.24	0.30	0.36	0.42	0.48	0.54	0.60
I/mA										

2）测二极管的反向伏安特性

（1）按图 3-36 接好线路，电流表改为微安表，预置滑线变阻器，使电压表的读数为零。

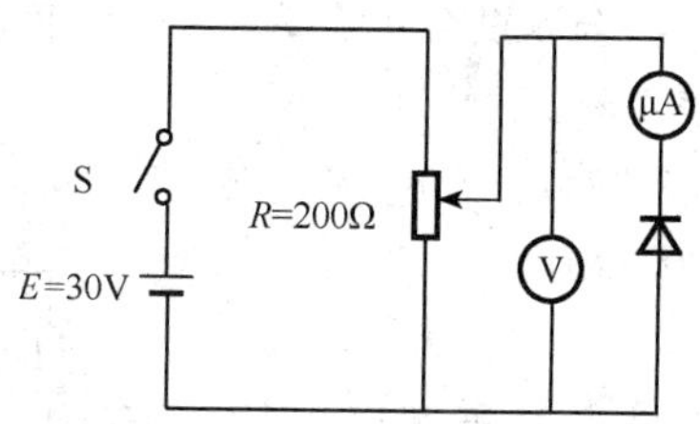

图 3-36　反向伏安特性接线电路图

μA 表：15μA 或 50μA

（2）接通电源，改变滑线变阻器的阻值，逐渐增加电压，使电压表读数从 1.5～15V 变化，读出相应的电流值，实验从 1.5V 开始，每隔 1.5V 读数一次，并将读数填入表 3-4。

表 3-4 记录表

U/V	1.5	3	4.5	6	7.5	9	10.5	12	13.5	15
I/μA										

3.5.3 二极管整流电路的测试

（1）测试设备：模拟电路综合测试台 1 台，低频信号发生器 1 台，双踪示波器 1 台。

（2）测试电路：如图 3-37 所示，VD 为 IN4148，R 为 1kΩ。

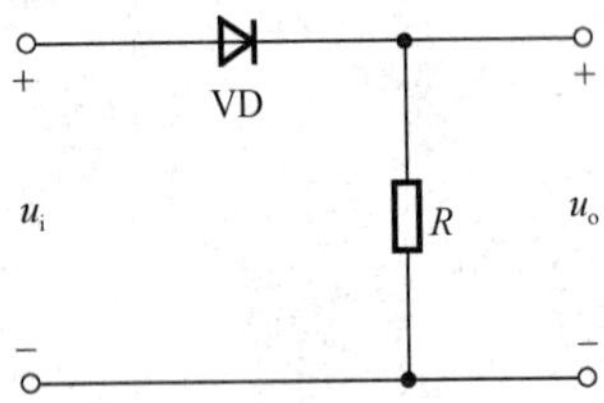

图 3-37 二极管整流电路

（3）测试步骤：

① 按图 3-37 接好电路。

② 由低频信号发生器输出 3V/1kHz 的正弦波加到电路输入端，用示波器同时观察输入和输出波形，画出此时的测试电路并记录输入和输出电压波形。

③ 保持步骤②，将二极管反接，用示波器同时观察输入和输出波形，画出此时的测试电路并记录输入和输出电压波形。

④ 保持步骤③，将二极管与电阻互换位置，用示波器同时观察输入和输出波形，画出此时的测试电路并记录输入和输出电压波形。

⑤ 保持步骤④，将二极管反接，用示波器同时观察输入和输出波形，画出此时的测试电路并记录输入和输出电压波形。

结论：该整流电路可将________（双向/单向）交流电变为________（双向/单向）脉动交流电。

⑥ 仍按图 3-37 接好电路，在输出端并联一个 10μF 电解电容（正极性向上），用示波器同时观察输入和输出波形，画出此时的测试电路并记录输入和输出电压波形。

3.5.4 晶体管各极电流关系的测试

（1）测试设备：模拟电路综合测试台 1 台，0～30V 直流稳压电源 1 台，数字万用表 1 块，毫安表 1 只，微安表 1 只。

（2）测试电路：如图 3-38 所示电路，R_B 为 100kΩ，R_C 为 1kΩ，晶体管为 S9013。

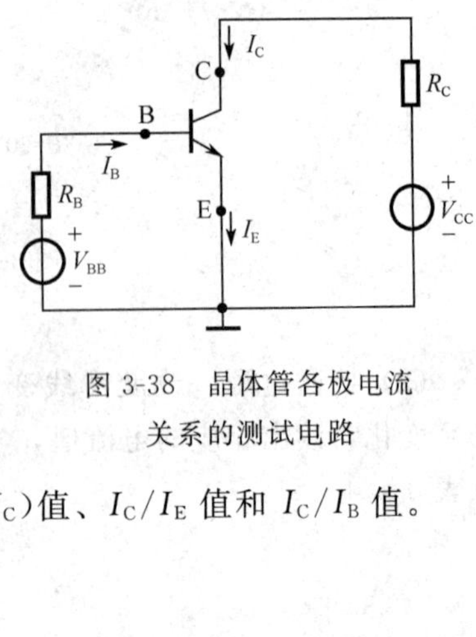

图 3-38 晶体管各极电流关系的测试电路

（3）测试步骤：

① 按图 3-38 接好电路，并在基极回路串接微安表，在集电极回路串接毫安表。

② 接入电源电压 V_{BB}=0V、V_{CC}=20V，观察晶体管中有无集电极电流，并记录________。

③ 改变电源电压 V_{BB}，使 I_B 为表 3-5 中所给的各数值，并测出此时相应的 I_C 值，求出相应的 $I_E(=I_B+I_C)$值、I_C/I_E 值和 I_C/I_B 值。

表 3-5　晶体管各极电流关系的测试结果

$I_B/\mu A$	0	10	20	50
I_C/mA				
I_E/mA $(=I_B+I_C)$				
I_C/I_E	—			
I_C/I_B	—			

结论：晶体管的电流________（I_B，I_C，I_E）对电流________（I_B，I_C，I_E）有明显的控制作用；I_C/I_E________（≫1，>1，≈1，<1，≪1），I_C/I_B________（≫1，>1，≈1，<1，≪1），且 I_C/I_E 值和 I_C/I_B 值在 I_B 变化时________（会/不会）发生明显变化。

知 识 小 结

• 半导体是导电能力介于导体和绝缘体之间的一种物质，具有光敏、热敏和掺杂特性。

• 二极管及其单向导电性。

◆ 二极管的基本结构就是 PN 结，PN 结是由 P 型半导体和 N 型半导体有机结合而形成的。

◆ 二极管具有单向导电性，即正向导通、反向截止的特性。

• 晶体管及其电流分配关系。

◆ 晶体管是由两个 PN 结组成的三端有源器件，分为 NPN 和 PNP 两种类型，它的三个端子称为发射极 E、基极 B 和集电极 C。

◆ 为使晶体管实现放大作用，须满足发射结正偏、集电结反偏的条件。

◆ 放大状态下的晶体管各极电流关系为

$$I_C \approx \bar{\alpha} I_E \approx \bar{\beta} I_B,\quad I_E \approx (1+\bar{\beta}) I_B,\quad I_E = I_B + I_C$$

上述关系也基本适用于交流情况。

• BJT 是电流控制器件，有两种载流子参与导电，属于双极型器件；而 FET 是电压控制器件，只依靠一种载流子导电，属于单极型器件。FET 具有输入阻抗高、噪声低（如 JEFT）等一系列优点，而 BJT 的 β 较高。

思考与练习

3.1　二极管的单向导电性在什么外部条件下才能显示出来？

3.2　如何用万用表的欧姆挡辨别一只二极管的正、负两极（提示：万用表的黑表笔接表内直流电源的正端、红表笔接负端）？

3.3　有 A 和 B 两个小功率二极管，它们的反向饱和电流分别为 0.5μA 和

0.01μA，在外加相同的正向电压时电流分别为20mA和8mA。请问哪一个管子的综合性能较好？

3.4 要使BJT具有放大作用，发射极和集电极的偏置电路应如何连接？

3.5 一只NPN型BJT具有E、B、C三个电极，能否将E、C两电极交换使用？为什么？

3.6 为什么JFET的输入电阻比BJT高得多，而MOSFET的输入电阻比JEFT高得多？

3.7 JEFT与耗尽型MOSFET同属耗尽型，为什么JEFT的U_{GS}只能有一种极性，而耗尽型MOSFET的U_{GS}可以有两种极性？

3.8 二极管电路如图3-39所示，试判断图中的二极管是导通还是截止，并求出A和O两端电压U_{AO}（设二极管是理想的）。

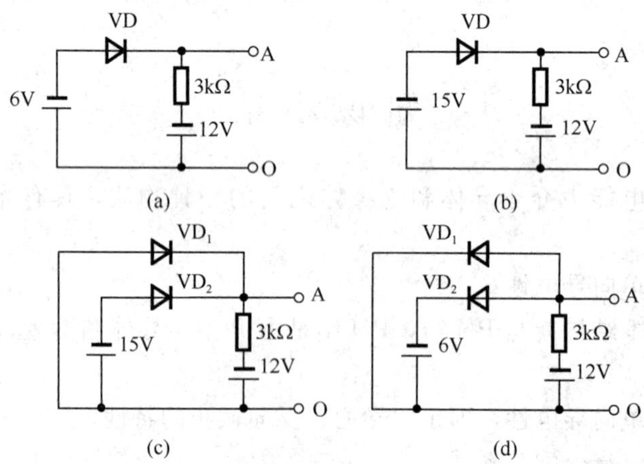

图3-39 习题3.8图

3.9 在图3-40所示电路中，设二极管为理想情况，且$u_I = 5\sin\omega t$，试画出u_O的波形。

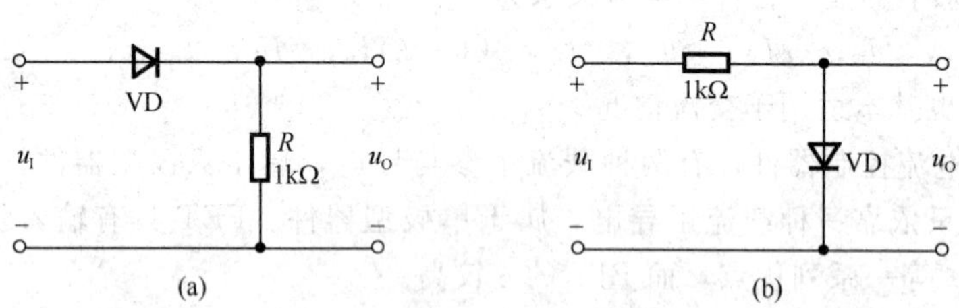

图3-40 习题3.9图

3.10 测得某放大电路中BJT的三个电极A、B、C的对地电位分别为$V_A = -9V$，$V_B = -6V$，$V_C = -6.2V$，试分析A、B、C对应的引脚，并说明此BJT是NPN型管还是PNP管。

3.11 测得某放大电路中BJT两个电极的电流如图3-41所示。

（1）求另一个电极的电流，并在图中标出实际方向。

（2）标出 E、B、C 极，并判断该管是 NPN 型管还是 PNP 型管。

（3）估算其 $\bar{\beta}$ 和 $\bar{\alpha}$ 值。

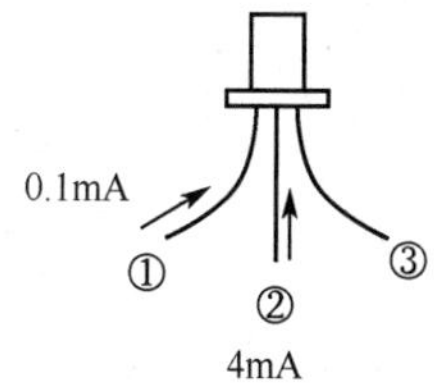

图 3-41　习题 3.11 图

3.12　测得电路中几个晶体管的各极对地电压如图 3-42 所示，其中某些晶体管已损坏，对于已损坏的晶体管，判断损坏情况，其他晶体管则判断它们分别工作在放大、饱和及截止状态中的哪个状态？

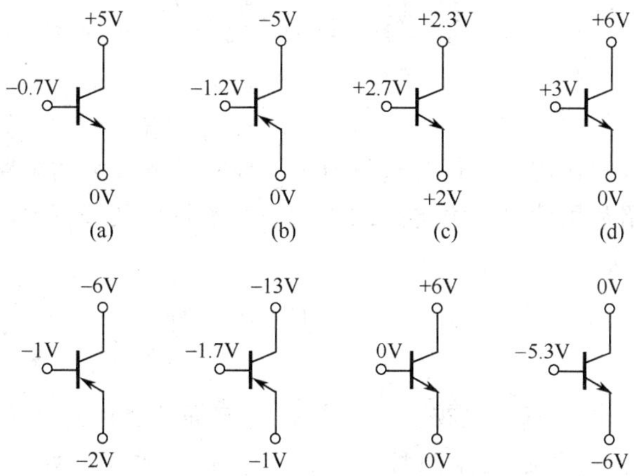

图 3-42　习题 3.12 图

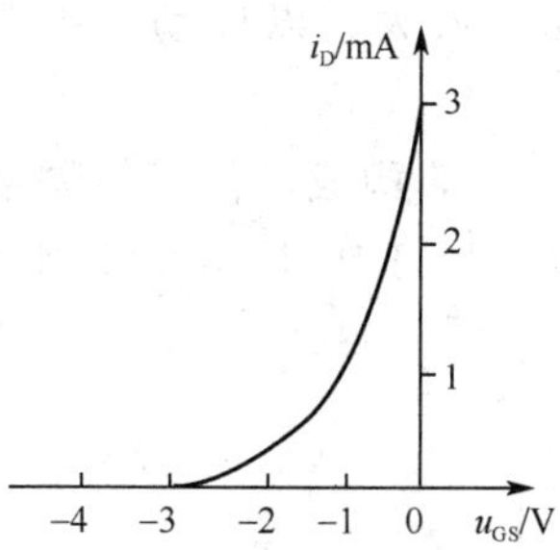

图 3-43　习题 3.13 图

3.13　一个 JFET 的转移特性曲线如图 3-43 所示，试问：

（1）它是 N 沟道还是 P 沟道？

（2）它的夹断电压 $U_{GS,off}$ 和饱和漏极电流 I_{DSS} 各是多少？

3.14　图 3-44 所示为 MOSFET 的转移特性，分别说明各属于何种类型。如果是增强型，求它的开启电压 $U_{GS,th}$；如果是耗尽型，求它的夹断电压 $U_{GS,off}$（其中 i_D 的假定正向电流为流进漏极）。

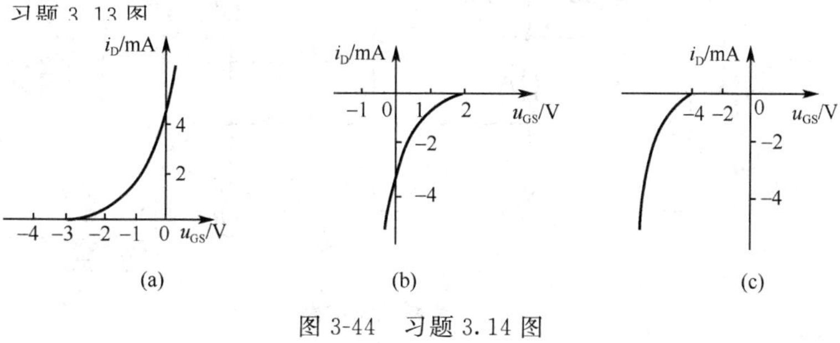

图 3-44　习题 3.14 图

第 4 章

信号放大电路

电子线路最基本的作用是对信号进行放大，能将信号放大的电路称为放大电路或放大器。本章主要介绍常用信号放大电路的组成、基本特性及分析方法。

4.1 应用示例

许多电子设备如收音机、电视机、手机、音响等都要用到音频放大器。音频放大器又分前置放大器和功率放大器两种，它们只接收、放大、处理音频信号；在音频放大器中，前置放大器（又称电压放大器、控制放大器）的作用是对输入的各种音频节目源信号进行选择和放大，并调整输入信号的频响、幅度等，以美化音质。功率放大器则是将前置放大器送来的信号进行无失真的单纯功率放大，以推动扬声器放音。

音调控制电路如图 4-1 所示。高音控制部分由 C_2、RP_2、C_5 等构成，低音控制部分由 R_1、RP_1、R_3、C_3、C_4、R_2 等构成，RP_1 是低音控制电位器，RP_2 是高音控制电位器。以放大管 VT 为核心组成放大电路，C_6 是负反馈电容。

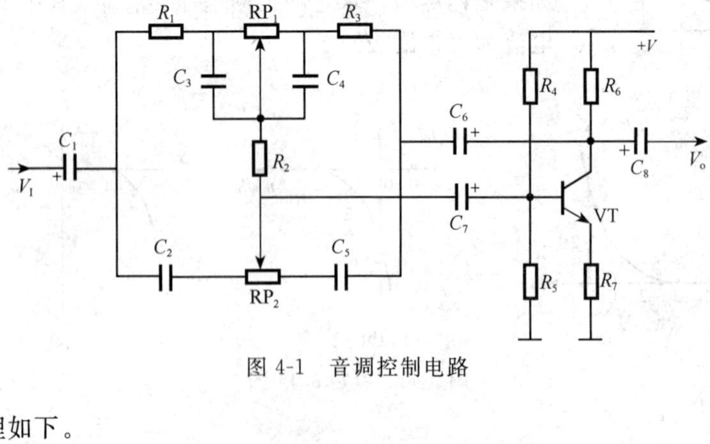

图 4-1　音调控制电路

工作原理如下。

当 RP_2 滑动端在最左端时，对高音信号呈最大提升状态；当 RP_2 滑动端在最右端时，对高音提升呈最大衰减状态；当 RP_2 滑动端在中间位置时，对高音不提升也不衰减。

当 RP_1 滑动端在最左端时，对低音信号呈最大提升状态；当 RP_1 滑动端在最右端时，对低音信号呈最大衰减状态；当 RP_1 滑动端在中间位置时，对低音信号不提升也不衰减。

在音频放大过程中起主要作用的是晶体管构成的放大电路，晶体管是如何构成放大电路的？下面介绍基本放大电路的组成。

4.2　共射极基本放大电路

4.2.1　共射极放大电路的组成

1. 电路组成

常见的共射极基本放大电路如图 4-2 所示。其中，输入信号 u_i 所在的回路称为输入回路；放大后的输出信号 u_o 所在的回路称为输出回路。显然，发射极是输入、输出回路的公共端，所以称为共发射极电路，简称共射极电路。

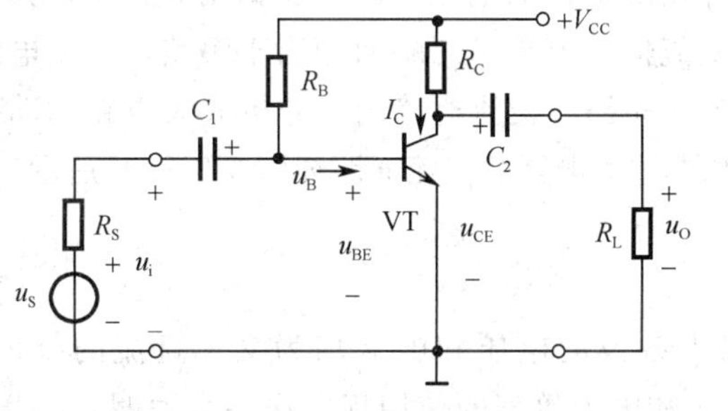

图 4-2　共射极基本放大电路

共射极放大电路工作原理

图 4-3 所示电路中，晶体管 VT 为核心放大器件。U_B、R_B、V_{CC}、R_C 组成直流偏置电路，确保晶体管满足放大偏置。输入端和输出端分别接一个容值较大的耦合电容 C_1 和 C_2，起到“隔直通交”的作用，即对直流相当于开路，对交流相当于短路。输入交流电压 u_i 可通过电容 C_1 加到晶体管发射结两端，同时由于电容 C_1 的隔直作用，交、直流电路之间互不影响。在输出端，由于电容 C_2 的隔直作用，输出电压 u_o 为纯交流信号。

2. 直流通路与交流通路

由图 4-3 可知，放大电路正常工作时，直流量与交流量共存于电路中，前者是直流电源 V_{CC} 作用的结果，后者是输入交流电压 u_i 作用的结果。由于电抗元件的存在，使直流量与交流量所流经的通路不同。因此，为了分析方便，将放大电路分为直流通路与交流通路。

直流通路是直流电源作用所形成的电流通路。在直流电路中，电容因对直流量呈无穷大电抗而相当于开路，电感因电阻非常小可忽略不计而相当于短路，信号源电压为零（即 $u_s=0$），但保留内阻 R_s。直流通路用于分析放大电路的静态参数。图 4-3 所示的共射极基本放大电路的直流通路如图 4-3（a）所示。

直流通路的画法

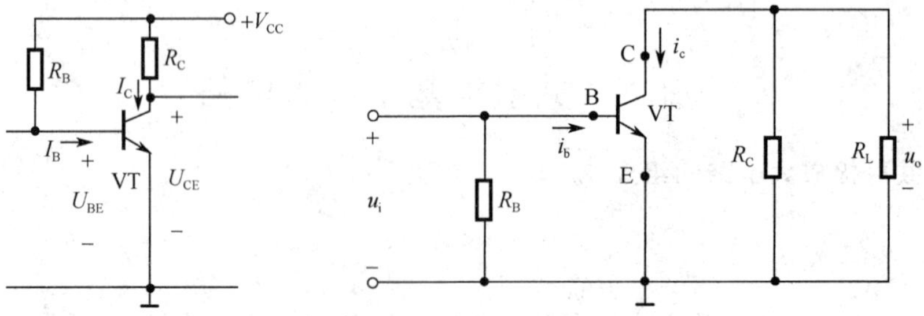

(a) 直流通路 (b)交流通路

图 4-3 共射极电路的直流通路与交流通路

交流通路是交流信号作用所形成的电流通路。在交流通路中，大容量电容（如耦合电容）因对交流信号容抗可忽略而相当于短路，直流电源为恒压源，因内阻为零也相当于短路。交流通路用于分析放大电路的动态参数。图 4-3 所示的共射极基本放大电路的交流通路如图 4-3（b）所示。

交流通路的画法

3. 符号使用规定

由于晶体管放大电路中各极的电压和电流均为交、直流的叠加量，为防止混淆，有必要对电压和电流符号的使用规定作一个说明。

（1）直流分量：用大写变量和大写下标符号表示，如 I_B 表示基极的直流电流。

（2）交流分量：用小写变量和小写下标符号表示，如 i_b 表示基极的交流电流。

（3）总瞬时值：用小写变量和大写下标符号表示，如 $i_B=I_B+i_b$ 表示基极电流的总量，即直流分量与交流分量之和。

（4）交流有效值：用大写变量和小写下标符号表示，如 I_b 表示基极交流电流的有效值。

4.2.2 放大电路的静态分析

1. 静态工作点分析

在放大电路中，未加交流信号（$u_i=0$）时电路各处的电压、电流都是直流量，这时称电路的状态为静态；当输入交流信号后，电路中各处的电压和电流是变动的，这时称电路的状态为动态。

参见图 4-3（a），静态时 $u_i=0$，晶体管的 I_B、I_C、U_{BE}、U_{CE} 称为放大电路的静态工作点，又称 Q 点。由于放大电路中晶体管发射结的导通压降 U_{BE} 基本不变（硅管约为

0.7V，锗管约为 0.2V)，因此可得

$$I_B = \frac{V_{CC} - U_{BE}}{R_B} \tag{4-1}$$

$$I_C = \beta I_B \tag{4-2}$$

$$U_{CE} = V_{CC} - I_C R_C \tag{4-3}$$

若 R_B 和 V_{CC} 不变，则 I_B 不变，故称为恒流式偏置电路或固定偏流式电路。显然，改变 R_B 可以明显改变 I_B、I_C 和 U_{CE} 值，即改变 R_B 可以调节放大电路的静态工作点。

2. 静态工作点对输出波形的影响

在放大电路中，交流信号的放大是建立在晶体管具有一个合适的直流工作点的基础上，如果工作点选择不当，则晶体管可能会进入饱和区或截止区，产生严重的失真。

晶体管的静态工作点（U_{BE}、I_B、U_{CE}、I_C）可在其输出特性曲线上用一坐标点表示，如图 4-4 中的 Q 点。图 4-4（a）中，Q 点偏低，在输入正弦信号的负半周，晶体管在部分时间内工作于截止区，产生了严重的失真，称为截止失真。由 NPN 型管组成的共射极放大电路产生截止失真时，输出电压波形出现顶部失真。

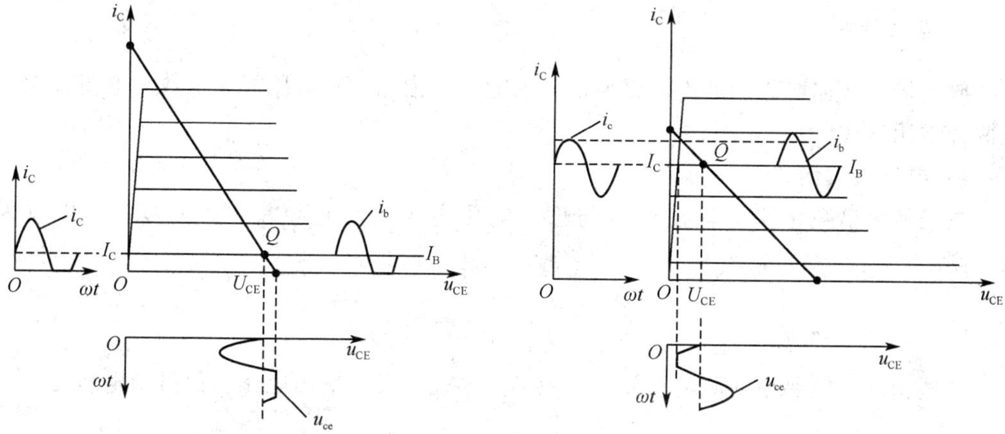

(a) 截止失真　　(b) 饱和失真

图 4-4　工作点选择不当引起的失真

图 4-4（b）中，Q 点偏高，在输入正弦信号的正半周，晶体管在部分时间内工作于饱和区，产生了严重的失真，称为饱和失真。由 NPN 型管组成的共射极放大电路产生饱和失真时，输出电压波形出现底部失真。

4.2.3　放大电路的主要性能指标

常见的音响放大器就是一个典型的放大电路，其中，传声器（话筒）是一个声-电转换器件，它把声波转换成微弱的电信号，并作为音响放大器的输入信号；该信号经过音响放大器中放大电路的放大，在其输出端得到很强的电信号；扬声器（喇叭）是一个电-声转换器件，它接在音响放大器的输出端，把放大后的电信号还原为较强的声波。此外，一般放大电路都需要直流电源，以提供电路所需要的能量。

将放大电路用一有源双端口网络来模拟，如图 4-5 所示，其中，信号源提供放大电路的输入信号，放大电路由晶体管、场效应管、集成电路等具有放大作用的有源器件组成，它能将输入信号进行放大，得到输出信号；负载接在放大电路的输出端，是耗能器件，如扬声器等，大多数情况下可以等效为一个电阻。$\dot{U}_i$ 为输入电压，$\dot{I}_i$ 为输入电流；$\dot{U}_o$ 为输出电压，$\dot{I}_o$ 为输出电流。为描述放大电路的性能优劣，规定了若干性能指标，主要有放大倍数、输入电阻、输出电阻和频率特性等。

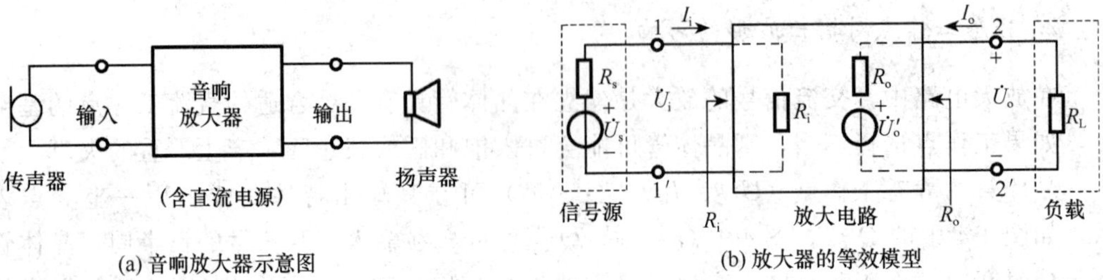

图 4-5　放大电路的基本框图

1. 放大倍数

放大倍数又称增益，是衡量放大器放大能力的指标，有电压放大倍数和电流放大倍数两种常用形式。

1）电压放大倍数

电压放大倍数定义为输出电压与输入电压之比，若不考虑放大电路中的电抗因素，则

$$A_u = \frac{u_o}{u_i} = \frac{U_o}{U_i} = \frac{U_{om}}{U_{im}} \tag{4-4}$$

某些情况下还要用到源电压放大倍数 A_{us}，A_{us} 定义为输出电压与信号源电压之比

$$A_{us} = \frac{u_o}{u_s} = \frac{U_o}{U_s} = \frac{U_{om}}{U_{sm}} \tag{4-5}$$

一般信号源总是存在一定的内阻，所以放大器的实际输入电压 U_i 必然小于 U_s，A_{us} 亦小于 A_u。

2）电流放大倍数

电流放大倍数定义为输出电流与输入电流之比，若不考虑放大电路中的电抗因素，则

$$A_i = \frac{i_o}{i_i} = \frac{I_o}{I_i} = \frac{I_{om}}{I_{im}} \tag{4-6}$$

工程上常用分贝（dB）来表示放大倍数的大小，则

$$A_u(\text{dB}) = 20\lg|A_u| \tag{4-7}$$

$$A_i(\text{dB}) = 20\lg|A_i| \tag{4-8}$$

用 dB 来表示增益的大小，在工程计算上会带来很多方便，如化大数为小数、化乘

除为加减等。

2. 输入电阻

对于信号源来说，放大器相当于一个负载，这个等效负载电阻就是放大器的输入电阻 R_i，即从放大器输入端看进去的等效电阻。由图 4-5 可知，输入电阻 R_i应为

$$R_i = \frac{u_i}{i_i} = \frac{U_i}{I_i} \tag{4-9}$$

显然有

$$u_i = \frac{R_i}{R_s + R_i} u_s$$

可见，在 R_s一定的条件下，R_i越大，i_i就越小，u_i就越接近于 u_s，放大电路对信号源的影响就越小。由于大多数信号源都是电压源，因此一般要求放大电路的输入电阻要高。当然，在少数信号源为电流源的情况下，要求放大电路的输入电阻要低。

由上式也可得到源电压放大倍数

$$A_{us} = \frac{R_i}{R_s + R_i} A_u \tag{4-10}$$

3. 输出电阻

对于负载 R_L来说，放大器相当于一个有内阻的信号源，如图 4-5 所示，这个等效信号源的内阻就是放大器的输出电阻 R_o，即从放大器输出端看进去的等效内阻。

根据戴维南定理，输出电阻 R_o应为

$$R_o = \left.\frac{u_o}{i_o}\right|_{U_i=0, R_L\to\infty} = \left.\frac{U_o}{I_o}\right|_{U_i=0, R_L\to\infty} \tag{4-11}$$

显然有

$$u_o = \frac{R_L}{R_o + R_L} u_o'$$

可见，R_o越小，负载电阻 R_L变化时输出电压的变化越小，称放大电路的带负载能力越强。

4.2.4 放大电路的动态分析

放大电路的动态分析是指在静态值确定后分析其交流性能指标（A_u、R_i、R_o 等），通常采用的是小信号等效电路分析法，又称微变等效电路分析法。

1. 晶体管的小信号等效电路

小信号等效电路是晶体管的线性等效模型，如图 4-6 所示。

对于输入回路，当晶体管工作在放大区，在低频小信号作用下，其在静态工作点 Q 附近的输入特性曲线基本上是一条直线，则 Δi_B 与 Δu_{BE}成正比，因而可以用一个等效

电阻 r_{be} 表示输入电压和输入电流之间的线性关系，有

$$r_{be} = \left.\frac{\Delta u_{BE}}{\Delta i_B}\right|_{u_{CE}=\text{常数}}$$

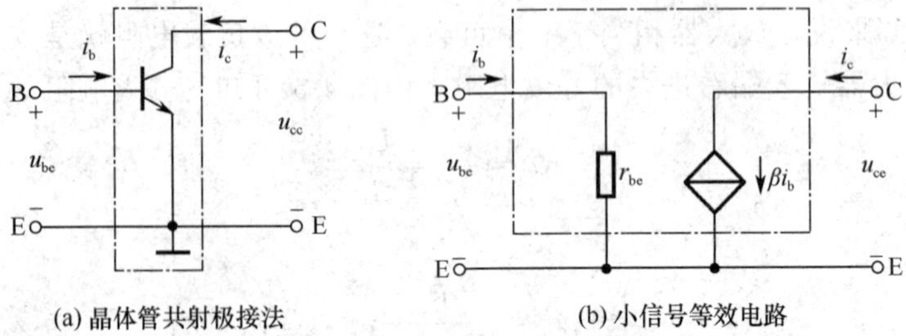

图 4-6 晶体管的小信号等效电路

因此，晶体管 B、E 之间可用一个电阻 r_{be} 等效，如图 4-6（b）所示。

$$r_{be} = r_{bb'} + (1+\beta)\frac{26(\text{mV})}{I_E(\text{mA})}(\Omega) = r_{bb'} + \frac{26(\text{mV})}{I_B(\text{mA})}(\Omega) \tag{4-12}$$

式中，I_E 为发射极偏置电流；I_B 为基极偏置电流；$r_{bb'}$ 为基区体电阻，是一个与工作状态无关的常数，通常为几十至几百欧姆，若 $r_{bb'}$ 未知，则可取 $r_{bb'}=100\Omega$。

对于输出回路，考虑到晶体管的放大作用，$i_c=\beta i_b$，即有一个基极电流 i_b，就必有一个相应的集电极电流 βi_b 与之对应，因此，晶体管 C、E 之间可用一个受控电流源 βi_b 等效，其电流方向与 i_b 有关，如图 4-6（b）所示。

2. 放大电路的小信号等效电路分析法

小信号等效电路分析法的主要步骤如下。

(1) 计算放大电路的 Q 点。必须指出的是，小信号等效电路分析法绝不能用来进行静态分析，但求小信号等效电路的 r_{be} 时，却要先求得晶体管的直流 I_B 或 I_E 值，因此可由直流通路直接计算而得到放大电路的 Q 点。

(2) 画出放大电路的小信号等效电路。先画出放大电路的交流通路，再用小信号等效电路代替交流通路中的晶体管，从而得到整个放大电路的小信号等效电路。

(3) 根据所得到的放大电路的小信号等效电路，用求解线性电路的方法求出放大电路的性能指标，如 A_u、R_i、R_o 等。

【例 4-1】 如图 4-7（a）所示的共射极基本放大电路，设晶体管的 $\beta=40$，电路中各元件参数值分别为 $V_{CC}=12\text{V}$，$R_B=300\text{k}\Omega$，$R_C=4\text{k}\Omega$，$R_L=4\text{k}\Omega$。试求该放大电路的 A_u、R_i 和 R_o。

解：(1) 确定 Q 点

$$I_B = \frac{V_{CC}-U_{BE}}{R_B} \approx \frac{V_{CC}}{R_B} = \frac{12}{300}(\text{mA}) = 40(\mu\text{A})$$

$$I_C = \beta I_B = 40\times 40(\mu\text{A}) = 1.6(\text{mA}) \approx I_E$$

$$U_{CE} = V_{CC} - I_C R_C = 12 - 1.6\times 4 = 5.6(\text{V})$$

(2) 画出交流通路，如图 4-7（b）所示。图中 $R_L'=R_C /\!/ R_L=2\text{k}\Omega$。

（3）画出放大电路的小信号等效电路，如图 4-7（c）所示。图中

$$r_{be} = r_{bb'} + \frac{26(\text{mV})}{I_B(\text{mA})} = 100 + \frac{26}{0.04} = 750(\Omega)$$

（4）求 A_u、R_i 和 R_o。由图 4-7（c）可得，$u_i = i_b r_{be}$，$u_o = -\beta i_b(R_C /\!/ R_L) = -\beta R'_L i_b$。故电压放大倍数

微变等效电路画法

$$A_u = \frac{u_o}{u_i} = -\frac{\beta R'_L}{r_{be}} \tag{4-13}$$

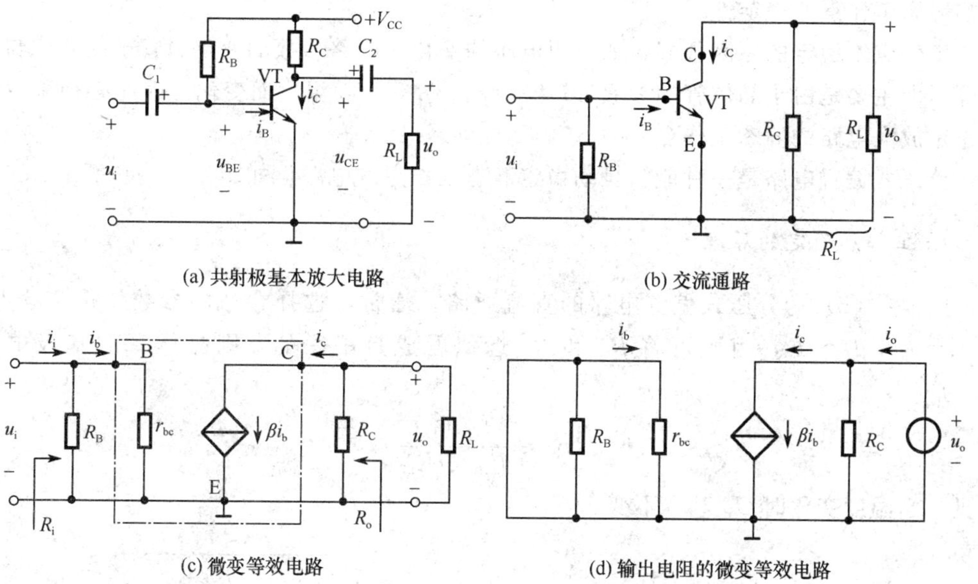

(a) 共射极基本放大电路　(b) 交流通路

(c) 微变等效电路　(d) 输出电阻的微变等效电路

图 4-7　共射极基本放大电路的微变等效电路分析法

本题中

$$A_u = -\frac{\beta R'_L}{r_{be}} = -\frac{40 \times 2}{0.75} \approx -107$$

又 $u_i = i_i(R_B /\!/ r_{be})$，故输入电阻

$$R_i = \frac{u_i}{i_i} = R_B /\!/ r_{be} \tag{4-14a}$$

放大倍数的计算

考虑到 $R_B \gg r_{be}$，则

$$R_i \approx r_{be} \tag{4-14b}$$

本题中

$$R_i \approx r_{be} = 750(\Omega)$$

输出电阻 R_o 的微变等效电路如图 4-7（d）所示。由于 $u_s=0$，$i_b=0$，因此 $i_c=\beta i_b=0$，受控电流源相当于开路，则 $u_o=i_o R_C$，输出电阻

$$R_o = \frac{u_o}{i_o} = R_C \tag{4-15}$$

本题中

$$R_o = R_C = 4(\text{k}\Omega)$$

4.3 工作点稳定的放大电路

如前所述，放大电路应有合适的静态工作点，以保证有良好的放大效果，并且不引起非线性失真。但由于某些原因，如环境温度的变化，将引起晶体管参数的变化，从而影响静态工作点的稳定性。

工作点不稳定的原因很多，如电源电压的变化、电路参数的变化、管子的老化与更换等，但主要是由于晶体管的参数（I_{CBO}、U_{BE}、β 等）随温度而变化，因此必须采取措施稳定放大电路的静态工作点。

分压式偏置电路是一种能够自动稳定静态工作点的电路，如图 4-8（a）所示。

1. 工作点稳定的原理

图 4-8（b）为分压式偏置电路的直流通路。通常，选择合适的参数使得 $I_1 \gg I_B$，则 $I_2 = I_1 - I_B \approx I_1$，因此可将 R_{B1} 和 R_{B2} 近似看成是串联的，则晶体管的基极电位 U_B 为

$$U_B \approx \frac{R_{B2} V_{CC}}{R_{B1} + R_{B2}}$$

可见，当温度变化时 U_B 基本不变。

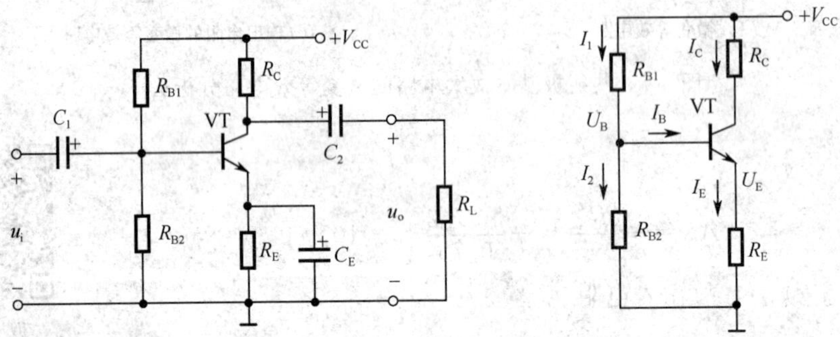

(a) 电路图　　(b) 直流通路

图 4-8　分压式偏置电路

若 $U_B \gg U_{BE}$，则

$$I_C \approx I_E = \frac{U_B - U_{BE}}{R_E} \approx \frac{U_B}{R_E}$$

可见，I_C 也不受温度影响。

因此，只要满足 $I_1 \gg I_B$ 和 $U_B \gg U_{BE}$ 两个条件，分压式偏置电路就能够稳定静态工作点。一般可选取 $I_1 = (5 \sim 10) I_B$、$U_B = (5 \sim 10) U_{BE}$。

该电路稳定工作点的实质过程为，若温度升高，I_C、I_E 增大，U_E 也升高，而 U_B 基本不变，则 U_{BE} 将减小，I_B 也减小，从而抑制了 I_C 的增大，稳定了工作点。

$$温度\ T\uparrow \rightarrow I_C\uparrow \rightarrow I_E\uparrow \rightarrow U_E\uparrow \xrightarrow{U_B\ 不变} U_{BE}\downarrow \rightarrow I_B\downarrow \rightarrow I_C\downarrow$$

2. 电路分析

由图 4-8（b）可求出分压式偏置电路的静态工作点

$$U_B \approx \frac{R_{B2}}{R_{B1}+R_{B2}}V_{CC} \tag{4-16}$$

$$I_C \approx I_E = \frac{U_B - U_{BE}}{R_E} \approx \frac{U_B}{R_E} \tag{4-17}$$

$$U_{CE} = V_{CC} - I_C R_C - I_E R_E \approx V_{CC} - I_C(R_C + R_E) \tag{4-18}$$

$$I_B = \frac{I_C}{\beta} \tag{4-19}$$

电路的交流通路及小信号等效电路如图 4-9 所示，其中，$R_B = R_{B1} /\!/ R_{B2}$。可见，图 4-9（b)所示的微变等效电路与共射极恒流式偏置电路完全相同，因此交流性能指标也相同。

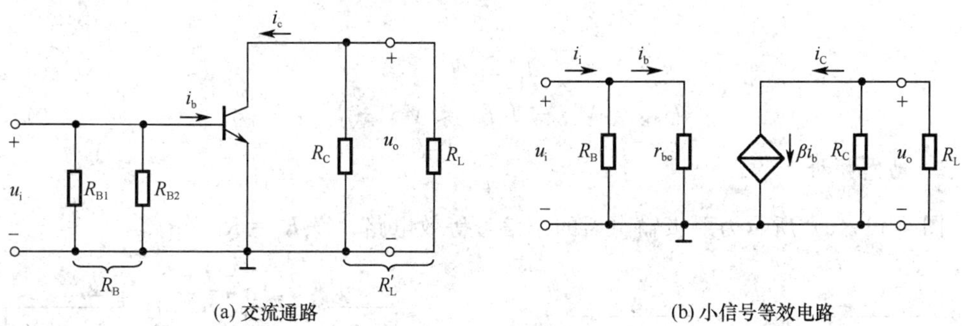

图 4-9　分压式偏置电路的动态分析

4.4　共集电极和共基极放大电路

放大电路中的晶体管有三种接法，又称三种组态，即共射极组态、共集电极组态和共基极组态。共集电极组态和共基极组态所对应的放大电路分别称为共集电极放大电路和共基极放大电路。

4.4.1　共集电极放大电路

1. 电路组成

共集电极放大电路如图 4-10（a）所示，图 4-10（b）为其交流通路。可见，集电极是输入和输出回路的公共端，因此称为共集电路。由于从发射极输出，故又称射极输出器。

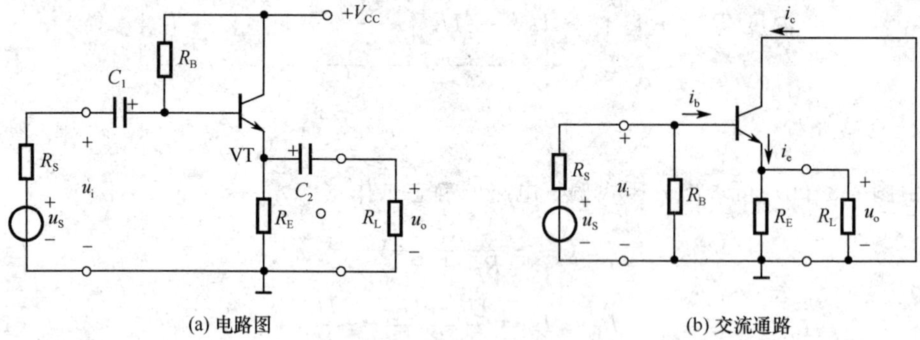

图 4-10　共集电极放大电路

2. 静态分析

如图 4-10（a）所示，在基极回路中根据 KVL 定律可得

$$I_B R_B + U_{BE} + I_E R_E = V_{CC} \tag{4-20}$$

$$I_B = \frac{V_{CC} - U_{BE}}{R_B + (1+\beta)R_E}$$

则

$$I_C = \beta I_B \tag{4-21}$$

$$U_{CE} = V_{CC} - I_E R_E \approx V_{CC} - I_C R_E \tag{4-22}$$

3. 动态分析

图 4-11（a）所示为射极输出器的小信号等效电路，设 $R'_L = R_E /\!/ R_L$。

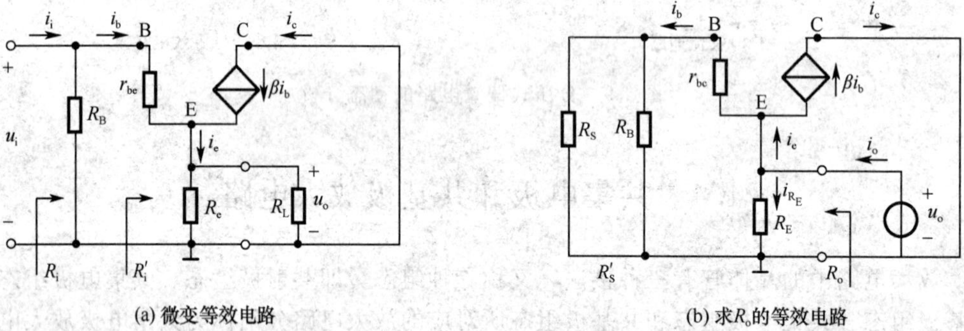

图 4-11　射极输出器的微变等效电路

1）电压放大倍数

由图 4-11（a）可得

$$u_i = i_b r_{be} + i_e R'_L = [r_{be} + (1+\beta)R'_L] i_b$$

$$u_o = i_e R'_L = (1+\beta) R'_L i_b$$

则电压放大倍数为

$$A_u = \frac{u_o}{u_i} = \frac{(1+\beta)R'_L}{r_{be} + (1+\beta)R'_L} \tag{4-23}$$

上式表明，射极输出器的电压放大倍数小于 1，且输出电压与输入电压同相。而一般$(1+\beta)R'_L \gg r_{be}$，因此 $A_u \approx 1$，则 $u_o \approx u_i$，即 u_o 跟随 u_i 变化，因此射极输出器通常又称射极跟随器或电压跟随器。

2）输入电阻

如图 4-11（a）所示，设 R'_i 为从晶体管基极与接地端看进去的等效电阻，则

$$R'_i = \frac{u_i}{i_b} = r_{be} + (1+\beta)R'_L$$

因此输入电阻为

$$R_i = R_B \mathbin{/\mkern-6mu/} R'_i = R_B \mathbin{/\mkern-6mu/} [r_{be} + (1+\beta)R'_L] \tag{4-24}$$

可见，射极输出器的输入电阻较大，可达 100kΩ 以上，比共射极基本放大电路大得多。

3）输出电阻

图 4-11（b）所示为求 R_o 的等效电路，设 $R'_s = R_s \mathbin{/\mkern-6mu/} R_B$，则 R'_s 与 r_{be} 串联后折合到发射极回路的电阻为$[(r_{be}+R'_s)/(1+\beta)]$，而该电阻又与 R_E 并联，因此输出电阻 R_o 为

$$R_o = \frac{r_{be}+R'_s}{1+\beta} \mathbin{/\mkern-6mu/} R_E$$

通常 $R_E \gg (r_{be}+R'_s)/(1+\beta)$，则

$$R_o \approx \frac{r_{be}+R'_s}{1+\beta} \tag{4-25a}$$

若不考虑信号源内阻，即 $R_s=0$，$R'_s=0$，则

$$R_o \approx \frac{r_{be}}{1+\beta} \tag{4-25b}$$

可见，射极输出器的输出电阻较小，一般为几欧姆到几十欧姆。

综上所述，射极输出器的主要特点是：电压放大倍数接近于 1；输入电阻大；输出电阻小。因其输入电阻大，常作为多级放大器的输入级，以减小从信号源索取的电流；因其输出电阻小，常作为多级放大器的输出级，以增强带负载能力；因其具有电压跟随作用，还可作为中间级隔离前、后级之间的相互影响。因此，尽管共集电路没有电压放大作用，仍然得到了广泛的应用。

4.4.2 共基极放大电路

1. 电路组成

共基极放大电路如图 4-12（a）所示，其直流通路和交流通路分别如图 4-12（b）、（c）所示。由交流通路可见，基极是输入和输出回路的公共端，因此称为共基极电路。

2. 电路分析

由图 4-12（b）可见，图 4-12（a）所示电路的直流通路与分压式偏置电路完全相同，不再进行静态分析。其小信号等效电路如图 4-12（d）所示，设 $R'_L = R_C \mathbin{/\mkern-6mu/} R_L$，则

$$u_i = -i_b r_{be}$$

$$u_o = -i_c R'_L = -\beta R'_L i_b$$

$$A_u = \frac{u_o}{u_i} = \frac{\beta R'_L}{r_{be}} \tag{4-26}$$

可见，共基极电路的电压增益在数值上与共射极电路相同，且输出电压与输入电压同相。

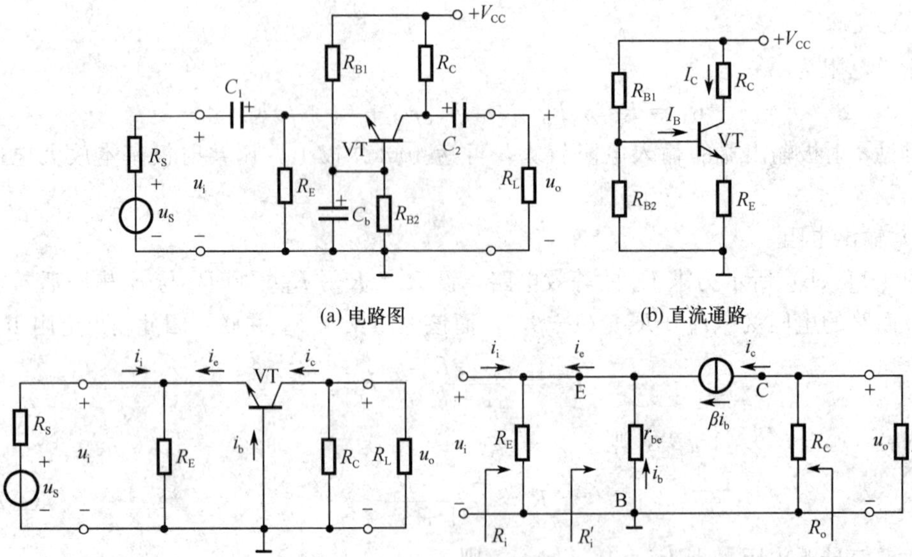

(a) 电路图　　(b) 直流通路

(c) 交流通路　　(d) 微变等效电路

图 4-12　共基极放大电路

设 R'_i 为从晶体管射极与接地端看进去的等效电阻，则

$$R'_i = \frac{u_i}{i_e} = \frac{u_i}{(1+\beta)i_b} = \frac{r_{be}}{1+\beta}$$

因此输入电阻为

$$R_i = R_E \mathbin{/\!/} \frac{r_{be}}{1+\beta} \approx \frac{r_{be}}{1+\beta} \tag{4-27}$$

上式表明，共基极电路的输入电阻较低。

输出电阻为

$$R_o = R_C \tag{4-28}$$

显然，它与共射极电路的输出电阻相同。

共基极电路的应用场合较少，多用于高频和宽频带放大电路中。

4.5　多级放大电路

在实际应用中，单级放大器的放大倍数很难满足要求。因此，常将多个单级放大器合理连接，构成多级放大器。

4.5.1　多级放大电路的组成

多级放大电路的组成框图如图 4-13 所示。

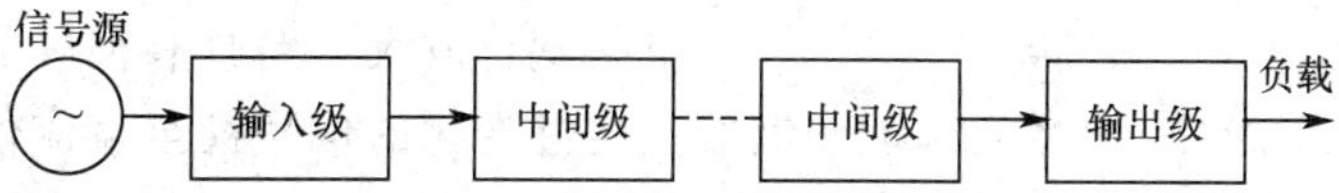

图 4-13　多级放大电路的组成框图

输入级通常要求输入电阻高，以减小对信号源的影响，一般采用共集电极放大电路或场效应管放大电路；中间级要求具有足够的放大倍数，一般由若干级共射极放大电路组成；输出级一方面要求输出电阻要低，以提高带负载能力，另一方面要具有一定的输出功率，一般采用共集电极放大电路或功率放大器。

4.5.2　多级放大电路的级间耦合方式

多级放大电路中级与级之间的连接，称为级间耦合。常见的级间耦合方式有阻容耦合、直接耦合和变压器耦合。下面介绍阻容耦合和直接耦合。

1. 阻容耦合

在图 4-14 所示的两级放大电路中，第一级和第二级之间通过电容 C_2 实现连接，因而称为阻容耦合。显然，信号源与第一级之间、第二级与负载之间也是阻容耦合。

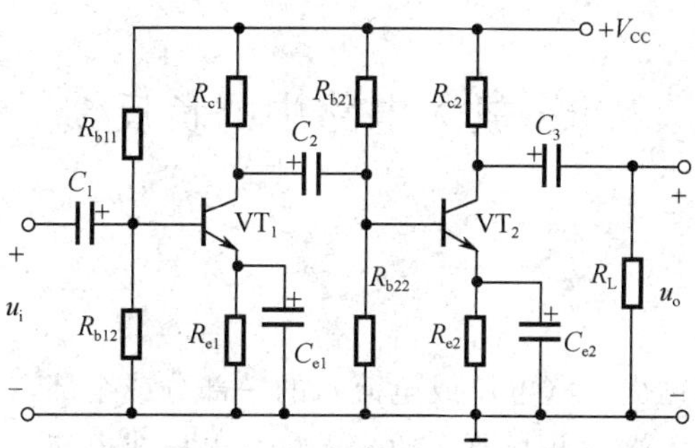

图 4-14　阻容耦合放大电路

在阻容耦合电路中，由于耦合电容对直流相当于开路，使得各级的静态工作点彼此独立。此外，只要耦合电容的容量足够大，信号频率不太低，前级信号就可顺利地传输到下一级。因此，阻容耦合方式在分立元件电路中得到了广泛的应用。

但是，如果信号频率过低，耦合电容将呈现出很大的阻抗，因此阻容耦合电路不适用于传送缓慢变化的信号，而且在集成电路中制造大容量电容很困难，所以集成电路中不采用这种耦合方式。

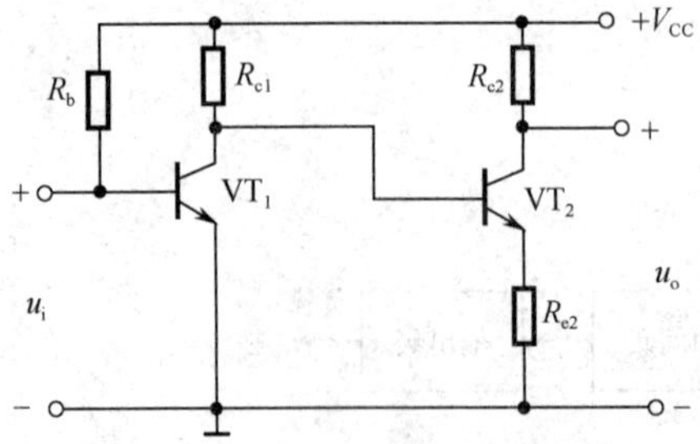

图 4-15　直接耦合放大电路

2. 直接耦合

将前级电路的输出直接接到后级电路的输入，称为直接耦合，如图 4-15 所示。

直接耦合放大电路具有很好的低频特性，能够放大缓慢变化的信号甚至直流信号，而且由于不采用电容，便于集成，因此目前的集成电路中几乎均采用直接耦合方式。但是，由于前后级电路直接相连，各级的直流工作状态相互影响，因此必须调整好电路参数，确保各级有合适的静态工作点。

4.5.3　多级放大电路的性能分析

多级放大电路的电压放大倍数为各级电压放大倍数的乘积。对于一个 n 级放大电路，有

$$A_u = A_{u1} \cdot A_{u2} \cdot \cdots \cdot A_{un} \tag{4-29}$$

需要注意的是，在计算各级放大电路的放大倍数时，应将后级电路的输入电阻作为负载。

多级放大电路的输入电阻等于第一级（即输入级）的输入电阻，即

$$R_i = R_{i1} \tag{4-30}$$

多级放大电路的输出电阻等于末级（即输出级）的输出电阻，即

$$R_o = R_{on} \tag{4-31}$$

4.6　放大电路中的负反馈

4.6.1　反馈的基本概念

1. 反馈的概念

在放大电路中，将输出量（电压或电流）的一部分或全部，经过一定的电路（反馈网络）反过来送回到输入端，并与原来的输入量（电压或电流）共同控制该电路，这种连接形式称为反馈。在电子线路中，反馈现象是普遍存在的。

反馈有正负之分。在放大电路中，通常引入负反馈以改善其性能，至于正反馈，常用于振荡电路中，放大电路中很少采用。

2. 反馈放大器

含有反馈电路的放大器称为反馈放大器。反馈放大器包括基本放大电路和反馈网络两部分，其组成框图如图 4-16 所示。

基本放大电路放大输入信号产生输出信号，而输出信号又经反馈网络反向传输到输入端，形成闭合环路，因此反馈放大器又称闭环放大器，没有反馈的放大器又称开环放

大器。判断一个放大器是否存在反馈，主要是分析输出信号能否被送回输入端，即输入回路和输出回路之间是否存在反馈通路。若有反馈通路，则存在反馈，否则没有反馈。

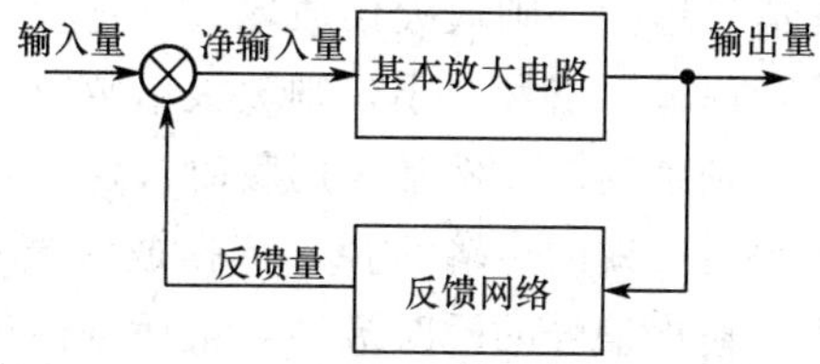

图 4-16　反馈放大器的组成框图

$\dot{X}_i$ 为输入信号，$\dot{X}_f$ 为反馈信号，$\dot{X}'_i$ 为净输入信号，$\dot{X}_o$ 为输出信号，$\dot{A}$ 为基本放大器的放大倍数，$\dot{F}$ 为反馈网络的反馈系数。

由于在负反馈放大器中，反馈信号削弱输入信号，则

$$\dot{X}'_i = \dot{X}_i - \dot{X}_f \tag{4-32}$$

基本放大器的放大倍数（开环增益）为

$$\dot{A} = \frac{\dot{X}'_o}{\dot{X}'_i} \tag{4-33}$$

反馈放大器的放大倍数（闭环增益）为

$$\dot{A}_f = \frac{\dot{X}'_o}{\dot{X}'_i} \tag{4-34}$$

反馈系数为

$$\dot{F} = \frac{\dot{X}_f}{\dot{X}'_o} \tag{4-35}$$

由以上各式可得

$$\dot{X}_o = \dot{A}\dot{X}'_i = \dot{A}(\dot{X}_i - \dot{X}_f) = \dot{A}(\dot{X}_i - \dot{F}\dot{X}_o)$$

$$\dot{X}_o + \dot{A}\dot{F}\dot{X}_o = \dot{A}\dot{X}_i$$

因此可得

$$\dot{A}_f = \frac{\dot{X}_o}{\dot{X}_i} = \frac{\dot{A}}{1 + \dot{A}\dot{F}} \tag{4-36}$$

上式表明，引入负反馈后放大器的闭环放大倍数为开环放大倍数的 $1/(1+\dot{A}\dot{F})$。显然，引入负反馈前后放大倍数的变化与（$1+\dot{A}\dot{F}$）密切相关，因此 $|1+\dot{A}\dot{F}|$ 是衡量反馈程度的重要参量，称为反馈深度，用 D 表示，即

$$D = |1 + \dot{A}\dot{F}|$$

3. 反馈的分类及判断

1）正反馈和负反馈

根据反馈极性的不同，可分为正反馈和负反馈。如果反馈信号加强输入信号，使输

出信号增大，则放大倍数增大，这种反馈称为正反馈；反之，如果反馈信号削弱输入信号，使输出信号减小，则放大倍数减小，这种反馈称为负反馈。

判别反馈极性常采用瞬时极性法，先假定输入信号的瞬时极性为“+”，然后按先放大后反馈的传输途径，依据放大器在中频区的相位关系，依次得到各级放大器的输入、输出信号的瞬时极性，最后推出反馈信号的瞬时极性，从而判断反馈信号是加强还是削弱输入信号。若为加强（即净输入信号增大）则为正反馈，若为削弱（即净输入信号减小）则为负反馈。

【例 4-2】 判断图 4-17 所示电路中的反馈极性。

解：如图 4-17（a）所示电路，设 u_i 的瞬时极性为“+”，则 VT_1 管基极电位 u_{B1} 的瞬时极性也为“+”，经 VT_1 的反相放大，u_{C1}（亦即 u_{B2}）的瞬时极性为“−”，再经 VT_2 的同相放大，u_{E2} 的瞬时极性为“−”，通过 R_f 反馈至 VT_1 管的基极，显然是负反馈。

如图 4-17（b）所示电路，设 u_i 的瞬时极性为“+”，逐级判断各相关点的信号极性，可得反馈信号的瞬时极性为“+”，通过 R_f 反馈至 VT_1 管的发射极。该电路的有效输入电压（或净输入电压）$u_{BE1}=u_{B1}-u_{E1}$，可见 u_{BE1} 将减小，即反馈信号削弱输入信号，因此是负反馈。

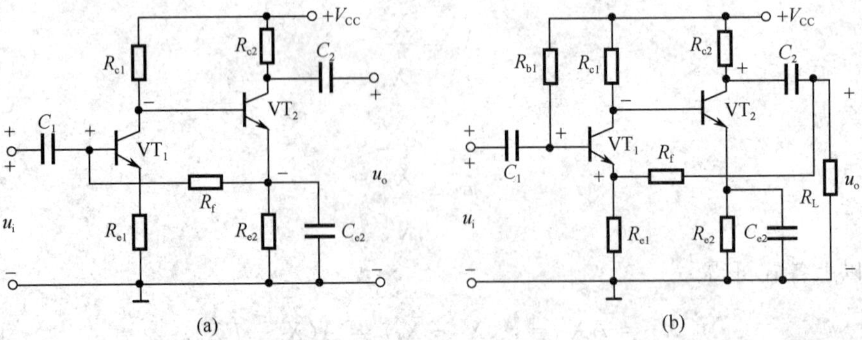

图 4-17 【例 4-2】电路图

2）直流反馈和交流反馈

在反馈电路中，如果反馈到输入端的信号是直流量，则为直流反馈；如果反馈到输入端的信号是交流量，则为交流反馈。判断直流反馈或交流反馈可以通过分析反馈信号是直流量或交流量来确定，也可以通过放大电路的交、直流通路来确定，即在直流通路中引入的反馈为直流反馈，在交流通路中引入的反馈为交流反馈。

例如，图 4-17（a）所示电路中，由于 R_{e2} 两端并联电容 C_{e2}，从而使交流信号被短路，所以该电路中只存在直流反馈。同理，图 4-17（b）所示电路中只存在交流反馈。

3）电压反馈和电流反馈

根据基本放大器与反馈网络在输出端连接方式的不同，可分为电压反馈和电流反馈。如果基本放大器与反馈网络在输出端并联，则反馈信号取自于输出电压，这种方式称为电压反馈；如果基本放大器与反馈网络在输出端串联，则反馈信号取自于输出电流，这种方式称为电流反馈。

电压反馈或电流反馈的判断可采用短路法。假定把放大器的负载短路，使 $u_o=0$，这时如果反馈信号为 0（即反馈不存在），则为电压反馈；如果反馈信号不为 0（即反馈仍然存在），则为电流反馈。例如，图 4-17（a）所示电路中，若将输出端短路，反馈信号仍然存在，则为电流反馈；图 4-17（b）所示电路中，若将负载短路后，反馈信号为 0，则为电压反馈。

4）串联反馈和并联反馈

根据基本放大器与反馈网络在输入端连接方式的不同，可分为串联反馈和并联反馈。如果基本放大器与反馈网络在输入端串联，则反馈信号对输入信号的影响通过电压相加减的形式反映出来，这种方式称为串联反馈；如果基本放大器与反馈网络在输入端并联，则反馈信号对输入信号的影响通过电流相加减的形式反映出来，这种方式称为并联反馈。

串联反馈或并联反馈可根据反馈信号与输入信号在输入端的节点来判断。如果反馈信号与输入信号在输入端接在同一节点上，则为并联反馈；如果它们不在同一节点上，则为串联反馈。例如，图 4-17（a）所示电路中，反馈信号与输入信号均接在 VT_1 管的基极，因此为并联反馈；图 4-17（b）所示电路中，输入信号接在 VT_1 管的基极，而反馈信号接在 VT_1 管的发射极，因此为串联反馈。

4.6.2　负反馈对放大器性能的影响

负反馈虽然使放大器的放大倍数下降，但却能改善其他方面的性能，如提高增益的稳定性、扩展通频带、减小非线性失真、改变输入电阻和输出电阻等。

1. 提高增益稳定性

在电子产品的生产过程中，由于元器件参数的分散性，如晶体管 β 值的不同，电阻、电容值的误差等，会使同一电路的增益产生变化，从引起产品性能的较大差异，如收音机、电视机灵敏度的高低等。此外，负载、环境温度、电源电压的变化以及电路元器件的老化也会引起电路增益的变化。若在放大电路中引入负反馈，则可减小增益的相对变化量，从而提高增益的稳定性。

2. 扩展通频带

如图 4-18 所示，中频段放大器的开环增益 $|\dot{A}_0|$ 比较高，但开环时的通频带 $f_{bw}=f_H-f_L$ 相对较窄，引入负反馈后，中频段放大器的闭环增益 $|\dot{A}_{0f}|$ 比较低，但闭环时的通频带 $f_{bwf}=f_{Hf}-f_{Lf}$ 相对较宽。可见，引入负反馈可以扩展通频带。当然，这是以牺牲电路增益为代价的。

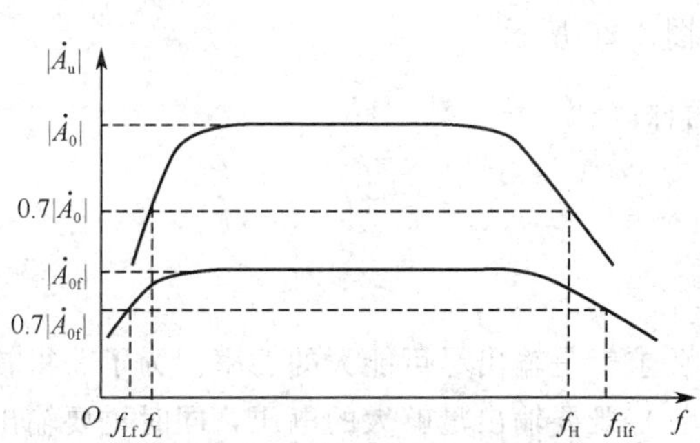

图 4-18　负反馈扩展通频带

3. 减小非线性失真

由于电子器件的非线性特性，放大电路中总会存在一定的失真。如图 4-19（a）所示，放大电路输出正负半周不对称的失真信号。引入负反馈后，如图 4-19（b）所示，输出失真信号反馈到输入端，使得净输入信号也产生失真，经过放大后可以使输出信号的失真得到一定程度的补偿。从本质上说，负反馈是利用失真减小失真，但不能消除失真。

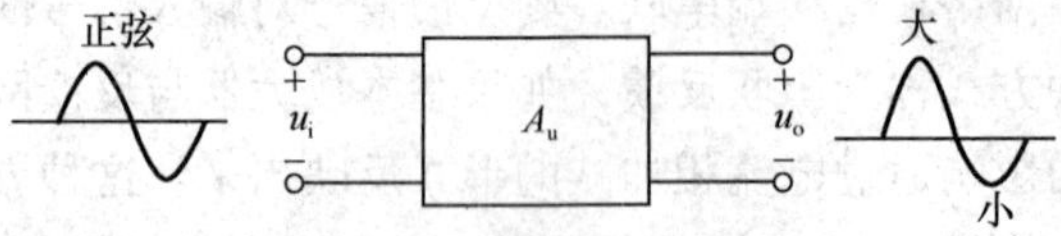

(a) 基本放大器的非线性失真

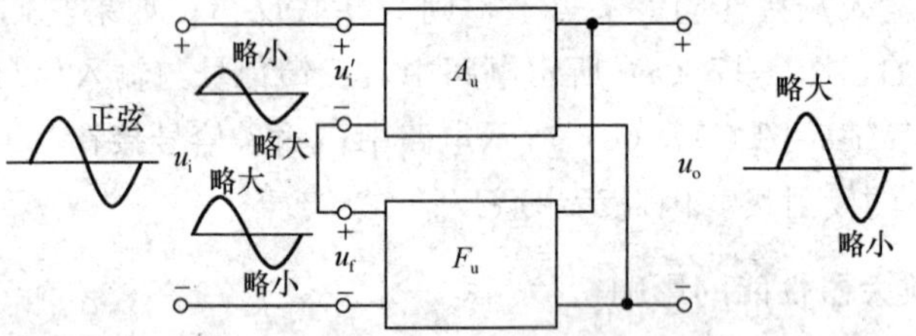

(b) 负反馈减小非线性失真

图 4-19 负反馈减小非线性失真

4. 改变输入电阻和输出电阻

放大电路中引入负反馈后，对输入电阻和输出电阻都会产生影响。串联负反馈使输入电阻增大，并联负反馈使输入电阻减小；电压负反馈使输出电阻减小，电流负反馈使输出电阻增大。

4.7 功率放大电路

在实用的多级放大电路中，其末级均要求输出较大的功率以驱动负载。能够为负载提供足够大功率的放大电路称为功率放大电路，简称功放。体育馆场、影剧场、歌舞厅、会议厅或录音监听等场所使用的功放，可以说是各类音响器材中最大的一个家族了，其作用主要是将音源器材输入的较微弱信号进行放大后，产生足够大的电流去推动扬声器进行声音的重放。

晶体管功放电路如图 4-20 所示。

4.7.1 功率放大电路概述

1. 功率放大电路的特点

1）输出功率要大

功率放大器的基本要求就是输出尽可能大的功率。为了获得较大的输出功率，要求功率放大管（简称功放管）既要输出足够大的电压，同时也要输出足够大的电流，因此管子往往接近于极限工作状态。

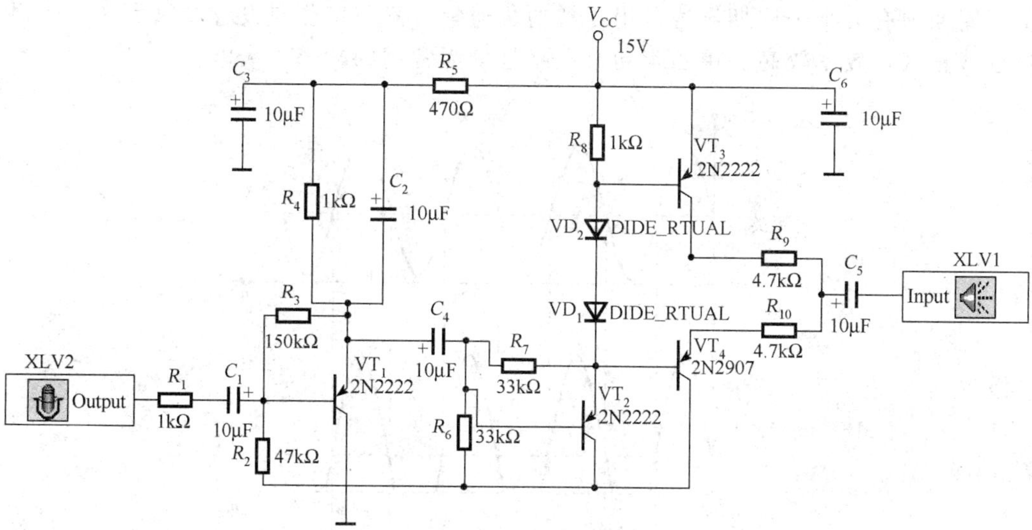

图 4-20　晶体管功放电路

2）功率转换效率要高

功率放大器的输出功率是由直流电源提供的。所谓效率就是指放大器的输出功率和直流电源供给功率的比值。显然，效率越高越好。效率越低，输出功率就越低，消耗在电路内部的损耗功率就越高，可能会使功率管过热而损坏。

3）非线性失真要小

功率放大器工作在大信号状态，不可避免地会产生非线性失真。而同一功率管的输出功率越大，非线性失真就越严重。因此，减小非线性失真就成为功率放大器的一个重要问题。

4）功放管的散热要好

由于功放管一般接近极限工作状态，功耗较大，温度较高，因此需要给它安装散热片，从而确保其工作安全。

2. 功率放大电路的工作状态

功率放大电路按功放管导通时间的长短可分为甲类、乙类和甲乙类，如图 4-21 所示。

1）甲类

在甲类工作状态下，功放管在整个信号周期内均导通，导通角为 360°。由于甲类功放通常具有合适的静态工作点，非线性失真较小，但静态功耗很大，效率较低。在理想情况下，甲类功放的最大效率只能达到 50%。

2）乙类

在乙类工作状态下，功放管在整个信号周期内只有半个周期导通，导通角为 180°。乙类功放的静态工作点通常设置在截止区，输出信号只有一半，失真严重，但其静态功耗为 0，效率比甲类要高，最大效率可达 78.5%。

3）甲乙类

为了能在提高效率的同时又兼顾到失真不太大，大多采用甲乙类功率放大电路，这种电路具有很小的偏置电压，使晶体管处于轻微的导通状态，功放管在整个信号周期内有大半个周期导通。甲乙类功放通常将静态工作点设置在放大区，但很接近截止区，效率较高。甲乙类功放电路是最为常用的功率放大电路。

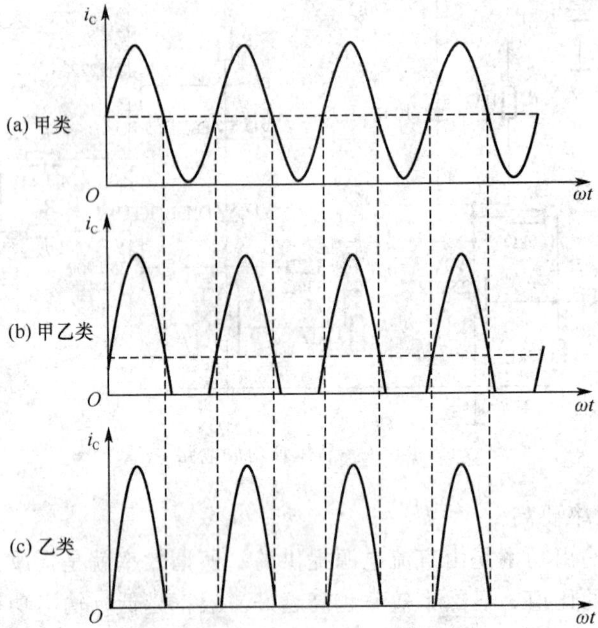

图 4-21　功率放大电路的三种工作状态

4.7.2　互补对称功率放大电路

1. 乙类互补对称功放

乙类功放管耗小，效率较高，但失真严重。若采用两只特性相同的功放管，使其在正负半周轮流工作，则可在负载上合成完整的波形，从而解决失真的问题。

1）电路组成

乙类互补对称功放电路如图 4-22（a）所示，VT_1 和 VT_2 为参数对称的 NPN 型管和 PNP 型管，两管的基极和发射极分别连接在一起，信号从基极输入，从射极输出。因此，该电路可以看成是由图 4-22（b）、（c）两个射极输出器组合而成。

在无信号输入时，两个晶体管都处于截止状态，静态工作电流为零；当信号处于正半周时，VT_1 导通，VT_2 截止，R_L 上得到上半周信号；而当信号处于负半周时，VT_1 截止，VT_2 导通，R_L 上得到下半周信号。因此，在整个输入信号周期内，两管轮流工作半个周期，负载 R_L 得到一个完整的正弦波信号。

2）性能分析

参见图 4-22（a），设晶体管是理想的，两管完全对称，其导通电压 $U_{BE}=0$，放大电路最大输出电压幅值为 V_{CC}，最大输出电流幅值为 V_{CC}/R_L，且在输出不失真时始终有 $u_i=u_o$。

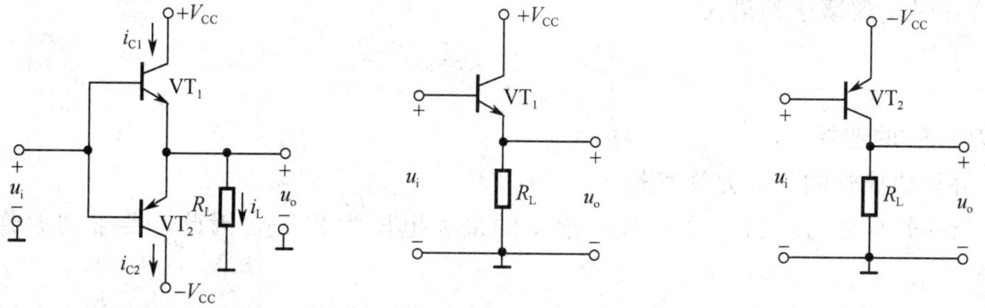

(a) 乙类互补对称电路　(b) 由NPN型管组成的射极输出器　(c) 由PNP型管组成的射极输出器

图 4-22　乙类互补对称电路

(1) 输出功率 P_o。

设输出电压的幅值为 U_{om}，有效值为 U_o；输出电流的幅值为 I_{om}，有效值为 I_o。则

$$P_o = U_o I_o = \frac{U_{om}}{\sqrt{2}} \times \frac{I_{om}}{\sqrt{2} R_L} = \frac{1}{2} I_{om}^2 R_L = \frac{U_{om}^2}{2R_L} \tag{4-37}$$

当输入信号足够大，使 $U_{om}=U_{im}\approx V_{CC}$时，可得最大输出功率

$$P_o = P_{om} = \frac{1}{2} \times \frac{U_{om}^2}{R_L} \approx \frac{V_{CC}^2}{2R_L} \tag{4-38}$$

(2) 管耗 P_{VT}。

由于 VT_1 和 VT_2 在一个信号周期内均为半周导通，因此 VT_1 的管耗为

$$P_{VT1} = \frac{1}{2\pi}\int_0^{\pi} u_{CE1} i_{C1} d(\omega t) = \frac{1}{R_L}\left(\frac{V_{CC}U_{om}}{\pi} - \frac{U_{om}^2}{4}\right) \tag{4-39}$$

则两管的总管耗为

$$P_{VT} = P_{VT1} + P_{VT2} = 2P_{VT1} = \frac{2}{R_L}\left(\frac{V_{CC}U_{om}}{\pi} - \frac{U_{om}^2}{4}\right) \tag{4-40}$$

由上式可以证明，当 $U_{om}=\frac{2}{\pi}V_{CC}\approx 0.6V_{CC}$时，管耗达到最大值

$$P_{VT1m} = \frac{1}{\pi^2}\frac{V_{CC}^2}{R_L} \approx 0.2P_{om} \tag{4-41}$$

(3) 直流电源供给功率 P_V。

显然，直流电源供给的功率 P_V 应为输出功率 P_o 与损耗功率 P_{VT}之和，即

$$P_V = P_o + P_{VT} = \frac{2V_{CC}U_{om}}{\pi R_L} \tag{4-42}$$

当 U_{om}达到最大值，即 $U_{om}\approx V_{CC}$时，电源供给功率为最大值

$$P_{Vm} = \frac{2}{\pi} \times \frac{V_{CC}^2}{R_L} \approx 1.27P_{om} \tag{4-43}$$

(4) 效率 η。

由效率的定义可得

$$\eta = \frac{P_o}{P_V} = \frac{\pi}{4} \times \frac{U_{om}}{V_{CC}} \tag{4-44}$$

当 $U_{om} \approx V_{CC}$ 时，效率达到最大

$$\eta_m = \frac{P_{om}}{P_{Vm}} = \frac{\pi}{4} \approx 78.5\% \tag{4-45}$$

3）功放管的选择

(1) 每只功放管的最大允许管耗 $P_{CM} > 0.2P_{om}$。

(2) 当一管导通时，另一管 C-E 间承受的最大电压为 $2V_{CC}$。因此，要求功放管的击穿电压 $|U_{BR,CEO}| > 2V_{CC}$。

(3) 每个功放管的最大集电极电流为 V_{CC}/R_L，因此，要求其最大允许的集电极电流 $I_{CM} > V_{CC}/R_L$。

【例 4-3】 已知乙类互补对称功放电路如图 4-23（a）所示，设 $V_{CC} = 24V$，$R_L = 8\Omega$，试求：

(1) 最大输出功率 P_{om}，并说明该电路对功放管的要求。

(2) $\eta = 0.6$ 时的输出功率 P_o。

解：(1) 求 P_{om}。

由式（4-38）可得

$$P_{om} = \frac{1}{2} \times \frac{V_{CC}^2}{R_L} = \frac{24^2}{2 \times 8} = 36(W)$$

则对功放管的要求为

$$I_{CM} > \frac{V_{CC}}{R_L} = \frac{24}{8} = 3(A)$$

$$U_{BR,CEO} > 2V_{CC} = 48(V)$$

$$P_{CM} > 0.2P_{om} = 0.2 \times 36 = 7.2(W)$$

测试功率放大电路

(2) $\eta = 0.6$ 时的 P_o。

由式（4-44）可得

$$U_{om} = \frac{4V_{CC}\eta}{\pi} = \frac{4 \times 24 \times 0.6}{\pi} \approx 18.3(V)$$

则

$$P_o = \frac{1}{2} \times \frac{U_{om}^2}{R_L} = \frac{1}{2} \times \frac{18.3^2}{8} \approx 20.9(W)$$

2. 甲乙类互补对称功放

1）乙类功放中的失真

图 4-23（a）所示的乙类互补对称功放电路在实际应用中存在一些问题，由于晶体管没有直流偏置，因此只有当输入电压大于晶体管导通电压时才有输出信号，否则 VT_1 和 VT_2 都截止，负载上无电流通过，出现一段死区，如图 4-23（b）所示，这种现象称为交越失真。解决这一问题的办法就是预先给晶体管提供一较小的基极偏置电流，使晶体管在静态时处于微弱导通状态，即甲乙类状态。

2）甲乙类互补对称功放

图 4-24（a）所示为采用二极管进行偏置的甲乙类互补对称功放电路。该电路中，

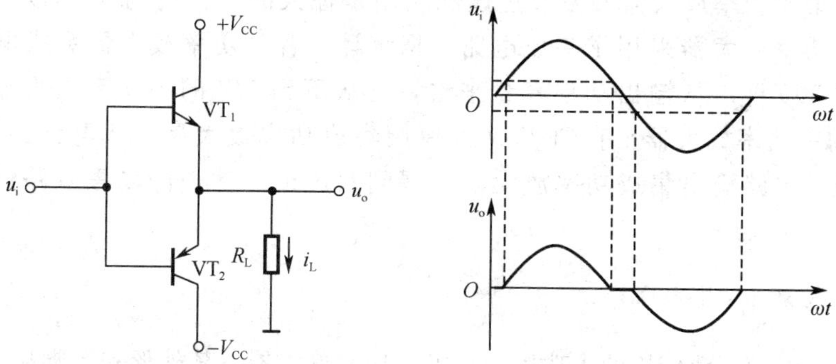

(a) 电路图　　(b) 交越失真

图 4-23　乙类功放的失真

VD_1、VD_2 上产生的压降为互补输出级 VT_1、VT_2 提供了一个适当的偏压，使之处于微导通的甲乙类状态。在电路对称时，仍可保持负载 R_L 上的直流电压为 0，且 VD_1、VD_2 导通后的交流电阻较小，对放大电路的影响很小。

交越失真的消除

采用二极管进行偏置的缺点是偏置电压不易调整。图 4-24（b）所示为利用恒压源电路进行偏置的甲乙类互补对称功放电路。该电路中，由于流入 VT_4 的基极电流远小于流过 R_1、R_2 的电流，因此可求出为 VT_1、VT_2 提供偏压的 VT_4 管的 $U_{CE4} = (1 + R_1/R_2)U_{BE4}$，而 VT_4 管的 U_{BE4} 基本为一固定值，即 U_{CE4} 相当于一个不受交流信号影响的恒定电压源，只要适当调节 R_1、R_2 的比值，就可改变 VT_1、VT_2 的偏压。

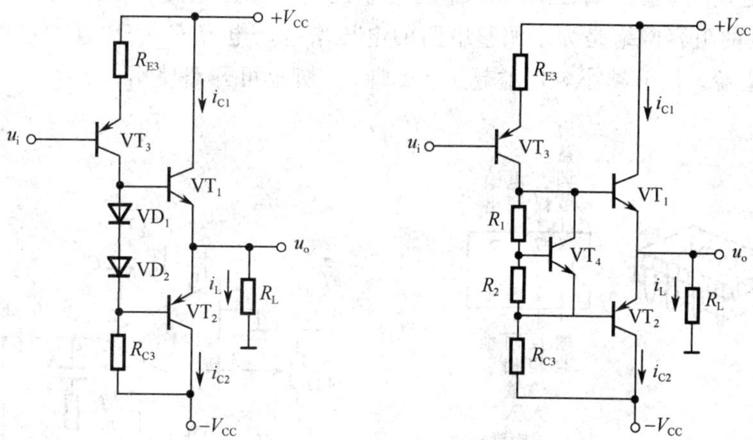

(a) 利用二极管进行偏置　　(b) 利用恒压源电路进行偏置

图 4-24　甲乙类互补对称功放电路

4.7.3　集成功率放大器

自 1967 年世界上第一块音频功率放大器集成电路研制成功以来，在短短几十年的时间内，集成功率放大器的发展速度和应用是惊人的。目前约95%以上的音响设备上的音频功率放大器采用了集成电路。据统计，音频功率放大器集成电路的产品品种已超过300种；从输出功率容量来看，已从不到1W的小功率放大器，发展到10W以上的中功率放大器，直到25W的厚膜集成功率放大器。从电路的结构来看，已从单声道的单路输出集成功率放大器发展到双声道立体声的二重双路输出集成功率放大器。

1. 集成功放LM386

LM386是目前广泛使用的小功率音频集成功率放大器，其外形和管脚排列如图4-25所示。

LM386采用8脚双列直插式塑料封装，额定工作电压范围为4～12V，当电源电压为6V时静态工作电流为4mA，因而适合用电池供电。管脚1、8之间用于外接电阻、电容等元件以调整电压增益。电路的最大允许功耗为660mW，使用时不需散热片。工作电压为4V，负载电阻为4Ω时的输出功率约300mW；工作电压为6V，负载电阻为4Ω、8Ω、16Ω时的输出功率分别为340mW、325mW、180mW。

LM386有两个信号输入端，2脚为反相输入端，3脚为同相输入端。每个输入端的输入阻抗都是50kΩ，而且对地的直流电位都接近于零，即使与地短路，输出直流电平也不会产生大的偏离。

2. LM386的应用

由LM386组成的功放电路如图4-26所示。图中，7脚接去耦电容 C_E，其容量可通过调试确定，5脚输出端接 R_1 和 C_1 的串联网络，防止电路自激，也可省去不用。1脚、8脚所接的阻容网络是为了调整电路的电压增益，电容 C 为10μF，改变 R 的阻值可调节电压增益。R 值越小，增益越大。1脚、8脚也可开路使用。

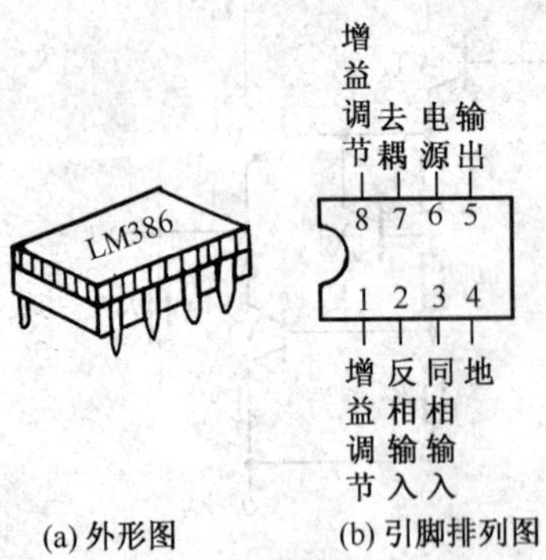

图4-25　LM386外形及引脚排列

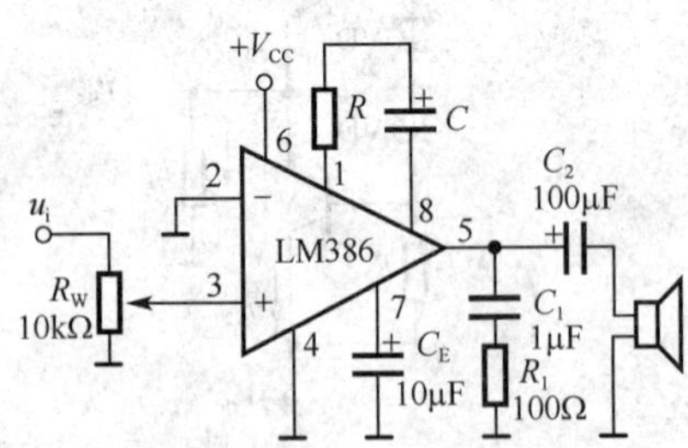

图4-26　LM386组成的功放电路

LM386用于音频功率放大时，最简电路只需一只输出电容接扬声器。当需要高增益时，也只需再增加一只10μF电容短接在1脚、8脚之间。

4.8 技能训练

4.8.1 放大电路静态工作点的测试

(1) 测试设备：模拟电路综合测试台 1 台，0～30V 直流稳压电源 1 台，数字万用表 1 块。

(2) 测试电路：图 4-27 所示电路，图中 R_B 为 51kΩ 电阻与 500kΩ 电位器（RP）串联，R_C、R_L 均为 1kΩ，VT 为 S9013，C_1、C_2 均为 33μF。

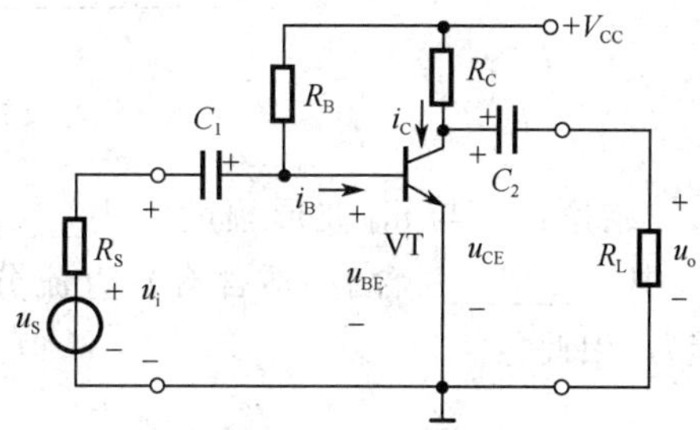

图 4-27　放大电路静态工作点的测试

(3) 测试步骤：

① 不接 R_L，不接 u_i，接入 V_{CC} = +20V，用万用表测试晶体管静态工作点。

② 测试 U_{BE}，并记录：U_{BE} =________ V。

③ 调节 R_B(RP)，观察 U_{BE}、I_B 有无明显变化，并记录：U_{BE}________（有/无）明显变化，I_B________（有/无）明显变化。

④ 调节 R_B(RP)，使 U_{CE}=10V。

结论：此时，晶体管的发射结________偏，集电结________偏，即工作在________区。

⑤ 调节 R_B(RP)，观察 I_C 有无明显变化，并记录：I_C________（有/无）明显变化。

推论：显然，在放大区，I_C 实际上主要受________（I_B/U_{CE}）控制。

结论：在放大区，调节 R_B（RP）时，U_{BE}________（有/无）明显变化，I_B________（有/无）明显变化，而 $I_C = \beta I_B$ 必然________（有/无）明显变化，因此，$U_{CE} = V_{CC} - I_C R_C$ 也会________（有/无）明显变化，即调节 R_B（RP）________（不可以/可以）明显改变放大器的工作状态。

4.8.2 放大电路交流工作状态的测试

(1) 测试设备：模拟电路综合测试台 1 台，函数信号发生器 1 台，双踪示波器 1 台，低频毫伏表 1 只，0～30V 直流稳压电源 1 台，数字万用表 1 块。

(2) 测试电路：图 4-28 所示电路，图中 R_B 为 51kΩ 电阻与 500kΩ 电位器（RP）串联，R_C、R_L 均为 1kΩ，VT 为 S9013，C_1、C_2 均为 33μF。

(3) 测试步骤：

① 不接 R_L，不接 u_i，接入 V_{CC} = +20V，用万用表测量晶体管的静态工作点并记录。

② 调节 R_B（RP），使 U_{CE} = 10V。

③ 保持步骤②，输入端接入 u_i（f_i = 1kHz，U_i = 10mV），用示波器 Y1 轴输入（DC 输入）同时观察 u_i、u_{BE} 波形并记录。

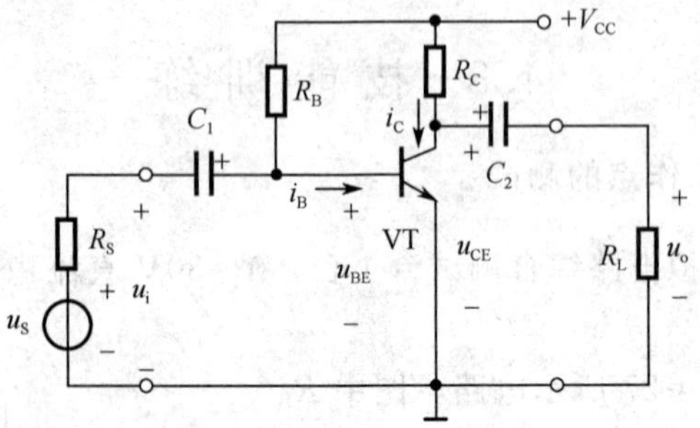

图 4-28 共射极放大电路交流工作状态的测试

结论：u_i 与 u_{BE}波形幅度大小________（基本相同/完全不同）。接入 u_i 后，由于 u_{BE}中________（含有/不含有）直流分量，即 u_{BE}为________（纯交流量/交直流叠加量），因此

$$u_{BE} = \underline{\qquad\qquad}(U_{BE} + u_i / u_i)$$

$$i_B = \underline{\qquad\qquad}(I_B + i_b / i_b)$$

$$i_C = \beta i_B = \underline{\qquad\qquad}$$

$$[\beta(I_B + i_b) = \beta I_B + \beta i_b = I_C + i_c / \beta i_b = i_c]$$

④ 保持步骤③，用示波器 Y2 轴输入（DC 输入/“交替”显示）观察 u_{CE}波形和幅度大小并记录。

结论：u_{CE}中________（含有/不含有）直流分量，即 u_{CE}为________（纯交流量/交直流叠加量），因此，u_{CE}=________（U_{CE}+ u_{ce}/u_{ce}）。

⑤ 保持步骤④，用示波器 Y2 轴输入观察 u_o 的波形和幅度大小并记录。

结论：由于电容 C_2 的隔直流作用，实际的输出电压 u_o 中________（含有/不含有）直流成分，即 u_o=________（U_{CE}+ u_{ce}/u_{ce}）。输出电压的波形与输入电压波形________（基本相同/完全不同），输出电压的幅度________（远大于/远小于/基本等于）输入电压的幅度，即该电路________（实现了/没有实现）信号的不失真放大。

⑥ 保持步骤⑤，观察和比较 u_i 与 u_o 的相位关系，并记录 u_i 与 u_o 的相位关系为________（同相/反相）。

结论：u_i 与 u_o________（同相/反相），即共射基本放大电路为________（同相/反相）放大电路。

4.8.3 放大电路中晶体管放大作用的测试

（1）测试设备：0～30V 双路直流稳压电源 1 台；毫安表 1 只；微安表 1 只；数字万用表 1 块。

（2）测试电路：图 4-28 所示电路，图中 R_B 为 100kΩ，R_C 为 1kΩ，VT 为 S9013。

（3）测试步骤：

① 接好线路，并在基极回路串接微安电流表，在集电极回路串接毫安电流表。

② 接入电源电压 V_{CC}=20V。

③ 不接 u_i，以 u_{BE} 的变化量 Δu_{BE}（可通过改变 V_{BB} 而得到）作为输入电压。

④ 接入并调节电源电压 V_{BB}，使 i_B 为表 4-1 中所给的两数值，测出此时相应的 i_C、u_{BE} 和 u_o 值，求出相应的 Δi_B、Δi_C、$\Delta i_C/\Delta i_B$、Δu_{BE}、Δu_o 和 $\Delta u_o/\Delta u_{BE}$ 值，将测量值及求出值都填入表 4-1。

表 4-1　放大电路中晶体管放大作用的测试结果

$i_B/\mu A$	10	20	$\Delta i_B/\mu A$		$\Delta i_C/\Delta i_B$	
i_C/mA		$\Delta i_C/mA$				
u_{BE}/V		$\Delta u_{BE}/V$			$\Delta u_o/\Delta u_{BE}$	
u_o/V		$\Delta u_o/V$				

从实验结果可以看出，共射极电路______（有/没有）电流放大作用；______（有/没有）电压放大作用；______（有/没有）功率放大作用。

4.8.4　静态工作点对输出波形影响的测试

（1）测试设备：模拟电路综合测试台 1 台，函数信号发生器 1 台，双踪示波器 1 台，低频毫伏表 1 只，0～30V 直流稳压电源 1 台，数字万用表 1 块。

（2）测试电路：图 4-29 所示电路，图中 R_B 为 51kΩ 电阻与 500kΩ 电位器（RP）串联，R_C、R_L 均为 1kΩ，VT 为 S9013，C_1、C_2 均为 33μF。

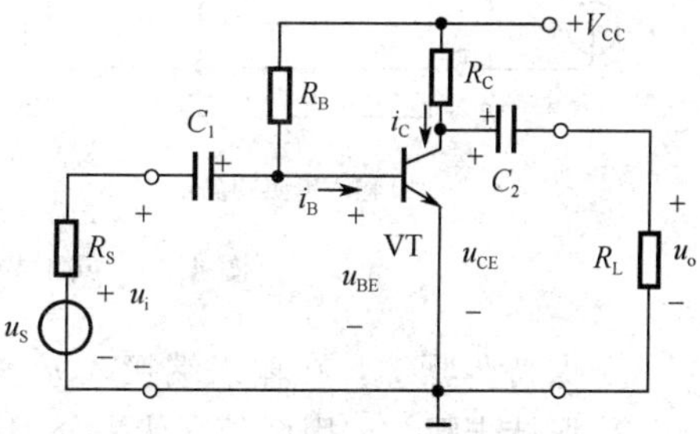

图 4-29　静态工作点对输出波形影响的测试电路

（3）测试步骤：

① 不接 u_i，接入 $V_{CC}=+20V$，调节 R_B(RP)，使 $U_{CE}=10V$。

② 保持步骤①，输入端接入 u_i（$f_i=1kHz$，$U_i=10mV$），用示波器同时观察此时输入、输出电压的波形，并记录输出电压波形有无明显失真________。

③ 保持步骤②，调节 $u_i(U_i)$ 大小，使输出电压最大且波形无明显失真。

④ 保持步骤③，调节 R_B(RP)，增大 U_{CE}，即减小工作点电流 I_B 或 I_C，直到输出电压波形出现明显失真。此时输出波形的失真为________（顶部/底部）失真，而放大器的工作点 Q 更接近于________（饱和区/截止区）。

⑤ 保持步骤④，调节 R_B(RP)，增大工作点电流 I_B 或 I_C，直到输出电压波形出现明显失真。此时输出波形的失真为________（顶部/底部）失真，而放大器的工作点 Q 更接近于________（饱和区/截止区）。

4.8.5　放大电路性能指标的测试

（1）测试设备：模拟电路综合测试台 1 台，函数信号发生器 1 台，低频毫伏表 1 只，0～30V 直流稳压电源 1 台，数字万用表 1 块。

（2）测试电路：图 4-30 所示电路，图中 R_B 为 51kΩ 电阻与 500kΩ 电位器（RP）

串联，RP 为 5kΩ 电位器，R_C、R_L 均为 1kΩ，VT 为 S9013，C_1、C_2 均为 33μF。

（3）测试步骤：

① 按图 4-30（a）接好电路，不接 u_i，接入 $V_{CC}=+20V$，调节 R_B（RP），使 $U_{CE}=10V$。

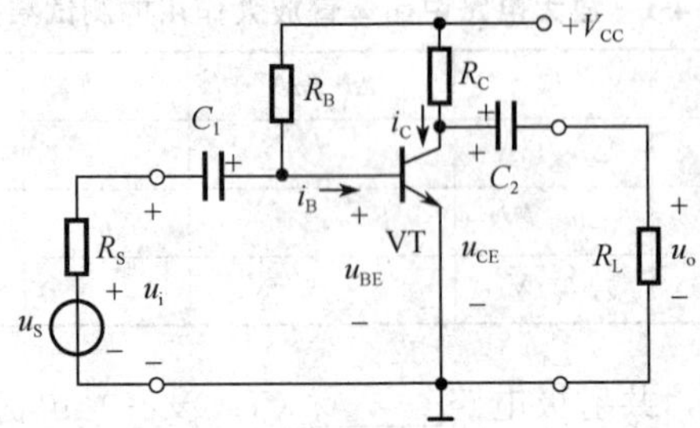

(a) 放大倍数的测量

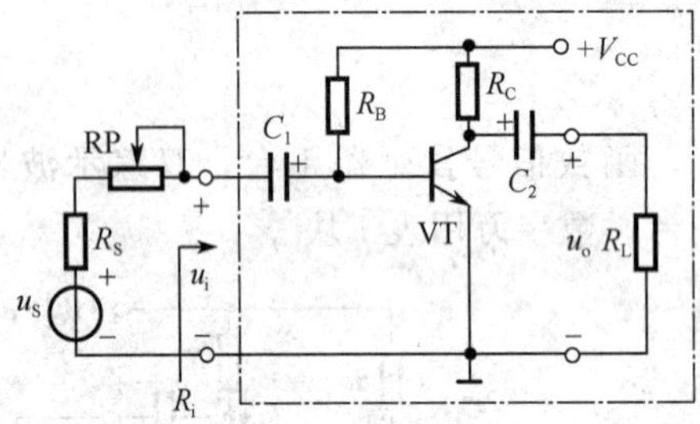

(b) 输入电阻的测量

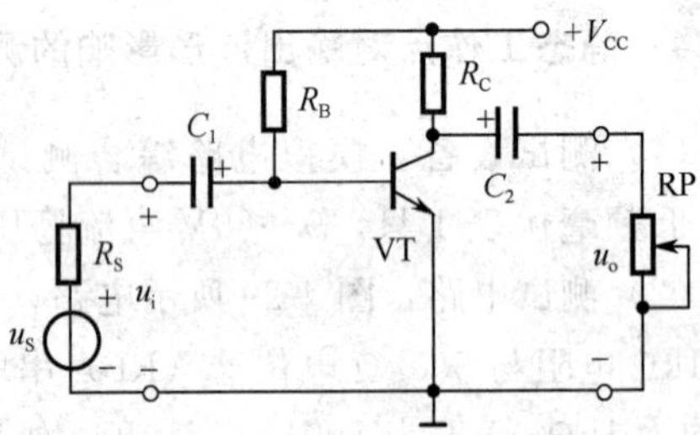

(c) 输出电阻的测量

图 4-30 共射极放大电路性能指标的测试

② 保持步骤①，在输入端接入 u_i（$f_i=1kHz$，$U_i=10mV$）。

③ 保持步骤②，用低频毫伏表分别测量输入电压 U_i 和输出电压 U_o 的大小，并记录：

$$U_i=\underline{\qquad}\ mV,\ U_o=\underline{\qquad}\ mV,\ A_u=\frac{U_o}{U_i}=\underline{\qquad}$$

④ 按图 4-30（b）接好电路，不接 u_i，用低频毫伏表测量信号源的开路输出电压 U_s，并使 $U_s=20mV$。

⑤ 保持步骤④，在输入端接入 u_i，并调节 RP，使 $U_i=0.5U_s$。

⑥ 保持步骤⑤，断开 RP，用万用表测出 RP 阻值，求出 R_i，并记录 $R_i=$________。

⑦ 按图 4-30（c）接好电路，接入 u_i（$U_i=10mV$），断开 RP，用低频毫伏表测量放大电路的开路输出电压 U_o'，并记录 $U_o'=$________。

⑧ 保持步骤⑦，接入电位器 RP。调节 RP，使 $U_o=0.5U_o'$。

⑨ 保持步骤⑧，断开 RP，用万用表测出 RP 阻值，求出 R_o，并记录 $R_o=$________。

4.8.6 晶体管共射极输入特性曲线的测试

（1）测试设备：0～30V 双路直流稳压电源 1 台；毫安表 1 只；微安表 1 只；数字万用表 1 块。

（2）测试电路：图 4-30 所示电路，图中 R_B 为 100kΩ，R_C 为 1kΩ，VT 为 S9013。

（3）测试步骤：

① 按图 4-30 接好线路，并在基极回路串接微安电流表，在集电极回路串接毫安电流表。

② 接入电源电压 $V_{CC}=20V$。

③ 接入并调节电源电压 V_{BB}，使 u_{BE}或 i_B为表 4-2 中所给的各数值，并测出此时相应的 i_B或 u_{BE}值，将结果填入表中。

④ 根据表 4-2 的测试结果，画出晶体管共射极输入特性曲线。

表 4-2　共射极输入特性的测试结果

u_{BE}/V	0	0.5					
$i_B/\mu A$		10	20	40	60	80	

4.8.7　晶体管共射极输出特性曲线的测试

（1）测试设备：0～30V 双路直流稳压电源 1 台；毫安表 1 只；微安表 1 只；数字万用表 1 块。

（2）测试电路：图 4-30 所示电路，图中 R_B 为 100kΩ，R_C为 1kΩ，VT 为 S9013。

（3）测试步骤：

① 按图 4-30 接好线路，并在基极回路串接微安电流表，在集电极回路串接毫安电流表。

② 接入电源电压 $V_{BB}=0V$，$V_{CC}=30V$。

③ 调节电源电压 V_{BB}，使 i_B为表 4-3 中所给的各数值；对应于每一个 i_B，调节电源电压 V_{CC}，使 U_{CE}为表 4-3 中所给的各数值，测出此时相应的 i_C值，将结果填入表中。

表 4-3　共射极输出特性的测试结果

$i_B=80\mu A$	u_{CE}/V	0			0.5	0.3	0.2	0.1	0
	$i_C/\mu A$								
$i_B=60\mu A$	u_{CE}/V	0			0.5	0.3	0.2	0.1	0
	$i_C/\mu A$								
$i_B=40\mu A$	u_{CE}/V	0			0.5	0.3	0.2	0.1	0
	i_C/mA								
$i_B=20\mu A$	u_{CE}/V	0			0.5	0.3	0.2	0.1	0
	i_C/mA								
$i_B=0$	u_{CE}/V	0			0.5	0.3	0.2	0.1	0
	i_C/mA								

④ 根据表 4-3 的测试结果，在同一个坐标系中画出对应于每一个 i_B的晶体管共射极输出特性曲线（曲线族）。

4.8.8 共集电极放大器基本特性的测试

（1）测试设备：模拟电路综合测试台 1 台，函数信号发生器 1 台，双踪示波器 1 台，低频毫伏表 1 只，0～30V 直流稳压电源 1 台，数字万用表 1 块。

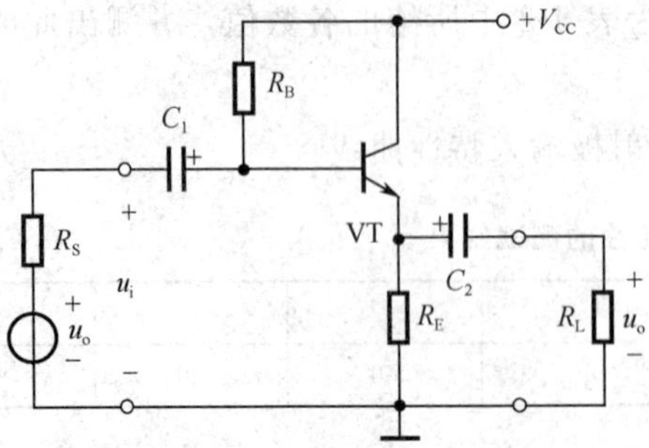

图 4-31 共集电极放大器基本特性的测试

（2）测试电路：图 4-31 所示电路，图中 R_B 为 51kΩ 电阻与 500kΩ 电位器（RP）串联，R_E、R_L 均为 2kΩ，VT 为 S9013，C_1、C_2 均为 33μF。

（3）测试步骤：

① 不接 u_i，接入 $V_{CC}=+20V$，调节 R_B（RD），使 $U_{CE}=10V$。

② 保持步骤①，输入端接入 u_i（f_i=1kHz，U_i=1V）和 R_L，用示波器同时观察此时输入、输出电压的波形。并记录：u_i 的波形________（有/无）明显失真；u_o 的波形________（有/无）明显失真。

结论：共集电极电路的不失真输入信号幅值比共射极放大电路________（大得多/小得多），即共集电极电路的输入动态范围要比共射极电路________（大得多/小得多）。

③ 保持步骤②，测量并记录输入信号幅值 U_{im}=________V，输出信号幅值 U_{om}=________V，则 A_u=________且 A_u________（≫1/≈1/≪1）；输出信号（电压）与输入信号的相位关系为________（同相/反相）。

结论：共集电极放大电路为________（同相/反相）放大电路，且输出电压________（明显大于/基本等于/明显小于）输入电压。

④ 保持步骤③，不接 R_L，即增大等效负载电阻值，观察输出电压幅值有无明显增大，并记录其值。

结论：共集电极放大电路________（具有/不具有）稳定输出电压的能力。由此可推断出共集电极放大电路的输出电阻比共射极放大电路________（大得多/小得多）。

⑤ 保持步骤④，接入 u_i 和 R_L，并在输入回路中串接 1kΩ 电阻，观察输出电压幅值有无明显减小，并记录其值。

结论：共集电极放大电路的输入电阻比共射极放大电路________（大得多/小得多）。

知 识 小 结

• 放大电路的组成核心是晶体管，须为晶体管提供合适的放大偏置，即发射结正偏、集电结反偏；放大的对象是信号，因此要为交流信号提供合适的通路，并对信号进行正常放大和传送；同时应考虑交直流共存，相互兼容。

• 放大的本质是能量的转换，即将直流电源的能量转换为交流输出信号的能量，而 BJT 只是一种能量转换的器件。

• 共射极恒流式偏置电路直流工作点及交流性能指标的计算

$$I_B = \frac{V_{CC} - U_{BE}}{R_B},\quad I_C = \beta I_B,\quad U_{CE} = V_{CC} - I_C R_C$$

$$A_u = \frac{\beta R'_L}{r_{be}},\quad R_i = R_B /\!/ r_{be} \approx r_{be},\quad R_o = R_C,\quad A_{us} = \frac{R_i}{R_i + R_s} A_u$$

• 分压式偏置电路可以稳定放大电路的静态工作点，其直流工作点的计算

$$U_B \approx \frac{R_{B2}}{R_{B1} + R_{B2}} V_{CC},\quad I_C \approx I_E = \frac{U_B - U_{BE}}{R_E} \approx \frac{U_B}{R_E},$$

$$U_{CE} = V_{CC} - I_C R_C - I_E R_E \approx V_{CC} - I_C (R_C + R_E),\quad I_B = \frac{I_C}{\beta}$$

• 共集电极放大电路又称射极输出器、电压跟随器，其电压增益接近于（略小于）1，输入电阻很大，而输出电阻很小。

◆ 反馈的基本概念与分类。

◆ 在放大电路中，把输出量（电压或电流）的一部分或全部送回到输入回路的过程称为反馈。

◆ 反馈的性质有正负之分，按信号有直流反馈和交流反馈之分，按输入端的接入方式有串联和并联反馈之分，按输出量有电压反馈和电流反馈之分。

◆ 负反馈可以放大电路的性能，如提高增益的稳定性、减小非线性失真、抑制噪声、扩展频带以及改变输入和输出阻抗等。

• 甲类功放电路的效率低，不适合做功放电路。与甲类功率放大电路相比，乙类互补对称功率放大电路的主要优点是效率高，在理想情况下，其最大效率约为 78.5%。为保证晶体管安全工作，器件的极限参数必须满足 $P_{CM} > 0.2P_{om}$，$|U_{BR,CEO}| > 2V_{CC}$，$I_{CM} > V_{CC}/R_L$。

• 由于晶体管输入特性存在死区电压，工作在乙类的互补对称电路将出现交越失真，克服交越失真的方法是采用甲乙类互补对称电路。通常可利用二极管或晶体管 U_{BE} 扩大电路进行偏置。

思考与练习

4.1　放大电路为什么要设置合适的 Q 点？在图 4-32 所示电路中，设 $R_B = 300\text{k}\Omega$，$R_C = 4\text{k}\Omega$，$V_{CC} = 12\text{V}$。如果使 $I_B = 0\mu\text{A}$ 或 $80\mu\text{A}$，问电路能否正常工作？

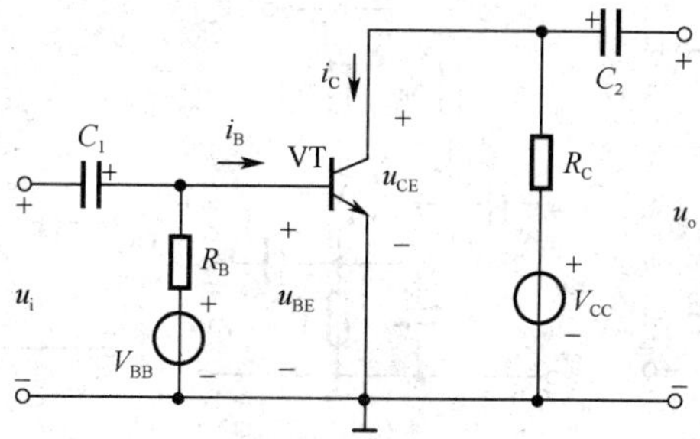

图 4-32　习题 4.1 图

4.2　当测量图 4-33 中的集电极电压 U_{CE} 时，发现它的值与 $V_{CC}=12V$ 接近，问晶体管处于什么工作状态？试分析其原因，并排除故障使之正常工作。

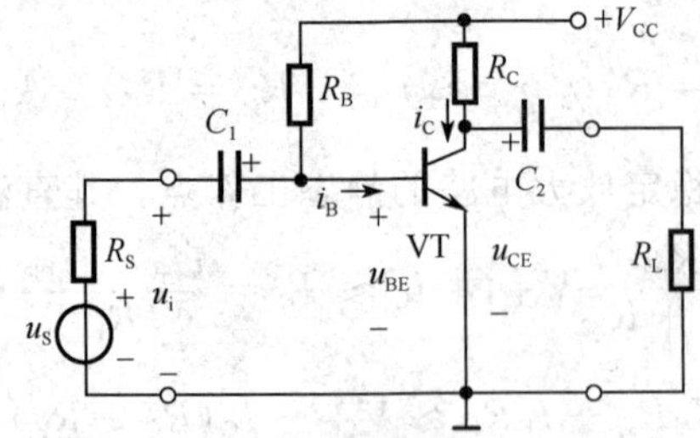

图 4-33　习题 4.2 图

4.3　在电子设备中，如果某只 BJT 已失效，需要加以更换。由于半导体器件特性的离散性，新换上的晶体管的参数（例如 β）可能偏高，Q 点与更换前不同，将向上移动。试问所讨论的稳定工作点的方法，能否解决此问题？

4.4　既然共集电极电路的电压增益小于 1（接近 1），那么它在电路中起什么作用？

4.5　在甲类、乙类和甲乙类放大电路中，功放管的导通角分别是多少？它们中哪一类放大电路的效率高？

4.6　由于功率放大电路中的晶体管常接近极限工作状态，因此，在选择晶体管时必须特别注意哪三个参数？

4.7　什么叫反馈？什么叫直流反馈和交流反馈？

4.8　反馈放大电路的闭环增益表达式 $\dot{A}_f \approx \frac{1}{\dot{F}}$ 的物理意义是什么？

4.9　试分析图 4-34 所示各电路对正弦交流信号有无放大作用，并简述理由。设各电容的容抗可忽略。

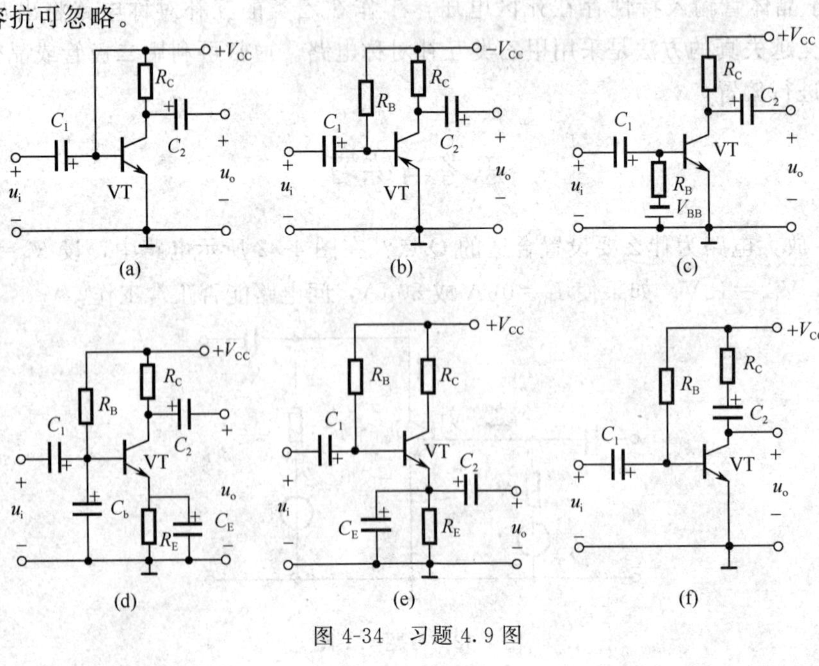

图 4-34　习题 4.9 图

4.10　画出图 4-35 所示电路的直流通路和交流通路。若输入信号是正弦波，试分析其中的 i_B、u_L、u_{CE}、i_E、i_R 和 u_o 哪些是直流量？哪些是纯粹的交流量？哪些是直流量上叠加交流量？设电路中各电容可视为交流短路，各电感可视为交流开路。

4.11　如图 4-36 所示电路，$V_{CC}=12V$，$R_s=1k\Omega$，$R_C=4k\Omega$，$R_B=560k\Omega$，$R_L=4k\Omega$，晶体管的 $U_{BE}=0.7V$，$r_{bb'}=100\Omega$，$\beta=50$。

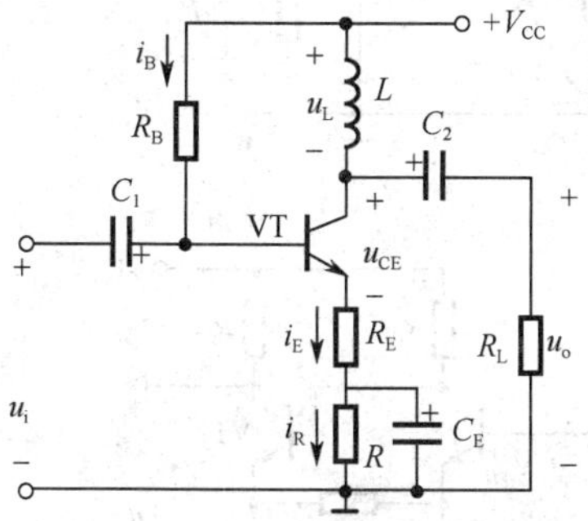

图 4-35　习题 4.10 图

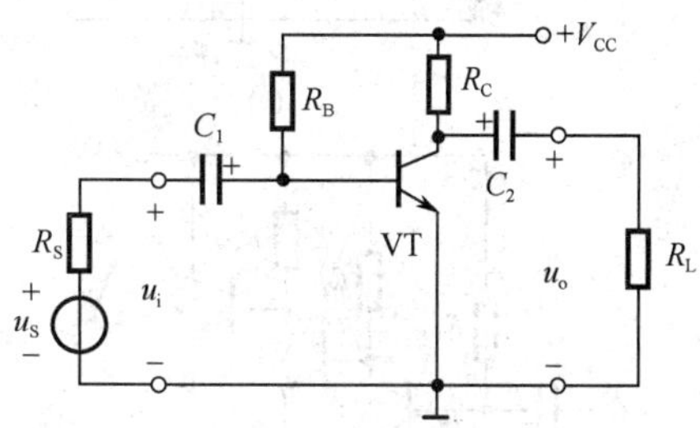

图 4-36　习题 4.11 图

(1) 估算静态工作点 I_B、I_C、U_{CE}。

(2) 画出晶体管及整个放大电路的微变等效电路。

(3) 求 A_u、R_i、R_o、A_{us}。

4.12　分压式偏置电路如图 4-37 所示，已知晶体管的 $U_{BE}=0.7V$，$r_{bb'}=100\Omega$，$\beta=60$。

(1) 估算工作点 Q。

(2) 求放大电路的 A_u、R_i、R_o、A_{us}。

(3) 若电路其他参数不变，问偏置电阻 R_{B1} 为多大时，能使 $U_{CE}=4V$？

4.13　在图 4-38 所示电路中，晶体管的 $r_{bb'}=100\Omega$，$\beta=50$。

(1) 求静态电流 I_C。

(2) 画出微变等效电路。

(3) 求 R_i 和 R_o。

(4) 若 $U_s=15mV$，求 U_o。

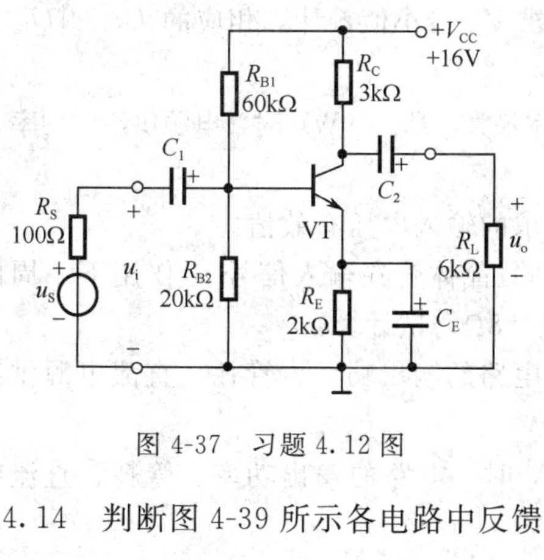

图 4-37　习题 4.12 图

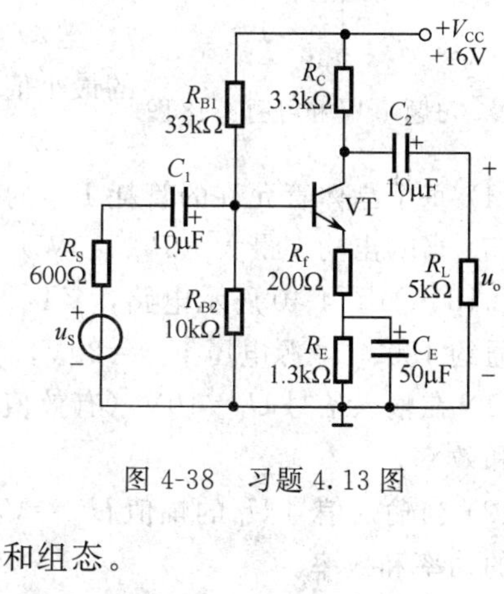

图 4-38　习题 4.13 图

4.14　判断图 4-39 所示各电路中反馈的性质和组态。

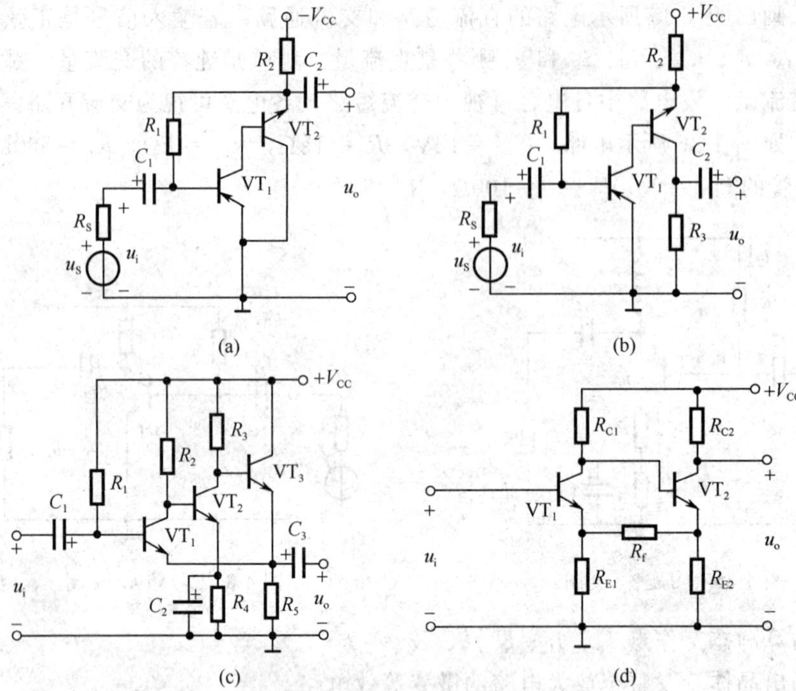

图 4-39　习题 4.14 图

4.15　若某负反馈放大器的 $\dot{A}_f=90$，$\dot{F}=10^{-2}$，求基本放大器的 $\dot{A}$。

4.16　在电压串联负反馈放大器中，若开环电压放大倍数 $A_u=-1000$，反馈系数 $F_u=-0.049$，输出电压 $U_o=2V$（有效值）。

(1) 求反馈深度、输入电压 U_i、反馈电压 U_f、净输入电压 U_i'和闭环电压放大倍数 A_{uf}。

(2) 比较上面所求的数值，能得出什么结论？

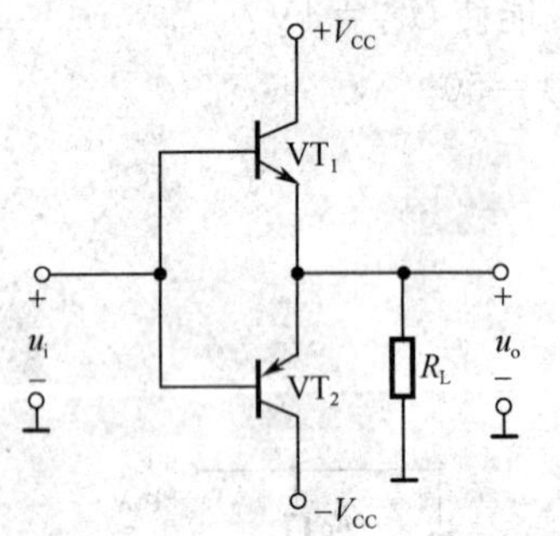

图 4-40　习题 4.17 和习题 4.18 图

4.17　如图 4-40 所示电路，设 u_i 为正弦波，$R_L=8\Omega$，要求最大输出功率 $P_{om}=9W$，求：

(1) 电源 V_{CC} 的最小值。

(2) 根据所求 V_{CC} 最小值，计算相应的 I_{CM}、$|U_{BR,CEO}|$ 的最小值。

(3) 输出功率最大（$P_{om}=9W$）时，电源供给的功率 P_V。

(4) 每个晶体管允许的管耗 P_{CM} 的最小值。

(5) 当输出功率最大（$P_{om}=9W$）时所要求的输入电压有效值。

4.18　如图 4-40 所示电路，VT_1、VT_2 两只晶体管在输入信号 u_i 作用下一周内轮流导通约 180°，电源电压 $V_{CC}=20V$，负载 $R_L=8\Omega$，试计算：

(1) 在输入信号 $U_i=10V$（有效值）时，电路的输出功率、管耗、直流电源供给的功率和效率。

(2) 当输入信号 U_i 的幅值 $U_{im}=V_{CC}=20V$ 时，电路的输出功率、管耗、直流电源供给的功率和效率。

第 5 章

集成运算放大电路

集成电路按功能不同分为数字集成电路和模拟集成电路两类。集成运算放大器（简称集成运放）是模拟集成电路中应用极为广泛的一种，也是其他各类模拟集成电路应用的基础，本章重点介绍集成运算放大器的组成、性能及其应用。

5.1 应用示例

在半导体制造工艺的基础上，把整个电路中的元器件制作在一块硅基片上，构成特定功能的电子电路，称为集成电路（IC），外形如图 5-1 所示。集成电路按功能来分，有数字集成电路、模拟集成电路和数字模拟混合的集成电路三类。模拟集成电路种类繁多，有运算放大器、宽频带放大器、功率放大器、模拟乘法器、模拟锁相环、模/数和数/模转换器、稳压电源和音像设备中常用的其他模拟专用集成电路等。

图 5-1 集成电路板

在模拟集成电路中，集成运算放大器（简称集成运放）是应用极为广泛的一种，也是其他各类模拟集成电路应用的基础。

在学校的公共浴室洗澡时，到一定时间后，水源就自动被切断了，这是因为浴室里都装了一个限时器，如图 5-2 所示。图中 LM135 是一个传感器，它可以把外壳所处的温度

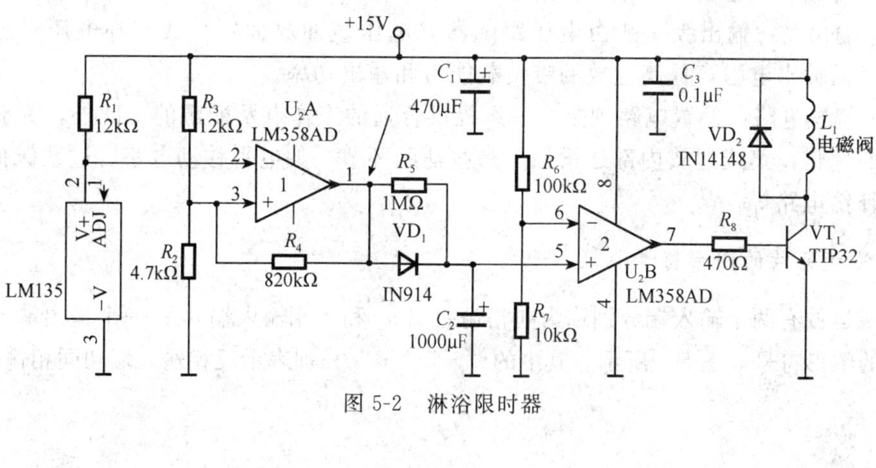

图 5-2 淋浴限时器

转换成电信号，这个电信号由 U_2A 构成的迟滞比较器比较后，判断是否为热水。电阻 R_2 用来设置这个比较值，电阻 R_4 用来控制电路复位的温度值。当检测到热水，迟滞比较器输出为低电平，电容 C_2 放电（R_5 决定放电时间，也就是洗澡时间），当电容 C_2 两端电压下降约 1.5V 时，U_2B 构成的第二级比较器输出为低电平，使 VT_1 晶体管截止，电磁阀关闭，切断供水。

5.2 集成运算放大电路

集成运算放大器实质上是一种双端输入、单端输出，具有高增益，高输入阻抗、低输出阻抗的多极直接耦合放大电路。当给它施加不同的反馈网路时，就能实现模拟信号的多种数学运算功能（如比例、求和、求差、积分、微分……），故被称为集成运算放大电路。但随着集成电路的迅速发展，运算放大电路的用途早已不局限于数的运算，而是更多地用于自动控制、检测等仪表装置中。

5.2.1 集成运放的组成

1. 集成运放的电路

集成运放的组成框图如图 5-3 所示，集成运放主要由输入级、中间级、输出级和偏置电路四部分组成。有两个输入端 u_N 和 u_P，一个输出端 u_o。u_P、u_N 和 u_o 都是以“地”为公共端。

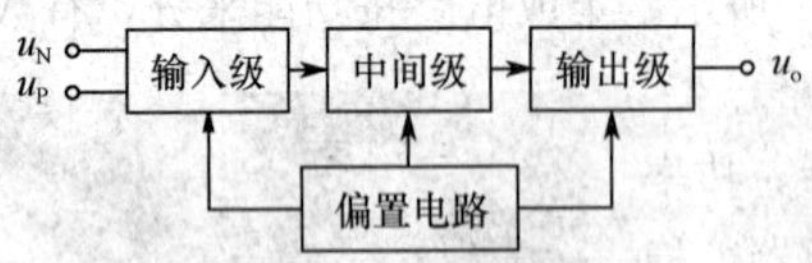

图 5-3 集成运放的组成框图

2. 各部分作用

(1) 输入级：输入级主要由差动放大器构成，以减小运放的零漂和其他方面的性能，它的两个输入端分别构成整个电路的同相输入端和反相输入端。

(2) 中间级：中间级是整个放大电路的主要放大电路。其作用是使集成运放具有较强的放大能力，多采用共射（或共源）极放大电路。而且为了提高电压放大倍数，经常采用复合管做放大管，以恒流源作集电极负载。其电压放大倍数可达千倍以上。

(3) 输出级：输出级一般由电压跟随器（电压缓冲放大器）或互补电压跟随器组成，以降低输出电阻，提高运放的带负载能力和输出功率。

(4) 偏置电路：偏置电路则是为各级提供合适的工作点及能源的。此外，为获得电路性能的优化，集成运放内部还增加了一些辅助环节，如电平移动电路、过载保护电路和频率补偿电路等。

3. 集成运放的图形符号

集成运放有两个输入端分别称为同相输入端 u_P 和反相输入端 u_N；一个输出端 u_o。集成运放的图形符号如图 5-4 所示。其中的“－”“＋”分别表示反相输入端和同相输入端。

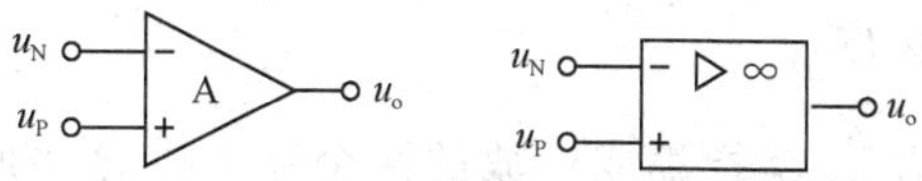

(a) 常用图形符号　(b) 国标图形符号

图 5-4　集成运放的图形符号

5.2.2　集成运放的主要性能指标

集成运放的参数是正确、合理选择和使用运放的基本依据，因此了解其各性能参数及其意义是十分必要的。集成运放的主要参数有以下几种。

1. 开环差模电压增益 A_{od}

集成运放无外加反馈时的直流差模放大倍数称为开环差模增益，即 $A_{od}=\left|\dfrac{u_{od}}{u_{Id}}\right|$。该指标体现运放的放大能力，是决定运算精度的指标，可用分贝（dB）表示，即 $A_{od}=20\lg\left|\dfrac{u_{od}}{u_{Id}}\right|$。通用型集成运放的 A_{od} 通常为 10^5 左右，即 100dB 左右，A_{od} 越大，运放的性能越好，运算的精度越高，价格越高。

2. 共模抑制比 K_{CMR}

共模抑制比 K_{CMR} 等于差模放大倍数与共模放大倍数之比的绝对值，即 $K_{CMR}=\left|\dfrac{A_{od}}{A_{oc}}\right|$，也可用分贝表示，即 $K_{CMR}=20\lg\left|\dfrac{A_{od}}{A_{oc}}\right|$。$K_{CMR}$ 值越大越好，越大说明集成运放抑制共模信号放大有用信号的能力越强。目前高质量的运放可达 160dB 以上。

3. 差模输入电阻 R_{id} 和输出电阻 R_{od}

差模输入电阻 R_{id} 和输出电阻 R_{od} 表示集成运放在开环、输入差模信号时的输入电阻和输出电阻。其中 R_{id} 越大越好，R_{id} 越大集成运放取信号的能力越强，R_{id} 的数量级为 MΩ。输出电阻 R_{od} 越小越好，其值越小，输出电压越稳定，带载能力越强。

4. 输入失调电压 U_{IO}

对于理想运放，输入为零时，输出也应为零。但是实际运放内部电路很难做到完全对称，因此无法做到零输入时零输出（不加调零装置）。当输入电压为 0 时，为了使运放的输出电压为 0，在输入端所加的补偿电压，就是输入失调电压 U_{IO}。U_{IO} 越小越好。

5. 输入失调电流 I_{IO}

集成运放的输出电压为 0 时，两个输入端静态基极电流之差，称为输入失调电流 I_{IO}，即

$$I_{IO}=|I_{BP}-I_{BN}| \tag{5-1}$$

输入失调电流 I_{IO} 反映了差放输入对管输入电流的不对称程度。I_{IO} 越小越好。

6．最大差模输入电压 $U_{id,max}$

最大差模输入电压 $U_{id,max}$ 是指集成运放的两个输入端之间所能承受的最大电压值。若输入电压超过 $U_{id,max}$，则可能使运放输入级的晶体管发射结产生反向击穿。$U_{id,max}$ 大一些好。

7．最大共模输入电压 $U_{ic,max}$

最大共模输入电压 $U_{ic,max}$ 是指运放输入端所允许的最大共模电压值。若共模输入电压超过 $U_{ic,max}$，则可能造成运放工作不正常，其共模抑制比 K_{CMR} 将明显下降，运放的工作性能变差。$U_{ic,max}$ 大一些好。

除上述指标外，集成运放的参数还有静态功耗 P_c、最大输出电压 $U_{o,max}$、输出电阻 R_o、电源参数等，在此就不再一一说明了。这些可以根据集成运放的型号，从产品说明书等有关资料查阅参考。

5.2.3 集成运放的电压传输特性

集成运放的输出电压与输入电压（同相输入端和反相输入端之间的差值电压）之间的关系曲线称为电压传输特性，对于正、负两路电源供电的工作在开环状态的集成运放，电压传输特性如图 5-5（b）所示。

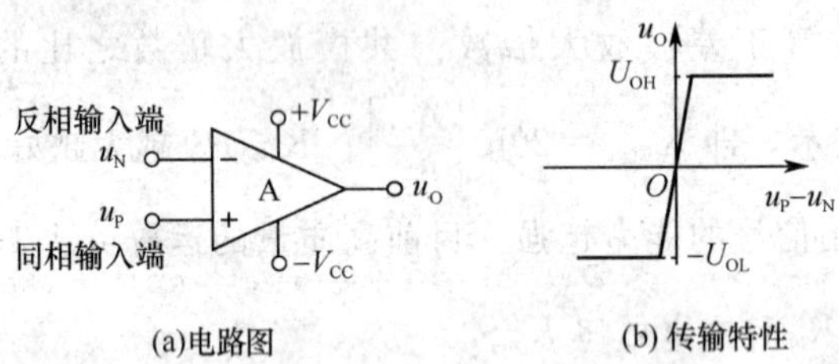

图 5-5 集成运放的电压传输特性

从特性曲线图中可以看出，中间一段过零斜率为线性区，上下两段水平线为饱和区（正、负饱和电压由运放所加正、负电源大小决定）。在线性放大区，输出电压与输入电压差成线性关系，曲线的斜率即为电压放大倍数 A_{od}。即 $u_O=A_{od}(u_P-u_N)$。在非线性区输出电压只有两种可能值，$+U_{OH}$ 或 $-U_{OL}$。

由于开环电压放大倍数 A_{od} 很高，输入很小的信号也足以使输出电压饱和，另外干扰信号也会使输出难于稳定。所以集成运放开环工作的线性区很窄，通常在毫伏级以下。要使运放在较大输入时也正常工作，必须在电路中引入深度负反馈，即工作在闭环状态，实质是扩展运放的线性工作区。

根据以上分析可知，如果运放电路中存在负反馈且输出与输入满足线性关系，则称为运放工作在线性区。否则工作在开环状态，称为运放工作在非线性区。

5.2.4 理想集成运放

为了便于分析，通常将集成运放看成理想集成运放。所谓理想集成运放，就是将实际的集成运放性能指标理想化。理想运放具有以下理想参数。

（1）开环电压增益 $A_{od} \to \infty$。

（2）差模输入电阻 $r_{id} \to \infty$。

（3）输出电阻 $r_{od} = 0$。

（4）共模抑制比 $K_{CMR} \to \infty$。

（5）开环带宽 $f_H \to \infty$。

（6）转换速率 $S_R \to \infty$。

（7）输入端的偏置电流 $I_{BN} = I_{BP} = 0$。

（8）干扰和噪声均不存在。

集成运放的特点

在一定的工作参数和运算精度要求范围内，采用理想运放进行设计或分析的结果与实际情况相差很小，误差可以忽略，但却大大简化了设计或分析过程。

由负反馈、运放的理想化参数可以得出运放工作在线性区的两个重要结论，这两条结论是我们分析由集成运放构成的各种运算电路的基础。

1. 虚短

理想集成运放两输入端的净输入电压 $u_I = 0$。即 $u_I = u_N - u_P = 0$，故

$$u_N = u_P \tag{5-2}$$

图 5-6 所示运放电路（反馈极性为负反馈）中由于其开环放大倍数 $A_{od} = \infty$，而集成运放的输出为有限值，则必有 $u_I = 0$ 的结果。集成运放两个输入端之间的电压几乎为 0，如同两点短路一样，但是实际上并未真正被短路，只是表面上似乎短路，因此是虚假的短路，称为“虚短”。

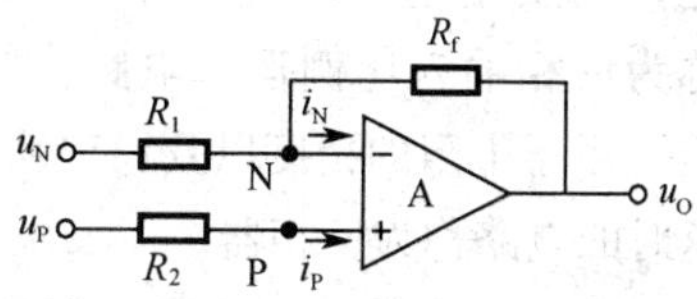

图 5-6　集成运放引入负反馈

2. 虚断

理想集成运放的两输入端电流均为零，即

$$i_N = i_P = 0 \tag{5-3}$$

这是由于理想集成运放的差模输入电阻 $R_{id} = \infty$，故可认为两个输入端的输入电流为零。如同该点被断开一样，这种现象称为“虚断路”，简称“虚断”。

5.3　集成运算放大器的线性应用

集成运放引入深度负反馈后，集成运放就可以工作在线性区，此时的输出电压和输入电压呈现一定的运算关系（加、减、乘、积分等）。利用“虚短”，即 $u_N = u_P$ 和“虚断”，即 $i_N = i_P = 0$ 的概念，可以求出输出电压和输入电压的关系式。下面介绍几种常用电路。

5.3.1 比例运算电路

1. 反相输入比例运算电路

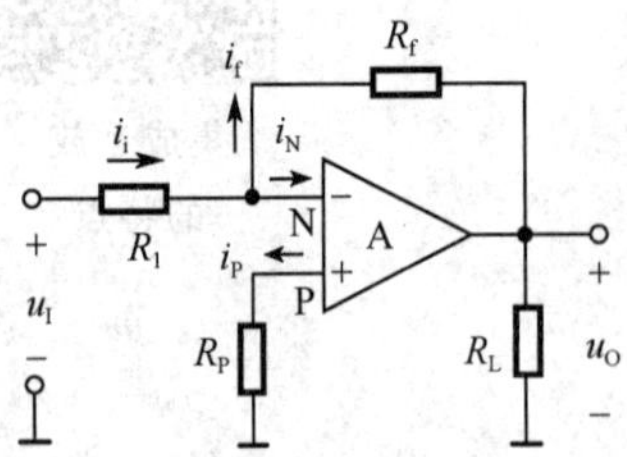

图 5-7 反相输入比例运算电路

图 5-7 所示为反相输入比例运算电路。R_f 为反馈电阻，R_1、R_P 为输入端电阻。该电路引入了电压并联负反馈。

由于 $i_P=0$（虚断）

得 $u_P=0$

又由虚短的概念可知 $u_N=u_P$（虚短），$u_P=0$ 时，$u_N=0$，故 N 端称为"虚地"。

由于 $i_N=0$ 得 $i_i=i_f$，因此有

$$\frac{u_I-0}{R_1}=\frac{0-u_O}{R_f}$$

整理得

$$u_O=-\frac{R_f}{R_1}u_I$$

由式可知，u_O 与 u_I 成比例关系，比例系数为 $-R_f/R_1$，负号表示 u_O 与 u_I 反相，比例系数的数值可以是大于、等于或小于 1 的任何值。该电路实现了输出电压和输入电压之间的反相运算，当 R_f 和 R_1 确定后，u_O 与 u_I 之间的比例关系也就确定了，因此该电路称为反相输入比例运算电路。

由于电阻的精度以及稳定性很高，所以 A_f 很稳定。当 $R_1=R_f$ 时，$A_f=-1$，$u_O=-u_I$，这时的电路称为反相器。

在实际电路中，为减小温漂提高运算精度，保持运放输入级差动放大电路的对称性，同相端必须加接平衡电阻（其他电路类同）。该电路中平衡电阻阻值应为 $R_P=R_1 /\!/ R_f$。

2. 同相输入比例运算电路

同相输入比例运算电路如图 5-9 所示，其中，R_f 为反馈电阻；R_1、R_P 为输入端电阻，R_P 起限流保护作用。该电路的反馈类型为电压串联深度负反馈。故可认为输入电阻为无穷大，输出电阻为零。

由于

$$i_N=i_P=0\text{（虚断）}$$

得

$$u_P=u_N=u_I$$

由于 $i_N=0$ 得 $i_1=i_f$，因此有

$$\frac{0-u_I}{R_1}=\frac{u_I-u_O}{R_f}$$

同相比例运算电路的应用

整理得

$$u_O=\left(1+\frac{R_f}{R_1}\right)u_I \tag{5-4}$$

由式可知，该电路实现了输出电压和输入电压之间的同相运算，因此该电路称为同相输入比例运算电路。

若将图 5-8 中的 R_f 短路，或将 R_1 开路时，得图 5-9 所示电路，此时电路的输出电压等于电路的输入电压，称此电路为电压跟随器。

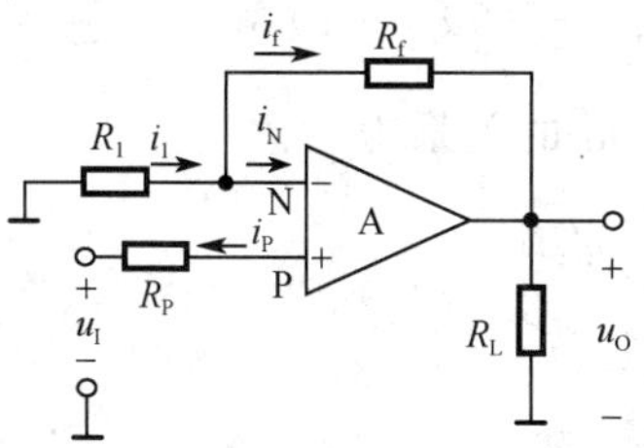

图 5-8　同相输入比例运算电路

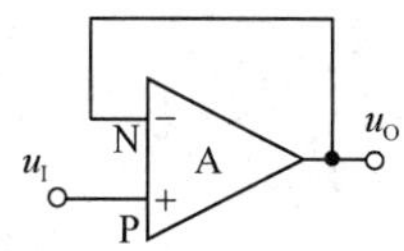

图 5-9　电压跟随器

5.3.2　加法和减法运算电路

1. 加法运算电路

图 5-10 所示加法电路接成反相放大器，它是属于多端输入的电压并联负反馈电路。对反相输入节点可写出下面的方程式。

由于 $i_N=0$（虚断）得 N 点的电流方程为 $i_f=i_1+i_2$，即

$$\frac{u_{I1}-u_N}{R_1}+\frac{u_{I2}-u_N}{R_2}=\frac{u_N-u_O}{R_f} \tag{5-5}$$

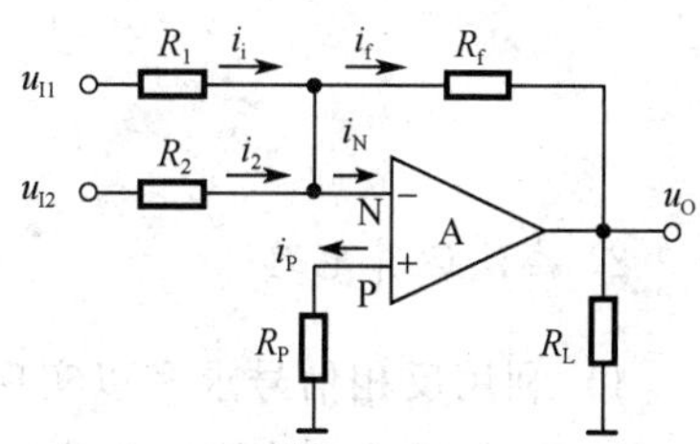

图 5-10　加法电路

又由虚短的概念可知 $u_N=u_P$（虚短），$u_P=0$ 时，$u_N=0$，所以

$$\frac{u_{I1}-0}{R_1}+\frac{u_{I2}-0}{R_2}=\frac{0-u_O}{R_f} \tag{5-6}$$

整理得

$$u_O=-R_f\left(\frac{u_{I1}}{R_1}+\frac{u_{I2}}{R_2}\right) \tag{5-7}$$

上式就是加法运算的表达式，式中负号是因反相输入所引起的。若取 $R_1=R_2=R_f$，则式（5-7）变为

$$u_O=-(u_{I1}+u_{I2}) \tag{5-8}$$

如果在图 5-10 所示电路的输出端再接一级反相电路，则可消去负号，实现完全符合常规的算术加法。图 5-10 所示的加法电路可以扩展到多个输入电压相加。加法电路也可以利用同相放大电路组成。

【例 5-1】 电路如图 5-11 所示，已知 A_1、A_2 均为理想集成运放，$R_1=20\text{k}\Omega$，$R_2=10\text{k}\Omega$，$R_3=50\text{k}\Omega$，$R_{f1}=R_{f2}=100\text{k}\Omega$。试求输出电压 u_O 与输入电压 u_{I1}、u_{I2}之间的关系，并说明该电路实现了什么运算功能。

解：A_1 构成一个反相加法电路，其输出电压 u_O 与两输入电压 u_{I1}，u_{I2}的反相和成

正比。即

$$u'_{O}=-R_{f1}\left(\frac{u_{I1}}{R_1}+\frac{u_{I2}}{R_2}\right)$$

所以

$$u'_{O}=-100\times\left(\frac{u_{I1}}{20}+\frac{u_{I2}}{10}\right)=-(5u_{I1}+10u_{I2})$$

而 A_2 构成一反相比例运算电路，则 u_O 与 u'_O 的关系为

$$u_O=-\frac{R_{f2}}{R_3}u'_O$$

故有

$$u_O=-\frac{100}{50}u'_O=-2u'_O=10u_{I1}+20u_{I2}$$

该电路实现了同相比例加法运算功能。

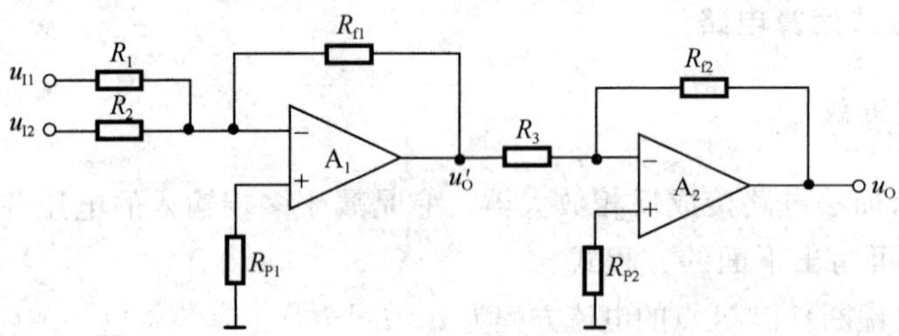

图 5-11 【例 5-1】图

2. 减法运算电路

1）利用反相信号求和以实现减法运算

图 5-12 所示电路第一级为反相比例放大电路，若 $R_{f1}=R_1$，则 $u_{O1}=-u_{I1}$；第二级为反相加法电路，则可导出

$$u_O=-\frac{R_{f2}}{R_2}(u_{O1}+u_{I2})=\frac{R_{f2}}{R_2}(u_{I1}-u_{I2}) \tag{5-9}$$

若 $R_2=R_{f2}$，则式（5-8）变为

$$u_O=u_{I1}-u_{I2} \tag{5-10}$$

由式（5-10）知，图 5-12 所示电路输出电压与输入的差（$u_{I1}-u_{I2}$）为线性关系，故称为减法运算电路。

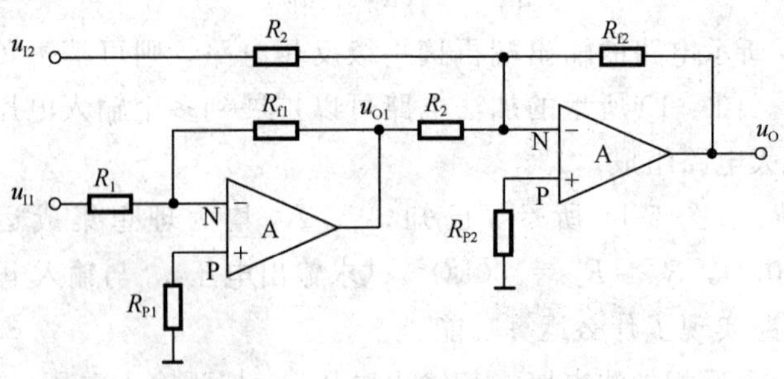

图 5-12 减法运算电路（一）

2）利用差动式电路以实现减法运算

图 5-13 所示是用来实现两个电压 u_{I1}、u_{I2} 相减的电路，两个输入信号分别加到集成运放的反相输入端和同相输入端，相当于差动输入方式。

利用“虚短”和“虚断”的概念，可以得到

$$\frac{u_{I1}-u_N}{R_1}=\frac{u_N-u_O}{R_f} \tag{5-11}$$

及

$$\frac{u_{I2}-u_P}{R_2}=\frac{u_P}{R_3} \tag{5-12}$$

整理可得

$$u_O=\left(\frac{R_1+R_f}{R_1}\right)\left(\frac{R_3}{R_2+R_3}\right)u_{I2}-\frac{R_f}{R_1}u_{I1}$$

在上式中，如果选取电阻值满足 $R_f /\!/ R_1=R_3 /\!/ R_2$ 的关系，输出电压可简化为

$$u_O=\frac{R_f}{R_1}(u_{I2}-u_{I1}) \tag{5-13}$$

即输出电压 u_O 与两输入电压之差（$u_{I2}-u_{I1}$）成比例，故称减法电路。当 $R_f=R_1$ 时，$u_O=u_{I2}-u_{I1}$。

5.3.3　积分和微分运算电路

1. 积分电路

积分电路如图 5-14 所示。

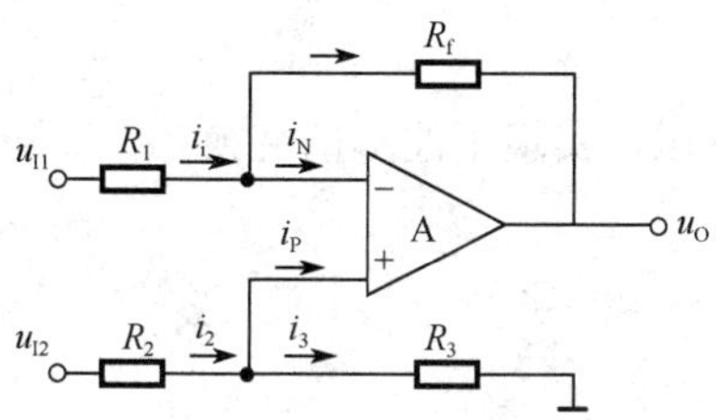

图 5-13　减法运算电路（二）

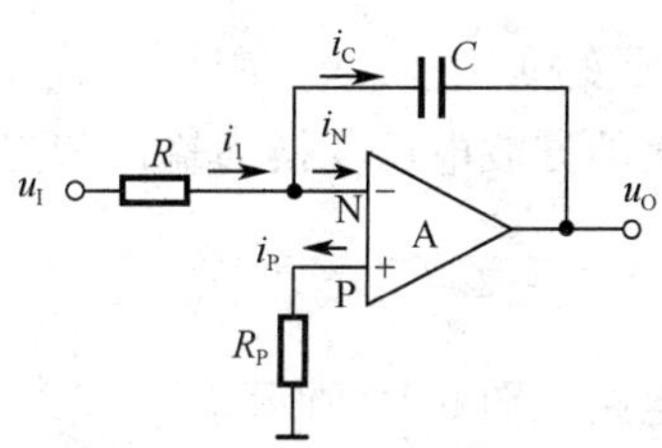

图 5-14　积分电路

根据虚地和虚断的概念有

$$u_P=u_N=0,\ i_1=i_C=u_I/R$$

电容 C 就以电流 $i_2=u_I/R$ 进行充电，且为恒流充电（充电电流与电容 C 及电容上电压无关）。假设电容 C 初始电压为 0，则

$$u_N-u_O=\frac{1}{C}\int i\mathrm{d}t=\frac{1}{C}\int i_1\mathrm{d}t=\frac{1}{C}\int\frac{u_I}{R}\mathrm{d}t \tag{5-14}$$

即

$$u_O=-\frac{1}{RC}\int u_I\mathrm{d}t \tag{5-15}$$

式（5-15）表明，输出电压 u_O 为输入电压 u_I 对时间的积分，负号表示它们在相位上是

相反的。

积分电路应用广泛，一般具有以下功能，如图 5-15 所示。

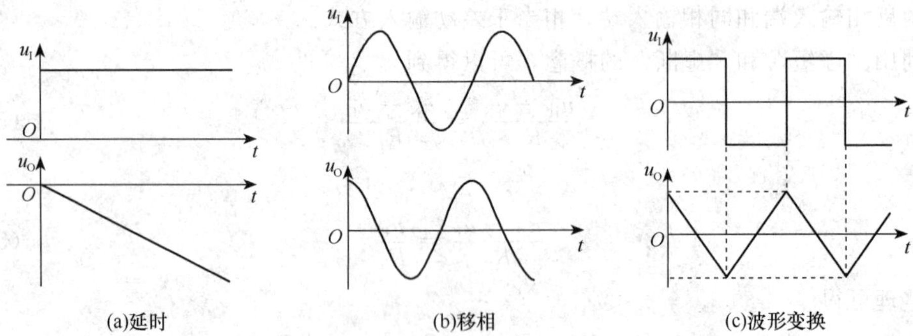

图 5-15 积分电路的应用

1）延时

当输入信号为一个常数（单位阶跃电压）时，输出电压与时间成近似线性关系。即

$$u_O = -\frac{1}{RC}\int_u i\,dt = -\frac{1}{RC}u_I t \tag{5-16}$$

输出信号 u_O 随着时间 t 线性增大，直到运算放大器进入饱和状态，输出信号 u_O 保持不变，而停止积分（积分电路的最大输出电压受运放最大允许的输出电压 $U_{o,max}$（小于电源电压值）限制。这种积分电路常用来作为显示器的扫描电路及模数转换器等。

2）移相

利用积分运算电路能够将输入的正弦电压变换为输出的余弦电压，实现了波形的移相。

3）波形变换

将输入的方波电压变换为输出的三角波电压，实现了波形的变换。

2. 微分运算电路

微分电路如图 5-16 所示。

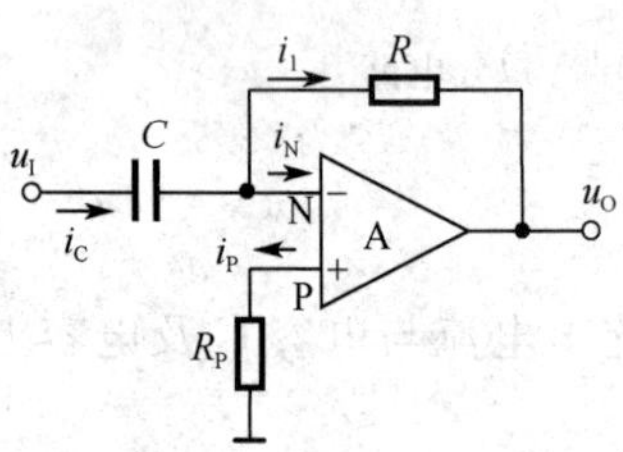

图 5-16 微分电路

容易看出，微分电路与积分电路相比相当于其电阻和电容元件互换位置，同时选取相对较小的时间常数 RC。

根据虚地和虚断的概念有

$$u_P = u_N = 0, \quad i_1 = i_C$$

设 $t=0$ 时，电容 C 上的初始电压为 $u_C = 0$，则接入信号电压 u_I 后，有

$$i_C = C\frac{du_I}{dt}$$

$$u_O = -i_1 R = -RC\frac{du_I}{dt} \tag{5-17}$$

即输出电压 u_O 与输入电压 u_I 对时间的微分成正比，而极性相反。该电路实现了对输入信号求微分运算，故称之为微分电路。

【例 5-2】 如图 5-17 所示电路中，已知 $R=100\text{k}\Omega$，$C=0.01\mu\text{F}$，$t=0$ 时，电容两端初始电压为 0，输入电压 u_I 为方波，幅值为±2V，频率为 500Hz，如图 5-18（a）所示，试画出输出电压 u_O 的波形。

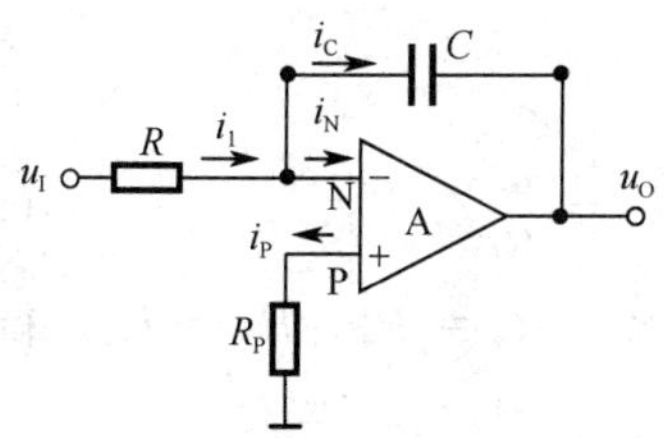

图 5-17 【例 5-2】电路图

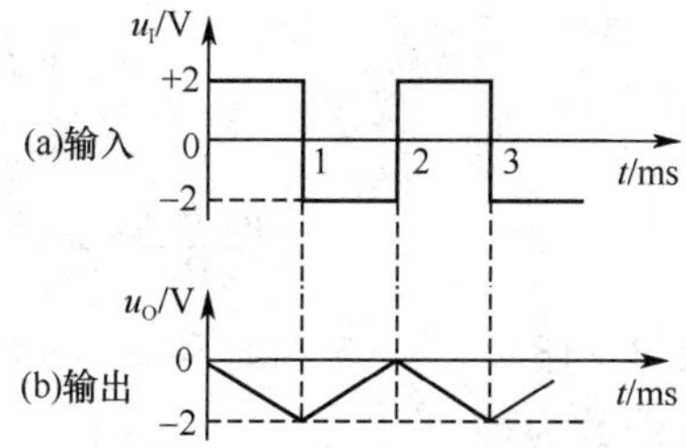

图 5-18 【例 5-2】波形图

解：从已知条件可知，输入电压 u_I 为方波，幅值为±2V，频率为 500Hz，即在一个周期内 $u_I=+2\text{V}$ 和 $u_I=-2\text{V}$ 的持续时间均为 1ms，因而可以得出输出电压 u_O 为三角波。

从 $t_0=0$ 到 $t_1=1\text{ms}$，由于 $u_I=+2\text{V}$，输出电压 u_O 为线性下降，其终值为

$$
\begin{aligned}
u_O &= -\frac{1}{RC}u_I(t_1-t_0)+u_O(t_0) \\
&= -\frac{1}{100\times10^3\times0.01\times10^{-6}}\times2\times(1-0)\times10^{-3}+0 \\
&= -2(\text{V})
\end{aligned}
$$

从 $t_1=1\text{ms}$ 到 $t_2=2\text{ms}$，由于 $u_I=-2\text{V}$，输出电压 u_O 为线性上升，因为 $t_2-t_1=t_1-t_0$，所以当 $t=t_2=2\text{ms}$ 时，输出电压 u_O 终值为 0V。画出的波形如图 5-18 所示。

5.3.4 仪用放大器分析与应用

在数据采集系统中，被检测的物理信号、化学信号或生物信号经过传感器变换成的模拟电信号，往往是很微弱的微伏级电信号（例如热电偶的输出信号），需要用放大器进行放大。

由于通用运算放大器都有毫伏级的失调电压和每度数微伏的零漂，因此通用运算放大器不能直接用于放大微弱信号，而仪用放大器则能较好地完成此功能。

1. 仪用放大器原理

仪用放大器由三个运算放大器组成，如图 5-19 所示。同相放大器 A_1、A_2 构成输入级，信号从 A_3 输出。按理想运放分析，有

$$u_{i1}=u_1,\quad u_{i2}=u_2,\quad u_5=u_6 \tag{5-18}$$

又

$$u_1-u_2=i_GR_G$$

所以

$$u_{i1}-u_{i2}=i_GR_G \tag{5-19}$$

又因为

$$u_3 - u_4 = i_G(R_G + R_1 + R_2) \tag{5-20}$$

联立式（5-19）和式（5-20），得

$$\frac{u_3 - u_4}{R_G + R_1 + R_2} = \frac{u_{i1} - u_{i2}}{R_G} \tag{5-21}$$

又

$$\frac{u_3 - u_5}{R_3} = \frac{u_5 - u_o}{R_5}, \quad \frac{u_4 - u_6}{R_4} = \frac{u_6}{R_6} \tag{5-22}$$

联立式（5-18）、式（5-21）和式（5-22），并取 $R_1 = R_2$，$R_3 = R_4$，$R_5 = R_6$，得运放的放大倍数为

$$G = \frac{u_o}{u_{i1} - u_{i2}} = -\left(1 + 2\frac{R_1}{R_G}\right)\frac{R_5}{R_3}$$

在前级运放 A_1、A_2 的电气特性及外部电路参数相同的情况下，两个输入端的失调导致的输出相互抵消。共模信号在电阻 R_G 上不会产生电流，不会被放大，输出电压不会出现共模信号，即仪用放大器可以抑制共模干扰。

显然，为了保证电路的对称性，改变增益最合理最简单的办法是改变 R_G 的电阻值。程控仪用放大器的增益控制，通常都是用控制 R_G 阻值的方法实现。

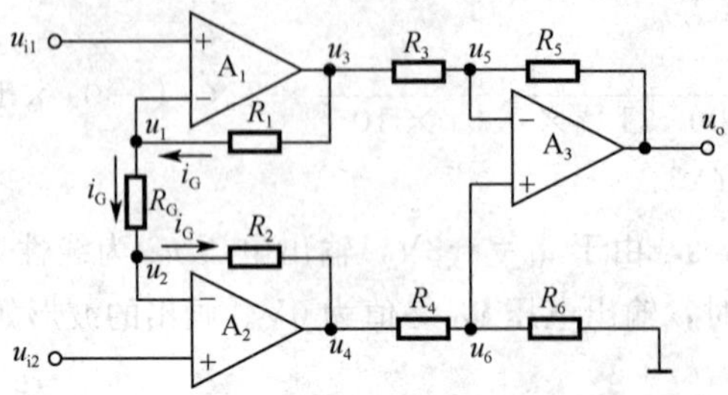

图 5-19　仪用放大器电路

2. 集成仪用放大器及其应用

集成仪用放大器有美国的 Analog Device 公司（简称 AD 公司）的 AD512/AD522，AD620、AD630，BB 公司的 INA114/118，Maxim 公司的 MAX4195/4196/4197 等。其中 AD522 是一种通用仪用放大器，它的性能如下。

（1）漂移小（≤2.0μV/℃）；

（2）非线性低（G=100 时，≤0.005%）；

（3）共模抑制比高（G=1000 时，≥110dB）；

（4）低噪声小［0.1～100Hz 频带内，≤1.5V_{P-P}（峰-峰值）］；

（5）具有输出参考端及远程补偿端；

（6）可进行内部补偿；

（7）除增益电阻外，不需其他外围器件；

（8）工作范围宽（其中“A”和“B”为工业级，可用于－25～＋85℃环境；“S”为军事级，用于－55～＋125℃环境）。

AD522 的引脚功能如图 5-20 所示，AD522 的基本应用如图 5-21 所示。

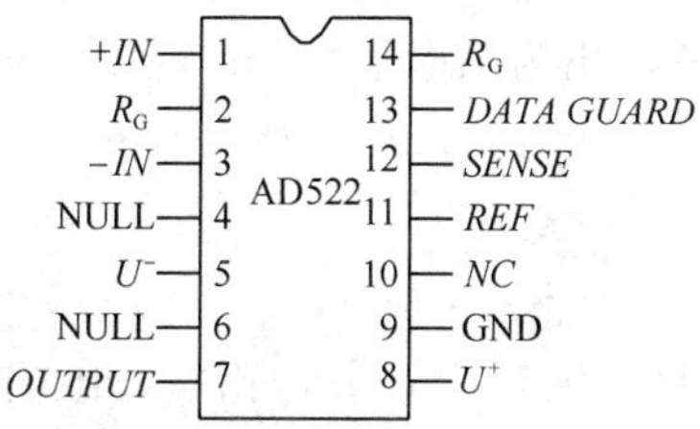

图 5-20　AD522 引脚功能

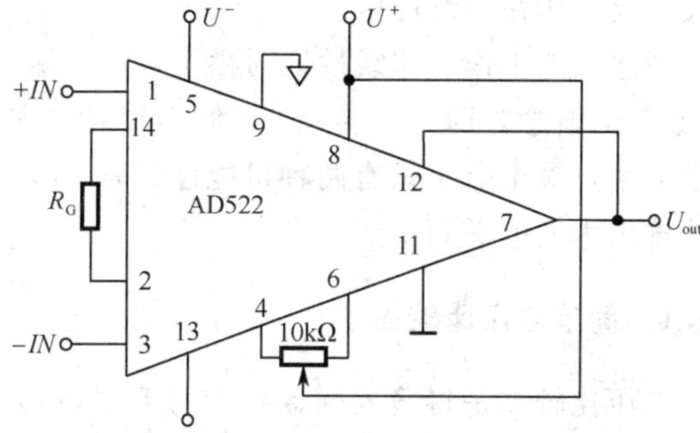

图 5-21　AD522 基本应用

引脚 NULL（4、6）用于调整放大器零点，调整电路时芯片 4、6 接到 10kΩ 电位器两个固定端，电位器滑动端接到正电源 U^+（8 脚）。引脚 13 用于连接信号传输导线的屏蔽网，以减少外电场对输入信号的干扰。引脚 2、14 用于外接电阻 R_G，电阻 R_G 用于调整放大倍数。放大倍数按如下公式计算：

$$G = 1 + \frac{2 \times 10^5}{R_G}$$

其放大倍数可在 1～1000 的范围内调整。

图 5-22 是 AD522 应用于桥型放大电路时的典型电路图。该电路可在低电压、高阻抗、大噪声的环境中获得最佳性能。当然，这需要正确的屏蔽和接地。在图 5-22 电路中，信号地和 AD522 直接连接，从而形成了输入放大器的偏置电流回路，也可以通过小于 1MΩ 的电阻间接连接。为了降低噪声，输入引脚和增益电阻应被屏蔽，引脚 13 连接屏蔽网。R_G 应尽量靠近 AD522，过长的导线会增加寄生电容而产生相移，从而导致高频部分的共模抑制比降低。

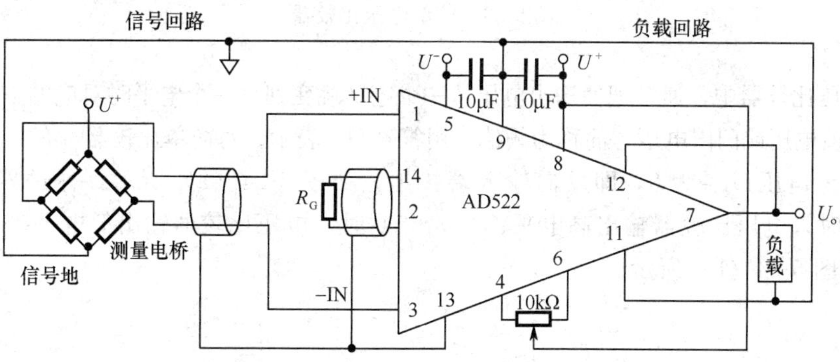

图 5-22　AD522 用于桥型放大的电路

*5.4　集成运算放大器的非线性应用

当理想运放工作在开环或正反馈状态时，运放的增益很高，故只要在输入端有一个非常微小的差值信号，就会使输出电压达到极限值，即输出高电平或低电平，因此集成运放主要工作在非线性区。

理想运放工作在非线性区时由于运放的输入电阻高，输入偏置电流小，因此仍可用“虚断”的概念，即 $i_P = i_N = 0$。但不具有“虚短”的概念，输出电压和输入电压不成线性关系，输出电压只有两种可能性：若 $u_P > u_N$，运放输出为高电平 U_{OH}；若 $u_P < u_N$，运放输出为低电平 U_{OL}。

5.4.1 简单电压比较器

电压比较器是将输入的模拟信号和基准电压（参考电压 U_{REF}）进行比较，比较的结果（大或小）通常由输出的高电平 U_{OH} 或低电平 $-U_{OL}$ 来表示。

利用电压比较器可以实现波形变换，例如在指尖脉搏测量中给指尖脉搏波设一个阈值，高于阈值时，输出高电平，低于阈值时输出低电平，就得到一组方波，只要计算脉冲周期，就可以计算出心率。

简单电压比较器的基本电路如图 5-23（a）所示，其反相输入端接参考电压 U_{REF}。同相输入端接输入信号 u_I。该电路属于同相输入电压比较器。显然电路中的运放工作在开环状态。

由于运放工作在开环状态，而开环电压增益很高，受电源电压的限制，这时，只要输入信号 $u_I < U_{REF}$，输出即为低电平 $u_O = -U_{OL}$，只要 $u_I > U_{REF}$，输出即为高电平 $u_O = U_{OH}$。其输出电压和输入电压的关系，称为传输特性，如图 5-23（b）中实线所示。

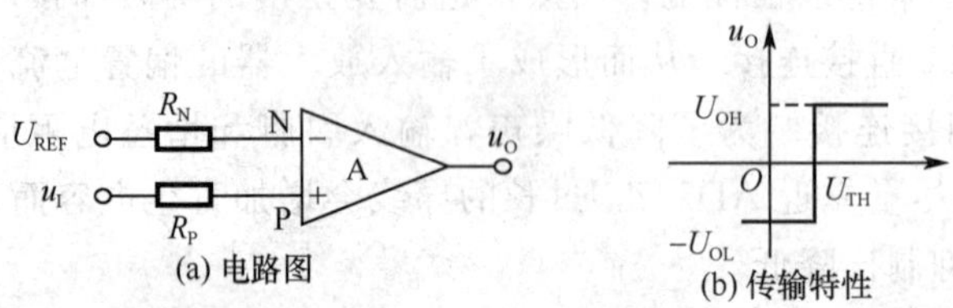

图 5-23 简单电压比较器

在电压比较器中，通常把使输出电压从一个电平跳变到另一个电平时对应的临界输入电压称为阈值电压或门限电压，简称为阈值，用符号 U_{TH} 表示。对简单比较器，有 $U_{TH} = U_{REF}$。

若参考电压 U_{REF} 为 0，即反向输入端接地，如图 5-24（a）所示，称过零比较器。当 $u_I > 0$ 时，电压比较器输出高电平；当 $u_I < 0$ 时，电压比较器输出低电平。电路的传输特性如图 5-24（b）所示。

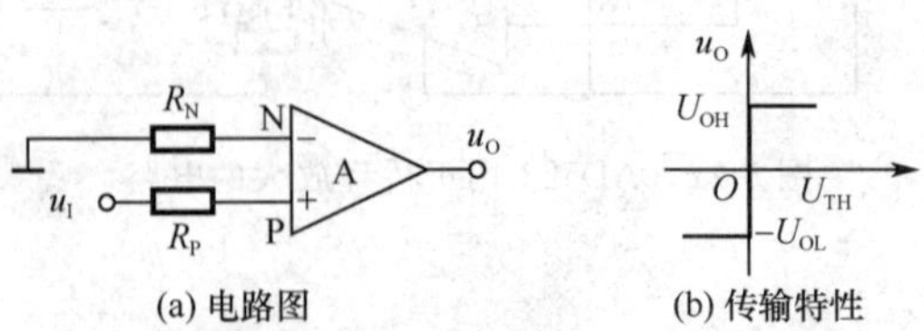

图 5-24 过零电压比较器

在实际应用中，为了使运放的输出电压和负载电压相配合，需要限制运放输出端的电压幅值。具体方法是在比较器的输出端接入双向稳压管 VZ 进行双向限幅，如图 5-25 所示，R_Z 为稳压管限流电阻，当 $u_I > U_{REF}$，输出即为高电平 $u_O = +U_Z$，当 $u_I < U_{REF}$，输出即为低电平 $u_O = -U_Z$。

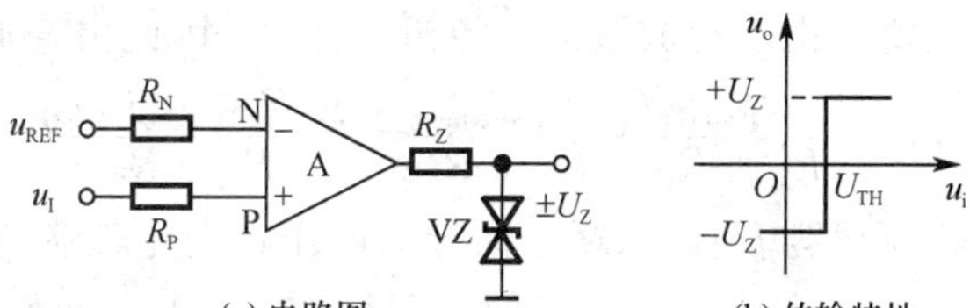

(a) 电路图　(b) 传输特性

图 5-25　限幅的简单电压比较器

利用过零比较器可以把正弦波变为方波（正、负半周对称的矩形波）。

【例 5-3】 设计一个简单电压比较器，要求如下。

(1) $U_{REF} = +2V$；

(2) 输出低电平大约－6V，输出高电平约为＋0.7V；

(3) 当输入电压大于＋2V 时，输出为低电平。

解：因为输入电压大于＋2V 时，输出为低电平，故输入信号应加在反相输入端，则同相输入端为参考电压＋2V。

又因为输出低电平约为－6V，输出高电平约为＋0.7V，故可采用具有限幅作用的半导体器件硅稳压管接在输出端，它的稳定电压为 6V。当输出高电平时，作为普通二极管使用，输出电压为＋0.7V；当输出低电平时，作为稳压管使用，输出电压为－6V。电路如图 5-26 所示。

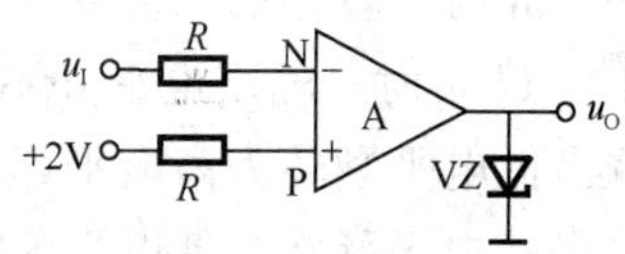

图 5-26　【例 5-3】的电压比较器

5.4.2　迟滞电压比较器

简单电压比较器结构简单，灵敏度高，但抗干扰能力差。例如，对于图 5-23 (a) 所示电路，当输入信号 u_I 在接近于阈值 U_{TH} 附近包含有干扰或噪声而自身并没有实质性变化时，输出电压将反复从一个电平变到另一个电平，显然这是不真实的，也是不希望得到的结果，在实际运用时也是不允许出现的。采用迟滞比较器可以解决这一问题。

迟滞比较器电路如图 5-27 (a) 所示，由于输入信号由反相端加入，因此为反相迟滞比较器。为限制和稳定输出电压幅值，在电路的输出端并接了两个互为串联反向连接的稳压二极管。

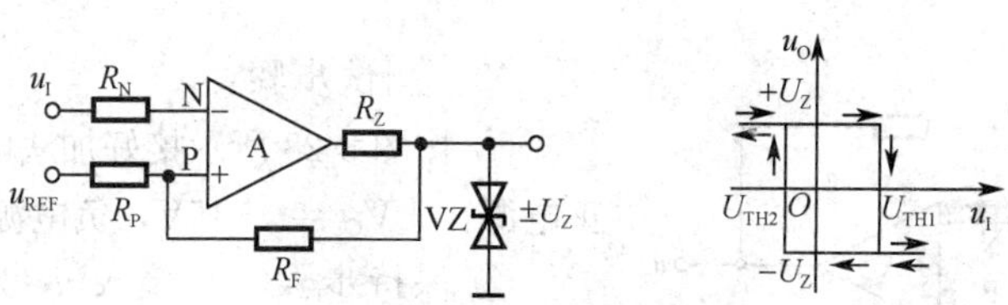

(a) 电路图　(b) 传输特性

图 5-27　带限幅的迟滞电压比较器

该电路与简单电压比较器的关键不同之处在于通过 R_F 将输出信号引到同相输入端。这种电路结构形成正反馈，使运放工作在非线性区，电路的输出只有两种取值 $u_O=\pm U_Z$。输出端的高、低电平反馈到同相输入端所产生的比较电压 u_P 起始值不同，即迟滞比较器有两个阈值。由于运放输入电流近似为 0，因此由叠加定理可得

$$u_P=\frac{R_P u_O}{R_P+R_F}+\frac{R_F U_{REF}}{R_P+R_F}=\frac{R_F U_{REF}+R_P u_O}{R_P+R_F} \tag{5-23}$$

设稳压二极管的稳压值为 U_Z，忽略正向导通电压，则比较器的输出高电平 U_Z，输出低电平 $-U_Z$。当 $u_O=U_Z$ 时，由式（5-22）可得所对应的 u_P 起始值即阈值为

$$U_{TH1}=\frac{R_F U_{REF}+R_P U_Z}{R_P+R_F} \tag{5-24}$$

当 $u_O=U_{OL}\approx -U_Z$ 时，由式（5-22）可得所对应的 u_P 起始值即另一阈值为

$$U_{TH2}=\frac{R_F U_{REF}-R_P U_Z}{R_P+R_F} \tag{5-25}$$

显然有 $U_{TH1}>U_{TH2}$。

设一开始 $u_I=u_N$ 很小，$u_N<u_P$，则比较器输出高电平 $u_O=U_{OH}$，此时比较器的阈值为 U_{TH1}；当增大 u_I 直到 $u_I=u_N>U_{TH1}$ 时，才有 $u_O=U_{OL}$，输出高电平翻转为低电平，此时比较器的阈值变为 U_{TH2}；若 u_I 反过来又由较大值（$>U_{TH1}$）开始减小，在略小于 U_{TH1} 时，输出电平并不翻转，而是减小 u_I 直到 $u_I=u_N<U_{TH2}$ 时，才有 $u_O=U_{OH}$，输出低电平翻转为高电平，此时比较器的阈值又变为 U_{TH1}。以上过程可以简单概括为，输出高电平翻转为低电平的阈值为 U_{TH1}，输出低电平翻转为高电平的阈值为 U_{TH2}。由上述分析可得到迟滞比较器的传输特性，如图 5-27（b）所示。

由于迟滞比较器输出高、低电平相互翻转的阈值不同，因此具有一定的抗干扰能力。当输入信号值在某一阈值附近时，只要干扰量不超过两个阈值之差的范围，输出电压就可保持高电平或低电平不变。

5.5 技能训练

5.5.1 加法电路的测试

（1）测试设备：模拟电路综合测试台 1 台，0～30V 直流稳压电源 1 台，函数信号发生器 1 台，双踪示波器 1 台，数字万用表 1 块。

（2）测试电路：图 5-28 所示加法电路，电路中 R_1、R_2 和 R_f 均为 1kΩ，运放为 MC4558。

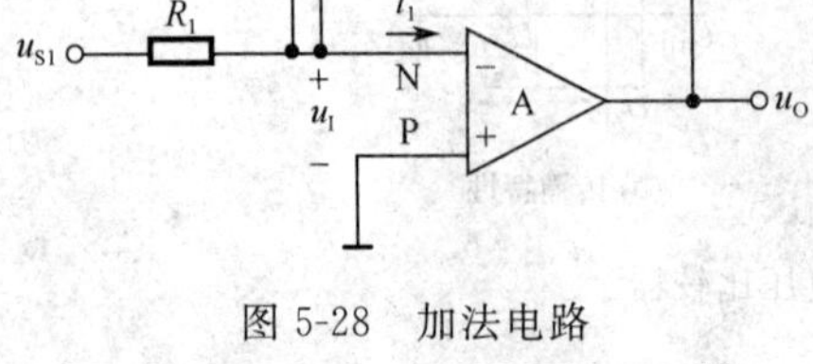

图 5-28 加法电路

（3）测试步骤：

① 按图 5-28 所示接好加法电路，并接入电源：正电源：$+V_{CC}=+15V$，负电源：$-V_{CC}=-15V$。

② 保持步骤①，接入 u_{S1} 为 0.1V，5kHz 的正弦波信号，不接 u_{S2}。

③ 保持步骤②，用示波器 DC 输入端观察输出、输入电压波形，画出各波形并记录。

结论：输出电压幅值与输入电压幅值________（基本相等/相差很大），即电压放大倍数与 R_f/R_1 值________（基本相等/相差很大），且输出电压与输入电压相位________（相同/相反）。

④ 保持步骤③，将 R_f 改为 2kΩ，用示波器 DC 输入端观察输出、输入电压波形，画出各波形并记录。

结论：输出电压幅值基本等于输入电压幅值的________（0.5 倍/1 倍/2 倍），即电压放大倍数与 R_f/R_1 值________（基本相等/相差很大）。

⑤ 保持步骤④，将 R_f 改为 1kΩ。

⑥ 保持步骤⑤，接入 u_{S1} 和 u_{S2} 均为 0.1V、5kHz 的正弦波信号，用示波器 DC 输入端观察输出电压和输入电压 u_{S2} 波形，画出各波形并记录。

结论：该电路________（能/不能）实现输入电压相加 [$u_O=-(u_{S1}+u_{S2})$]，且输出电压相对于输入电压是________（正极性的/负极性的）。

⑦ 保持步骤⑥，改接 u_{S2} 为 1V、500Hz 的方波信号，用示波器 DC 输入端观察输出电压和输入电压 u_{S2} 波形，并记录各波形。

5.5.2　减法电路的测试

（1）测试设备：模拟电路综合测试台 1 台，函数信号发生器 1 台，双踪示波器 1 台，低频毫伏表 1 只，0～30V 直流稳压电源 1 台，数字万用表 1 块。

（2）测试电路：图 5-29 所示减法电路，电路中 R_1、R_2、R_{f1} 和 R_{f2} 均为 1kΩ，运放为 MC4558。

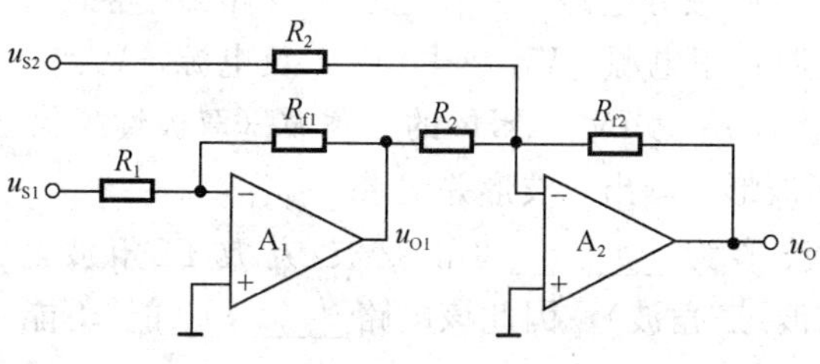

图 5-29　减法电路

（3）测试步骤：

① 按图 5-29 所示接好减法电路，并接入电源：正电源 $+V_{CC}=+15V$，负电源 $-V_{CC}=-15V$。

② 保持步骤①，接入 u_{S1} 和 u_{S2} 均为 0.1V、5kHz 的正弦波信号，用示波器 DC 输入端观察输出、输入电压波形，画出各波形并记录。

结论：输出电压幅值与输入电压幅值相比________（基本为 0/基本相等/要大得多），即该电路________（能/不能）实现输入电压相减（$u_O=u_{S1}-u_{S2}$）。

③ 保持步骤②，改接 u_{S2} 为 1V、500Hz 的方波信号，用示波器 DC 输入端观察输出电压和输入电压 u_{S2} 波形，并记录各波形。

5.5.3　积分电路的测试

（1）测试设备：模拟电路综合测试台 1 台，函数信号发生器 1 台，双踪示波器 1

台，低频毫伏表 1 只，0～30V 直流稳压电源 1 台，数字万用表 1 块。

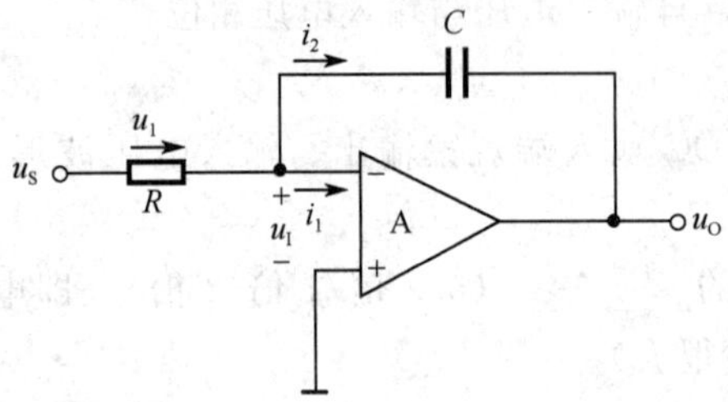

图 5-30 积分电路

(2) 测试电路：图 5-30 所示积分电路，电路中 R 为 1kΩ，C 为 0.1μF，运放为 MC4558。

(3) 测试步骤：

① 按图 5-30 所示接好积分电路，并在 C 两端并接一个 100 kΩ 电阻（引入负反馈并启动电路，该电阻取值应尽可能大，但也不宜过大），并接入电源：正电源 $+V_{CC}= +15V$，负电源 $-V_{CC}=-15V$。

② 保持步骤①，接入 u_S 为 1V、1kHz 的方波（双极性）信号，用示波器 DC 输入端观察输出、输入电压波形，画出各波形并记录：输入电压波形为________（正弦波/方波/三角波），而输出电压波形为________（正弦波/方波/三角波），因此该电路________（能/不能）实现积分运算。

5.5.4 微分电路的测试

(1) 测试设备：模拟电路综合测试台 1 台，函数信号发生器 1 台，双踪示波器 1 台，低频毫伏表 1 只，0～30V 直流稳压电源 1 台，数字万用表 1 块。

(2) 测试电路：图 5-31 所示微分电路，电路中 R 为 1kΩ，C 为 0.1μF，运放为 MC4558。

(3) 测试步骤：

① 按图 5-31 所示接好微分电路，并在电容 C 支路中串接一个 51Ω 电阻（防止产生过冲响应），并接入电源：正电源 $+V_{CC}=+15V$，负电源 $-V_{CC}=-15V$。

② 保持步骤①，接入 u_S 为 1V、1kHz 的三角波（双极性）信号，用示波器 DC 输入端观察输出、输入电压波形，画出各波形并记录。

结论：输入电压波形为________（正弦波/方波/三角波），而输出电压波形为________（正弦波/方波/三角波），因此该电路________（能/不能）实现微分运算。

5.5.5 简单电压比较器的测试

(1) 测试设备：模拟电路综合测试台 1 台，0～30V 直流稳压电源 1 台，数字万用表 1 块。

(2) 测试电路：图 5-32 所示简单电压比较器电路，电路中运放为 MC4558。

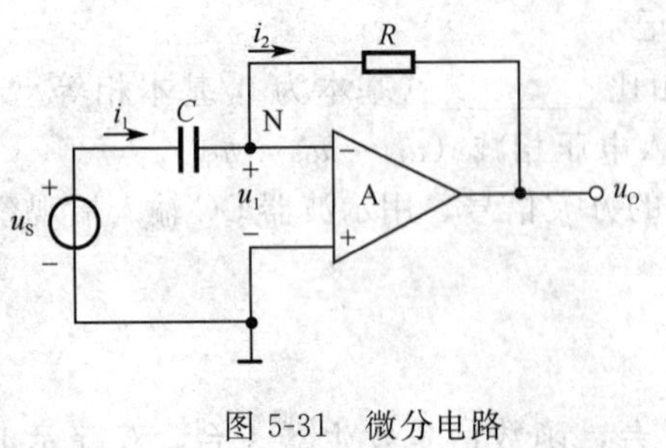

图 5-31 微分电路

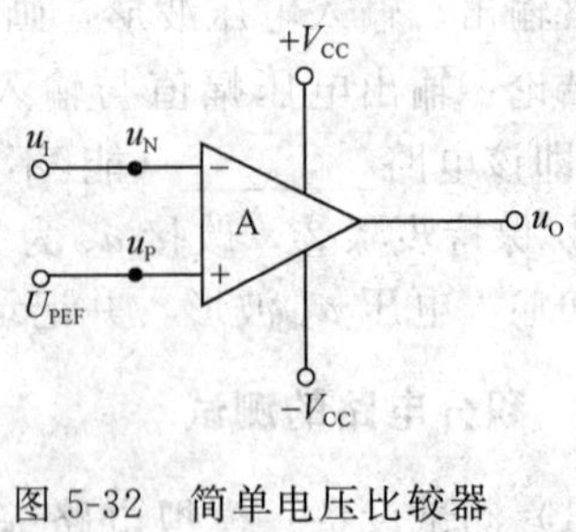

图 5-32 简单电压比较器

（3）测试步骤：

① 按图 5-31 所示接好电路，两输入端分别串接一个 1kΩ 电阻，并接入电源：正电源 $+V_{CC}=+15V$，负电源 $-V_{CC}=-15V$。

② 保持步骤①，接入 $U_{REF}=2V$（用数字万用表精确测量）的直流电压。

③ 保持步骤②，接入 $u_I=3V$，用万用表测量输出直流电压大小，并记录：$u_O=$ ________ V，________（输出高电平 u_{OH}/输出低电平 $-u_{OL}$）。

④ 保持步骤③，接入 $u_I=1V$，用万用表测量输出直流电压大小，并记录：$u_O=$ ________ V，________（输出高电平 u_{OH}/输出低电平 $-u_{OL}$）。

⑤ 保持步骤④，微调 u_I，使 u_I 在 1V 至 3V 之间变化，用万用表测量并观察输出直流电压的变化情况，并记录：恰好出现高电平向低电平翻转或低电平向高电平翻转时的 $u_I=$ ________ V（精确测量），此值与 U_{REF} 值________（很接近/有较大差距）。

结论：该电路________（能/不能）实现电压比较的作用。

5.5.6 迟滞电压比较器的测试

（1）测试设备：模拟电路综合测试台 1 台，0～30V 直流稳压电源 1 台，数字万用表 1 块。

（2）测试电路：图 5-33 所示积分电路，电路中 R_1、R_2 为 1kΩ，R_3 为 3.3kΩ，R_4 为 330Ω，VZ 为 IN4740（$U_Z=10V$），运放为 MC4558。

（3）测试步骤：

① 接好图 5-33 所示电路，并接入电源：正电源 $+V_{CC}=+15V$，负电源 $-V_{CC}=-15V$。

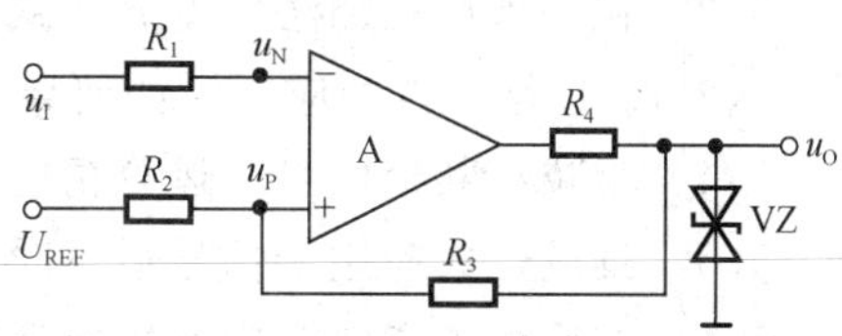

图 5-33　迟滞比较器

② 保持步骤①，接入 $u_I=U_{REF}=0$（直接接地），用万用表测量输出直流电压大小，并记录：$u_O=$ ________ V，为________（输出高电平 U_{OH}/输出低电平 $-U_{OL}$）。

③ 保持步骤②，微调 u_I，使 u_I 在 ±1V 之间变化，用万用表测量并观察输出直流电压的变化情况，并记录：u_O ________（无变化/产生翻转）。

结果表明，该比较器________（具有/不具有）抗干扰能力。

④ 保持步骤③，微调 u_I，使 u_I 在 ±5V 之间变化，用万用表测量并观察输出直流电压的变化情况，绘出该比较器的传输特性。

结论：该电路________（能/不能）实现迟滞电压比较的作用。

知识小结

- 集成运算放大器采用集成电路工艺制成，是具有高增益的直接耦合多级放大器。它一般由输入级、中间级、输出级和偏置电路四部分组成。为了抑制温漂和提高共模抑制比，常采用差动式放大电路作为输入级，中间为电压增益级，互补对称电压跟随电路常用作输出级，电流源电路构成偏置电路。

• 差动式放大电路是集成运算放大器的重要组成单元，它既能放大直流信号，又能放大交流信号；它对差模信号具有很强的放大能力，对共模信号具有很强的抑制能力。

• 集成运放是模拟集成电路的典型组件。对它的内部电路只要求作定性了解，目的在于掌握它的主要技术指标，能根据电路系统的要求进行正确地选用。

• 集成运放的应用。

◆ 基本运算电路是由集成运放接成负反馈的电路形式而实现的，可实现加、减、积分和微分等多种模拟信号的运算，此时运放工作在线性工作区域内。分析这类电路可用“虚短”和“虚断”这两个重要概念，以求出输出与输入之间的关系。

◆ 比较器通常是由集成运放接成开环或正反馈的电路形式而实现的，此时运放工作在非线性工作区域内，输出电压受电源电压限制，且通常为二值电平（非高即低）。比较器常用于比较信号大小、开关控制、波形整形和非正弦波信号发生器等电路中。

思考与练习

5.1 运算放大器的主要组成是怎样的？它在性能上（电压放大倍数、输入电阻、输出电阻等）有哪些特点？

5.2 如何定义共模抑制比 K_{CMR}？在差分放大电路中，为什么用 K_{CMR} 作为它的重要性能指标之一？K_{CMR} 值的高低各代表什么物理意义？

5.3 在分析反相加法、差分式减法、反相积分和微分电路中，所根据的基本概念是什么？KCL 是否得到应用？如何导出它们输入与输出的关系？

5.4 为减小共模信号对运算精度的影响，应选用何种运算电路和何种运放？

5.5 集成运放应用于信号运算时工作在什么区域？

5.6 在反相求和电路中，集成运放的反相输入端是如何形成虚地的？该电路属于何种反馈类型？

5.7 如图 5-34 所示电路，A 为理想线性组件，试求输出电压和输入电压的运算关系式。

5.8 求图 5-35 所示电路的输出电压 u_O，设运放是理想的。

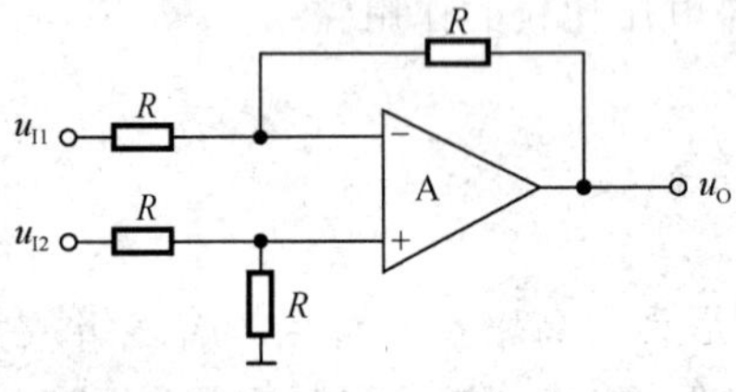

图 5-34 习题 5.7 图

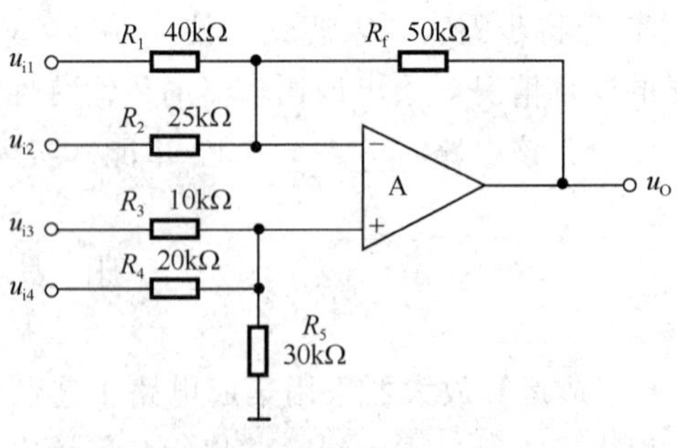

图 5-35 习题 5.8 图

5.9 设计一个运算电路，要求输出电压和输入电压的运算关系式为 $u_O=5u_{I2}-10u_{I1}$。

5.10　图 5-36 所示为积分求和运算电路，设运放是理想的，试推导输出电压与各输入电压的关系式。

5.11　实用积分电路如图 5-37 所示，设运放和电容均为理想的。

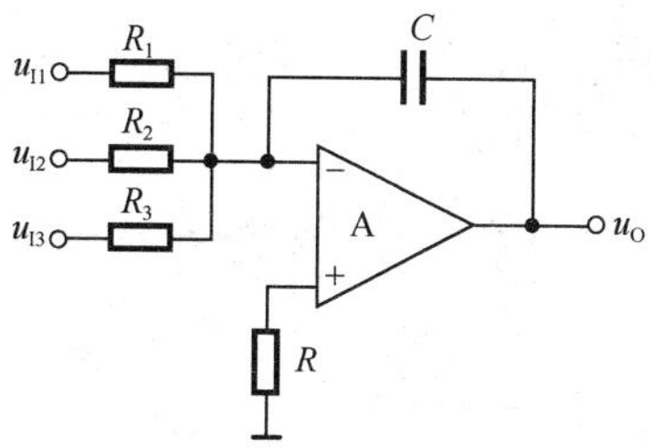

图 5-36　习题 5.10 图

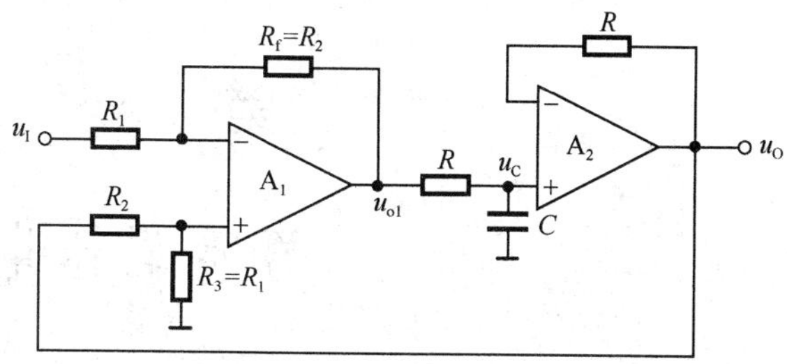

图 5-37　习题 5.11 图

(1) 试求证：$u_O=-\dfrac{R_2}{R_1RC}\int u_I\mathrm{d}t$。

(2) 说明运放 A_1、A_2 各起什么作用。

5.12　求图 5-38 (a) 所示比较器的阈值，画出传输特性。若输入电压 u_I 波形如图 5-38 (b) 所示时，画出 u_O 波形（在时间上必须与 u_I 对应）。

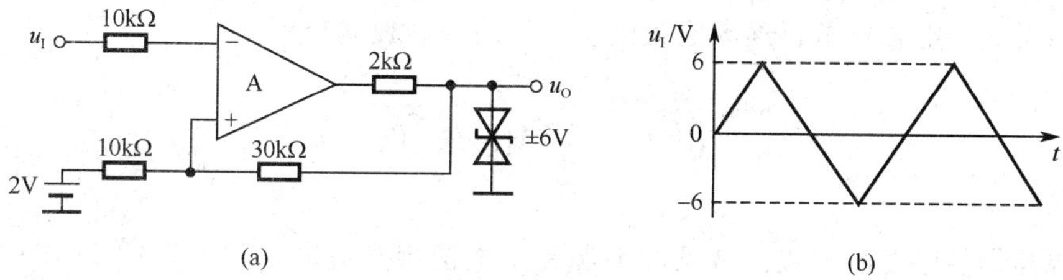

图 5-38　习题 5.12 图

第6章

直流稳压电源

在各种电子电路中，通常需要直流电源。前面各章介绍的晶体管放大器、集成运算放大器和功率放大器等，用的都是直流电源供电，而发电厂、变电站输送的是交流电，这就需要将交流电变成直流电。直流稳压电源能够将电网提供的交流电转换成稳定的直流电，作为各种电子电路的直流电源。

直流稳压电源作为直流能量的提供者，它的性能直接影响整个电子产品的精度、稳定性和可靠性。随着电子技术的发展，直流稳压电源由传统的线性稳压式发展到今天的开关式稳压式，电源技术正逐渐成为电子学科的一个独立分支。

6.1 应用示例

电源是提供电能的装置。常见的电源是干电池（直流电）和家用的110～220V交流电源。电池是直流电源的一种早期产品，其使用灵活、方便，曾获得广泛的应用。但是，由于电池本身存在成本高、供电电流小、使用时间短、电压不够稳定等致命缺点，大大限制了它的应用范围。直流稳压电源作为提供直流能量的装置，在各种电子设备中，有着极其重要的地位。

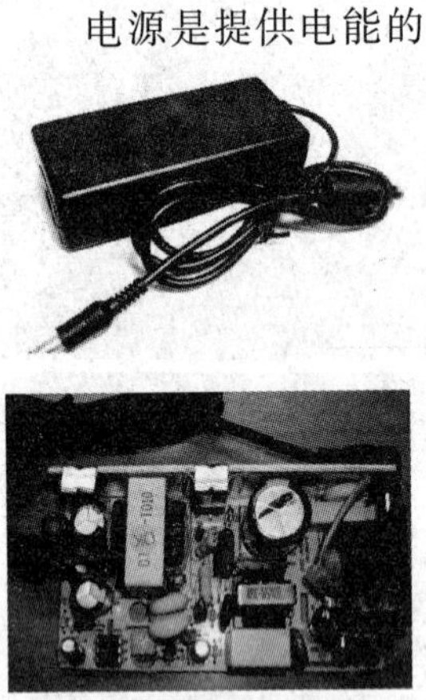

图 6-1 电源适配器和电路板

电源适配器是小型便携式电子设备及电子电器的供电电源变换设备，如图 6-1 所示，把 220V AC（市电）转换成低压供身边的电子产品使用，是各种电器（如手机、笔记本电脑）必配装置，把适配器插到 220V 电源插座上，它就可以向电器提供直流电。图 6-2 所示为±12V 直流稳压电源电路。

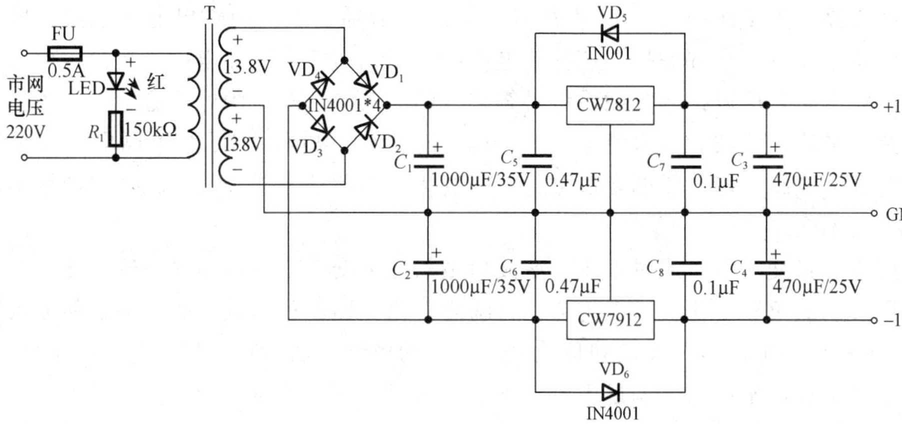

图 6-2　±12V 直流稳压电源电路

6.2　直流稳压电源的基本概念

在电子电路及设备中，一般都需要稳定的直流电源供电。本章所介绍的直流电源为单相小功率电源，它能将频率为 50Hz、有效值为 220V 的单相交流电压转换成为幅值稳定、输出电流为几十毫安的直流电压。当电网波动或负载改变使输出电压变化时，直流稳压电源的输出电压保持基本稳定。它作为直流能量的提供者，在各种电子设备中有着极其重要的地位，其性能直接影响着整个电子产品的精度、稳定性和可靠性。

6.2.1　直流稳压电源的组成

直流稳压电源由电源变压器、整流电路、滤波电路、稳压电路等部分组成，其组成框图如图 6-3 所示。各部分的作用如下。

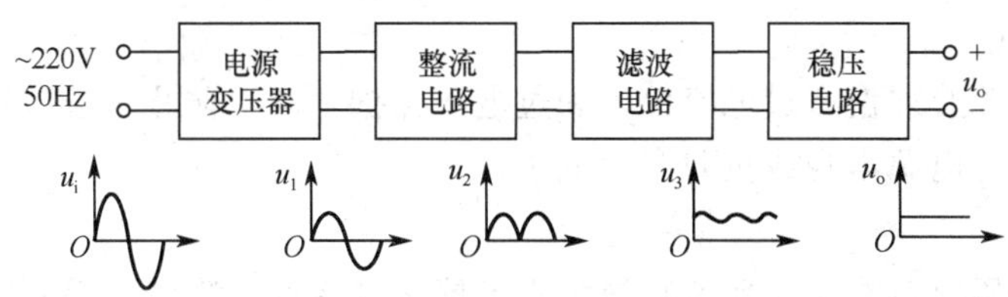

图 6-3　直流稳压电源的组成框图

电源变压器：由于交流电网提供的 220V（有效值）电压相对较大，大多数电子设备所需的直流电压一般为几至几十伏，电源变压器的作用是将输入的 220V 的交流电压 u_i 进行降压，将变压器的二次电压降到和电路的输出直流电压同一个数量级的电压 u_1。另外，变压器还可以起到将直流电源与电网隔离的作用。

整流电路：把方向、大小都变化的正弦交流电 u_1 变成单一方向的脉动电压 u_2。这种脉动电压中包含有较大的直流电压成分，但是这种单向脉动电压往往同时包含很大的交流成分，需要进一步滤除交流量。

滤波电路：为了减小电压 u_2 的脉动，需通过低通滤波，使输出电压平滑。理想情况下，应将交流分量全部滤掉，使滤波电路的输出电压仅有直流电压。然而，由于滤波电路为无源电路，所以接入负载后势必影响其滤波效果。对电源电压稳定性要求不高的电子电路，整流、滤波后的直流电压 u_3 可以作为供电电源，但是当电网电压或负载电流波动时滤波电路输出电压的幅值也将随之变化，因此还需要稳压措施，以使输出电压能基本保持不变。

稳压电路：交流电压通过整流、滤波后虽然变为交流分量较小的直流电压，但是当电网电压波动或负载变化时，平均值也将随之变化。因此稳压电路的功能是使输出直流电压 u_O 基本不受电网电压波动和负载电阻变化的影响，从而获得足够高的稳定性。

从原理上看，至此已能满足用电设备的要求，但从实践角度看，由于偶然因素和误操作的可能性，当负载短路或输出电流过大时，为避免恒压源被烧坏，必须具有快速自我保护功能，因此在稳压电路后面还需要接有过载保护电路。

6.2.2 直流稳压电源的性能指标

直流稳压电源的性能指标分为两类。一类为特性指标，例如输出电压 U_O、输出电流 I_O 及输出电压的调节范围等；另一类为质量指标，包括稳压系数、输出电阻、温度系数和纹波电压等。

1. 特性指标

1）输出电压 U_O 和电压调节范围

有些场合需要使用输出电压固定的电源，有些场合则需要使用输出电压可调的电源，具体使用哪种电源要视情况而定。对于需要固定电源的设备，其稳定电压的调节范围最好小一些，即电压值一旦调好就不再改变。通用电源其输出电压值范围一般从 0V 起调，且连续可调。

2）保护特性

直流稳压电源必须设有过电流保护和过电压保护电路，防止负载电流过载或短路以及电压过高时，对电源本身或负载产生危害。

3）效率 η

这里是指稳压电源将交流能量转换为直流能量的效率。降低调整管的功耗可以有效地提高效率并提高电源工作的可靠性。

4）过冲幅度

由于交流供电电源和负载的瞬变而引起输出电压超出稳定区，称为过冲。输出电压偏高额定值的最大幅度称为过冲幅度。

2. 质量指标

通常稳压电源的输出电压 U_O 的波动主要受输入电压 U_I、负载电流 I_O 和环境温度 T（℃）这三个因素变化的影响，因此有

$$U_O = f(U_I, I_O, T)$$

则输出电压的变化量可表示为

$$\Delta U_O = \frac{\partial U_O}{\partial U_I}\Delta U_I + \frac{\partial U_O}{\partial I_O}\Delta I_O + \frac{\partial U_O}{\partial T}\Delta T \tag{6-1}$$

或

$$\Delta U_O = S_u \Delta U_I - R_o \Delta I_O + S_T \Delta T$$

上式中的三个变量的系数即为直流稳压电源的三项质量指标 S_u、R_o、S_T。显然，这些参数值越小越好。

1）输入电压调整因素 S_u 和稳压系数 S_γ

通常将整流滤波后输入电压的变化量与所引起的输出电压变化量之比，称为输入电压调整因素，即

$$S_u = \left.\frac{\Delta U_O}{\Delta U_I}\right|_{\Delta T=0,\Delta I_O=0} \tag{6-2}$$

实际上常用输出电压的相对变化量和输入电压的相对变化量之比来表征电源的稳压性能，称之为稳压系数 S_γ，即

$$S_\gamma = \left.\frac{\Delta U_O/U_O}{\Delta U_I/U_I}\right|_{\Delta T=0,\Delta I_O=0} \tag{6-3}$$

或

$$S_\gamma = S_u \frac{U_O}{U_I} \tag{6-4}$$

2）输出电阻 R_o

输出电压变化量和负载电流变化量之比，定义为输出电阻，记为

$$R_o = \left.\frac{-\Delta U_O}{\Delta I_O}\right|_{\Delta T=0,\Delta U_I=0} \tag{6-5}$$

式中负号表示 ΔU_O 与 ΔI_O 变化方向相反。

3）温度系数 S_T

单位温度变化所引起的输出电压变化就是稳压值的温度系数或称温度漂移。记为

$$S_T = \left.\frac{\Delta U_O}{\Delta T}\right|_{\Delta I_O=0,\Delta U_I=0} \tag{6-6}$$

4）纹波电压 U_γ

在额定工作电流的情况下，输出电压中交流分量总和的有效值称为纹波电压 U_γ。

一般常用稳压系数 S_γ、输出电阻 R_o 这两个指标。对于一个高性能的稳压电路来说，上面所述的四项指标，都是越小越好。

6.3 整流与滤波电路

6.3.1 半波整流电路

整流电路是指利用二极管的单向导电性，将交流电变成单向脉动电压的电路。在小功率直流电源中，经常采用单相半波整流电路和桥式整流电路。

半波整流电路由电源变压器、整流二极管和用电负载组成，半波整流电路如

图 6-4（a）所示。设变压器二次线圈的交流电压为 u_2，u_O 为脉动直流电压输出。为分析方便起见，可设负载为纯阻性的，二极管为理想状况，即加正向电压导通，且正向电阻为零，外加反向电压截止，且反向电流为零，变压器无损耗。

1. 工作原理

图 6-4 中 T 为电源变压器，它的作用是将交流电网电压 u_1 变成整流电路要求的交流电压 u_2，R_L 为负载电阻，VD 为整流二极管，它是整流电路的关键器件，主要是靠它的单向导电性完成整流任务。

在电压 u_2 的正半周（设 a 端为正、b 端为负时是正半周），二极管 VD 正向导通，输出电压 $u_O=u_2$；在电压 u_2 的负半周（a 端为负、b 端为正时是负半周），二极管 VD 反向截止，输出电压 $u_O=0$。u_2 和 u_O 的波形如图 6-4（b）所示，显然，输入电压是双极性，而输出电压是单极性，且是半波波形，输出电压与输入电压的幅值基本相等。

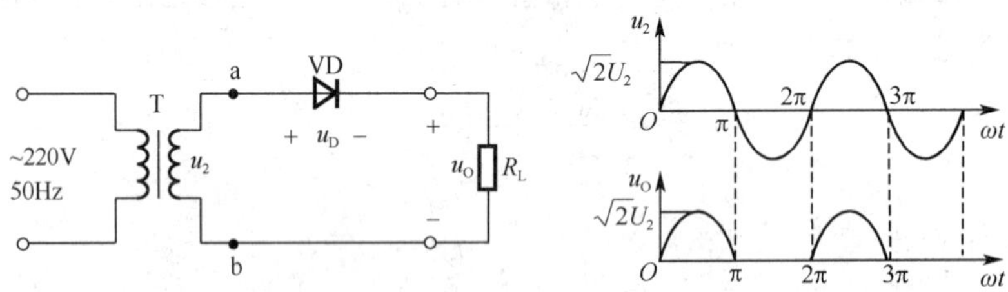

(a) 电路图　　(b) 波形图

图 6-4　半波整流电路

2. 主要参数计算

在研究整流电路时，主要考查整流电路输出电压平均值（即负载上的直流电压 $U_{O(AV)}$）和输出电流平均值（即负载上的直流电流 $I_{L(AV)}$）这两项指标。

设变压器二次电压 $u_2=U_{2m}\sin\omega t=\sqrt{2}U_2\sin\omega t$，其中 U_{2m} 为其幅值，U_2 为有效值。从图 6-4（b）所示波形可知，当 $\omega t=0\sim\pi$ 时，$u_O=\sqrt{2}U_2\sin\omega$；当 $\omega t=\pi\sim 2\pi$ 时，$u_O=0$。所以，求解 u_O 的平均值 $U_{O(AV)}$，就是将 $0\sim\pi$ 的电压平均在 $0\sim 2\pi$ 间隔之中。

由理论分析可得，输出单向脉冲电压的平均值即直流分量为

$$U_{O(AV)}=\frac{1}{2\pi}\int_0^{\pi}\sqrt{2}U_2\sin\omega t\,d(\omega t)$$

解得

$$U_{O(AV)}\approx 0.45U_2 \tag{6-7}$$

负载电流的平均值为

$$I_{O(AV)}=\frac{U_O}{R_L}=\frac{0.45U_2}{R_L}$$

显然，输出电压中除了直流成分外，还含有丰富的交流成分基波和谐波（这里可通称为谐波），这些谐波的总和称为纹波，它叠加于直流分量之上。常用纹波系数 γ 来表示直流输出电压相对纹波电压的大小，即

$$\gamma = \frac{U_{O\gamma}}{U_{O(AV)}} \tag{6-8}$$

式中，$U_{O\gamma}$为谐波电压总有效值，其值应为

$$U_{O\gamma} = \sqrt{U_{O1}^2 + U_{O2}^2 + \cdots} = \sqrt{\frac{1}{2}U_2^2 - U_{O(AV)}^2} \tag{6-9}$$

由式（6-7）～式（6-9）通过计算可得，$\gamma \approx 1.21$。由结果可见，半波整流电路的输出电压纹波较大。

3. 整流器件选择

在整流电路中，一般应根据流过二极管电流的平均值和它所承受的最大反向电压来选择二极管的型号。

在单相半波整流电路中，二极管的正向平均电流等于负载电流平均值，即

$$I_{DO} = I_{O(AV)} = \frac{0.45U_2}{R_L} \tag{6-10}$$

二极管承受的最大反向电压等于变压器二次线圈的峰值电压，即

$$U_{RM} = \sqrt{2}U_2 \tag{6-11}$$

因此对于半波整流电路中的二极管安全工作条件如下。

（1）二极管的最大整流电流必须大于实际流过二极管的平均电流，即

$$I_{FM} > I_{DO} = \frac{U_{O(AV)}}{R_L} = \frac{0.45U_2}{R_L}$$

（2）二极管的最大反向工作电压 U_R 必须大于二极管实际所承受的最大反向峰值电压 U_{Rmax}，即

$$U_R > U_{Rmax} = \sqrt{2}U_2$$

单相半波整流电路简单易行，所用二极管数量少。但是，由于它只利用了交流电压的半个周期，所以输出电压低，交流分量大（即脉动大），效率低。因此，这种电路仅适用于负载电流较小、对脉动要求不高的场合。

6.3.2 单相桥式整流电路

为了克服单相半波整流电路的缺点，在实用电路中多采用单相全波整流电路，最常用的是单相桥式整流电路。单相桥式整流电路如图 6-5（a）所示，图 6-5（b）是它的简便画法。

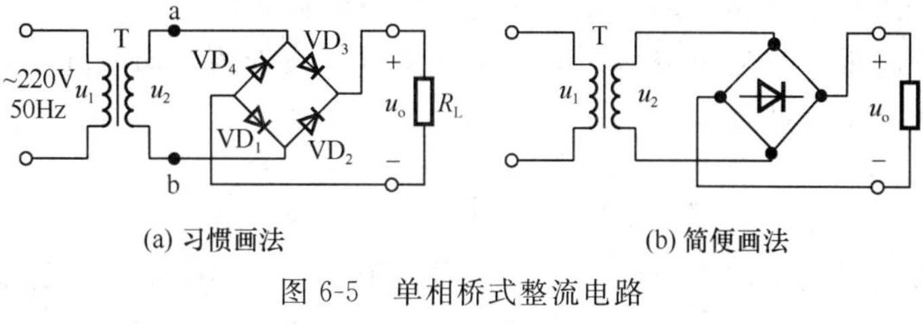

(a) 习惯画法　　(b) 简便画法

图 6-5　单相桥式整流电路

1. 工作原理

设变压器二次电压 $u_2=U_{2m}\sin\omega t=\sqrt{2}U_2\sin\omega t$，其中 U_{2m} 为其幅值，U_2 为有效值。在电压 u_2 的正半周期（设 a 端为正、b 端为负时为正半周）时，二极管 VD_1、VD_3 导通，VD_2、VD_4 截止；在电压 u_2 的负半周期时，二极管 VD_2、VD_4 导通，VD_1、VD_3 截止。u_2 和 u_O 的波形如图 6-6 所示，显然，输入电压是双极性，而输出电压是单极性，且是全波波形，输出电压与输入电压的幅值基本相等。

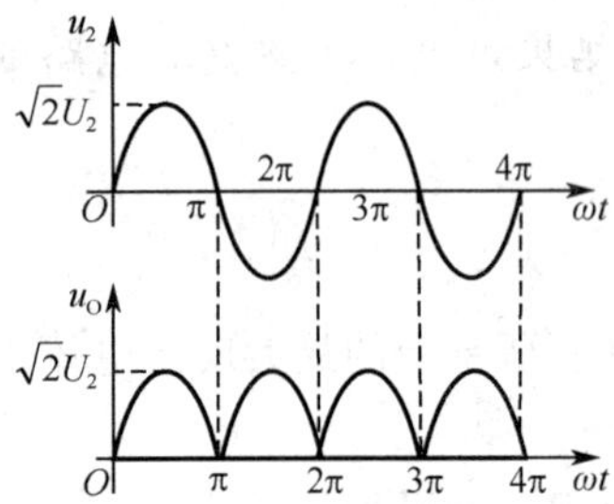

图 6-6 全波桥式整流波形

2. 主要参数计算

设变压器二次电压 $u_2=U_{2m}\sin\omega t=\sqrt{2}U_2\sin\omega t$，其中 U_{2m} 为其幅值，U_2 为有效值。由于桥式整流电路实现了全波整流，它将 u_2 的负半周也利用起来，所以在变压器二次电压有效值相同的情况下，负载上的直流电压是半波整流电路的 2 倍。

由理论分析可得，输出全波单向脉冲电压的平均值即直流分量为

$$U_{O(AV)}=0.9U_2 \tag{6-12}$$

负载电流的平均值为

$$I_O=\frac{U_{O(AV)}}{R_L}=\frac{0.9U_2}{R_L}$$

3. 器件的选择

在桥式整流电路中，每个二极管在电源电压变化一周期内只有半个周期导通，所以流经每个二极管的平均电流为

$$I_D=\frac{1}{2}I_O=\frac{0.9U_2}{2R_L}=0.45\frac{U_2}{R_L} \tag{6-13}$$

在 u_2 正半周时，VD_1、VD_3 导通，VD_2、VD_4 截止。此时 VD_2、VD_4 所承受的最大反向电压均为 u_2 的最大值，即

$$U_{Rmax}=\sqrt{2}U_2 \tag{6-14}$$

同理，在 u_2 负半周时，VD_1、VD_3 也承受同样大小的反向电压。

因此对于桥式整流电路中的二极管安全工作条件如下。

（1）二极管的最大整流电流必须大于实际流过二极管的平均电流。由于四个二极管是两两轮流导通的，因此有

$$I_{FM}>I_D=\frac{0.5U_{O(AV)}}{R_L}=\frac{0.45U_2}{R_L}$$

（2）二极管的最大反向工作电压 U_{RM} 必须大于二极管实际所承受的最大反向峰值电压 U_{Rmax}，即

$$U_{RM}>U_{Rmax}=\sqrt{2}U_2$$

桥式整流电路输出电压高，脉动电压较小，管子所承受的最大反向电压较低，与半波整流电路相同。同时，因电源变压器在正、负半周内都有电流供给负载，电源变压器得到了充分利用，效率较高。因此，这种电路在家用电器、仪器仪表、通信设备、电力控制装置等方面得到了广泛的应用。

6.3.3　滤波电路

整流电路的输出电压虽然是单一方向，但是脉动较大，含有较大的交流成分，不能适应大多数电子电路及设备的需要。因此，一般在整流后，还需要利用滤波电路将脉冲的直流电压变为平滑的直流电压。

能够实现滤波的电路很多，常用的有电容滤波电路、电感滤波电路、*LC* 滤波电路。

1. 电容滤波电路

电容滤波电路是在负载的两端并联一个电容构成的。图 6-7（a）所示为半波整流滤波电路，图 6-7（b）所示为桥式整流滤波电路。由于电容两端电压不会突变，因而负载两端的电压也不会突变，使输出电压得以平滑，达到滤波的目的。

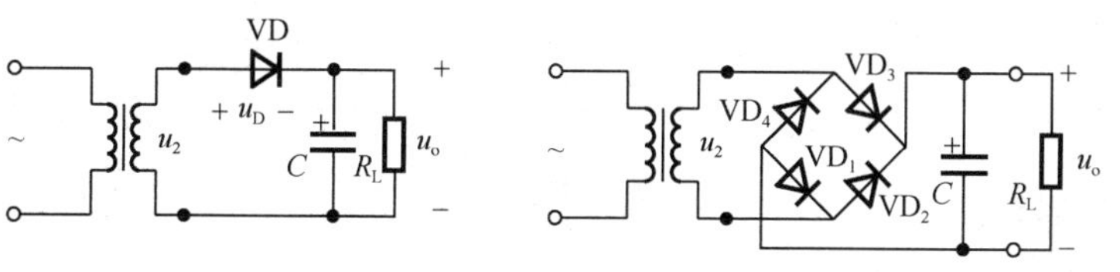

(a) 半波整流滤波电路　(b) 桥式整流滤波电路

图 6-7　电容滤波电路

测试电容滤波

在图 6-7（a）未接滤波电容 C 之前，负载 R_L 上的电压波形如图 6-8 中的虚线所示。在 u_2 的正半周时，二极管 VD 导通，忽略二极管正向压降，则 $u_o = u_2$，这个电压一方面产生负载电流 I_o，一方面给电容充电。由于充电时间常数很小（二极管导通电阻和变压器内阻很小），所以，很快充满电荷，使电容两端电压 U_C 与 u_2 同步上升，并达到 u_2 的峰值。

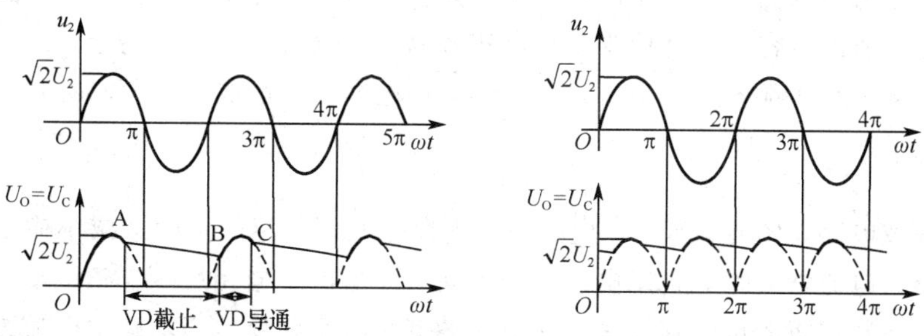

(a) 半波整流电容滤波　(b) 桥式整流电容滤波

图 6-8　电容滤波输出波形

当 u_2 到达峰值后，开始下降，当输入电压下降到低于电容两端的电压时，二极管 VD 反向截止，如图 6-8（a）中 A 点。由于电容要通过 R_L 放电，R_L 的阻值远大于二极管正向内阻，所以放电很慢，电容 C 两端电压 U_C 下降缓慢。当到达图 6-8（a）中 B 点时，u_2 经负半周后又开始上升，当 $u_2>U_C$ 时，电容再次被充电到峰值。到 C 点后，电容 C 再次经 R_L 放电。

充电—放电的过程周而复始，使得整流电路的输出电压 u_o 的脉动程度大大减弱，波形相对平滑，达到了滤波的目的。

图 6-8（b）所示全波整流电容滤波的波形，其工作原理与半波整流电路一样。只不过整流电路的负半周期也得到了利用，输出的是全波脉动直流电，在一个周期内电容要充放电两次，电容向负载放电的时间缩短了，因此输出电压波形比半波整流电容滤波电路波形更加平滑。

由以上分析可得，经过电容滤波之后，输出电压的直流成分提高了，脉动成分减小了，并且电容 C 的放电时间常数越大。放电过程越慢，则输出电压越高，脉动成分越小，滤波效果越好。

电容滤波电路有如下特点。

（1）R_LC 越大，电容放电速度越慢，负载电压中的纹波成分越小，负载平均电压越高。为了得到平滑的负载电压，一般取

$$R_LC \geqslant (3\sim5)\frac{T}{2} \tag{6-15}$$

式中，T 为交流电源电压的周期。

（2）R_L 越小输出电压越小。

若 C 值一定，当 $R_L \to \infty$，即空载时有

$$U_{L0}=\sqrt{2}U_2\approx1.4U_2$$

当 $C=0$，即无电容时有

$$U_{L0}\approx0.9U_2$$

当整流电路的内阻不太大（几欧）和电阻 R_L、电容 C 取值满足式（6-15）时，有

$$U_{L0}\approx(1.1\sim1.2)U_2 \tag{6-16}$$

总之电容滤波的优点是电路简单，负载直流电压 U_L 较高，脉动小。它的缺点是输出特性较差。所以电容滤波适用于负载电压较高、负载变动不大的场合。

由于市电交流电频率较低（50Hz），图 6-6 中电容 C 一般取值较大，在 1000μF 以上。

2. 电感滤波电路

电感滤波电路如图 6-9 所示。电感滤波电路是利用电感的储能来减小输出电压纹波的。当电感中电流增大时，自感电动势的方向与原电流方向相反，自感电动势阻碍了电位的增加，同时也将能量储存起来，使电流的变化减小；反之当电感中电流减少时，自感电动势的作用是阻碍电流的减少，同时释放能量，使电流变化减小，因此，电流的变化小，电压的纹波得到抑制。

关于电感滤波电路的几点结论。

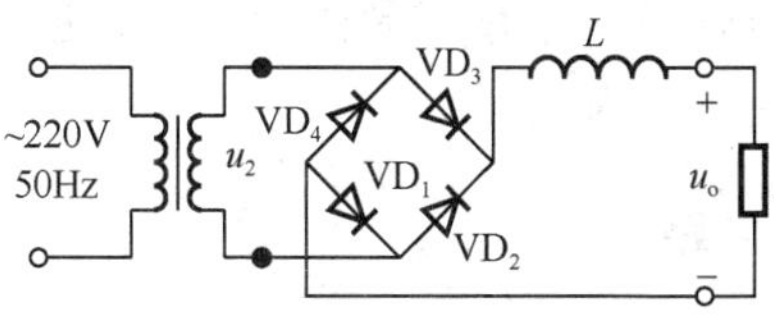

图 6-9　电感滤波电路

测试电感滤波

（1）L 越大、R_L 越小，输出电压纹波越小。

（2）忽略电感内阻，$U_{O(AV)}=0.9U_2$（理论值）。

（3）电感滤波适用于低电压、大电流的场合。

（4）工频电感体积大、重量大、价格高、损耗大、电磁辐射强，因此一般用得少。

由于市电交流电频率较低（50Hz），电路中电感 L 一般取值较大，约几亨以上。

3. 其他滤波电路

为了进一步减小负载电压中的纹波，电感后面可再接一电容而构成倒 L 形滤波电路，如图 6-10 所示。

倒 L 形滤波电路的带负载能力较强，在负载变化时，输出电压比较稳定。同时由于滤波电容接在电感 L 的后面，因此整流二极管不产生浪涌电流冲击。

为了进一步提高滤波效果，可以在倒 L 形滤波电路的输入端再并联一个电容，这就形成了 LC—π 形滤波电路，如图 6-11 所示。它能使输出直流电的纹波更小。因为脉动电流先经过电容 C_1 滤波，然后经 L 和 C_2 的滤波，使交流成分大大降低，在负载 R_L 上得到平滑的直流电压。

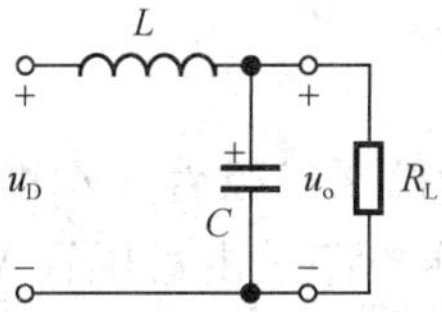

图 6-10　倒 L 形滤波电路

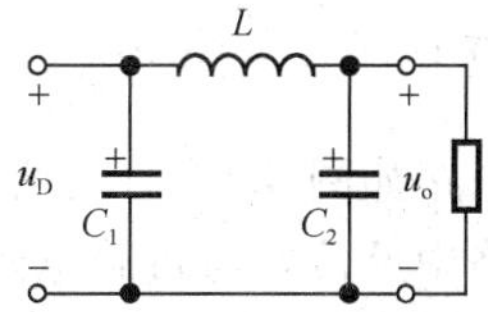

图 6-11　π 形滤波电路

LC—π 形滤波电路的滤波效果好，但带载能力较差、对整流二极管存在着浪涌电流冲击，适合于要求输出电压脉动小、负载电流不大的场合。

在电流较小、滤波要求不高的情况下，常用电阻 R 代替 LC—π 形滤波电路的电感 L，构成 RC—π 形滤波电路。RC—π 形滤波电路成本低、体积小、滤波效果好。但由于 R 的存在，会使输出电压降低，该电路一般用于输出小电流的场合。

6.4　稳压电路

整流滤波电路的输出电压并非是理想的直流电压，它还会随电网电压波动（一般有±10%左右的波动），以及负载和温度的变化而变化。为了获得更加稳定的直流电压，在整流、滤波电路之后，还需要稳压电路，以维持输出电压的稳定。

常见的稳压电路有硅稳压管稳压电路、晶体管串联型稳压电路、晶体管开关型稳压电路和集成稳压电路等。下面分别讨论。

6.4.1 稳压二极管及其稳压电路

1. 稳压二极管

它是一种大面积结构的硅二极管，由于在一定的条件下能起到稳定电压的作用，故称稳压管，图形符号如图 6-12（a）所示。稳压二极管正常工作时，处于反向击穿区。

稳压二极管的伏安特性与普通二极管相似，区别在于反向击穿区的曲线很陡，几乎平行于纵轴，如图 6-12（b）所示。当稳压管外加反向电压比较小时，反向电流很小，稳压管处于反向截止状态。当反向电压比较大时，稳压管反向击穿，反向电流急剧增加；随后，反向电流虽然在很大范围内变化，但端电压却几乎不变，利用这一特性，稳压管在电路中起稳定电压的作用。稳压管的反向击穿具有可逆性，当去掉反向电压后，稳压管仍能正常工作。

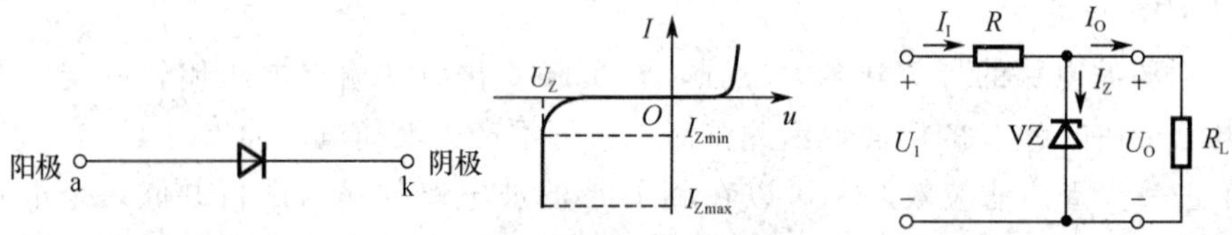

(a) 稳压管符号　(b) 稳压管伏安特性　(c) 稳压二极管组成的稳压电路

图 6-12　稳压管及其稳压电路

2. 稳压管稳压电路

稳压管稳压电路如图 6-12（c）所示，由一个稳压二极管 VZ 和一个限流电阻 R 组成。稳压管在电路中反接，与负载电阻并联。稳压电路是由稳压管 VZ 的电流调节作用和电阻 R 的电压调节作用互相配合来实现稳压的。

当输入电压变化时，输入电流将随之变化，稳压管中的电流也将随之同步变化，输出电压基本不变；当负载电阻变化时，输出电流将随之变化，但稳压管中的电流随之反向变化，结果仍是输出电压基本不变。

电阻 R 除了起电压调节作用外，还起限流作用。因为如果稳压管没有经电阻 R 而直接并在输出端，则该电路不仅没有稳压作用，还可能使稳压管中流过很大的反向电流而烧坏管子。因此 R 也称为限流电阻。

下面讨论 R 的取值范围。如图 6-12 所示，设为保证稳压作用所需的流过稳压二极管的最小电流为 I_{Zmin}，为防止电流过大从而造成损坏所容许的流过稳压二极管的最大电流为 I_{Zmax}，即要求 $I_{Zmin}<I_Z<I_{Zmax}$。当 U_I（滤波电路输出电压）最大和 R_L 开路时，流过稳压二极管的电流最大，此时应有 $R\geqslant\dfrac{U_{Imax}-U_Z}{I_{Zmax}}$；当 U_I 最小（不小于 U_Z）和 R_L 最小（不允许短路）时，流过稳压二极管的电流最小，此时应有 $R\leqslant\dfrac{U_{Imin}-U_Z}{I_{Imin}+U_Z/R_{Lmin}}$，即

$$\frac{U_{\rm Imax}-U_{\rm Z}}{I_{\rm Zmax}}\leqslant R\leqslant\frac{U_{\rm Imin}-U_{\rm Z}}{I_{\rm Zmin}+U_{\rm Z}/R_{\rm Lmin}} \tag{6-17}$$

一般来说，在稳压二极管安全工作的条件下，R 应尽可能小，从而使输出电流范围增大。

稳压二极管稳压电路尽管电路简单，使用方便，但在使用时存在两方面的问题：一是电网电压和负载电流变化较大时，电路将失去稳压作用，适应范围小；二是稳压值只能由稳压二极管的型号决定，不能连续可调，稳压精度不高，输出电流也不大，很难满足对电压精度要求高的负载的需要。为解决这一问题，往往采用串联型晶体管稳压电路。

6.4.2　串联型晶体管稳压电路

1. 电路组成

串联型晶体管稳压电路如图 6-13 所示，图中 $U_{\rm I}$ 是整流滤波电路的输出电压，VT 为调整管，A 为比较放大电路，$U_{\rm REF}$ 为基准电压，它由稳压管 VZ 与限流电阻 $R_{\rm Z}$ 串联所构成的简单稳压电路获得，R_1 与 R_2 组成反馈网络，是用来反映输出电压变化的取样环节。这种稳压电路的主回路是起调整作用的晶体管 VT 与负载串联，故称为串联型晶体管稳压电路。

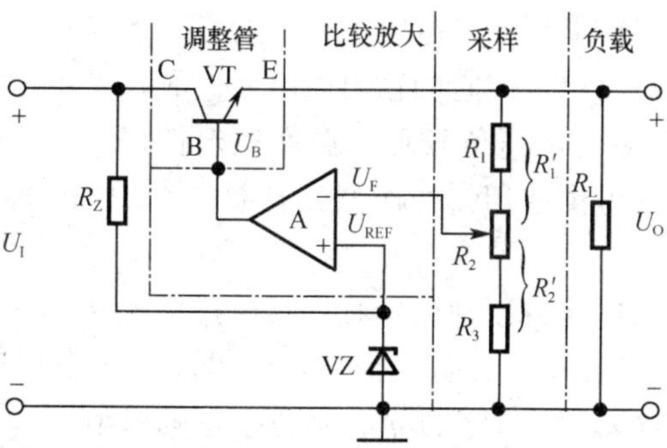

图 6-13　串联型晶体管稳压电路

2. 稳压原理

输出电压的变化量由反馈网络取样，经过比较放大电路（A）放大后去控制调整管 VT 的 C-E 极间电压降，从而达到稳定输出电压 $U_{\rm O}$ 的目的。

当输入电压 $U_{\rm I}$ 增加（或负载电流 $I_{\rm O}$ 减小）时，导致输出电压 $U_{\rm O}$ 增加，随之反馈电压（$U_{\rm F}=\dfrac{U_{\rm O}R_2'}{R_1'+R_2'}=F_{\rm U}U_{\rm O}$）也增加（$F_{\rm U}=\dfrac{R_2'}{R_1'+R_2'}$）。$U_{\rm F}$ 与基准电压 $U_{\rm REF}$ 相比较，其差值电压经比较放大电路放大后使 $U_{\rm B}$ 减小，调整管 VT 的 C-E 极间电压 $U_{\rm CE}$ 增大，使 $U_{\rm O}$ 下降，从而维持 $U_{\rm O}$ 基本恒定。

同理，当输入电压 $U_{\rm I}$ 减小（或负载电流 $I_{\rm O}$ 增加）时，也能使输出电压 $U_{\rm O}$ 基本保持不变。

从反馈放大电路的角度来看，这种电路属于电压串联负反馈电路。调整管 VT 连接成电压跟随器，因此可得

$$U_B = A_u(U_{REF} - F_U U_O) \approx U_O$$

或

$$U_O = U_{REF}\frac{A_u}{1 + A_u F_U} \tag{6-18}$$

式中，A_u 是比较放大电路的电压增益，是考虑了所带负载的影响，与开环增益 A_{uO} 不同。在深度负反馈条件下，$|1+A_uF_U| \gg 1$ 时，可得

$$U_O \approx \frac{U_{REF}}{F_U} = U_{REF}\left(1 + \frac{R_1'}{R_2'}\right) \tag{6-19}$$

上式表明，输出电压 U_O 与基准电压 U_{REF} 近似成正比，与反馈系数 F_U 成反比。当 U_{REF} 及 F_U 已定时，U_O 也就确定了，因此它是设计稳压电路的基本关系式。

值得注意的是，调整管 VT 的调整作用是依靠 U_F 和 U_{REF} 之间的偏差来实现的，必须有偏差才能调整。如果 U_O 绝对不变，调整管的 U_{CE} 也绝对不变，那么电路也就不能起调整作用。所以 U_O 不可能达到绝对稳定，只能是基本稳定。因此，图 6-13 所示的系统是一个闭环有差调整系统。

应当指出的是，基准电压 U_{REF} 是稳压电路的一个重要组成部分，它直接影响稳压电路的性能。为此要求基准电压输出电阻小，温度稳定性好，噪声低。目前用稳压管组成的基准电压源虽然电路简单，但它的输出电阻大。故常采用带隙基准电压源（电路介绍从略），这种基准电压源的电压值较低，温度稳定性好，故适用于低电压的电源中。市场上已有这类集成组件可供使用，国产型号有 CJ336、CJ329，国外型号有 MC1403、AD580 等。

这类带隙基准电压源还能方便地转换成 1.2～10V 等多挡稳定性极高的基准电压，温度系数可达 2μV/℃，输出电阻极低，而且近似零温漂及微伏级的热噪声，它广泛用于集成稳压器、数据转换器（A/D、D/A）和集成传感器中。

在实际的稳压电路中，如果输出端过载或者短路，将使调整管的电流急剧增大，为使调整管安全工作，还必须加过电流保护电路。

6.5 集成稳压器件

随着半导体集成电路工艺的迅速发展，现在已能把串联型晶体管稳压电路中的调整管、比较放大电路、基准电压源等集成在一块硅片内，构成线性集成稳压组件。它具有体积小、重量轻、使用方便可靠等一系列优点，因而得到广泛应用，尤其以三端集成稳压器应用最为广泛。

三端稳压器有三个接线端，即输入端、输出端和公共端。固定式三端稳压器可以分为输出正电压和输出负电压两类。三端稳压器外形如图 6-14 所示。

三端稳压器的通用产品有 78 系列和 79 系列，78 系列输出固定正电压，79 系列输出固定负电压；××（两位数字）表示输出电压值。例如 7805 是输出正 5V 的器件，

7912 是输出负 12V 的器件。输出电流以 78（或 79）后面加字母来区分，L 表示 0.1A，M 表示 0.5A，无字母表示 1.5A。78 系列的输出电压等级有 5V、6V、9V、12V、15V、18V、24V，79 系列的输出电压等级有－5V、－6V、－9V、－12V、－15V、－18V、－24V。如 78L05 表示输出电压＋5V，输出电流 0.1A。

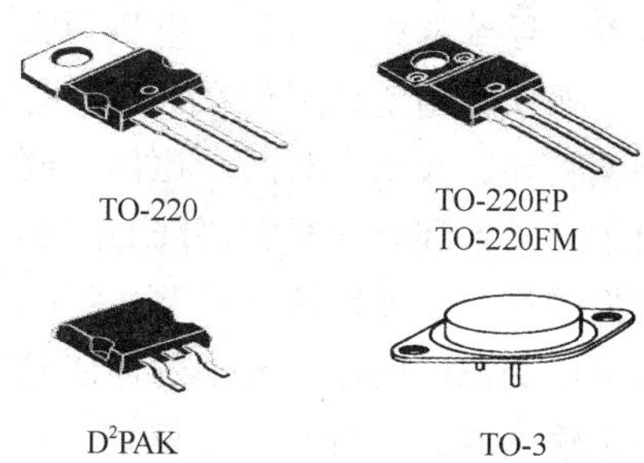

图 6-14　三端稳压器电路外形图

下面以 78××为例介绍一下三端稳压器的应用。

图 6-15（a）是 TO-220 塑料封装的外形图，图 6-15（b）是它的框图。图 6-16（a）所示为以 78××系列为核心组成的典型直流稳压电路，正常工作时，稳压器的输入、输出电压差为 2～3V。电路中接入电容 C_1，是为了在输入线较长时抵消其电感效应，以防止产生自激振荡；C_2 是为了消除电路的高频噪声；C_3 是电解电容，以减小稳压电源输出端由输入电源引入的低频干扰。VD 是保护二极管，当输入端短路时，C_2 将从稳压器输出端向稳压器放电，易使稳压器损坏，因此，可在稳压器输出端和输入端跨接一个二极管，给输出电容器 C_2 一个放电通路，如图 6-16 中虚线所示。

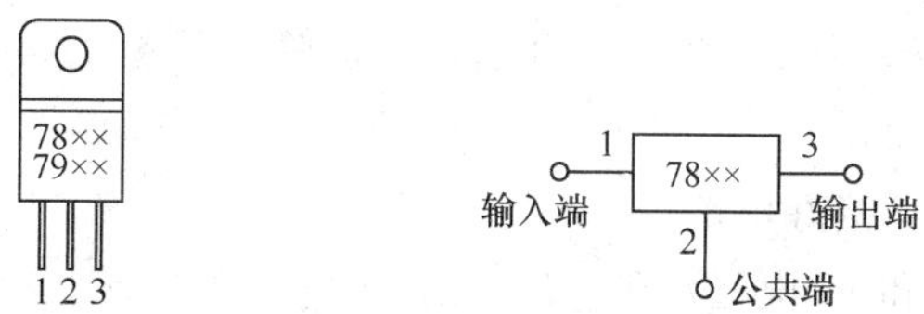

(a) TO-220塑料封装外形图　(b)框图

图 6-15　三端稳压器电路外形及框图

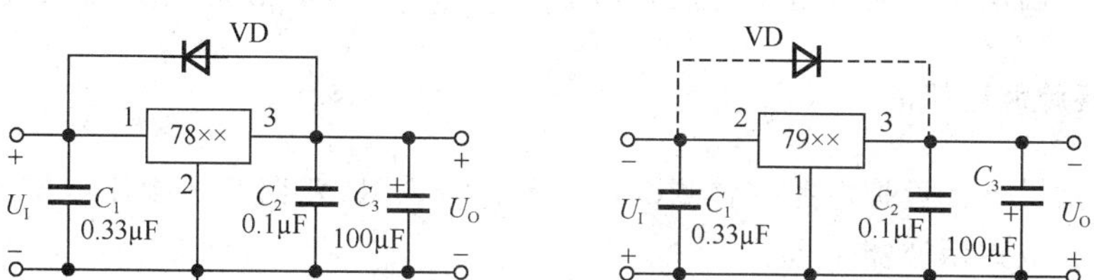

(a) 78××系列的直流稳压电路　(b) 79××系列的直流稳压电路

图 6-16　典型直流稳压电源原理图

图 6-16（b）所示为以 79××系列为核心组成的典型直流稳压电路，79××系列是与 78××系列相对应的三端固定负输出集成稳压器，其外形与 78××系列完全相同，但它们的引脚有所不同，使用时应查看数据手册。注意输出较大电流时需加装散热器。

前面介绍的稳压电路，包括分立元件组成的串联型稳压电路和三端集成稳压器，由于它们的调整管工作在线性放大区，因此都属于线性稳压电路。线性稳压器的优点是结构简单，调整方便，输出电压脉动较小，但由于负载电流连续通过调整管，因此调整管的集电极损耗相当大，电源效率低，一般只有 40%～60%，有时还要配备庞大的散热装置，导致电源的体积和重量增大。

如果让调整管工作在开关状态，即调整管主要工作在饱和和截止状态，并通过改变调整管导通和截止时间的比例来改变输出电压的大小，这样就构成了开关型稳压电路。由于管子饱和导通时管压降U_{CES}和截止时管子的电流I_{CEO}都很小，管耗主要发生在状态转换过程中，效率可提高到60%～80%，甚至可高达90%，所以其体积小、重量轻，且适应交流电网电压波动的性能好，适应范围为150～280V。开关型稳压电路的主要缺点是输出电压中所含纹波较大，对电子设备的干扰较大，而且电路比较复杂，对元器件要求较高。由于其优点突出，已成为宇航、计算机、通信和功率较大电子设备中电源的主流，应用日趋广泛。

6.6 技能训练

6.6.1 全波整流电路的测试

（1）测试设备：模拟电路综合测试台1台、0～30V双路直流稳压电源1台、数字万用表1块、双踪示波器1台。

（2）测试电路：如图6-17所示，变压器U_1为220V（有效值），U_2为15V（有效值），功率为15W；R_L为100Ω/2W电阻，二极管型号为1N4001。

（3）测试步骤：

① 按图6-17所示接好电路。

② 同时观察u_2和u_o电压波形，并记录（画在坐标纸上）。

③ 观察该电路并记录：输入电压（u_2）是________（双极性/单极性），输出电压（u_o）是________（双极性/单极性），且是________（全波/半波）波形。

结论：输出电压与输入电压的正向幅值________（基本相等/相差很大）。

6.6.2 电容滤波电路的测试

（1）测试设备：模拟电路综合测试台1台、0～30V双路直流稳压电源1台、数字万用表1块、双踪示波器1台。

（2）测试电路：如图6-18所示，变压器U_1为220V（有效值），U_2为15V（有效值），功率为15W；R_L为100Ω/2W电阻，二极管型号为1N4001，电容为1000μF。

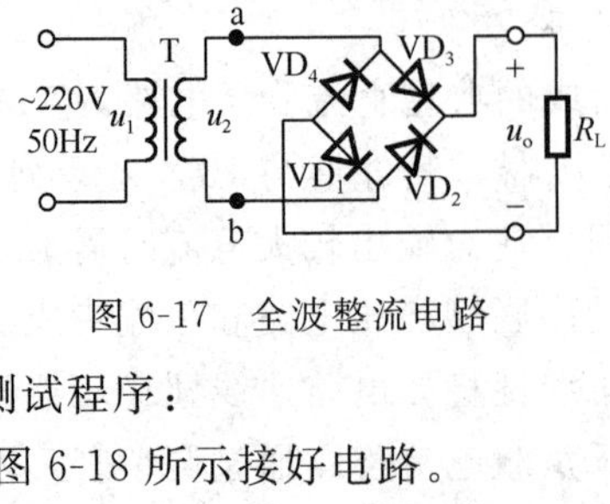

图6-17 全波整流电路

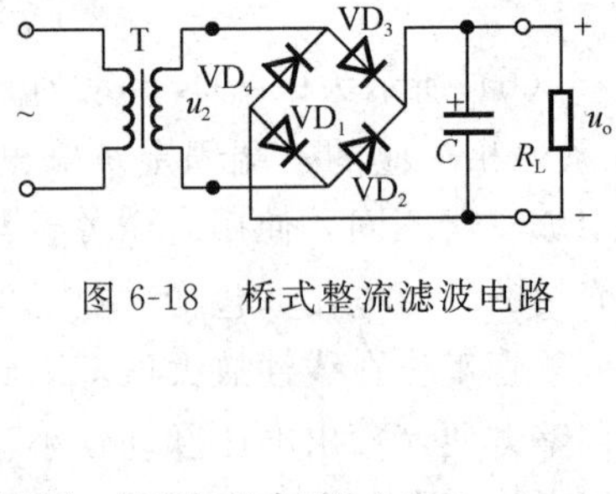

图6-18 桥式整流滤波电路

（3）测试程序：

① 按图6-18所示接好电路。

② 观察电容滤波电路的输出电压波形，并记录（画在坐标纸上）。

③ 观察该电路输出电压波形，并记录：输出电压直流分量为________ V，纹波分量峰峰值（用 AC 输入挡测量）为________ mV。

④ 观察该电路输出电压波形，并记录：输出电压纹波________（已消失/仍存在），滤波后的纹波要比滤波前________（大得多/小得多）。

6.6.3　稳压管稳压电路的测试

（1）测试设备：模拟电路综合测试台 1 台、0～30V 双路直流稳压电源 1 台、数字万用表 1 块。

（2）测试电路：如图 6-19 所示，稳压二极管型号为 1N4740A（$U_Z=10V$），电阻 R 为 470Ω/1W。R_L 为 1kΩ。

（3）测试步骤：

① 按图 6-19 所示接好电路。

② 接入输入电压 $U_I=20V$，负载电阻 $R_L=10k\Omega$，测量输出电压 U_O，并记录：$U_O=$________。

③ 改变输入电压，使 $U_I=25V$，负载电阻 R_L 不变，测量输出电压 U_O，并记录：$U_O=$________。

结论：当输入电压在一定范围内变化时，电路的输出电压________（基本保持不变/随输入电压变化而变化）。

④ 改变负载电阻，使 $R_L=5k\Omega$，输入电压 U_I 不变，测量输出电压 U_O，并记录 $U_O=$________。

结论：当负载电阻在一定范围内变化时，电路的输出电压________（基本保持不变/随负载电阻变化而变化）。

6.6.4　三端稳压器的测试

（1）测试设备：模拟电路综合测试台 1 台、0～30V 双路直流稳压电源 1 台、数字万用表 1 块、双踪示波器 1 台。

（2）测试电路：如图 6-20 所示，三端稳压器为 LM7812，R_L 为滑线变阻器。

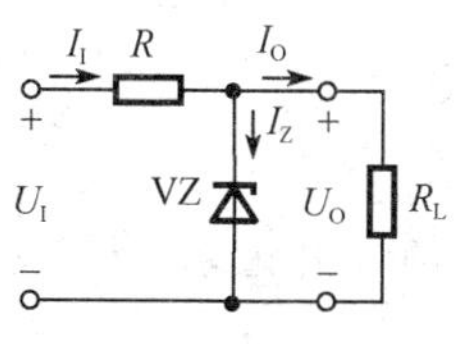

图 6-19　稳压管稳压电路

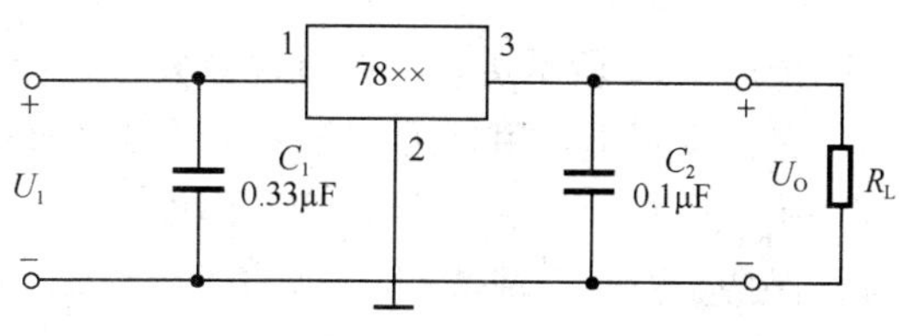

图 6-20　三端稳压电路

（3）测试步骤：

① 按图 6-20 所示接好电路。

② 按表 6-1 的要求改变输入电压，并记录实验结果。

表 6-1 输入电压变化的结果（$R_L=10\Omega$）

U_I/V	30	25	20	15	9	5	1
U_O/V							

结论：当输入电压在一定范围内变化时三端稳压器________（可以/不可以）实现稳压作用。

③ 按表 6-2 的要求改变负载电阻，并记录实验结果。

表 6-2 负载电阻 R_L 变化的结果（$U_I=20V$）

R_L/Ω	∞	5000	1000	200	100	50
U_O/V						

结论：(a) 当负载电阻变化时串联式稳压电路________（可以/不可以）实现稳压作用。

(b) 实际的三端稳压器的稳压作用________（是完全理想的/不是完全理想的）。

6.6.5 电源变压器基本特性的测试

(1) 测试设备：0～30V 双路直流稳压电源 1 台；数字万用表 1 块。

(2) 测试电路：变压器实物示意图和符号如图 6-21 所示。测试电路如图 6-22 所示（为安全起见，并使输入电压可调，前面需接隔离变压器）。图中，变压器 U_1 为 220V（有效值），U_2 为 15V（有效值），功率为 15W；R_L 为 100Ω/2W 电阻。

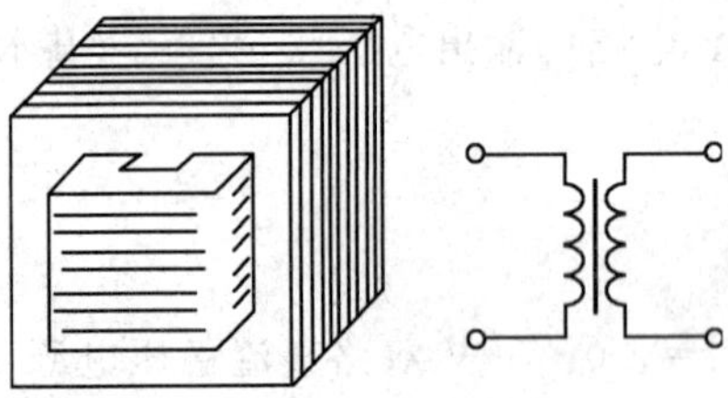

图 6-21 变压器的实物示意图和符号

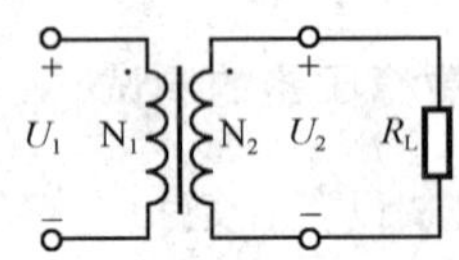

图 6-22 变压器的电路图

(3) 测试步骤：

① 按图 6-22 所示接好电路（注意安全）。

② 保持步骤①，用万用表分别测量 U_1 和 U_2 值，并记录：

U_1=____V，U_2=____V，变压比=____：1。

③ 保持步骤②，调节 U_1，使 U_1=220V，测量此时 U_2 值，并记录：U_2=____V。

6.6.6 电容 *C* 和负载电阻 R_L 的变化对输出电压的影响

(1) 测试设备：0～30V 双路直流稳压电源 1 台；数字万用表 1 块。

(2) 测试电路：电容滤波电路如图 6-23 所示。

(3) 测试步骤：

① 按表 6-3 的要求改变电容，并记录实验结果。

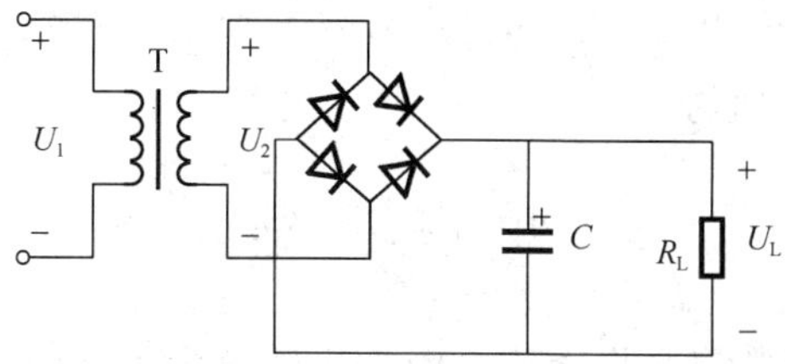

图 6-23　电容滤波电路

表 6-3　电容 C 变化的影响（$R_L=100\Omega$）

	$C=500\mu F$	$C=1000\mu F$	$C=2000\mu F$
直流分量/V			
纹波（峰峰值）/mV			

② 按表 6-4 的要求改变负载电阻，并记录实验结果。

表 6-4　负载电阻 R_L 变化的影响（$C=1000\mu F$）

	$R_L=50\Omega$	$R_L=100\Omega$	$R_L=200\Omega$
直流分量/V			
纹波（峰峰值）/mV			

问题：以上实验的结果说明了什么？

6.6.7　可调式三端稳压器电路的测试

（1）测试设备：0～30V 双路直流稳压电源 1 台；数字万用表 1 块；双踪示波器 1 台。

（2）测试电路：如图 6-24 所示电路。图中，三端稳压器为 LM317，R_L 为滑线变阻器。

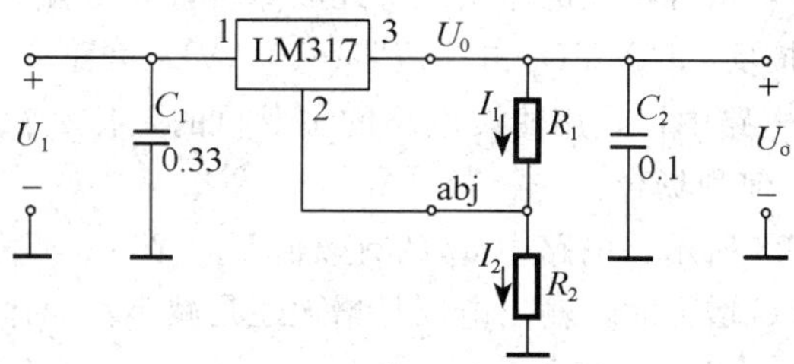

图 6-24　可调式三端稳压器电路

（3）测试步骤：

按表 6-5 的要求改变取样电阻，并记录实验结果。

表 6-5　取样电阻 R_2 变化的结果（$R_1=1k\Omega$，$R_L=100\Omega$）

R_2/Ω	1×10^4	2×10^3	1×10^3	500	100	0
U_O/V						

结果表明，当取样电阻变化时可调试三端稳压器______（可以/不可以）实现输出电压的调节作用，且取样电阻 R_2 与 R_1 的比值越大，输出电压______（越大/基本不变/

越小）；输出电压的最小值为______（基本等于 1.2V/与 1.2V 相差很大），此时 $R_1=$______；输出电压的最大值为______。

知识小结

• 在电子系统中，经常需要将交流电网电压转换为稳定的直流电压，可通过整流、滤波和稳压等环节来实现。

• 在整流电路中，是利用二极管的单向导电性将交流电转变为脉动的直流电。为抑制输出电压中的纹波，通常在整流电路后接有滤波环节。滤波电路一般可分为电容输入式和电感输入式两大类。在直流输出电流较小且负载变化不大的场合，宜采用电容输入式；而负载电流大的大功率场合，宜采用电感输入式。

• 为保证输出电压不受电网电压、负载和温度的变化而产生波动，需再接入稳压电路，在小功率系统中，多采用串联反馈式稳压电路，而中大功率稳压电源一般采用开关式稳压电路。

• 串联反馈式稳压电路的调整管工作在线性放大区，利用控制调整管的管压降来调整输出电压，它是一个带负反馈的闭环有差调整系统。

• 三端集成稳压器由于体积小、可靠性高以及温度特性好等优点，得到了广泛应用。

• 开关型稳压电路的调整管工作在开关状态，利用控制调整管导通与截止时间的比例来改变输出电压。

思考与练习

6.1 简述直流稳压电路的组成和各部分的作用。

6.2 在图 6-25 中，试分析该电路出现下述故障时，电路会出现什么现象？（1）二极管 VD_1 的正负极性接反；（2）VD_1 击穿短路；（3）VD_1 开路。

6.3 在整流滤波电路中，采用滤波电路的主要目的是什么？有几种滤波电路？各有什么特点？各应用于何种场合？

6.4 电路如图 6-26 所示，电路中 u_2 的有效值 $U_2=20\text{V}$。

（1）电路中 R_L 和 C 增大时，输出电压是增大还是减小？为什么？

（2）在 $R_LC=(3\sim5)\dfrac{T}{2}$时，输出电压 U_o 与 U_2 的近似关系如何？

（3）若将二极管 VD_1 和负载电阻 R_L 分别断开，对 U_o 各有什么影响？

（4）若 C 断开时，U_o 为多少？

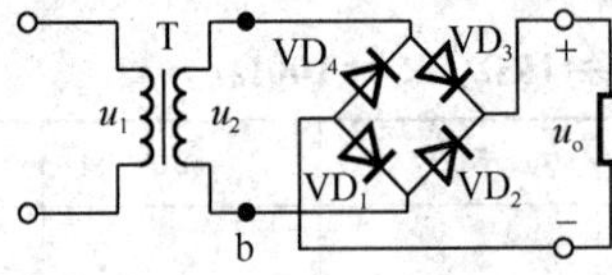

图 6-25 习题 6.2 图

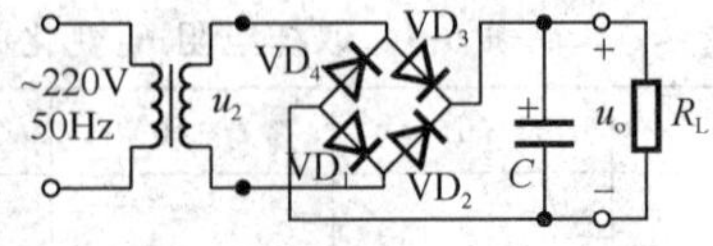

图 6-26 习题 6.4 图

6.5 衡量稳压电路的质量指标有哪几项，其含义是什么？

6.6　串联反馈式稳压电路由哪几部分组成，各部分的功能是什么？

6.7　在图 6-13 所示的电路中，若已知电路参数和基准电压 U_{REF} 时，求输出电压变化范围的表达式。

6.8　电路如图 6-27 所示，稳压管 VZ 的稳定电压 $U_Z=6V$，$U_I=18V$，$C=1000\mu F$，$R=1k\Omega$，$R_L=1k\Omega$。

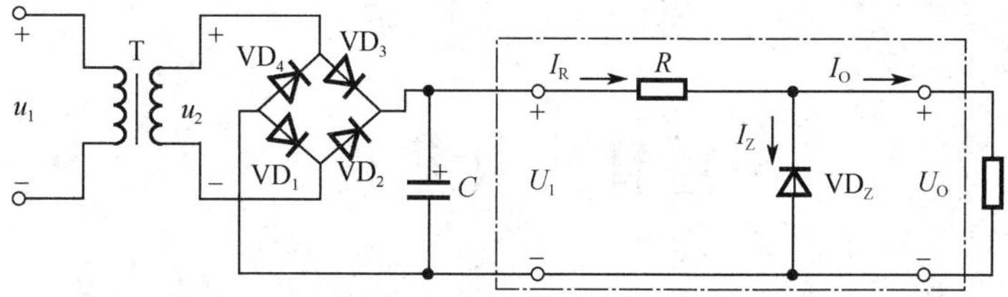

图 6-27　习题 6.8 图

（1）电路中稳压管接反或限流电阻 R 短路，会出现什么现象？

（2）求变压器二次电压有效值 U_2 和输出电压 U_O 的值。

（3）将电容器 C 断开，试画出 u_I、u_O 及电阻 R 两端电压 u_R 的波形。

6.9　分别列举出两种输出电压固定和输出电压可调的三端稳压器应用电路，并说明电路中接入元器件的作用。

6.10　如图 6-28 所示为一小功率稳压电源，试说明整流、滤波和稳压等电路都由哪些元件构成，并说明其作用。

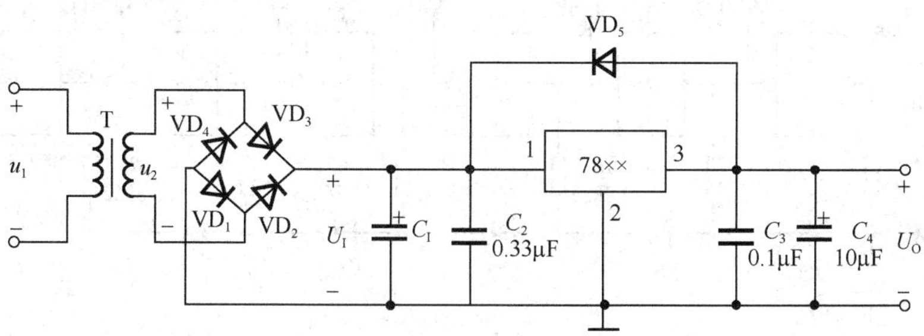

图 6-28　习题 6.10 图

第 7 章

逻辑代数基础

本章主要介绍逻辑代数的基本运算和公式、逻辑代数的表示和化简方法。

7.1 应用示例

日常生活中，时常用到扬声器，为了描述扬声器声音的高低，可以用如图 7-1 所示电路进行直观显示。

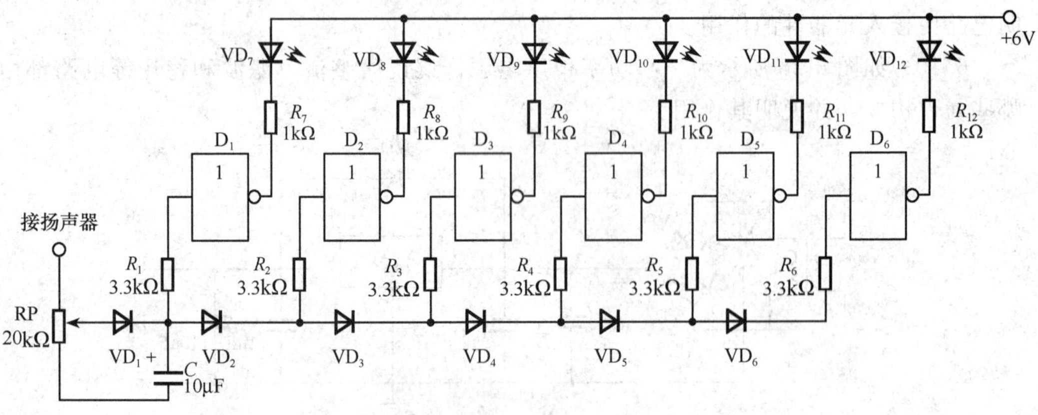

图 7-1　数字电路构成的电平指示器电路

电路原理如下：音频功率放大器输出到扬声器的信号电压，同时引到电平指示器输入端的电位器 RP 上，经 RP 分压后加到二极管 VD_1 上。当输入信号的幅度逐渐增大到超过 VD_1 的导通电压（约0.7V）时，D_1（非门 1）的输入端变为高电平“1”，输出端变为低电平“0”，D_1 开启，VD_7 发光，其他二极管仍不发光。随着输入信号幅度继续增大，二极管 VD_2、VD_3……依次导通，D_2、D_3……先后开启，VD_8、VD_9……逐级点亮。信号幅度大小不同，发光二极管点亮的个数也不同，这样就可以直观地显示出音频电平的变化情况。

7.2 数制和数码

一般用数字表示物理量时，仅有一位数码往往不够，人们经常会使用进位计数构成的多位数码来使用。人们把多位数码中每一位的构成方法及从低位到高位的进位规则称为数制。

在数字电路中，除了大家经常接触的十进制外，还有二进制、八进制和十六进制。下面将分别介绍。

7.2.1　十进制

日常生活中使用最多的就是十进制，它有 0～9 十个数码，基数为 10。各个数码处于十进制的不同数位时，所代表的数值不同，即所对应的权值不同。其中低位和相邻高位之间的关系是“逢十进一”，故称为十进制。例如：

$$143.75 = 1 \times 10^2 + 4 \times 10^1 + 3 \times 10^0 + 7 \times 10^{-1} + 5 \times 10^{-2}$$

则任何一个十进制数 D 可展开为

$$D = \sum k_i \times 10^i \tag{7-1}$$

式中，i 包括 $n-1$～0 的所有整数和 -1～$-m$ 的所有负整数，k_i 为第 i 位的系数。

7.2.2　二进制

二进制数只有 0 和 1 两个数值，运算简单，有布尔代数作理论基础，所以在数字电路中常用二进制数完成运算，每位二进制数的权是 2 的幂，其运算规则为“逢二进一，借一当二”。二进制数的权展开式为

$$(N)_2 = \sum_{i=m}^{n-1} k_i \times 2^i$$

【例 7-1】 求 $(101101.101)_2$ 的二进制权展开式。

解：

$$(101101.101)_2 = 1 \times 2^5 + 0 \times 2^4 + 1 \times 2^3 + 1 \times 2^2 + 0 \times 2^1 + 1 \times 2^0 + 1 \times 2^{-1} + 0 \times 2^{-2} + 1 \times 2^{-3}$$

7.2.3　八进制和十六进制

在数字电路描述中，为了克服二进制位数太多的麻烦，经常会用到八进制和十六进制。八进制是 0～7 这 8 个数码，按权展开式为 $(N)_8 = \sum_{i=-m}^{n-1} k_i \times 8^i$，其运算规则是“逢八进一，借一当八”。十六进制是 0、1、2、…、9、A、B、C、D、E、F 这 16 个数码，其中 A～F 分别代表 10～15，当整数位 n 位，小数位 m 位时，按权展开式为 $(N)_{16} = \sum_{i=-m}^{n-1} k_i \times 16^i$，运算规则是“逢十六进一，借一当十六”。

7.2.4　十进制与二进制之间的转换

1. 二进制转换为十进制

任何一个数都可用权展开式表示为 $(N)_R = \sum_{i=-m}^{n-1} k_i \times R^i$，于是将一非十进制数按权展开成一个多项式，每一项相加即为相应的等值十进制数。

【例 7-2】 将 $(1101.011)_2$ 转换成十进制。

解：

$$(1101.011)_2 = 1\times 2^3 + 1\times 2^2 + 1\times 2^0 + 1\times 2^{-2} + 1\times 2^{-3}$$
$$= 8 + 4 + 1 + 0.25 + 0.125 = (13.375)_{10}$$

【例 7-3】 将 $(2AF.C)_{16}$ 转换成十进制。

解：

$$(2AF.C)_{16} = 2\times 16^2 + 10\times 16^1 + 15\times 16^0 + 12\times 16^{-1}$$
$$= 512 + 160 + 15 + 0.75 = (687.75)_{10}$$

2. 十进制转换为二进制

1）整数部分的转换

整数部分的转换采用“除基取余”法，即用十进制整数除以基数“2”，第一次所得余数为相应二进制数的最低位，得到的商再除以“2”，直到所得商为 0，所得余数为该二进制数的最高位。

【例 7-4】 将 $(53)_{10}$ 转换为二进制。

解：

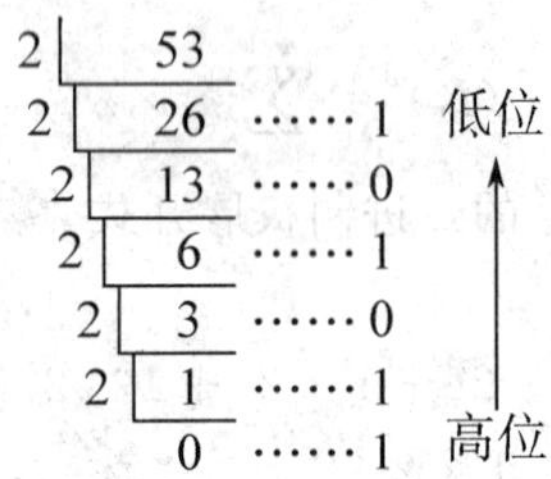

十进制与二进制之间的转换

所以转换结果为 $(53)_{10} = (110101)_2$。

2）小数部分的转换

小数部分的转换采用“乘基取整”法，即用该小数乘以基数“2”，第一次乘积结果的整数部分为相应二进制数小数部分的最高位，其小数部分再乘以“2”，所得结果的整数部分为该小数的次高位，以此类推，直到小数部分为 0 或达到要求的精度为止。

【例 7-5】 将 $(0.775)_{10}$ 转换为二进制，精确到小数点后 3 位。

解：

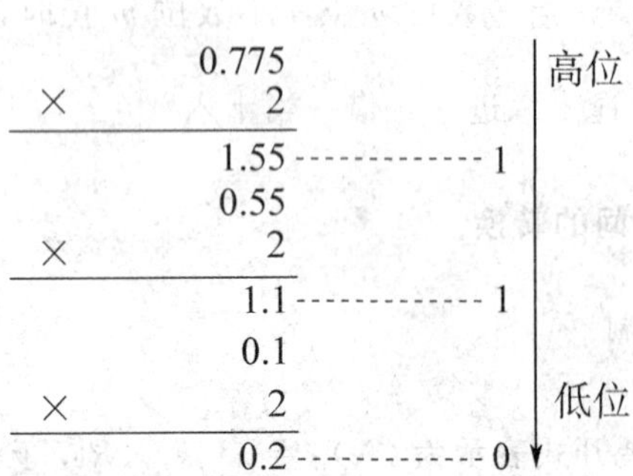

故 $(0.775)_{10} \approx (0.110)_2$。

7.2.5 BCD 编码

在数字系统中，各种数值需要转换为二进制代码才能进行处理，而人们习惯使用的是十进制数，这样就产生了用 4 位二进制数来表示 1 位十进制数的编码方法。这种用于表示十进制的二进制代码称为二-十进制代码（Binary-Coded Decimal），简称为 BCD 码。它具有二进制形式，可以满足数字系统需要，同时又具有十进制数的特点（即只有 10 个数码状态有效）。在某种情况下，计算机也使用这种形式直接进行运算。

BCD 编码形式很多，下面介绍几种常用的 BCD 码形式。

1. 8421BCD 码

8421BCD 码是 BCD 编码中使用最多的一种编码形式，8、4、2、1 分别是相应位（从高位到低位）的位数，所以 8421BCD 码是有权码。如果把每一个码看成 1 个 4 位二进制数，则代码的数值正好等于其所代表的十进制数大小。

【例 7-6】 写出 $(872.45)_{10}$ 所对应的 8421BCD 码。

解：由于

$$\frac{(8}{(1000}\quad \frac{7}{0111}\quad \frac{2}{0010}\quad : \quad \frac{4}{0100}\quad \frac{5)10}{0101)8421}$$

因此

$$(872.45)_{10} = (100001110010.01000101)_{8421}$$

提示：8421BCD 码的有效码是 0000～1001，不可能出现 1010～1111 之间的编码。

2. 2421BCD 码

2421BCD 码也是一种有权码，该码也是用 4 位二进制数来表示 1 位十进制数，从高位到低位的权分别是 2、4、2、1。

2421BCD 的权展开式可写成：

$$a_4a_3a_2a_1 = 2\times a_4 + 4\times a_3 + 2\times a_2 + 1\times a_1$$

从表 7-1 可以看出，在 2421BCD 码中，相加为 9 的两个数互为反码。

3. 余 3 码

余 3 码也是用 4 位二进制数表示 1 位十进制数，由于它是在 8421BCD 码上加 0011 得到的，所以这种编码方式称为余 3 码。可见，余 3 码是无权码。

从表 7-1 可以看出，和 2421BCD 码一样，余 3 码相加为 9 的数也互为反码。

表 7-1　常用 BCD 编码

十进制数	8421BCD 码	2421BCD 码	余 3 码
0	0000	0000	0011
1	0001	0001	0100
2	0010	0010	0101

续表

十进制数	8421BCD码	2421BCD码	余3码
3	0011	0011	0110
4	0100	0100	0111
5	0101	1011	1000
6	0110	1100	1001
7	0111	1101	1010
8	1000	1110	1011
9	1001	1111	1100
10	0001，0000	0001，0000	0100，0011

7.3 基本逻辑关系

逻辑代数是用来处理逻辑运算的代数，其变量称为逻辑变量，逻辑变量有两种取值，即逻辑 0 和逻辑 1。在这里，0 和 1 反映的不是数值关系，没有大小区别，而是表示对立的逻辑状态。例如命题的真假、信号的有无、电位的高低等。

在逻辑代数中，有三种基本逻辑运算：与、或、非。任何复杂的运算都可以用这三种基本逻辑运算表示。下面将分别介绍。

7.3.1 “与”逻辑

图 7-2（a）表示一个简单的“与”逻辑电路，只有当 A 和 B 同时接通时，灯才会亮。A 和 B 只要有 1 个不接通或者二者均不通，灯不亮，其真值表如图 7-2（b）表示。因此，从这个电路可以总结出这样的逻辑关系：只有当一个事件（灯亮）的几个条件（开关 A、B 都接通）全部具备之后，这个事件（灯亮）才发生，或简记成：“全 1 出 1，有 0 出 0”。这种逻辑关系称为“与”逻辑。

如果用二值逻辑 0 和 1 来表示，并设开关不通和灯不亮均用 0 表示，开关接通和灯亮用 1 表示，则得图 7-2（c），其中 F 表示灯的状态。用逻辑表达式来描述，可写为

$$F = A \cdot B = AB \tag{7-2}$$

式中，小圆点“·”表示 A 与 B 的与运算，也表示逻辑乘。在不引起混淆的前提下，乘号“·”可以省略。在某些文献里，也有用符号∧、∩表示与运算的。用“与”逻辑门实现与运算，其逻辑符号如图 7-2（d）所示。

7.3.2 “或”逻辑

图 7-3（a）表示一个简单的“或”逻辑电路，电压通过开关 A 或者 B 向灯泡供电。只要开关 A 或 B 接通或二者都接通，则灯亮，当 A 和 B 都不通，则灯不亮。其真值表如图 7-3（b）所示。因此可总结出另一种逻辑关系：一个事件（灯亮）的几个条件（开关 A、B 接通）只要具备一个，这个事件（灯亮）就会发生，或简记成“有 1 出 1，全 0 出 0”。这种逻辑关系称为“或”逻辑。

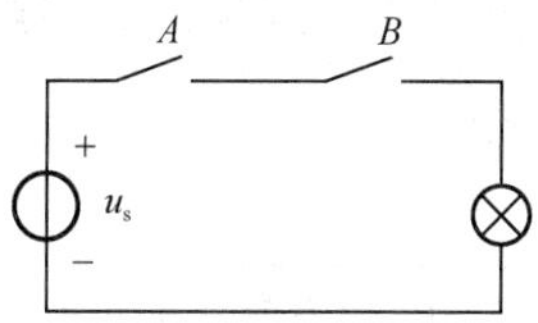

(a) 等效电路图

A	B	灯
断开	断开	灭
断开	闭合	灭
闭合	断开	灭
闭合	闭合	亮

(b) 真值表

A	B	F
0	0	0
0	1	0
1	0	0
1	1	1

(c) 0、1表示的真值表

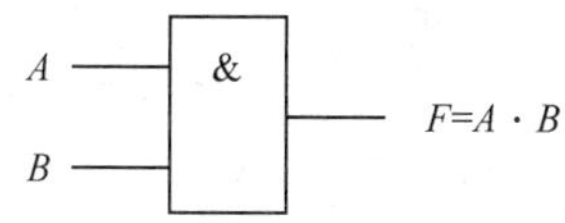

(d) 门电路符号

图 7-2　“与”逻辑运算

用 0 和 1 真值表表示，则得图 7-3（c）。若用逻辑表达式来描述，则可写为

$$F = A + B \tag{7-3}$$

式中，“+”表示 A 与 B 的或运算，也表示逻辑加。在某些文献里，也有用符号“∨”、“∪”表示或运算的。用“或”逻辑门实现或运算，其逻辑符号如图 7-3（d）所示。

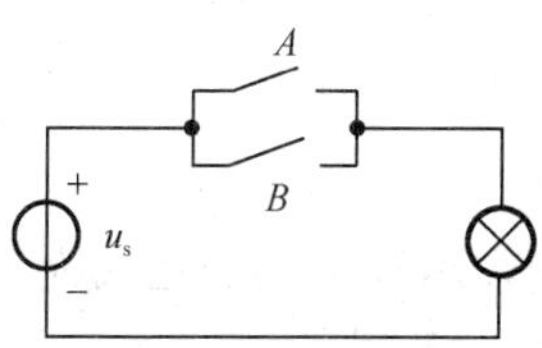

(a) 等效电路图

A	B	灯
断开	断开	灭
断开	闭合	亮
闭合	断开	亮
闭合	闭合	亮

(b) 真值表

A	B	F
0	0	0
0	1	1
1	0	1
1	1	1

(c) 0、1表示的真值表

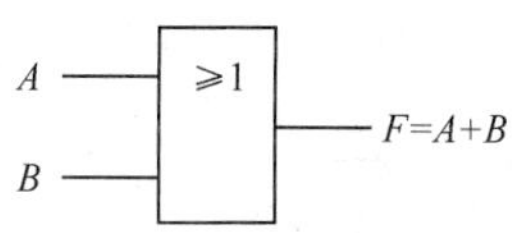

(d) 门电路符号

图 7-3　“或”逻辑运算

7.3.3　“非”逻辑

如图 7-4（a）所示，电压通过开关 A 向灯供电。当开关 A 闭合时，灯灭；当 A 断开时，灯亮。其真值表如图 7-4（b）所示。因此可总结出第三种逻辑关系：一个事件（灯亮）的发生是以其相反的条件作为依据。这种逻辑关系称为“非”逻辑。用 0 和 1 真值表表示，则得图 7-4（c）。若用逻辑表达式来描述，则可写为

$$F = \overline{A} \tag{7-4}$$

式中，A 上方的短划线“—”表示“非”运算。用“非”逻辑门实现或运算，其逻辑符号如图 7-4（d）所示。

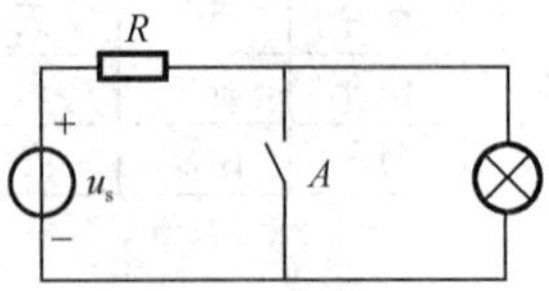

(a) 等效电路图

A	灯
闭合	亮
断开	不亮

(b) 真值表

A	F
0	1
1	0

(c) 0、1表示的真值表

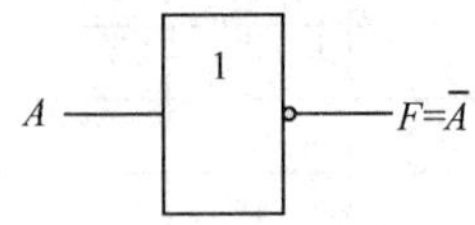

(d) 门电路符号

图 7-4　“非”逻辑运算

7.3.4　其他逻辑关系

在数字系统中，除了与门、或门、非门外，还有广泛使用的与非门、或非门、与或非门、异或门、同或门等复合门电路。这些门的逻辑关系都是由“与”“或”“非”三种基本逻辑关系组合得到的，故称为复合逻辑。

1．“与非”逻辑

“与非”逻辑运算实现先“与”后“非”的逻辑运算。其表达式为

$$F=\overline{A\cdot B} \tag{7-5}$$

其逻辑符号如图 7-5（a），真值表如图 7-5（b）所示，可以总结其逻辑关系为“有 0 出 1，全 1 为 0”。

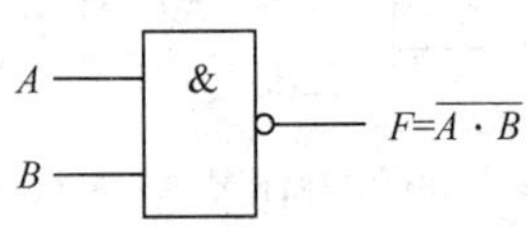

(a) 逻辑符号

A	B	F
0	0	1
0	1	1
1	0	1
1	1	0

(b) 真值表

“与非”门逻辑功能验证

图 7-5　“与非”逻辑运算

2．“或非”逻辑

“或非”逻辑运算实现先“或”后“非”的逻辑运算。其表达式为

$$F=\overline{A+B} \tag{7-6}$$

其逻辑符号如图 7-6（a），真值表如图 7-6（b）所示，其逻辑关系为“有 1 出 0，全 0 为 1”。

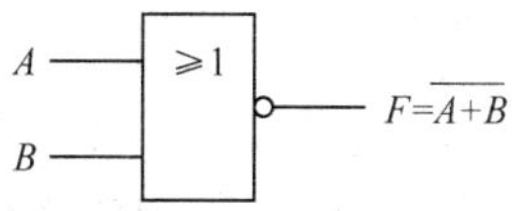

(a) 逻辑符号

A	B	F
0	0	1
0	1	0
1	0	0
1	1	0

(b) 真值表

图 7-6　“或非”逻辑运算

3. “与或非”逻辑

“与或非”逻辑运算实现先“与”后“或”再“非”的逻辑运算。其表达式为

$$F = \overline{AB + CD} \tag{7-7}$$

“与或非”门的逻辑符号如图 7-7 所示。

4. “异或”逻辑

“异或”逻辑运算时将两路输入进行比较，输入不相同输出为 1，输入相同输出为 0。异或的逻辑关系可简记为“相同为 0，相异为 1”，其逻辑表达式为

$$F = A \oplus B = \overline{A}B + A\overline{B} \tag{7-8}$$

实现“异或”运算的电路称为“异或”门，逻辑符号如图 7-8 所示。

5. “同或”逻辑

“同或”逻辑运算和异或正好相反，两路输入相同输出为 1，输入相反输出为 0。同或的逻辑关系可简记为“相同为 1，相异为 0”，其逻辑表达式为

$$F = A \odot B = \overline{A}\,\overline{B} + AB \tag{7-9}$$

如图 7-9 所示是“同或”门逻辑符号。

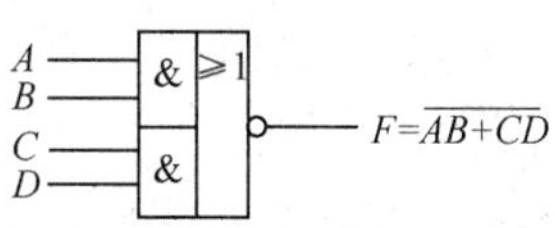

图 7-7　“与或非”逻辑运算

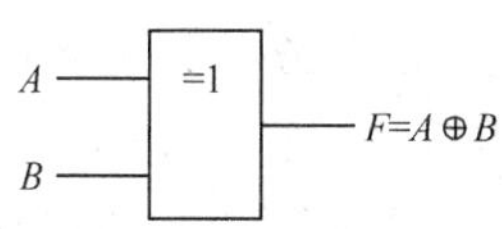

图 7-8　“异或”逻辑运算

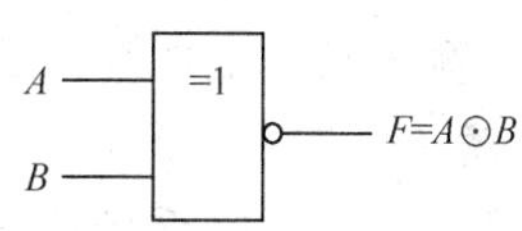

图 7-9　“同或”逻辑运算

表 7-2 中列出“同或”逻辑和“异或”逻辑的真值表，从真值表可以看出两者互为“非”逻辑的关系。即有：$A \oplus B = \overline{A \odot B}$，$A \odot B = \overline{A \oplus B}$。

表 7-2　“异或”及“同或”逻辑真值表

A	B	A ⊕ B	A⊙B
0	0	0	1
0	1	1	0
1	0	1	0
1	1	0	1

7.4 逻辑函数的运算

逻辑代数主要讨论的是输入变量和输出变量的因果关系，这种关系实际上是一种函数关系，为了将其与普通数学中的函数区别，将这种函数称为逻辑函数。

7.4.1 基本定律和规则

逻辑代数作为一门完整的代数学，可以进行运算，和普通代数一样，有一些基本的定律和规则。

1. 基本定律

表 7-3 给出了逻辑代数的基本定律。

表 7-3 逻辑代数基本定律

基本定律	表达式（示例）	
0−1 律	$A\cdot 0=0$	$A+1=1$
自等律	$A\cdot 1=A$	$A+0=A$
重叠律	$A\cdot A=A$	$A+A=A$
互补律	$A\cdot \overline{A}=0$	$A+\overline{A}=1$
交换律	$A\cdot B=B\cdot A$	$A+B=B+A$
结合律	$A\cdot(B\cdot C)=(A\cdot B)\cdot C$	$A+(B+C)=(A+B)+C$
分配律	$A\cdot(B+C)=AB+AC$	$A+BC=(A+B)\cdot(A+C)$
吸收律	$A(A+B)=A$	$A+AB=A$
反演律	$\overline{AB}=\overline{A}+\overline{B}$	$\overline{A+B}=\overline{A}\cdot\overline{B}$
还原律	$\overline{\overline{A}}=A$	

这些公式的正确性可用列真值表的方法加以证明。如果等式成立，那么将任何一组取值代入公式两边所得结果相等，因此等式两边对应的真值表也必然相等。

【例 7-7】 用真值表证明表 7-3 中 $A+B\cdot C=(A+B)(A+C)$ 的正确性。

解：已知表 7-3 中分配律表达式为 $A+B\cdot C=(A+B)(A+C)$。

将 A、B、C 所有取值代入上式的两边，即得到表 7-4 的真值表。等式两边对应的真值表相等，故等式成立。

表 7-4 分配律真值表

A	B	C	$A+B\cdot C$	$(A+B)(A+C)$
0	0	0	0	0
0	0	1	0	0
0	1	0	0	0
0	1	1	1	1
1	0	0	1	1
1	0	1	1	1
1	1	0	1	1
1	1	1	1	1

2. 若干常用公式

下面给出几个常用公式，这些公式都是通过基本定律推出的。在公式法化简时，直接运用这些公式可以给化简逻辑函数带来方便。

(1)
$$A+A\cdot B=A \tag{7-10}$$

证明： $A+A\cdot B=A(1+B)=A\cdot 1=A$

上式表明，当两个与项相加，若一项以另一项为因子，则该项多余。

(2)
$$A+\overline{A}\cdot B=A+B \tag{7-11}$$

证明： $A+\overline{A}\cdot B=A+A\cdot B+\overline{A}\cdot B=A+(A+\overline{A})\cdot B=A+B$

该表达式说明，当一项取反以后是另一项的因子，则该因子是多余的，可以去掉。

(3)
$$AB+\overline{A}C+BC=AB+\overline{A}C \tag{7-12}$$

证明：
$$\begin{aligned}AB+\overline{A}C+BC&=AB+\overline{A}C+(A+\overline{A})\cdot BC\\&=AB+ABC+\overline{A}C+\overline{A}BC=AB+\overline{A}C\end{aligned}$$

该证明表示，当两个乘积项分别含有$\overline{A}$、A 两个因子，则这两个与项的其他因子组成的第三项多余。

3. 逻辑函数运算规则

1）代入规则

对于任何一个含有变量 A 的等式，如果所有出现 A 的地方都以另一个逻辑式代替，则等式仍然成立。

【例 7-8】 已知 $A+BC=(A+B)(A+C)$，将 $C+D$ 代入式中左边 B 的位置，于是得到

$$A+BC=A+(C+D)C=A+C$$

代入右边 B，于是得到

$$(A+B)(A+C)=(A+C+D)(A+C)=A+C$$

左边等于右边，则等式 $A+BC=(A+B)(A+C)$仍然成立。

2）反演规则

对于逻辑函数 F，将表达式中的所有“·”换成“+”，“+”换成“·”，常量 0 换成 1，常量 1 换成 0，所有原变量换成反变量，所有反变量换成原变量，即得反函数$\overline{F}$。在求反演式过程中还需遵循以下两个原则。

(1) 仍遵循“先括号，然后乘，最后加”的运算次序，且运算顺序与原式相同。

(2) 公共非号保持不变（两个或两个以上变量公用的非号）。

【例 7-9】 已知 $F=\overline{AB}+CD$，试求$\overline{F}$。

解： 由反演规则得

$$\overline{F}=\overline{\overline{A}+\overline{B}}\cdot\ (\overline{C}+\overline{D})$$

依据逻辑函数的二值性质，如果两个逻辑函数相等，则其反函数相等，反之亦然。

3）对偶规则

在介绍对偶规则前先定义对偶式。设 F 为逻辑表达式，如果将 F 中所有的“＋”换成“·”，“·”换成“＋”，1 换成 0，0 换成 1，而变量保持不变，则所得新的逻辑式就称为 F 的对偶式，记为 F'。在反演式中遵循的两个原则，对偶式同样需要遵循。如果两个逻辑函数相等，则其反演函数必然相等，反之亦然。

【例 7-10】 试证明 $A+BC=(A+B)(A+C)$。

解：首先写出左边的对偶式 $A(B+C)$，右边的对偶式 $AB+AC$，左边＝右边，根据对偶规则可以确定原来的两式一定相等。得证。

7.4.2 逻辑函数的表示方法

常用的逻辑函数表示方法有真值表、逻辑函数表达式、逻辑电路图、卡诺图，卡诺图将在下节中具体介绍。

1. 真值表

将输入变量所有取值情况及其相应的输出结果，全部列表表示，即为真值表。在列出真值表之前需完成“逻辑抽象”步骤。举重判决器中假设三个裁判分别为 A、B、C，其中 A 为主裁判；用 F 来表示结果。“1”表示成功，“0”表示不成功。如图 7-10 所示的举重判决电路，真值表如表 7-5 所示。

表 7-5 举重判决器真值表

A	B	C	F	A	B	C	F
0	0	0	0	1	0	0	0
0	0	1	0	1	0	1	1
0	1	0	0	1	1	0	1
0	1	1	0	1	1	1	1

2. 逻辑表达式

将输入输出关系写成与、或、非等逻辑运算的组合式，称为逻辑表达式，简称逻辑式。如图 7-10 所示判决电路，当 A 闭合，B 和 C 中至少一个闭合，则可表示为 $A\overline{B}C+AB\overline{C}+ABC$，故其逻辑表达式为 $F=AB+AC$（具体化简法，后面将重点介绍）。

3. 逻辑图

将逻辑表达式中的与或非等运算关系用相应的逻辑符号表示出来，即为逻辑图表示。如图 7-10 所示的判决电路，其逻辑图如图 7-11 所示。

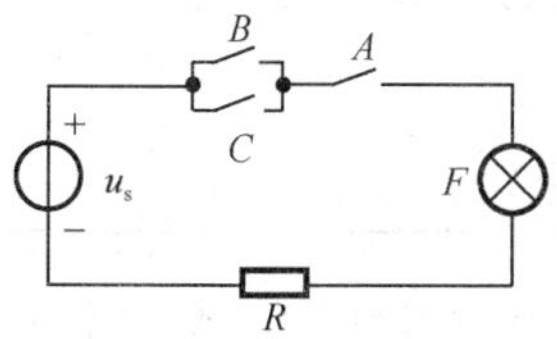

图 7-10　举重判决电路

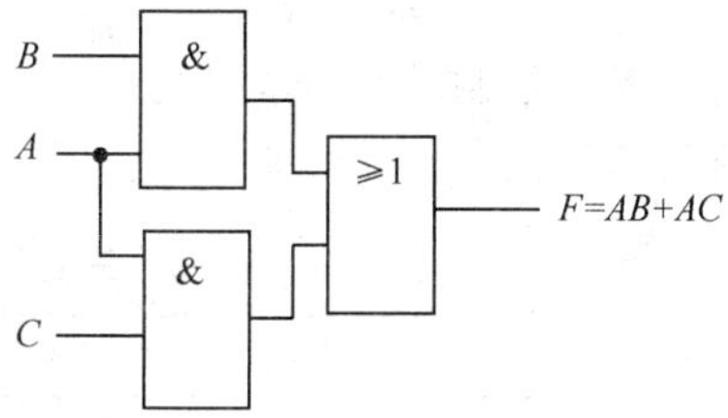

图 7-11　举重判决器逻辑电路图

4. 不同表示方法的相互转换

1）真值表与逻辑式之间的相互转换

真值表转换为逻辑表达式，找出真值表中输出为 1 的乘积项相或，对应的输入变量，1 写成原变量，0 写成反变量。例如表 7-5 可写成 $A\overline{B}C+AB\overline{C}+ABC$。逻辑表达式转换成真值表，只需要将输入变量的每种取值情况下的输出求出，列入表中。

2）逻辑式与逻辑图之间的相互转换

逻辑表达式转换成逻辑图的方法，将逻辑符号用逻辑图画出来。如 $F=AB+AC$，其逻辑图如图 7-11 所示。逻辑图转换为逻辑式的方法，从输入端开始到输出端写出每一级逻辑图对应的逻辑式，完成组合。如图 7-12 所示，可写出其逻辑函数表达式 $F=(\overline{A}+B)\cdot\overline{BC}\cdot(A+\overline{C})$。

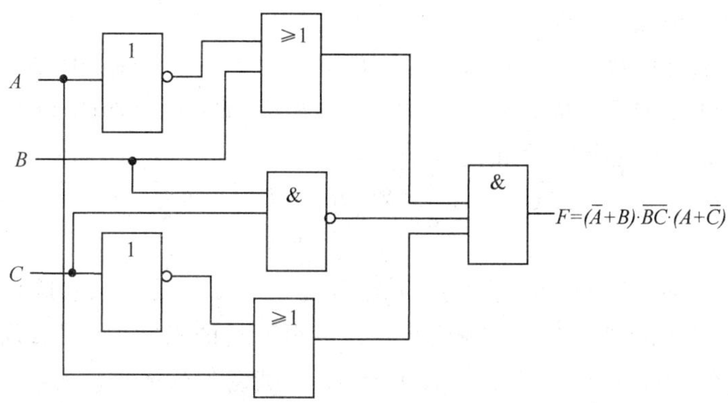

图 7-12　由逻辑图转换为逻辑式

5. 逻辑表达式的标准表达式

在介绍标准表达式之前，先介绍最大项和最小项的定义。

1）最小项

对于 n 个变量的逻辑函数，存在 m 个包含这 n 个变量的乘积项，这 n 个变量均以原变量或反变量的形式出现一次，则称乘积项 m 为该组变量的最小项。

例如 A、B 两个变量的最小项有 $\overline{A}\,\overline{B}$、$\overline{A}B$、$A\overline{B}$、$AB$ 共 4 个（即 2^2 个）最小项。n 个变量的最小项应有 2^n 个。

输入变量的每一组取值都使一个对应的最小项的值等于 1。比如三变量 A、B、C

的最小项中，当 $A=1$、$B=0$、$C=1$，乘积项 $A\overline{B}C=1$。如果把其取值 101 看作一个二进制数，转化成十进制就是 5。因此在数字电路中，也将 $A\overline{B}C$ 表示为 m_5。表 7-6 是三变量最小项的编号表。

表 7-6 三变量最小项的编号表

最小项	使最小项为 1 的变量取值			对应的十进制数	编号
	A	B	C		
$\overline{A}\overline{B}\overline{C}$	0	0	0	0	m_0
$\overline{A}\overline{B}C$	0	0	1	1	m_1
$\overline{A}B\overline{C}$	0	1	0	2	m_2
$\overline{A}BC$	0	1	1	3	m_3
$A\overline{B}\overline{C}$	1	0	0	4	m_4
$A\overline{B}C$	1	0	1	5	m_5
$AB\overline{C}$	1	1	0	6	m_6
ABC	1	1	1	7	m_7

最小项性质：

（1）对于任一组最小项，有且只有一组取值使最小项为 1。

（2）任意两个最小项的相与为 0。

（3）全部最小项相或为 1。

（4）具有相邻性的最小项可以合并成一项，并消去一个变量。所谓相邻性，是指两个最小项中只有 1 个变量不同。例如，$A\overline{B}\,\overline{C}$ 和 $A\overline{B}C$ 两个最小项中仅有一个变量 C 不一样，相加时一定能合并消去变化的因子 C。

$$A\overline{B}C+A\overline{B}\overline{C}=A\overline{B}\ (C+\overline{C})\ =A\overline{B} \tag{7-13}$$

2）最大项

对于 n 个变量的逻辑函数，存在 2^n 个包含这 n 个变量的或项，这 n 个变量均以原变量或反变量的形式出现一次，则称这些项为该组变量的最大项。A、B 两个变量的最大项有 $A+B$、$A+\overline{B}$、$\overline{A}+B$、$\overline{A}+\overline{B}$ 共 4 个。n 个变量的最大项应有 2^n 个。

输入变量的每一组取值都使一个对应的最大项的值等于 0。比如三变量 A、B、C 的最小项中，当 $A=1$、$B=0$、$C=1$，或项 $\overline{A}+B+\overline{C}=0$。如果把其取值 101 看作一个二进制数，转化成十进制就是 5。因此在数字电路中，也将 $\overline{A}+B+\overline{C}$ 表示为 M_5。表 7-7 是三变量最大项的编号表。

表 7-7 三变量最大项的编号表

最大项	使最小项为 0 的变量取值			对应的十进制数	编号
	A	B	C		
$A+B+C$	0	0	0	0	M_0
$A+B+\overline{C}$	0	0	1	1	M_1
$A+\overline{B}+C$	0	1	0	2	M_2

续表

最大项	使最小项为 0 的变量取值			对应的十进制数	编号
	A	B	C		
$A+\overline{B}+\overline{C}$	0	1	1	3	M_3
$\overline{A}+B+C$	1	0	0	4	M_4
$\overline{A}+B+\overline{C}$	1	0	1	5	M_5
$\overline{A}+\overline{B}+C$	1	1	0	6	M_6
$\overline{A}+\overline{B}+\overline{C}$	1	1	1	7	M_7

最大项性质：

(1) 对于任一组最大项，有且只有一组取值使其为 0。

(2) 任意两个最大项的相或为 1。

(3) 全部最大项相与为 0。

(4) 具有相邻性的最大项之积可以合并成一项，并消去一个变量。

3) 最小项和最大项的关系

关系 1：m_i 和 M_i 互补，即 $M_i=\overline{m_i}$，例如：

$$\overline{m_0}=\overline{\overline{A}\,\overline{B}\,\overline{C}}=A+B+C=M_0 \tag{7-14}$$

【例 7-11】 求 $F=\sum_m(0,1,4,6)$ 的反函数$\overline{F}$。

解：

$$\begin{aligned}\overline{F}&=\overline{m_0+m_1+m_4+m_6}\\&=\overline{\overline{M_0}+\overline{M_1}+\overline{M_4}+\overline{M_6}}\\&=M_0\cdot M_1\cdot M_4\cdot M_6\\&=\prod M(0,1,4,6)\end{aligned}$$

7.4.3 逻辑函数代数法化简

1. 合并项法

利用公式 $A\overline{B}+AB=A$ 将两项合并，由代数规则 A 和 B 可以用任何复杂逻辑代替。

【例 7-12】 化简函数 $A(\overline{B}\overline{C}+BC)+A(\overline{B}C+B\overline{C})$。

解：

$$\begin{aligned}&A(\overline{B}\overline{C}+BC)+A(\overline{B}C+B\overline{C})\\&=A\overline{B}\overline{C}+ABC+A\overline{B}C+AB\overline{C}\\&=A\overline{B}+AB\\&=A\end{aligned}$$

2. 吸收法

利用公式 $A+AB=A$ 或者常用公式 $AB+\overline{A}C+BC=AB+\overline{A}C$。

【例 7-13】 化简函数 $AC+A\bar{B}CD+ABC+\bar{C}D+ABD$。

解：

$$AC+A\bar{B}CD+ABC+\bar{C}D+ABD=AC+\bar{C}D$$

3. 消因子法

利用公式 $A+\bar{A}B=A+B$ 消去多余因子。

【例 7-14】 化简函数 $AC+\bar{A}D+\bar{C}D$。

解：

$$\begin{aligned}&AC+\bar{A}D+\bar{C}D=AC+(\bar{A}+\bar{C})D\\&=AC+\overline{AC}D=AC+D\end{aligned}$$

4. 配项法

利用 $A+A=A$ 和公式 $A+\bar{A}=1$。

【例 7-15】 化简逻辑函数 $\bar{A}B\bar{C}+\bar{A}BC+ABC$。

解：

$$\begin{aligned}&\bar{A}B\bar{C}+\bar{A}BC+ABC\\&=\bar{A}B\bar{C}+\bar{A}BC+ABC+\bar{A}BC\\&=(\bar{A}B\bar{C}+\bar{A}BC)+(ABC+\bar{A}BC)\\&=\bar{A}B(\bar{C}+C)+BC(A+\bar{A})\\&=\bar{A}B+BC\end{aligned}$$

逻辑函数化简

7.4.4 逻辑函数卡诺图化简

1. 卡诺图构成

将 n 个变量的全部最小项用小方格表示，并使具有逻辑相邻性的最小项在几何位置上也相邻排列，所得图形称为 n 变量最小项的卡诺图。图 7-13 是二到四变量的卡诺图。

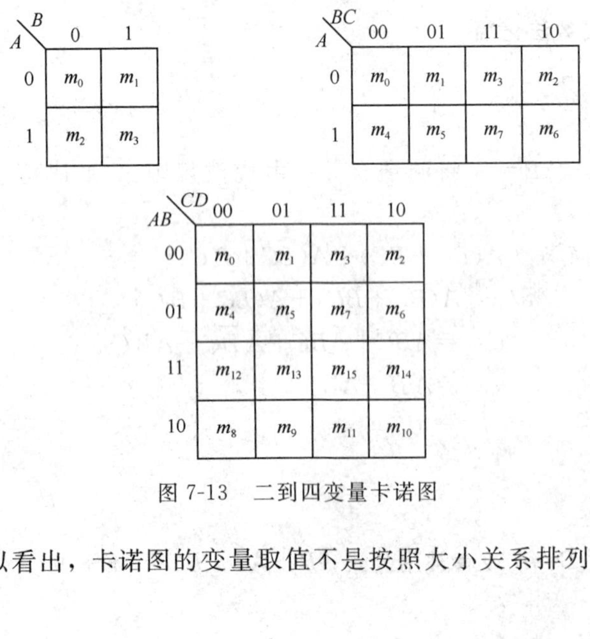

图 7-13 二到四变量卡诺图

从图 7-13 可以看出，卡诺图的变量取值不是按照大小关系排列的，而是按照循环码的逻辑相邻顺序 00、01、11、10 进行排列，这种循环码的排列使得相邻两个方格对应的的最小项仅有 1 个变量不同。由此得到卡诺图的如下特点。

（1）n 个变量的卡诺图有 2^n 个方格，每个方格对应一个最小项。

（2）每个变量与其反变量将卡诺图等分成两部分，所占方格个数相同。

（3）卡诺图上两个相邻的方格所代表的最小项只有 1 个变量相异。

这里所说的相邻包括两个方面：首先位置相邻，如图 7-13 所示 m_0 与 m_1；其次指首尾相邻，即每行或每列的首尾两个方格是相邻的，m_0 与 m_8，m_4 与 m_6。

2. 卡诺图的填入

逻辑函数都可以用最小项之和表示，自然也就可以用由最小项构成的卡诺图表示，只需要先将函数表示为最小项之和的形式，然后在卡诺图上跟这些最小项对应的位置上填 1，其余填 0 或空白，就得到该逻辑函数的卡诺图。也就是说，任何一个逻辑函数都等于其卡诺图填入 1 的最小项之和。

【例 7-16】 将如下逻辑函数表达式填入卡诺图

$$F(A,B,C,D)=\overline{B}\,\overline{C}+\overline{C}D+\overline{A}BC\overline{D}$$

解：将函数表达式化成最小项之和的形式

$$\begin{aligned}F&=(A+\overline{A})\overline{B}\,\overline{C}(D+\overline{D})+(A+\overline{A})(B+\overline{B})\overline{C}D+\overline{A}BC\overline{D}\\&=A\overline{B}\,\overline{C}D+A\overline{B}\,\overline{C}\,\overline{D}+\overline{A}\,\overline{B}\,\overline{C}D+\overline{A}\,\overline{B}\,\overline{C}\,\overline{D}+AB\overline{C}D+\overline{A}B\overline{C}D+\overline{A}BC\overline{D}\\&=\sum\nolimits_m(0,1,5,6,8,9,13)\end{aligned}$$

画出四变量的卡诺图，在对应的最小项位置填入 1，如图 7-14（a）所示。

【例 7-17】 写出图 7-14（b）所示卡诺图对应的逻辑函数表达式。

解：函数 F 为卡诺图中为 1 的最小项之和。

$$F=\overline{A}\,\overline{B}C+AB\overline{C}+ABC$$

AB \ CD	00	01	11	10
00	1	1		
01		1		1
11		1		
10	1	1		

(a)【例7-16】图

A \ BC	00	01	11	10
0	0	1	0	0
1	0	0	1	1

(b)【例7-17】图

图 7-14　【例 7-16】、【例 7-17】卡诺图

3. 化简依据

根据最小项性质，两个相邻的最小项可合并消去一个变化的因子，留下公共因子。如图 7-14（b）中 $m_6(AB\overline{C})$ 与 $m_7(ABC)$ 相邻，合并消去 C 和 $\overline{C}$ 两个因子，只剩下 A

和 B 两个因子。

$$AB\overline{C}+ABC=AB(\overline{C}+C)=AB$$

四个相邻的最小项合并成一个矩形组，可消去两个因子。如图 7-15（a）中 $m_1(\overline{A}\overline{B}\overline{C}D)$、$m_5(\overline{A}B\overline{C}D)$、$m_9(A\overline{B}\overline{C}D)$ 和 m_{13}（$AB\overline{C}D$）相邻，可合并后得到

$$\begin{aligned}&\overline{A}\,\overline{B}\,\overline{C}D+\overline{A}B\,\overline{C}D+A\,\overline{B}\,\overline{C}D+AB\,\overline{C}D\\=&\overline{A}\,\overline{C}D(\overline{B}+B)+A\overline{C}D(\overline{B}+B)\\=&\overline{A}\,\overline{C}D+A\overline{C}D\\=&\overline{C}D\end{aligned}$$

若 2^n 个最小项相邻并组成 1 个矩形，可消去 n 个变化的量。

4. 化简步骤

（1）将逻辑函数化为最小项之和的形式。

（2）将所得最小项填入卡诺图。

（3）画出正确的矩形。

原则：①几何相邻的为 1 的小格用矩形圈出，所圈 1 的个数必须为 2^n，对边为 1 的小格也具有相邻性。②每个矩形中 1 的个数要尽可能多，以使乘积项因子最少。③矩形的个数应尽可能少，以保证乘积项个数最少。④1 的小格可以重复使用，所圈各矩形中必须至少有一个 1 没有被其他矩形圈过。否则将出现冗余项。

（4）每个矩形对应一个合并项，将所有合并项相或。

【例 7-18】 化简逻辑函数

$$F(A,B,C,D)=\sum\nolimits_m(0,1,5,6,8,9,11,13)$$

解：(1) 将逻辑函数表示成卡诺图形式，如图 7-15(a) 所示。

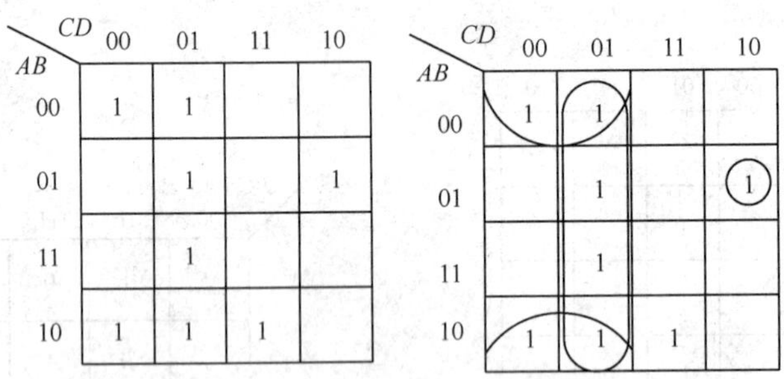

(a) 逻辑函数的卡诺图形式　　(b) 用卡诺图化简

图 7-15 【例 7-18】卡诺图化简

(2) 按照卡诺图化简原则圈出卡诺图中的矩形，注意 m_0、m_1、m_8、m_9 的首尾相邻性，得到如图 7-15(b) 的图形。

(3) 根据每个矩形写出化简后的表达式

$$F(A,B,C,D)=\overline{B}\,\overline{C}+\overline{C}D+A\,\overline{B}D+\overline{A}BC\,\overline{D}$$

【例 7-19】 用卡诺图化简逻辑函数

$$F(A,B,C,D)=\sum\nolimits_{m}(3,4,5,7,9,13,14,15)$$

解：比较图 7-16 中（a）、（b）发现图（a）中间大圈的所有 1 都曾在其他矩形中出现过，违背原则④，因此图（b）为正确圈法。其逻辑函数表达式可写成

$$F(A,B,C,D)=\overline{A}B\,\overline{C}+\overline{A}CD+A\,\overline{C}D+ABC$$

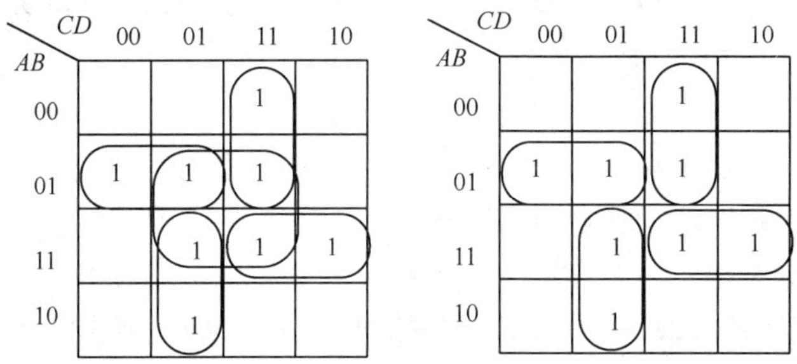

(a) 错误画法　　(b) 正确画法

图 7-16　【例 7-19】卡诺图化简

【例 7-20】 用卡诺图化简逻辑函数

$$F(A,B,C,D)=A\overline{B}+\overline{A}C+BC+\overline{C}D$$

解：根据函数表达式填入卡诺图，要包含全部的 1，需要 3 个矩形圈，如图 7-17 所示。

根据图 7-17 所示，$F=\overline{A}B+C+D$。

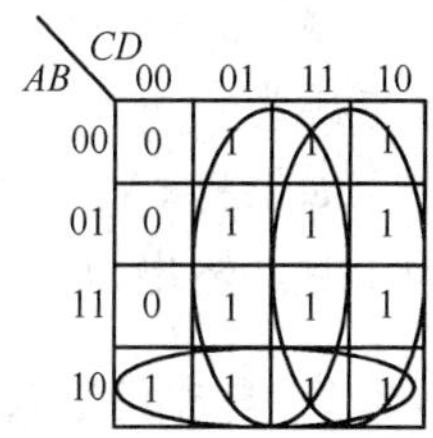

图 7-17　【例 7-20】卡诺图

5. 带有无关项的卡诺图化简

在分析实际问题时，经常会遇到一些这样的情况，即输入变量的取值不是任意的。比如一台电动机，将其正转表示成 A，反转表示为 B，停止表示为 C，则 ABC 的取值只能为 001、100、010，其他五种状态均不会出现，这五个恒等于 0 的最小项我们称之为约束项。还有另外一种情况，就是输入变量无论是 0 和 1，都不影响最后的结果。在这些变量的取值下，其值等于 1 的项称为任意项。任意项和约束项统称为无关项，在真值表或卡诺图中用 Φ、d 或 X 来表示，在表示时常用或来表示无关项部分。

化简具有无关项的函数时，由于无关项的取值对函数不产生影响，加入的无关项应与函数尽可能多的最小项具有相邻性。在画矩形时，无关项的取值以矩形组合最大、矩形数目最少为原则。换句话讲，如果无关项能使化简结果更简单，则把该无关项当作 1 来处理；如果无关项对化简结果没有帮助，则当作 0 来处理。

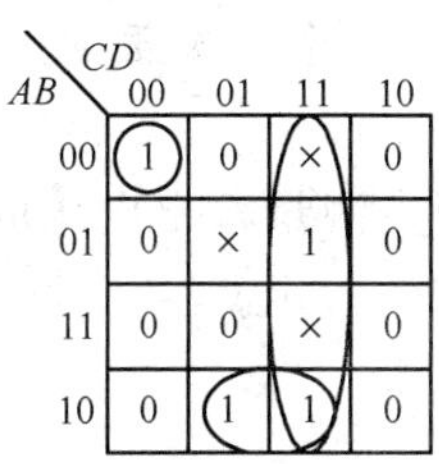

图 7-18　【例 7-21】卡诺图

【例 7-21】 用卡诺图化简逻辑函数

$$F(A,B,C,D)=\sum m(0,7,9,11)+\sum m_{X}(3,5,15)$$

画出如图 7-18 所示的卡诺图。矩形中的无关项视为 1，没有圈到的

无关项，视为 0（对化简结果无帮助）。其化简结果为 $F=CD+\bar{A}BD+\overline{A}\overline{B}\overline{C}\overline{D}$。

7.5 技能训练

测试设备及元器件：数字电路综合测试系统一套，数字万用表一台 74LS 芯片，74LS04、74LS00、74LS86 各一片。

7.5.1 非门的测试

非门 74LS04 的封装图如图 7-19 所示。

由图 7-19 可以看出，一片 74LS04 共封装了 6 组非门，使用时可以随意选择。另外，iA 表示第 i 组的输入，iY 表示该组的输出。

测试程序如下。

① 将 74LS04 插入数字电路综合测试系统中 14 脚插座，其中 74LS04 的缺口与插座的缺口要一致。

② 将 14 脚接电源电压 5V，7 脚接电源的地。

③ 采用第一组非门进行测试。将输入 $1A$ 接测试系统其中一个输入插线孔，输出 $1Y$ 接其中一个指示灯对应的插线孔。

当 $U_A=5V$ 时，用数字万用表测得 U_Y 两端电压为____ V；当 $U_A=0V$ 时，U_Y 两端电压为____ V。

如果将 5V 用“1”表示，低于 0.8V 用“0”表示，则步骤③中可以变为：当输入为 1 时，输出为____ (0/1)；当输入为 0 时，输出为____ (0/1)。

7.5.2 与非门逻辑功能测试

与非门 74LS00 的封装图如图 7-20 所示。

由图 7-20 可以看出，一片 74LS00 共封装了 4 组与非门，使用时可以随意选择。另外，每组与非门都有 2 个输入，iA、iB 表示第 i 组的输入，iY 表示该组的输出。

测试步骤如下。

① 将 74LS00 插入数字电路综合测试系统中 14 脚插座，其中 74LS00 的缺口与插座的缺口要一致。

② 将 14 脚接电源电压 5V，7 脚接电源的地。

③ 采用第一组与非门进行测试。将输入 $1A$、$1B$ 接测试系统其中 2 个输入插线孔，输出 $1Y$ 接其中一个指示灯对应的插线孔。

④ 接通电源，改变输入电平，观察输出逻辑状态，用数字万用表测量输出电压的大小，并将结果记入测试表格 7-8 中。如果电压高于 2.0V，则用“1”表示。

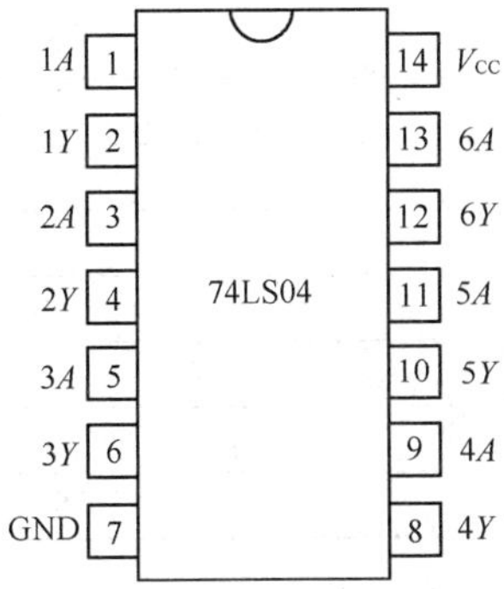

图 7-19　74LS04 的封装图

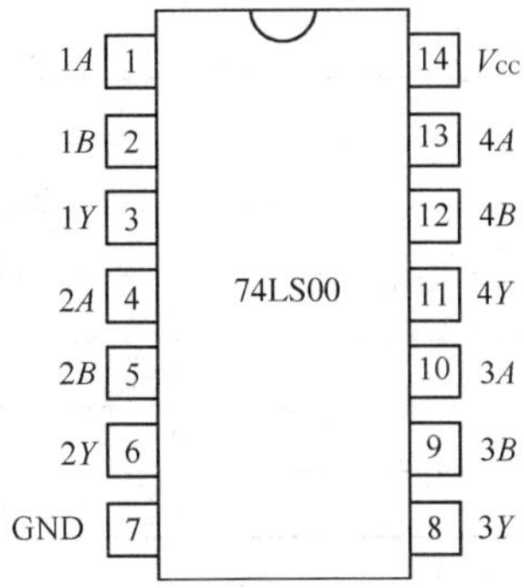

图 7-20　74LS00 的封装图

表 7-8　与非门逻辑功能测试表

A	B	Y	U_Y/V
0	0		
0	1		
1	0		
1	1		
0	×		
1	×		
×	0		
×	1		

其中用数字万用表测量输入端悬空时的电压为____V。

⑤ 根据步骤④列出 74LS00 的真值表，并写出逻辑函数表达式。

测试结果表明：74LS00 的逻辑功能为________，同时输入端悬空意味着输入____（高/低）电平。

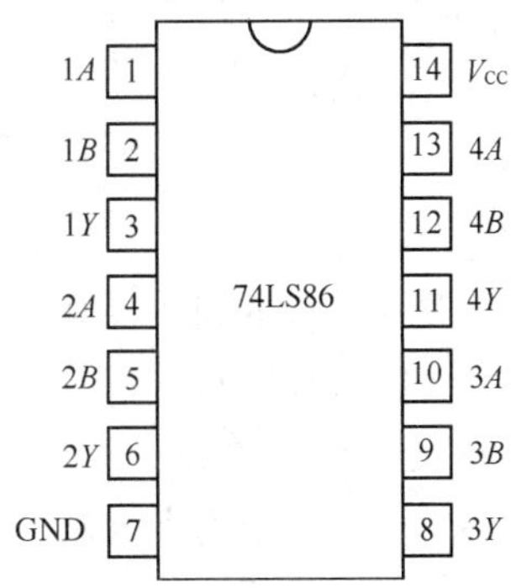

图 7-21　74LS86 的封装图

7.5.3　异或门逻辑功能测试

异或门 74LS86 的封装图如图 7-21 所示。

对比图 7-20 和图 7-21 可知，74LS00 和 74LS86 的封装图完全一样，故测试步骤也完全一样。按照 74LS00 的测试步骤，完成 74LS86 的测试，把相应的数据填入表 7-9。

表 7-9　异或门逻辑功能测试表

A	B	Y	U_Y/V
0	0		
0	1		

续表

A	B	Y	U_Y/V
1	0		
1	1		
0	×		
1	×		
×	0		
×	1		

测试结果表明：74LS86 的逻辑功能为________________。

知 识 小 结

• 逻辑代数基础是分析及设计数字电路的基础。本章介绍了数码和数制、逻辑代数的公式和定理、逻辑函数的表示方法、逻辑代数的化简方法等几个部分。为了逻辑运算的方便，表 7-3 中十大基本定律和三个常用公式必须熟练运用。

• 逻辑函数的描述一般有真值表、逻辑表达式、逻辑图和卡诺图四种方法。一般根据实际情况选择适合的一种表示所需函数。

• 公式法化简和卡诺图化简。其中公式法化简的使用没有任何限制，但是也没有固定步骤可循。需要使用者熟练掌握定律和公式，需要一定的技巧和经验。卡诺图化简的优点是简单、直观，有规则可循。在本章结束时，读者们应能初步掌握这两种化简方法。

思考与练习

7.1　将下列二进制、八进制和十六进制数转换为十进制。

(1) $(101011)_2$；　(2) $(0.101)_2$；　(3) $(47.12)_8$；　(4) $(6A.B9)_{16}$。

7.2　将下列十进制、八进制、十六进制数转换为二进制。

(1) $(17.75)_{10}$；　(2) $(6.54)_8$；　(3) $(4C.D9)_{16}$。

7.3　将下列数值转换为 8421BCD 码。

(1) $(84)_{10}$；　(2) $(1011.011)_2$。

7.4　写出下列函数的对偶式和反演式。

(1)$F=\overline{\overline{B}}\,\overline{\overline{D}}+A\overline{B}\,\overline{C}+\overline{\overline{B}CD}$；

(2)$F=\overline{(A+\overline{B})(C+D)}+E$。

7.5　已知逻辑函数 $F=\overline{B}\,\overline{C}+A\overline{B}+\overline{A}BC$，试写出其真值表并画出逻辑电路图。

7.6　将下列各式表示成最小项形式。

(1) $F=\overline{B}\,\overline{C}+\overline{\overline{A}(B+\overline{C})}$；

(2) $F=\overline{\overline{A}\,\overline{B}+ABD(B+\overline{C}D)}$。

7.7　用公式法化简下列各式。

(1) $F=A\overline{C}+ABC+AC\overline{D}+CD$；

(2) $F=A\overline{B}+\overline{A}B+A$；

(3) $F=\overline{A}+\overline{B}+\overline{C}+\overline{D}+ABCDE$；

(4) $F=AC+B\overline{C}+\overline{A}B$；

(5) $F=\overline{A}BC+(A+\overline{B})C$；

(6) $F=AB+\overline{B}C+B\overline{D}+C\overline{D}+A(B+\overline{C})+\overline{A}BC\overline{D}$；

7.8　利用卡诺图化简下列函数。

(1) $F=A\overline{B}\,\overline{C}+\overline{A}\,\overline{B}+\overline{A}D+C+BD$；

(2) $F(A,B,C,D)=\sum_m(1,3,5,7)$；

(3) $F(A,B,C,D)=\sum_m(0,1,2,3,4,6,8,9,10,11,12,14)$；

(4) $F(A,B,C,D)=\sum_m(2,3,6,7,8,10,12,14)$；

(5) $F(A,B,C,D)=\sum_m(0,7,9,11)+\sum_{m_x}(3,5,15)$；

(6) $F(A,B,C,D)=\sum_m(2,3,7,8,11,14)+\sum_{m_x}(0,5,10,15)$。

7.9　已知真值表如表 7-10 所示，写出其逻辑函数表达式。

表 7-10　习题 7.9 的真值表

A	B	C	F	A	B	C	F
0	0	0	0	1	0	0	1
0	0	1	1	1	0	1	0
0	1	0	1	1	1	0	0
0	1	1	0	1	1	1	0

第 8 章

组合逻辑电路

数字电路按照逻辑特点可以分为组合逻辑电路和时序逻辑电路。本章主要介绍组合逻辑电路，时序逻辑电路的内容将在第 9 章中讨论。组合逻辑电路模型如图 8-1 所示。

图 8-1 组合逻辑电路组成框图

组合逻辑电路可定义为：若逻辑电路在任何给定时刻的稳定输出仅仅是该时刻输入状态的函数，就称之为组合逻辑电路，在结构上由门电路构成。时序逻辑电路定义为：若逻辑电路在任何给定时刻的稳定输出不仅取决于该时刻的输入状态，还和电路原来所处的状态有关，这种逻辑电路称为时序逻辑电路。

对于任意一个多输入、多输出的组合逻辑电路，输入变量 A_1、A_2、…、A_n 与输出变量 Y_1、Y_2、…、Y_m 可以用一组逻辑函数表示：

$$Y_1 = f_1(A_1, A_2, \cdots, A_n)$$
$$Y_2 = f_2(A_1, A_2, \cdots, A_n)$$
$$Y_m = f_m(A_1, A_2, \cdots, A_n)$$

上式可简写成

$$Y_i = f_i(A_1, A_2, \cdots, A_n) \tag{8-1}$$

8.1 应用示例

电视台时常播放若干个选手抢答问题的节目，实现抢答功能的电路就是一个抢答器。抢答器电路有很多种，常见的一种如图 8-2 所示。

工作原理如下：$S_1 \sim S_9$ 为 9 个抢答按键，二极管 $VD_1 \sim VD_{11}$ 用于对抢答按键进行 BCD 编码。初始状态下，BCD 码 7 段译码器 CD4511 驱动 LED 数码管显示 0，即 a、b、c、d、e、f 为 1，g 为 0。现将 g 信号用晶体管 VT_1 反相，这样，在初始状态下，8 输入与非门 CD4068 的 8 个输入端全为 1，其输出为 0，使 7 段译码器 CD4511 处在译码状态，这时按键信号可以输入。又因显示除 0 以外的其他数字时，$a \sim g$ 这 7 个信号至少有一个是 0，使 CD4068 输出 1，相应地，7 段译码器 CD4511 处于锁存状态。所以当某一按键按下时，CD4068 就输出锁存信号 1，使 CD4511 将已键入的数字锁存显示。这样，后按下的按键就不再起作用，数码管就只显示最先按下的键号，起到了抢答的作用。积分电路由 R_3 和 C_1 组成，它对锁存信号作短暂的延时，其作用是让数字电路有足够的响应时间，使锁存稳定，以免显示乱码。C_2 的作用是将直流触发变为脉冲触发，使音乐电路每抢答一次只奏响一次。S_{10} 为复位键，该键可在主持人喊“开始”前按下，按下后数码管显示 0。

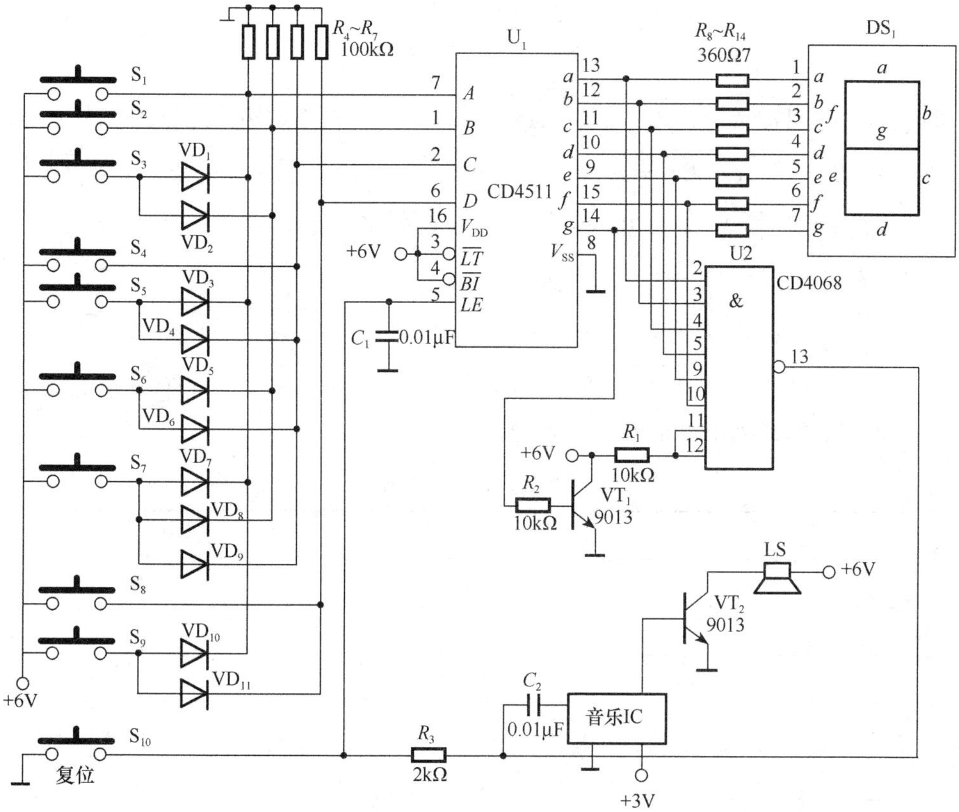

图 8-2　抢答器电路图

8.2　组合逻辑电路的分析和设计

8.2.1　组合逻辑电路分析

根据给定的电路进行分析，并找出其逻辑功能，这就是组合逻辑电路分析。一般的分析方法就是：由输入端到输出端一步一步逐级写出逻辑函数式，直至得到最后输出关系与输入关系的函数表达式。通过公式法或卡诺图对所得的函数表达式进行化简，使其逻辑关系简单明了。有些逻辑函数需要将逻辑函数表达式转换为真值表形式，再通过真值表进行分析。

组合逻辑电路的分析广泛用于系统维修、系统仿真等领域。

【例 8-1】 分析图 8-3 所示电路实现的逻辑功能，写出电路的逻辑表达式和真值表。

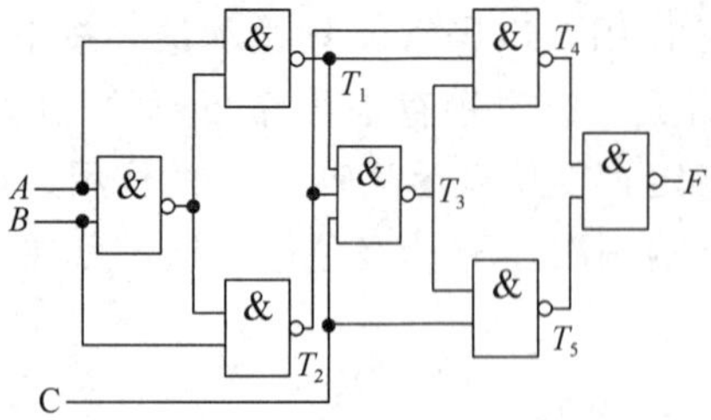

组合逻辑电路
逻辑功能仿真

图 8-3　【例 8-1】电路图

解：(1) 写出逻辑表达式。由输入逐级推导，写出最终的输出逻辑函数表达式。

$$T_1=\overline{A\overline{AB}}=\overline{A(\overline{A}+\overline{B})}=\overline{A\overline{B}},\quad T_2=\overline{B\overline{AB}}=\overline{B(\overline{A}+\overline{B})}=\overline{\overline{A}B},T_3=\overline{T_1T_2C}$$

$$T_4=\overline{T_1T_2T_3}=\overline{T_1T_2\overline{T_1T_2C}}=\overline{T_1}+\overline{T_2}+T_1T_2C=\overline{T_1}+\overline{T_2}+C$$
$$=A\overline{B}+\overline{A}B+C=A\oplus B+C$$

$$T_5=\overline{T_3C}=\overline{\overline{T_1T_2C}C}=T_1T_2C+\overline{C}=T_1T_2+\overline{C}=\overline{A\overline{B}}\,\overline{\overline{A}B}+\overline{C}=\overline{A\oplus B}+\overline{C}$$

$$F=\overline{T_4T_5}=\overline{(A\oplus B+C)(\overline{A\oplus B}+\overline{C})}=A\oplus B\cdot C=\overline{A\oplus B\oplus C}$$

(2) 根据表达式列出真值表（表 8-1）。

表 8-1　【例 8-1】真值表

A	B	C	F
0	0	0	1
0	0	1	0
0	1	0	0
0	1	1	1
1	0	0	0
1	0	1	1
1	1	0	1
1	1	1	0

(3) 根据真值表判断其功能为：判偶电路。即输入偶数个 1 时输出为 1，否则为 0。

【例 8-2】 分析图 8-4 所示电路。

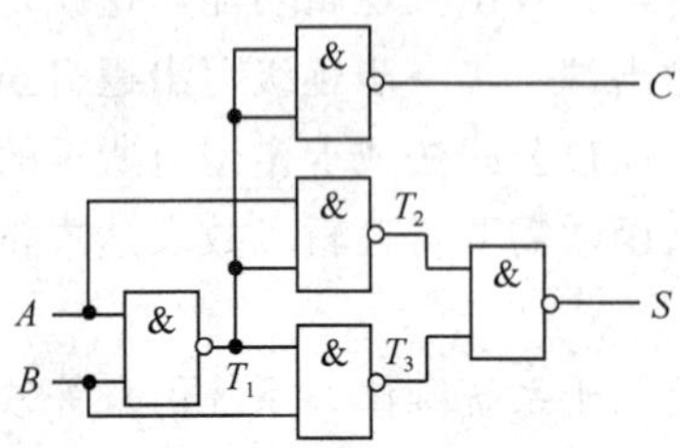

图 8-4　【例 8-2】电路图

解：根据异或门功能可以写出其逻辑函数表达式为

$$T_1=\overline{AB}，C=AB，T_2=\overline{A\,\overline{AB}}，T_3=\overline{B\,\overline{AB}}$$

$$S=\overline{T_2\cdot T_3}=\overline{T_2}+\overline{T_3}=A\cdot\overline{AB}+B\cdot\overline{AB}=A\overline{B}+\overline{A}B=A\oplus B$$

列出其真值表如表 8-2 所示。

表 8-2　【例 8-2】真值表

A	B	S	C	A	B	S	C
0	0	0	0	1	0	0	1
0	1	1	0	1	1	1	0

分析真值表功能，当 A、B 都是 0 时，S 为 0，C 也为 0；当 A、B 有 1 个 1 时，S 为 1，C 为 0；当 A、B 都是 1 时，S 为 0，C 为 1。这符合两个 1 位二进制相加的原则，即 A、B 为两个加数，S 为和，C 为向高位的进位。这样的电路是运算器的基本单位电路，称为半加器。

8.2.2　组合逻辑电路设计

根据实际问题，通过设计，得到实现这一逻辑功能的最简电路图。这就是组合逻辑电路的设计要完成的工作，设计与分析过程相反。其步骤大致如下。

（1）逻辑抽象。根据题意设定输入、输出变量和变量赋值（0、1 分别代表输入、输出变量的不同状态）。

（2）根据题目逻辑功能描述列出真值表。

（3）由真值表写出逻辑表达式。

（4）按照要求变换和化简逻辑表达式，使表达式最简，画出逻辑电路图。

这里提到“最简”两个字，是指逻辑电路中，器件数量最少、种类最少、器件之间的连线最少。

下面举例说明组合逻辑电路设计的步骤。

【例 8-3】　用与非门设计一个三人表决电路，符合少数服从多数原则。

解：（1）逻辑抽象。设三个输入变量分别为 A、B、C，输出变量为 F；当输入“同意”时，用 1 表示，否则为 0；输出变量状态为 1 时通过，输出为 0 时表示不通过。

（2）列出真值表，如表 8-3 所示。

表 8-3　【例 8-3】真值表

A	B	C	F
0	0	0	0
0	0	1	0
0	1	0	0
0	1	1	1
1	0	0	0
1	0	1	1
1	1	0	1
1	1	1	1

（3）由表 8-3 画出如图 8-5 所示的卡诺图，写出最简逻辑函数表达式：

$$F=AB+AC+BC$$

将卡诺图转换为最简与非表达式：

$$F=AB+AC+BC=\overline{\overline{AB}\cdot\overline{AC}\cdot\overline{BC}}$$

（4）根据表达式画出逻辑电路图如图 8-6 所示。

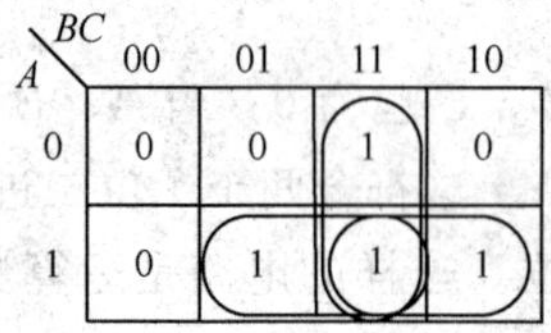

图 8-5 【例 8-3】卡诺图

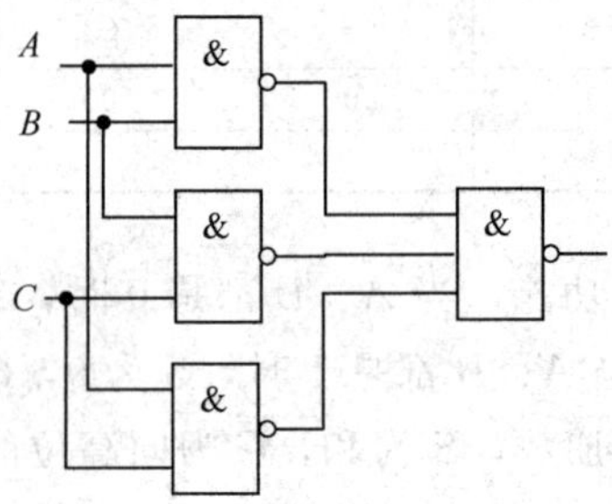

图 8-6 【例 8-3】电路图

【例 8-4】 设计一组电路能将二进制码转换成循环码，如表 8-4 所示。循环码定义为：相邻两位只有一个变量不同。

表 8-4 【例 8-4】真值表

A	B	C	F_2	F_1	F_0
0	0	0	0	0	0
0	0	1	0	0	1
0	1	0	0	1	1
0	1	1	0	1	0
1	0	0	1	1	0
1	0	1	1	1	1
1	1	0	1	0	1
1	1	1	1	0	0

解：根据真值表画出卡诺图如图 8-7 所示。

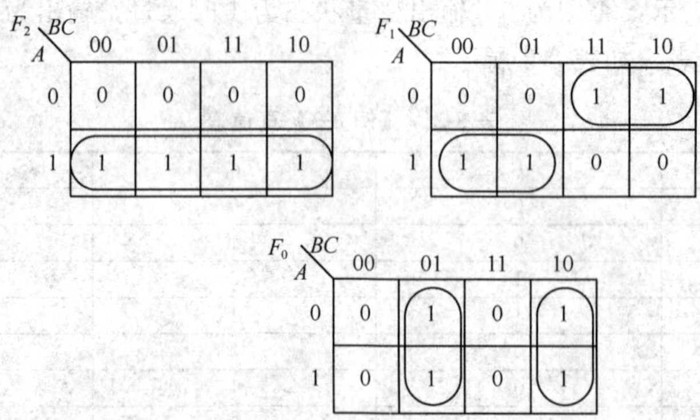

图 8-7 【例 8-4】卡诺图

得到其表达式为 $F_2=A$，$F_1=\overline{A}B+A\overline{B}=A\oplus B$，$F_0=\overline{B}C+B\overline{C}=B\oplus C$。

画出逻辑电路图如图 8-8 所示。

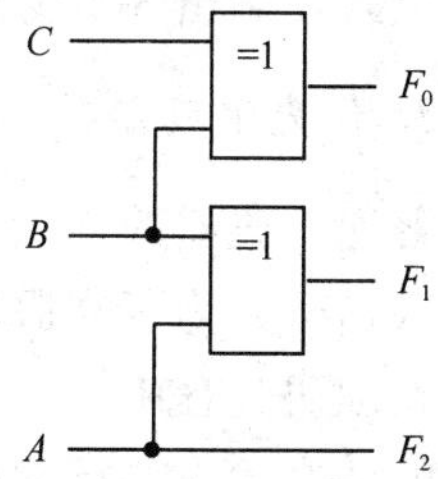

图 8-8　【例 8-4】电路图

日常生活中，人们会发现某些功能的数字逻辑电路被经常地、大量地用到，这些电路包括编码器、译码器、数据选择器、数值比较器、加法器、数据分配器等。为了使用方便，这些逻辑电路已经被制作成中、小规模集成电路。下面将分别介绍这些器件的工作原理和使用方法。

8.3　编码器和译码器

8.3.1　编码器

在数字系统中，信号都是用 0、1 来表示的。一位二进制代码只能表示两种信息，当需要表示更多的信息时，就需要对多位二进制代码进行一定的排列组合。用一组二进制代码表示某种信息的过程称为编码，完成编码功能的逻辑电路称为编码器。编码器按输出代码不同可分为二进制编码器、二－十进制编码器；按工作方式不同可分为普通编码器和优先编码器。

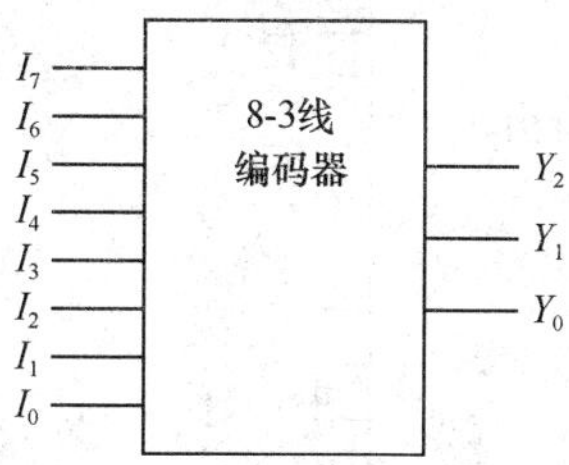

图 8-9　8-3 线普通编码器

1. 普通编码器

普通编码器约定任何时刻只能有一个输入变量有效。以图 8-9 所示的 8-3 线编码器为例，8 个输入变量为 I_0～I_7，3 个输出变量 Y_0、Y_1、Y_2。输出变量与输入变量的对应关系如表 8-5 所示。

表 8-5　8-3 线编码器真值表

I_0	I_1	I_2	I_3	I_4	I_5	I_6	I_7	Y_2	Y_1	Y_0
1	0	0	0	0	0	0	0	0	0	0
0	1	0	0	0	0	0	0	0	0	1
0	0	1	0	0	0	0	0	0	1	0
0	0	0	1	0	0	0	0	0	1	1
0	0	0	0	1	0	0	0	1	0	0
0	0	0	0	0	1	0	0	1	0	1
0	0	0	0	0	0	1	0	1	1	0
0	0	0	0	0	0	0	1	1	1	1

由真值表可知，任一时刻输入都是只有一个输入有效电平（该真值表中为“1”，称为高电平有效），可以写出输出与输入的表达式如下：

$$\begin{cases} Y_2 = I_4 + I_5 + I_6 + I_7 \\ Y_1 = I_2 + I_3 + I_6 + I_7 \\ Y_0 = I_1 + I_3 + I_5 + I_7 \end{cases} \tag{8-2}$$

根据上式，画出 8-3 线普通编码器的电路图如图 8-10 所示。

74LS148 芯片逻辑功能仿真

2. 优先编码器

普通编码器的优点是结构简单，缺点是任一时刻只允许一个输入端有输入信号。为了克服普通编码器的缺点，设计了优先编码器。优先编码器在编码过程中，当有两个或两个以上的有效输入时，仅对优先级别最高的一个输入进行编码。

74LS148 是常用的 8-3 线中规模优先编码器，图 8-11 是其引脚图，表 8-6 是 74LS148 的功能表，从表中可以看出，在使能端$\overline{ST}=0$时，电路正常工作，允许$\overline{I}_0 \sim \overline{I}_7$中有多个有效输入（低电平有效），$\overline{I}_7$优先级别最高，$\overline{I}_0$优先级别最低。即当$\overline{I}_7$为有效电平 0 时，无论其他输入端有无信号输入，输出端仅给$\overline{I}_7$进行编码，即$\overline{Y}_2\ \overline{Y}_1\ \overline{Y}_0=000$；当$\overline{I}_7=1$，$\overline{I}_6=0$，则输出为$\overline{Y}_2\ \overline{Y}_1\ \overline{Y}_0=001$，以此类推。

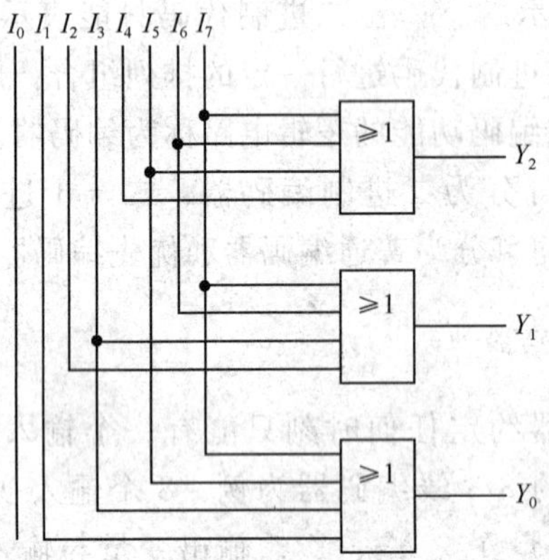

图 8-10　8-3 线编码器内部电路图

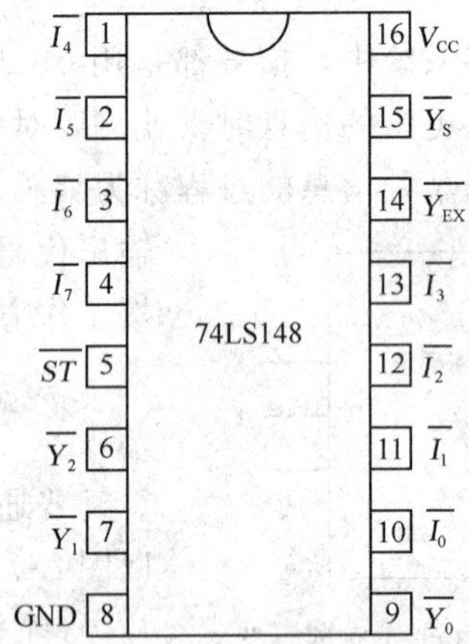

图 8-11　74LS148 引脚图

表 8-6　74LS148 功能表

$\overline{ST}$	$\overline{I}_7$	$\overline{I}_6$	$\overline{I}_5$	$\overline{I}_4$	$\overline{I}_3$	$\overline{I}_2$	$\overline{I}_1$	$\overline{I}_0$	$\overline{Y}_2$	$\overline{Y}_1$	$\overline{Y}_0$	$\overline{Y}_S\ \overline{Y}_{EX}$
1	1	1	1	1	1	1	1	1	1	1	1	1 1
0	×	×	×	×	×	×	×	×	1	1	1	0 1
0	0	×	×	×	×	×	×	×	0	0	0	1 0
0	1	0	×	×	×	×	×	×	0	0	1	1 0
0	1	1	0	×	×	×	×	×	0	1	0	1 0
0	1	1	1	0	×	×	×	×	0	1	1	1 0
0	1	1	1	1	0	×	×	×	1	0	0	1 0
0	1	1	1	1	1	0	×	×	1	0	1	1 0
0	1	1	1	1	1	1	0	×	1	1	0	1 0
0	1	1	1	1	1	1	1	0	1	1	1	1 0

表中输出为$\overline{Y}_2\ \overline{Y}_1\ \overline{Y}_0=111$ 的情况有三种，分别是使能端$\overline{ST}$为 1，电路不工作的时候；$\overline{ST}$为 0，电路正常工作，但是没有有效的输入的时候；电路正常工作，也有有效输入，但是有效输入为$\overline{I_0}$。三种情况可以通过$\overline{Y}_S$和$\overline{Y}_{EX}$（$\overline{Y}_S$和$\overline{Y}_{EX}$分别称为输出使能端和扩展端）加以区别。

8.3.2　译码器

译码是编码的逆过程。将二进制代码原来的含义翻译出来的过程称为译码，译码器的逻辑功能是将每组输入的二进制代码转化成一定规律的控制信号。常用的译码器有二进制译码器、二-十进制译码器和显示译码器三类。

1. 二进制译码器

1）二进制译码器概述

二进制译码器又称为 2^n 进制译码器，使用最为广泛的一种是将 n 个输入变为 2^n 个输出的多输出端组合逻辑电路，每个输出端对应于一个最小项表达式（或最小项表达式的“非”表达式），因此又称最小项译码器或最小项发生器电路。

图 8-12 是 3 位二进制译码器的框图，输入的 3 位二进制代码共有 8 种状态，译码器将每个输入代码译成对应的一根输出线上的高电平［图 8-12（a)］或低电平［图 8-11（b)］信号，因此也把这个译码器叫做 3-8 线译码器。74LS138 就是一种输出低电平有效的 3 位二进制译码器。

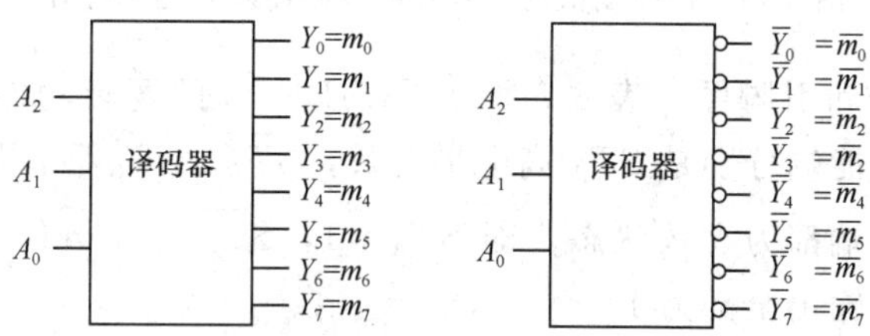

(a) 输出高电平有效　　(b) 输出低电平有效

图 8-12　3-8 线译码器

除 3 位二进制线译码器外，常见的变量译码器还有 2 位二进制、4 位二进制等几种。

另外，在集成电路中，经常会遇到使能端，如前面讲到的优先编码器 74LS148 中的$\overline{ST}$。使能端的作用除了控制电路的正常工作，还可以用于扩展，即从多个芯片中选择一部分工作，因此有时也叫“片选”输入端。图 8-13 所示是一个输出高电平有效的 2 位二进制变量译码器。观察可以发现当 $EN=0$ 时，三输入与非门 $G_3\sim G_0$ 的输出全部为 0，即输出端没有一个处于有效工作状态，可以理解为 $EN=0$ 时，该译码器不工作；当 $EN=1$ 时，译码器可以正常工作。通常把这种在 $EN=1$ 时正常工作的电路称为“使能端高电平有效”。而在图 8-14 中，$\overline{EN}=0$ 时电路处于工作状态，故称这个电路为“使能端低电平有效”。

2）常用中规模译码器电路 74LS138

在中规模集成芯片中译码器有很多型号，使用最广的 3-8 线译码器是 74LS138，

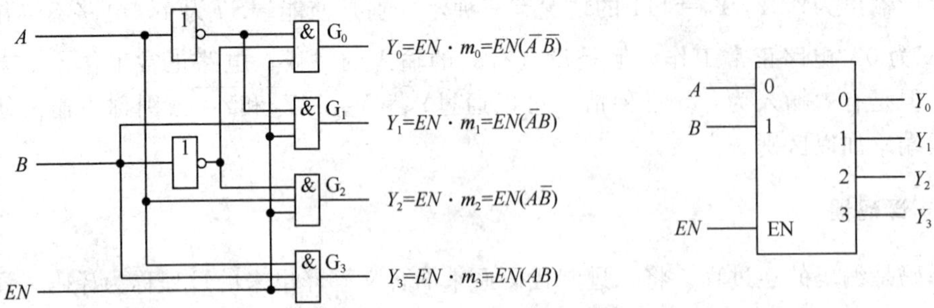

(a) 逻辑电路图　　(b) 逻辑符号

图 8-13　使能端高电平有效的译码器及其逻辑符号

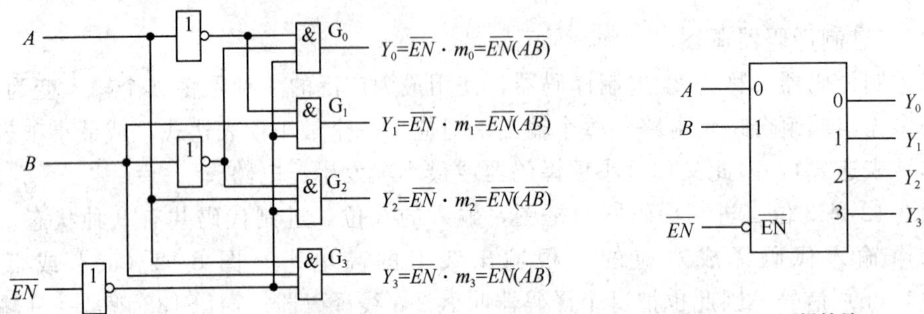

(a) 逻辑电路图　　(b) 逻辑符号

图 8-14　使能端低电平有效的译码器及其逻辑符号

图 8-15是其逻辑符号和引脚图。表 8-7 所示是 74LS138 的逻辑功能，可以看出，输出低电平有效，三个使能端分别是 ST_A 高电平有效，$\overline{ST_B}$、$\overline{ST_C}$低电平有效，74LS138 工作的条件是三个使能端都为有效状态，即 $ST_A=1$，$\overline{ST_B}=0$，$\overline{ST_C}=0$，当其中任何一个不是有效状态时，输出全部为 1。

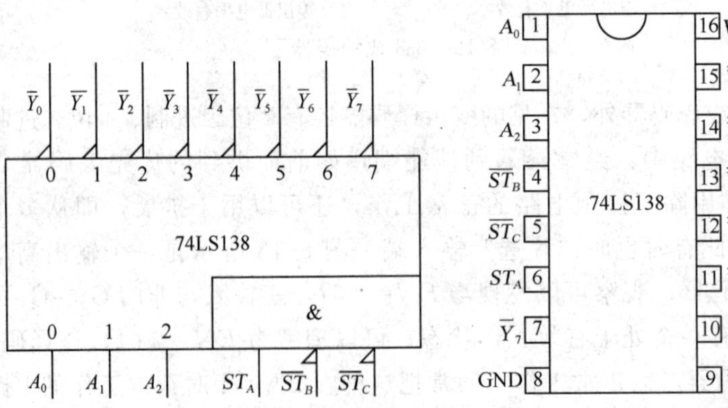

图 8-15　74LS138 逻辑符号和引脚图

74LS138 芯片逻辑功能仿真

表 8-7　74LS138 逻辑功能

ST_A	$\overline{ST_B}+\overline{ST_C}$	A_2	A_1	A_0	$\overline{Y_0}$	$\overline{Y_1}$	$\overline{Y_2}$	$\overline{Y_3}$	$\overline{Y_4}$	$\overline{Y_5}$	$\overline{Y_6}$	$\overline{Y_7}$
1	0	0	0	0	0	1	1	1	1	1	1	1
1	0	0	0	1	1	0	1	1	1	1	1	1
1	0	0	1	0	1	1	0	1	1	1	1	1
1	0	0	1	1	1	1	1	0	1	1	1	1
1	0	1	0	0	1	1	1	1	0	1	1	1
1	0	1	0	1	1	1	1	1	1	0	1	1
1	0	1	1	0	1	1	1	1	1	1	0	1
1	0	1	1	1	1	1	1	1	1	1	1	0
0	×	×	×	×	1	1	1	1	1	1	1	1
×	1	×	×	×	1	1	1	1	1	1	1	1

任何一个函数表达式都可以表示为最小项形式，而变量译码器的输出正是对应最小项或最小项的反函数，因此，常用变量译码器来实现逻辑函数。

【例 8-5】 试用 74LS138 实现逻辑函数 $F(A,B,C)=\sum_m(0,3,4,7)$。

解：$F(A,B,C)=\sum_m(0,3,4,7)=\overline{\overline{m_0+m_3+m_4+m_7}}=\overline{\overline{m_0}\cdot\overline{m_3}\cdot\overline{m_4}\cdot\overline{m_7}}$，如图 8-16 所示。

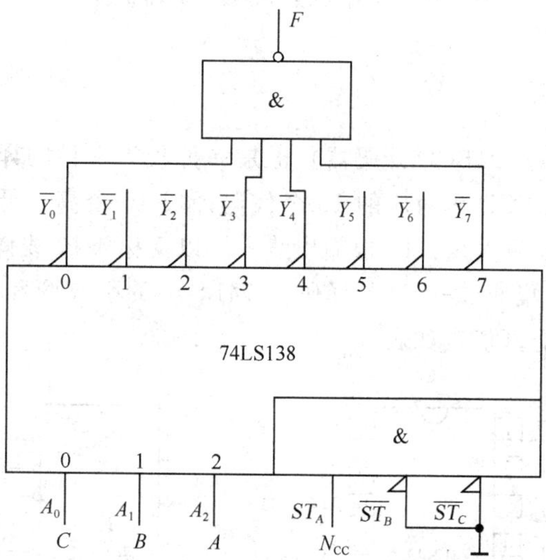

图 8-16　【例 8-5】电路图

【例 8-6】 试用两片 3-8 线译码器 74LS138 实现逻辑函数

$$F(A,B,C,D)=\sum_m(0,1,7,8,11,15)$$

解：由图 8-17 可以看出，74LS138 只有三个地址输入端 A_2、A_1、A_0，但是可以利用其使能端来控制电路的工作，连接方法如图 8-17 所示。当 $A=0$ 时，左边的芯片正常译码，而右边不工作，$\overline{Y_0}\sim\overline{Y_7}$ 有有效信号输出，$\overline{Y_8}\sim\overline{Y_{15}}$ 输出均为 1；当 $A=1$ 时，右边的芯片正常译码，而左边不工作，$\overline{Y}_8 \sim \overline{Y}_{15}$ 有有效输出，$\overline{Y}_0 \sim \overline{Y}_7$ 输出为 1，从而实现 4-16 线的译码功能。

$$F(A,B,C,D) = \sum_m (0,1,7,8,11,15) = \overline{\overline{m_0} \cdot \overline{m_1} \cdot \overline{m_7} \cdot \overline{m_8} \cdot \overline{m_{11}} \cdot \overline{m_{15}}}$$

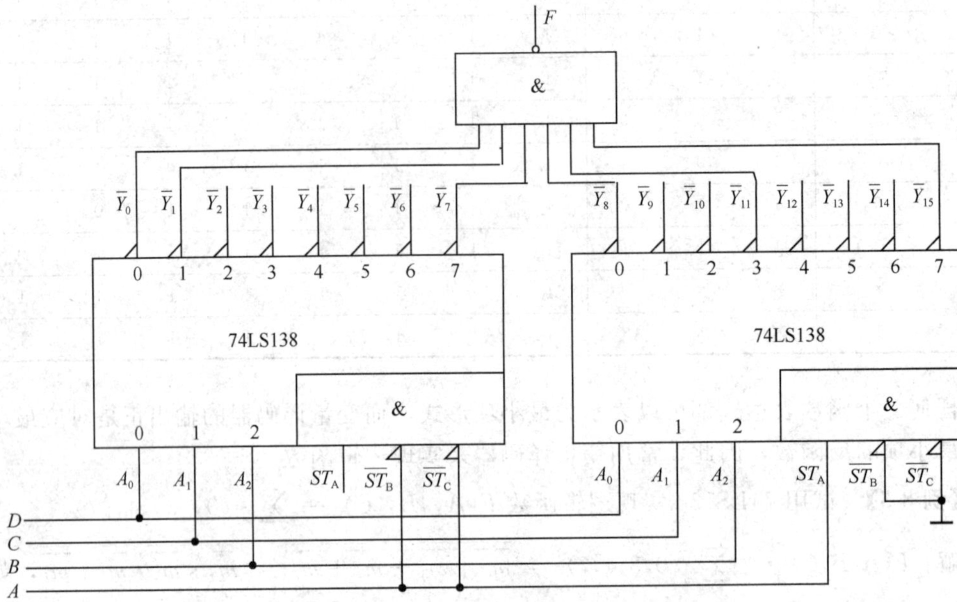

图 8-17 【例 8-6】3-8 线译码器扩展图

2. 二-十进制译码器

二-十进制译码器（8421BCD 译码器）也是一种较为常见的译码器电路。其逻辑功能是将输入的 4 位 8421BCD 码对应的 10 个代码译成 10 个高、低电平输出信号。由于二-十进制译码器有 4 根输入线、10 根输出线，所以又称 4-10 线译码器。

输出低电平有效的集成二-十进制译码器 74LS42 的引脚图和逻辑符号如图 8-18 所示。74LS42 的逻辑功能真值表如表 8-8 所示。

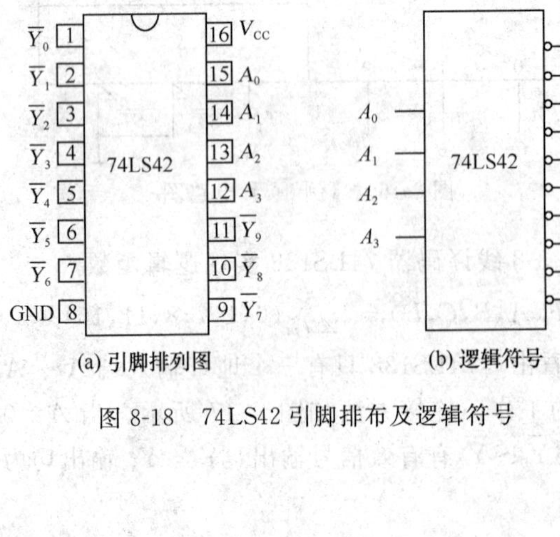

(a) 引脚排列图 (b) 逻辑符号

图 8-18 74LS42 引脚排布及逻辑符号

表 8-8　74LS42 逻辑功能真值表

序号	A_3	A_2	A_1	A_0	$\overline{Y}_0$	$\overline{Y}_1$	$\overline{Y}_2$	$\overline{Y}_3$	$\overline{Y}_4$	$\overline{Y}_5$	$\overline{Y}_6$	$\overline{Y}_7$	$\overline{Y}_8$	$\overline{Y}_9$
0	0	0	0	0	0	1	1	1	1	1	1	1	1	1
1	0	0	0	1	1	0	1	1	1	1	1	1	1	1
2	0	0	1	0	1	1	0	1	1	1	1	1	1	1
3	0	0	1	1	1	1	1	0	1	1	1	1	1	1
4	0	1	0	0	1	1	1	1	0	1	1	1	1	1
5	0	1	0	1	1	1	1	1	1	0	1	1	1	1
6	0	1	1	0	1	1	1	1	1	1	0	1	1	1
7	0	1	1	1	1	1	1	1	1	1	1	0	1	1
8	1	0	0	0	1	1	1	1	1	1	1	1	0	1
9	1	0	0	1	1	1	1	1	1	1	1	1	1	0
伪码	1	0	1	0	1	1	1	1	1	1	1	1	1	1
	1	0	1	1	1	1	1	1	1	1	1	1	1	1
	1	1	0	0	1	1	1	1	1	1	1	1	1	1
	1	1	0	1	1	1	1	1	1	1	1	1	1	1
	1	1	1	0	1	1	1	1	1	1	1	1	1	1
	1	1	1	1	1	1	1	1	1	1	1	1	1	1

由功能真值表可知，对于 8421BCD 码以外的伪码（即 1010～1111 这 6 个代码），$\overline{Y}_0$～$\overline{Y}_9$上均无低电平信号，即译码器拒绝“翻译”。

3. 显示译码器

在数字系统中，常常需要将测量或运算结果用十进制数码显示出来，数字显示电路包括译码驱动电路和数码显示器。目前广泛使用七段数码显示器件，称为七段数码管。数码显示器一般有发光二极管（LED）和液晶显示器（LCD）两种，其中 LED 显示器分为共阴极和共阳极两种。图 8-19 为常用共阴极 LED 数码管 LC5011 的内部连线图。

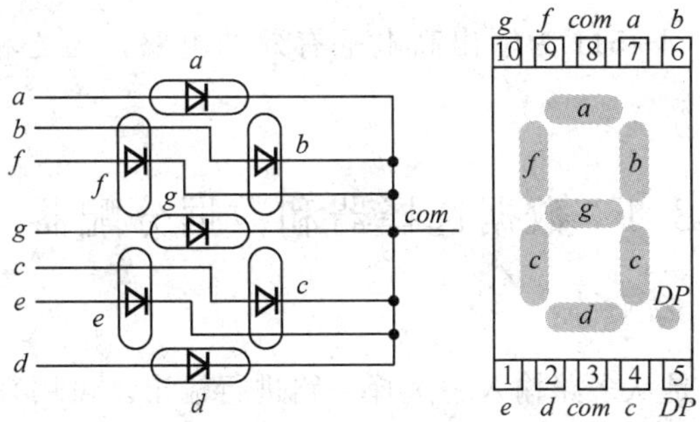

图 8-19　共阴极 LED 连线及其等效电路

七段数码管
基本知识

常见的显示译码器分两类，分别是 4000 系列 CMOS 数字电路（如 CD4511）和 74 系列 TTL 数字电路。其中 4000 系列工作电压范围较宽，可在 3～18V 间选择；74 系列工作电压为 5V±0.5V，要求比较严格。

CD4511 可提供 4 位数据锁存、8421BCD 码到七段显示控制码译码及输出驱动等功能，各管脚功能说明如下。

$\overline{LT}$（lamp test）：试灯极，低电平有效，当其为低电平时，与 CD4511 相连的显示器所有笔画全部亮，如不亮，则表示该笔画可能有故障；

$\overline{BL}$（blanking）：灭灯极，低电平有效，当其为低电平时，所有笔画熄灭；

LE（latch enable）：锁存极，当其为低电平时，CD4511 的输出与输入的信号有关，当其为高电平时，CD4511 的输出仅与该端为高电平前的状态有关，并且无论输入信号如何变化，输出保持不变；

D、C、B、A 为 8421BCD 码输入端，其中 D 为输入端对应数码的最高位，A 为输入端对应最低位；

a～g 为输出端。

CD4511 芯片逻辑功能仿真

表 8-9 为 CD4511 功能真值表。

表 8-9　CD4511 功能真值表

$\overline{LT}$	$\overline{BL}$	LE	D	C	B	A	a	b	c	d	e	f	g
1	1	0	0	0	0	0	1	1	1	1	1	1	0
1	1	0	0	0	0	1	0	1	1	0	0	0	0
1	1	0	0	0	1	0	1	1	0	1	1	0	1
1	1	0	0	0	1	1	1	1	1	1	0	0	1
1	1	0	0	1	0	0	0	1	1	0	0	1	1
1	1	0	0	1	0	1	1	0	1	1	0	1	1
1	1	0	0	1	1	0	0	0	1	1	1	1	1
1	1	0	0	1	1	1	1	1	1	0	0	0	0
1	1	0	1	0	0	0	1	1	1	1	1	1	1
1	1	0	1	0	0	1	1	1	1	0	0	1	1
0	×	×	×	×	×	×	1	1	1	1	1	1	1
1	0	×	×	×	×	×	0	0	0	0	0	0	0
1	1	1	×	×	×	×				*			

注：×表示状态可以是 0 也可以是 1；*表示状态锁定在 LE=0 时的输出状态。

从表中可以看出，CD4511 为输出高电平有效的电路，与之相匹配的 LED 显示器也应该是共阴极数码管。

8.4　数据选择器和数据分配器

8.4.1　数据选择器

数据选择器的功能是从多路输入中选择一路进行输出。可用来完成并行码输入、串行码输出的转换；也可作为 n 线到 1 线的转换器；还可用它设计各种逻辑函数。图 8-20 是四选一数据选择器框图，图中，$\overline{D_0}$～$\overline{D_3}$ 为数据端，A_1、A_0 为地址输入端，A_1A_0 的每一组状态称为地址，每一个地址选择与其相对应的数据输出，Y 为数据输出端。

因此，四选一数据选择器的功能可用如下逻辑表达式表示。

$$\begin{aligned} Y &= \overline{A_1}\,\overline{A_0}D_0 + \overline{A_1}A_0D_1 + A_1\overline{A_0}D_2 + A_1A_0D_3 \\ &= m_0D_0 + m_1D_1 + m_2D_2 + m_3D_3 \end{aligned} \tag{8-3}$$

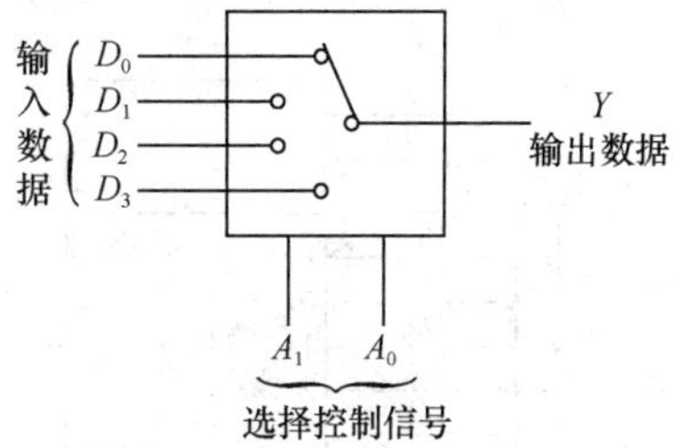

图 8-20　数据选择器框图

常用四选一中规模集成电路 74LS153 逻辑符号和引脚图如图 8-21 所示。

双四选一数据选择器 74LS153 包含两个完全相同的四选一电路，图中 $1\overline{ST}$、$2\overline{ST}$为使能端，当 $1\overline{ST}$为有效电平 0 时，选择器 1 工作，根据 A_1A_0 的取值，选择 $D_0 \sim D_3$ 中 1 路送到 $1Y$；$2\overline{ST}$为有效电平 0 时，则选择器 1 被禁止，输出封锁为低电平，选择器 2 工作。

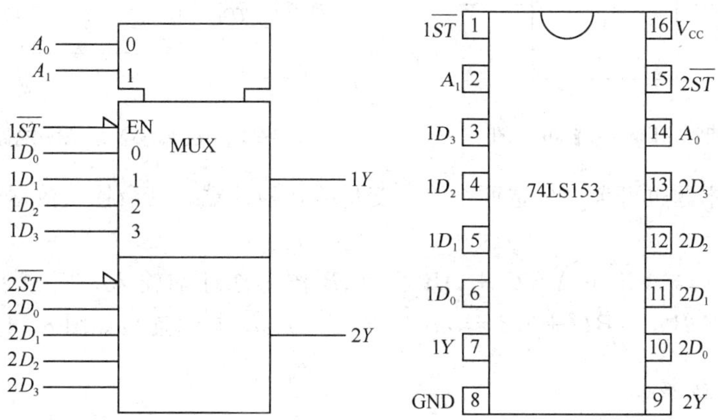

图 8-21　四选一选择器 74LS153 逻辑符号和引脚图

除了作为选择输出，74LS153 也经常用来实现逻辑函数。

【例 8-7】　试用数据选择器 74LS153 实现逻辑函数 $F(A,B) = A\overline{B} + \overline{A}B$。

解：$F(A,B) = A\overline{B} + \overline{A}B = m_1 + m_2$ 将其与式（8-3）相对比，只需要使 $D_0=0$，$D_1=1$，$D_2=1$，$D_3=0$ 即可，如图 8-22 所示即为逻辑函数所要实现的功能。

与译码器 74LS138 一样，四选一 74LS153 也可以利用使能端 $1\overline{ST}$、$2\overline{ST}$作为扩展端使用，以实现片间的连接。

【例 8-8】　试用四选一数据选择器实现函数 $F(A,B,C) = A\overline{B} + \overline{A}\,\overline{B}\,\overline{C} + AB$。

解法一：将表达式转化为标准表达式

$$\begin{aligned} F(A,B,C) &= A\overline{B}(C+\overline{C}) + \overline{A}\,\overline{B}\,\overline{C} + AB(C+\overline{C}) \\ &= \overline{A}\,\overline{B}\,\overline{C} + A\overline{B}\,\overline{C} + A\overline{B}C + AB\overline{C} + ABC \\ &= m_0 + m_4 + m_5 + m_6 + m_7 \end{aligned}$$

得 $D_0=D_4=D_5=D_6=D_7=1$，$D_1=D_2=D_3=0$。

题目中需要 3 位地址端，但是 74LS153 只有 2 位，因此借用使能端连接高位完成扩展。$A=0$ 时，芯片 1 工作，$A=1$ 时，芯片 2 工作，如图 8-23 所示。

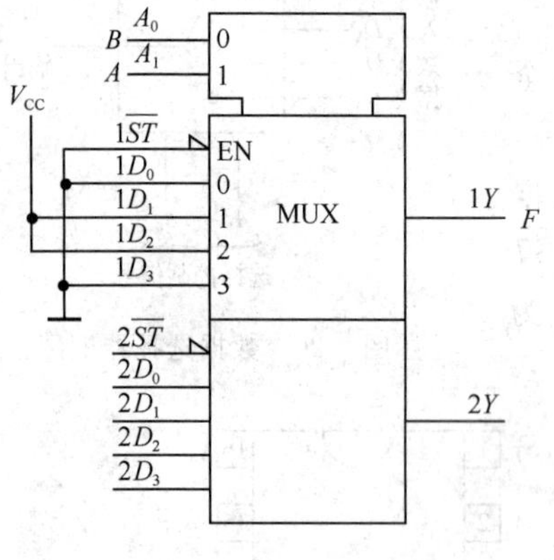

图 8-22 【例 8-7】电路图

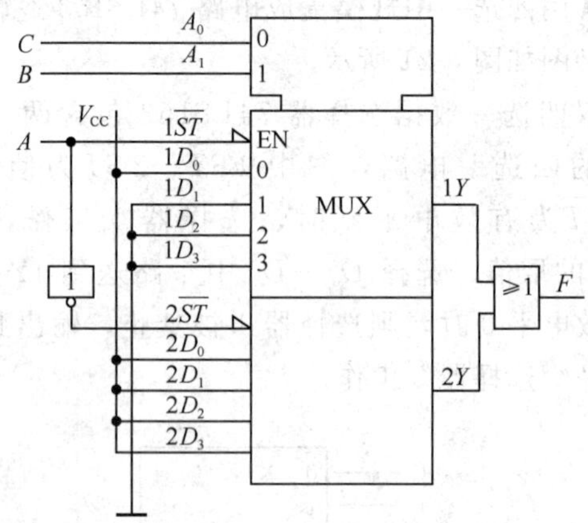

图 8-23 【例 8-8】解法一电路图

解法二：本题也可考虑任选两个输入变量接在地址端，其余接入数据端以实现逻辑功能。

$F(A,B,C)=A\overline{B}+\overline{A}\,\overline{B}\,\overline{C}+AB$ 将 A、B 作为地址端输入，则原表达式可写为 $F(A,B,C)=A\overline{B}+\overline{A}\overline{B}\overline{C}+AB=m_2+m_0\overline{C}+m_3$，电路连接如图 8-24 所示。

8.4.2 数据分配器

数据分配器框图可见图 8-25，其接收的信号只有一路，而输出一般有多个，数据分配就是将这一路数据源送到某一路输出。它的作用相当于多个输入的单刀多掷开关。数据分配器可以用唯一地址译码器实现。如用 3-8 线译码器 74LS138 可以把一个数据分配到 8 个不同的通道上去。用 74LS138 作为数据分配器的逻辑原理图如图 8-26 所示，将数据源送入使能端 $\overline{ST_B}$ 和 $\overline{ST_C}$，ST_A 作为使能端，举例：$ST_A=1$，$A_2A_1A_0=101$ 时，由表 8-10 可知，$\overline{Y}_0\sim\overline{Y}_4$、$\overline{Y}_6$、$\overline{Y}_7$ 输出都为 1，即

$$\overline{Y}_5=\overline{ST_A\cdot\overline{\overline{ST_B}}\cdot\overline{\overline{ST_C}}\cdot A_2\cdot\overline{A_1}\cdot A_0}=D$$

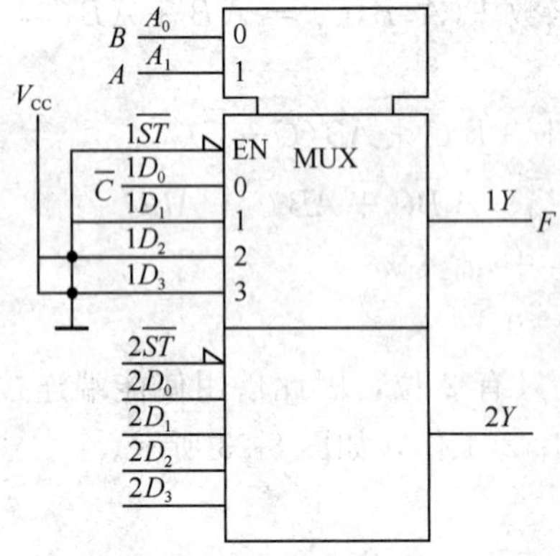

图 8-24 【例 8-8】解法二电路图

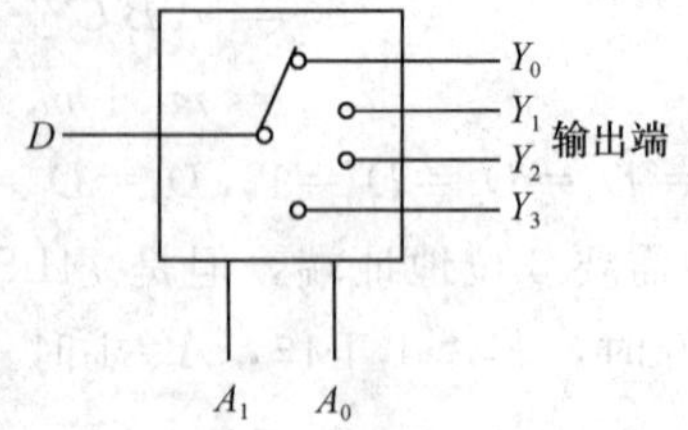

图 8-25 数据分配器框图

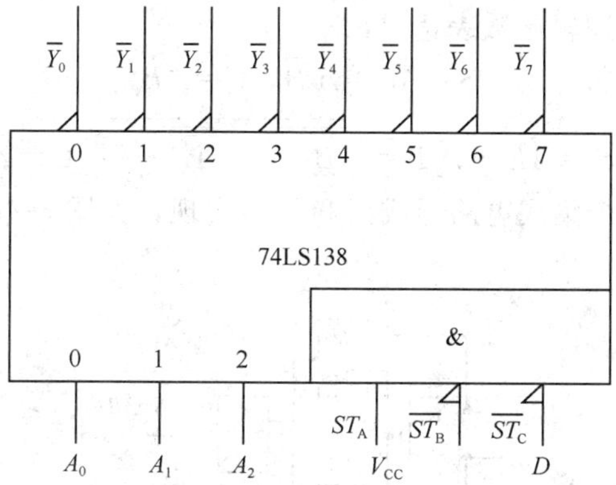

图 8-26　数据分配器逻辑原理图

数据分配器功能表如表 8-10 所示。

表 8-10　数据分配器功能表

输入					输出							
ST_A	$\overline{ST_B}\cdot\overline{ST_C}$	A_2	A_1	A_0	$\overline{Y}_0$	$\overline{Y}_1$	$\overline{Y}_2$	$\overline{Y}_3$	$\overline{Y}_4$	$\overline{Y}_5$	$\overline{Y}_6$	$\overline{Y}_7$
0	×	×	×	×	1	1	1	1	1	1	1	1
1	D	0	0	0	D	1	1	1	1	1	1	1
1	D	0	0	1	1	D	1	1	1	1	1	1
1	D	0	1	0	1	1	D	1	1	1	1	1
1	D	0	1	1	1	1	1	D	1	1	1	1
1	D	1	0	0	1	1	1	1	D	1	1	1
1	D	1	0	1	1	1	1	1	1	D	1	1
1	D	1	1	0	1	1	1	1	1	1	D	1
1	D	1	1	1	1	1	1	1	1	1	1	D

8.5　半加器和全加器

逻辑运算是数字系统中的基本功能，也是计算机的基本组成部分。本节主要介绍算术运算中的加法器。

8.5.1　半加器

半加器是算术运算的基本单元，它是完成 1 位二进制数相加的一种组合逻辑电路。其加法运算规律可见表 8-11，其中 S 是和，C 是进位。从表中可以看出，此加法仅仅考虑两个加数本身，而未考虑由低位来的进位，半加器也因此命名。

表 8-11　半加器功能表

被加数 A	加数 B	进位 C	和数 S
0	0	0	0
0	1	0	1
1	0	0	1
1	1	1	0

分析表 8-11，可得逻辑函数表达式：

$$S=\overline{A}B+A\overline{B}，C=AB \tag{8-4}$$

如用与非门实现，$S=\overline{A}B+A\overline{B}=\overline{\overline{\overline{AB}\cdot A}\cdot\overline{\overline{AB}\cdot B}}$，$C=\overline{\overline{AB}}$，如图 8-27（a）所示。另外，也可利用一个集成电路异或门和与门实现，如图 8-27（b）所示。其逻辑符号如图 8-27（c）所示。

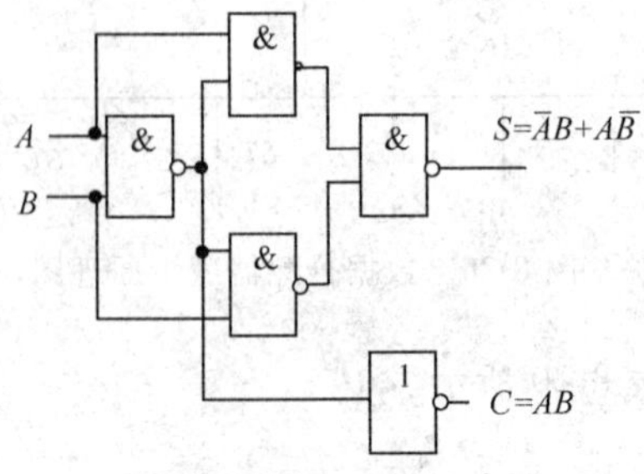

(a) 与非门实现的逻辑电路图

两个四位二进制加法显示仿真

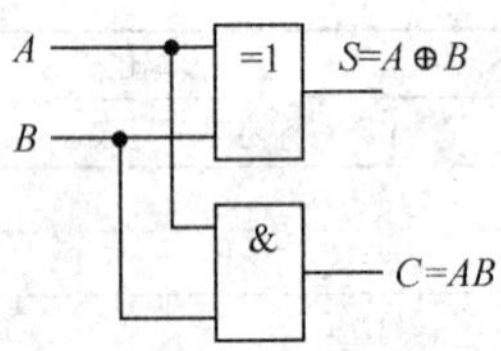

(b) 异或门和与门实现的逻辑电路图

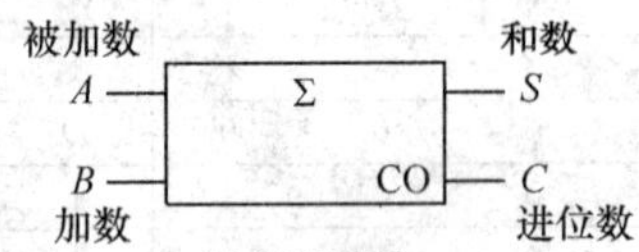

(c) 逻辑符号

图 8-27 半加器电路图

8.5.2 全加器

全加器能完成加数、被加数和低位来的进位的加法，其功能表如表 8-12 所示，其中 A_i 为被加数，B_i 为加数，C_{i-1} 为前一位的进位；S_i 是本位的和，C_i 是本位的进位。

表 8-12 全加器功能表

A_i	B_i	C_{i-1}	C_i	S_i
0	0	0	0	0
0	0	1	0	1
0	1	0	0	1
0	1	1	1	0
1	0	0	0	1
1	0	1	1	0
1	1	0	1	0
1	1	1	1	1

由表 8-12 可得全加器 S_i 和 C_i 的卡诺图如图 8-28 所示。

由卡诺图得出全加器的逻辑函数表达式分别为

$$S_i=\overline{A}_i\overline{B}_iC_{i-1}+\overline{A}_iB_i\overline{C}_{i-1}+A_i\overline{B}_i\overline{C}_{i-1}+A_iB_iC_{i-1}=A_i\oplus B_i\oplus C_{i-1}$$

$$C_i=A_iB_i+A_iC_{i-1}+B_iC_{i-1}$$

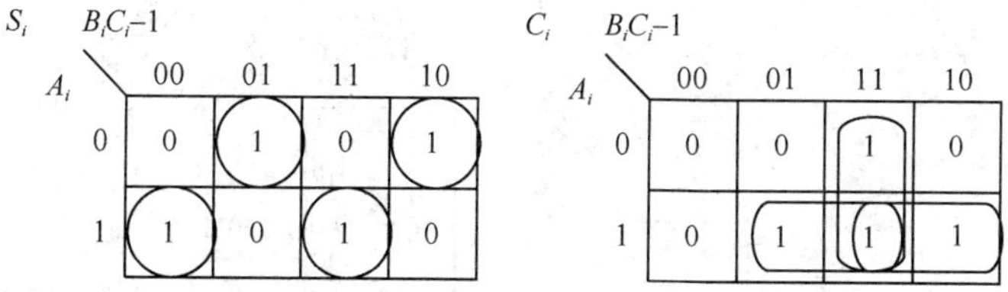

图 8-28　全加器 S_i、C_i 卡诺图

全加器应对的电路图及其逻辑符号如图 8-29（a）和（b）所示。

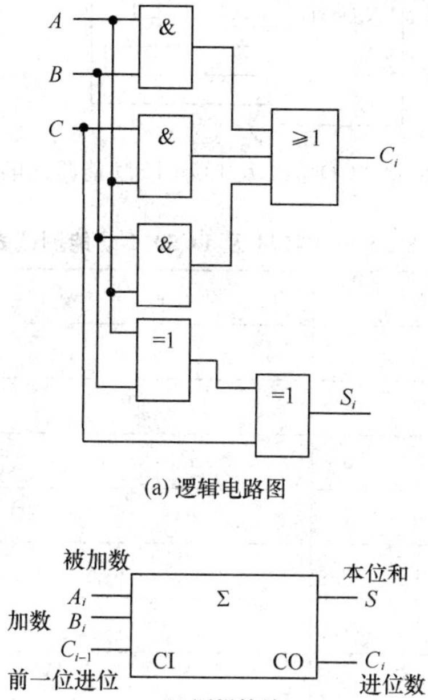

(a) 逻辑电路图

(b) 逻辑符号

图 8-29　全加器电路图

8.6　技 能 训 练

8.6.1　显示译码器及 LED 数码管功能测试

（1）测试设备：数字电路综合测试系统 1 套，数字万用表 1 块，元器件 CD4511，LC5011 各 1 块。

（2）测试电路：如图 8-30 所示，图中 CD4511 为显示译码器，LC5011 为数码管。

（3）测试步骤：

① 按图 8-30 接好测试电路。

② 检查接线无误后，打开电源。

③ $\overline{LT}$接低电平，任意改变其他输入端的状态（但不要悬空），观察 a～g 输出端的状态及数码管显示状态的变化，并将观察结果记入表 8-13 中。

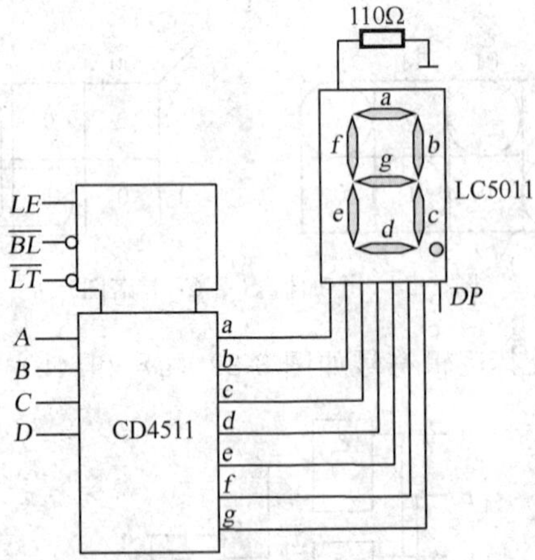

图 8-30 CD4511 及 LC5011 功能测试电路

表 8-13 CD4511 及 LC5011 功能测试表

$\overline{LT}$	$\overline{BL}$	LE	D	C	B	A	a	b	c	d	e	f	g	数码管显示
0	×	×	×	×	×	×								
1	0	×	×	×	×	×								
1	1	0	0	0	0	0								
1	1	0	0	0	0	1								
1	1	0	0	0	1	0								
1	1	0	0	0	1	1								
1	1	0	0	1	0	0								
1	1	0	0	1	0	1								
1	1	0	0	1	1	0								
1	1	0	0	1	1	1								
1	1	0	1	0	0	0								
1	1	0	1	0	0	1								
1	1	0	1	0	1	0								
1	1	0	1	0	1	1								
1	1	0	1	1	0	0								
1	1	0	1	1	0	1								
1	1	0	1	1	1	0								
1	1	0	1	1	1	1								
1	1	1	×	×	×	×								

结论：当$\overline{LT}=0$时，无论其他输入端的状态如何变化，CD4511 的 $a\sim g$ 输出端状态为________，LC5011 所有笔画________。

④ $\overline{LT}$接高电平，$\overline{BL}$接低电平，任意改变其他输入端的状态，观察 $a\sim g$ 输出端的状态及数码管显示状态的变化，并将观察结果记入表 8-13 中。

结论：当$\overline{LT}=1$、$\overline{BL}=0$ 时，无论其他输入端的状态如何变化，CD4511 的 $a\sim g$ 输出端状态为________，LC5011 所有笔画________。

⑤ 将$\overline{LT}$和$\overline{BL}$接高电平，LE 接低电平，改变 A、B、C、D 的状态，观察 $a\sim g$ 输出端的状态及数码管显示状态的变化，并将观察结果记入表 8-13 中。

结论：当$\overline{LT}=1$、$\overline{BL}=1$、$LE=0$ 时，CD4511 的 $a\sim g$ 输出端状态________，LC5011 的显示________。

⑥ 将$\overline{LT}$和$\overline{BL}$接高电平，将 LE 从低电平改为高电平，改变 A、B、C、D 的状态，观察 $a\sim g$ 输出端的状态及数码管显示状态是否发生变化。

结论：当$\overline{LT}=1$、$\overline{BL}=1$、$LE=1$ 时，CD4511 的 $a\sim g$ 输出端状态________，LC5011 的显示________。

8.6.2　二进制变量译码器扩展电路功能测试

(1) 测试设备：数字电路综合测试台 1 台，数字万用表 1 块，74LS138 芯片 2 片。

(2) 测试电路：如图 8-31 所示，图中 74LS138 为 3 位二进制变量译码器。

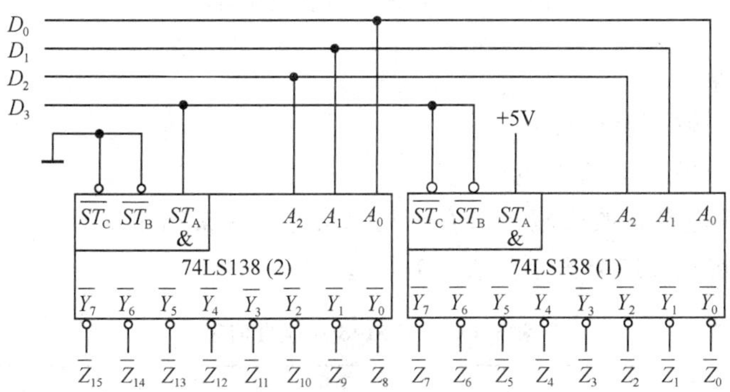

图 8-31　二进制变量译码器功能扩展测试电路

(3) 测试步骤：

① 按图 8-31 接好测试电路。

② 检查接线无误后，打开电源。

③ D_3 接低电平，改变输入端 $D_2\sim D_0$ 的状态，观察输出端$\overline{Z}_0\sim\overline{Z}_{15}$状态的变化情况。

结论：当 $D_3=0$ 时，第__（1/2）片 74LS138 工作，而第__（1/2）片 74LS138 被禁止，输入端 $D_3D_2D_1D_0$ 上的 0000～0111 这 8 个代码被译成了________（$\overline{Z}_0\sim\overline{Z}_7/\overline{Z}_8\sim\overline{Z}_{15}$）中对应端上的低电平信号，而________（$\overline{Z}_0\sim\overline{Z}_7/\overline{Z}_8\sim\overline{Z}_{15}$）上的输出为全 1。

④ D_3 接高电平，改变输入端 $D_2\sim D_0$ 的状态，观察输出端$\overline{Z}_0\sim\overline{Z}_{15}$状态的变化情况。

结论：当 $D_3=1$ 时，第__（1/2）片 74LS138 工作，而第__（1/2）片 74LS138 被禁止，输入端 $D_3D_2D_1D_0$ 上的 1000～1111 这 8 个代码被译成了________（$\overline{Z}_0\sim\overline{Z}_7/\overline{Z}_8\sim\overline{Z}_{15}$）中对应端上的低电平信号，而________（$\overline{Z}_0\sim\overline{Z}_7/\overline{Z}_8\sim\overline{Z}_{15}$）上的输出为全 1。

这样就把两片 3 位二进制变量译码器通过 3 个“片选”输入端扩展成一个________位二进制变量译码器。

8.6.3 二进制优先编码器功能测试

（1）测试设备：数字电路综合测试台 1 台，数字万用表 1 块，74LS148 芯片 1 片。

（2）测试电路：如图 8-32 所示，图中 74LS148 为 3 位二进制优先编码器。

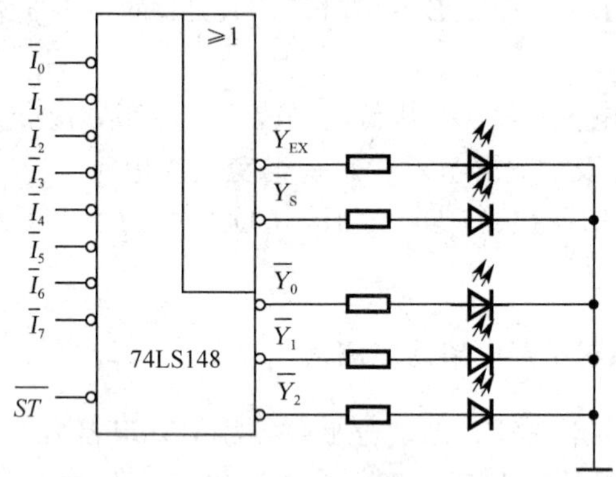

图 8-32 74LS148 功能测试电路

（3）测试步骤：

① 按图 8-32 接好测试电路。

② 检查接线无误后，打开电源。

③ 将$\overline{ST}$接高电平，改变输入端$\overline{I}_7 \sim \overline{I}_0$的状态，观察输出端$\overline{Y}_2 \sim \overline{Y}_0$、$\overline{Y}_S$和$\overline{Y}_{EX}$状态的变化情况，并将观察结果记录到表 8-14 中。

表 8-14 74LS148 功能真值表

$\overline{ST}$	$\overline{I}_7$	$\overline{I}_6$	$\overline{I}_5$	$\overline{I}_4$	$\overline{I}_3$	$\overline{I}_2$	$\overline{I}_1$	$\overline{I}_0$	$\overline{Y}_2$	$\overline{Y}_1$	$\overline{Y}_0$	$\overline{Y}_{EX}$	$\overline{Y}_S$
1	×	×	×	×	×	×	×	×					
0	1	1	1	1	1	1	1	1					
0	0	×	×	×	×	×	×	×					
0	1	0	×	×	×	×	×	×					
0	1	1	0	×	×	×	×	×					
0	1	1	1	0	×	×	×	×					
0	1	1	1	1	0	×	×	×					
0	1	1	1	1	1	0	×	×					
0	1	1	1	1	1	1	0	×					
0	1	1	1	1	1	1	1	0					

结论：当$\overline{ST}=1$时电路________（工作/不工作），输出端$\overline{Y}_2 \sim \overline{Y}_0$、$\overline{Y}_S$和$\overline{Y}_{EX}$同时为________（高/低）电平。

④ 将$\overline{ST}$接低电平，输入端$\overline{I}_7 \sim \overline{I}_0$全部接高电平，观察输出端$\overline{Y}_2 \sim \overline{Y}_0$、$\overline{Y}_S$和$\overline{Y}_{EX}$状态的变化情况，并将观察结果记录到表 8-14 中。

结论：电路的输入为________（高/低）电平有效。

⑤ 将$\overline{ST}$接低电平，按照表 8-14 设置输入端$\overline{I}_7 \sim \overline{I}_0$的状态，观察输出端$\overline{Y}_2 \sim \overline{Y}_0$、$\overline{Y}_S$和$\overline{Y}_{EX}$状态的变化情况，并将观察结果记录入表 8-14 中。

结论：当$\overline{ST}=$________（0/1）时电路正常工作。此时，若输入端$\overline{I}_7=0$，无论其他输入端有无输入信号，输出端只给出$\overline{I}_7$的编码，即$\overline{Y}_2\ \overline{Y}_1\ \overline{Y}_0=$________，可见与$\overline{I}_6 \sim \overline{I}_0$这 7 个输入端相比，$\overline{I}_7$的优先权更高；当$\overline{I}_7=1$、$\overline{I}_6=0$ 时，无论其他输入端有无输入信号，输出端只给出$\overline{I}_6$的编码，即$\overline{Y}_2\ \overline{Y}_1\ \overline{Y}_0=$________，可见与除$\overline{I}_7$之外的$\overline{I}_5 \sim \overline{I}_0$这 6 个输入端相比，$\overline{I}_6$的优先权更高；其余输入端情况类似。根据测试结果不难总结出，在 74LS148 的输入端中，________的优先权最高，________的优先权最低。

根据测试结果，$\overline{Y}_S=0$ 表示电路________（工作/不工作），________（有/无）编码输入；$\overline{Y}_{EX}=0$ 表示电路________（工作/不工作），________（有/无）编码输入。测试结果中共出现了________次$\overline{Y}_2\ \overline{Y}_1\ \overline{Y}_0=111$ 的情况，________（可以/不可以）用$\overline{Y}_S$和$\overline{Y}_{EX}$的不同状态加以区分。

知识小结

- 数字逻辑电路分成组合逻辑电路和时序逻辑电路。组合逻辑电路的特点是，其输出仅取决于当前的输入状态，而与电路的原来状态无关。构成组合逻辑电路的基本单元是门电路，电路中没有存储器件。
- 组合逻辑电路的分析是通过逻辑表达式、真值表得到逻辑电路的功能。逻辑电路的设计通过对功能的抽象，得到真值表和逻辑表达式，从而设计出需要的电路。
- 中规模集成电路是组合逻辑电路中一些比较常用的逻辑电路。本章主要介绍了译码器、编码器、数据选择器、数据分配器、半加器、全加器等中规模芯片，通过这些器件的介绍，了解中规模电路的构成特点以及使能端的处理和使用办法。

思考与练习

8.1　用译码器 74LS138 及门电路实现下列逻辑函数。

(1) $F(A,B,C)=(A+B+C)(A+B+\overline{C})(\overline{A}+B+C)$。

(2) $F(A,B,C)=\sum_m(0,3,6,8,12,14)$。

(3) $F(A,B,C,D)=\overline{A}BC+\overline{A}\ \overline{B}+\overline{A}D+C+BD$。

8.2　某医院有 1、2、3、4 号病房 4 间，要求如下：

(1) 1 号病房按下按钮，无论其他病房是否按下，1 号亮。

(2) 1 号没有按下，2 号按下按钮，无论 3、4 号是否按下，2 号亮。

(3) 1、2 号都没有按下按钮，3 号按下，无论 4 号是否按下，3 号亮。

(4) 当 1、2、3 号都未按下，只有 4 号按下时，4 号亮。试用优先编码器 74LS148 和门电路设计满足上面要求的逻辑电路。

8.3 用 74LS151 实现如下逻辑功能：

(1) $F(A,B,C)=A\overline{B}\,\overline{C}+A\overline{B}C+\overline{A}\,\overline{B}C$。

(2) $F(A,B,C)=A\oplus B\oplus C$。

8.4 试用半加器和或门实现全加器电路。要求：写出真值表、逻辑函数表达式和逻辑图。

第9章

时序逻辑电路

时序逻辑电路（简称时序电路）的基本单元是触发器。本章将重点介绍触发器，同时也将介绍计数器、寄存器和555定时器的原理、功能和应用，最后简单介绍存储器、CPLD和FPGA。

9.1 应用示例

如果对音乐器材有所了解的话，想必一定听说过电子音叉。其中一种电子音叉主要由中规模集成电路12位二进制串行计数器/分频器CD4040组成，电路如图9-1所示。

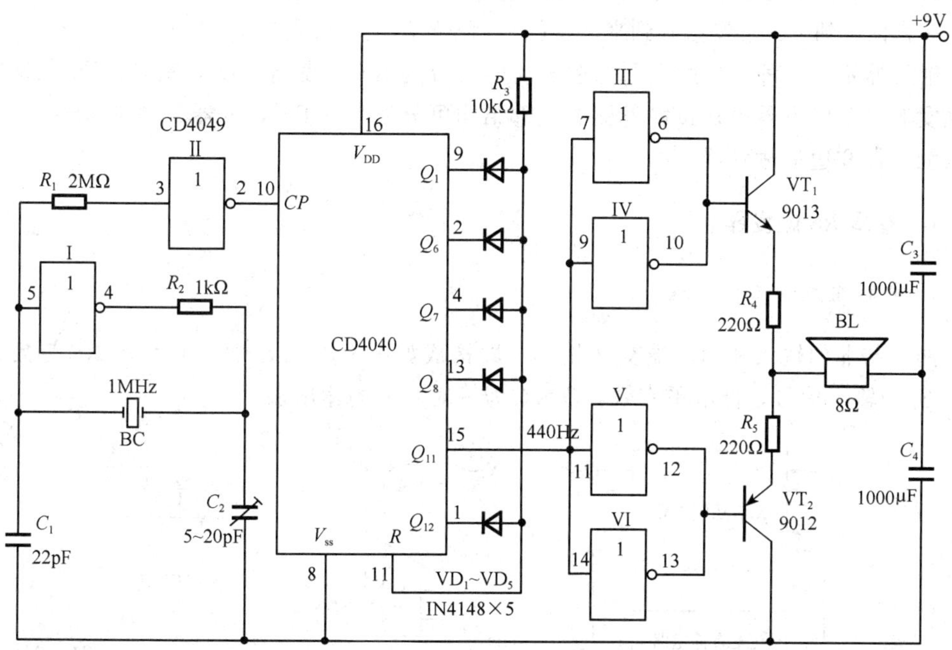

图9-1　电子音叉电路

工作原理如下：该电路中非门I及石英晶体BC组成了频率为1MHz的振荡器，经过非门II作为CD4040的时钟脉冲CP；CD4040将1MHz输入信号分频后，输出

440Hz 的音频信号，再经过非门 III～VI 送到由 VT_1、VT_2 组成的互补推挽电路放大后，推动扬声器发出 440Hz 的国际标准 A 音。非门 II 是用来整形的，非门 III～VI 则是缓存电路。CD4040 接成的分频器分频系数为 2273，由于 2273 不是 2 的整数次方，不能从 $Q_1 \sim Q_{12}$ 中的某一个管脚直接获得这一分频系数。因为 $(2273)_{10} = (100011100001)_2$，数值为 1 的分别为 2^{11} 位、2^7 位、2^6 位、2^5 位、2^0 位，它们在 CD4040 中所对应的管脚分别为 Q_{12}、Q_8、Q_7、Q_6 和 Q_1，分频系数为 $2^0+2^5+2^6+2^7+2^{11}=2273$。然后通过由 $VD_1 \sim VD_5$ 组成的二极管与门把 Q_{12}、Q_8、Q_7、Q_6 和 Q_1 反馈到 CD4040 的置 0 端 R。当与门各输入端都是高电平 1 时，R 才是高电平，从而使 Q_{12}、Q_8、Q_7、Q_6、Q_1 置 0。也就是说，在 CD4040 的 CP 端，每输入 2273 个脉冲，在 Q_{11} 端输出一个脉冲。输入脉冲频率为 1MHz，输出脉冲频率即 440Hz。

9.2 触 发 器

时序电路由组合电路和记忆存储电路组成，其组成框图如图 9-2 所示，框图中的记忆存储电路主要由触发器构成。记忆存储电路具有记忆功能，因此，时序电路的输出不仅取决于当前的输入，而且跟之前的电路状态也有关，这是时序电路与组合电路的区别。

触发器有两个稳定状态（称为双稳态触发器），即“0”和“1”，在触发信号作用下，触发器可以从一个稳态转变到另一个稳态。这一新状态在触发信号去掉之后仍然保持不变，一直保持到下一触发信号到来，这就是触发器的记忆功能。

触发器不止一种。按触发器的逻辑功能可分为 RS 触发器、D 触发器、JK 触发器、T 触发器、T′触发器等；按触发器的内部结构可分为基本 RS 触发器、同步 RS 触发器、主从触发器和边沿触发器。

9.2.1 基本 RS 触发器

1. 电路组成和工作原理

两个与非门输入和输出端交叉相连，即构成如图 9-3（a）所示的基本 RS 触发器。$\overline{R}_D$、$\overline{S}_D$ 为输入信号，低电平有效，Q 和 $\overline{Q}$ 为一对互补的输出端。

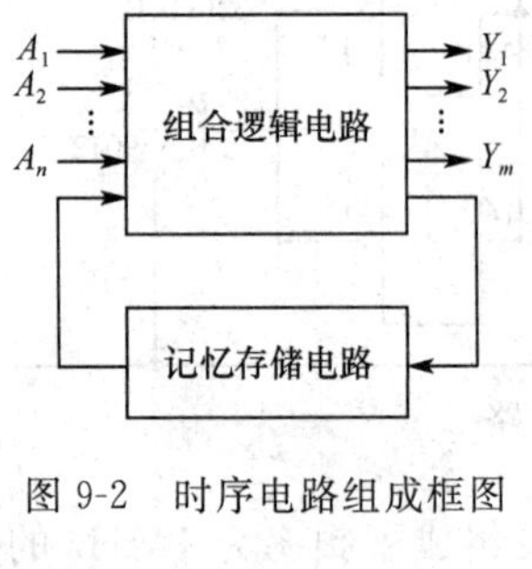

图 9-2 时序电路组成框图

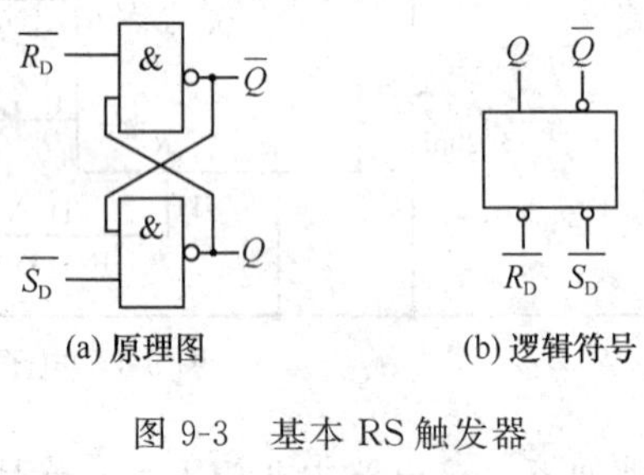

图 9-3 基本 RS 触发器

根据电路图可知，基本 RS 触发器的一对互补输出的表达式为

$$\begin{cases} Q=\overline{\overline{S_D}\,\overline{Q}} \\ \overline{Q}=\overline{\overline{R_D}\,Q} \end{cases}$$

$\overline{R_D}$、$\overline{S_D}$作为输入，其组合有四种情况，现分析如下。

1）$\overline{R_D}=1$、$\overline{S_D}=0$

对于“与非”逻辑来说，如果输入有“0”，则输出为“1”。根据式 $Q=\overline{\overline{S_D}\,\overline{Q}}$，不管$\overline{Q}$为何种状态，都有 $Q=1$。由式$\overline{Q}=\overline{\overline{R_D}Q}$可知，$\overline{Q}=0$。此种情况下，输出端 Q 实现了“置 1”，故输入端$\overline{S_D}$称为“置 1”端或“置位（Set)”端。

2）$\overline{R_D}=0$、$\overline{S_D}=1$

由于电路是对称的，这种情况跟第一种情况类似。此时，$Q=0$、$\overline{Q}=1$。输出端 Q 实现了“置 0”，故输入端$\overline{R_D}$称为“置 0”端或“复位（Reset)”端。

3）$\overline{R_D}=1$、$\overline{S_D}=1$

对于“与非”逻辑来说，如果输入有“1”，则输出不受该输入的影响，Q 和$\overline{Q}$保持原有状态不变。因此，“置 0”端$\overline{R_D}$和“置 1”端$\overline{S_D}$同时无效时（都为“1”），充分体现了触发器的记忆功能。

4）$\overline{R_D}=0$、$\overline{S_D}=0$

由于两个与非门的输入都有“0”，则两个输出 $Q=\overline{Q}=1$。该情况下，它破坏了触发器输出端的互补关系。一旦两个与非门输入端的“0”信号撤销后，即$\overline{R_D}$、$\overline{S_D}$同时变为“1”，由于两个与非门的延迟时间不可能完全相等，触发器的输出状态将无法确定，必须避免出现这种情况。“置 0”端$\overline{R_D}$和“置 1”端$\overline{S_D}$不能同时为“0”，即$\overline{R_D}$和$\overline{S_D}$至少有一个为“1”。所以，约束条件为：$\overline{R_D}+\overline{S_D}=1$。

2. 逻辑功能描述

首先引入两个概念：“现态”和“次态”。“现态”指接收信号前触发器的状态，通常用 Q^n 来表示；“次态”指接收信号后触发器的状态，通常用 Q^{n+1}来表示。

1）状态真值表

Q^{n+1}、Q^n、$\overline{R_D}$和$\overline{S_D}$之间的逻辑关系可以用一个表格表示，该表格称为状态真值表，见表 9-1（a），其简化状态真值表，见表 9-1（b）。

表 9-1　基本 RS 触发器状态真值表

（a）状态真值表

$\overline{R_D}$	$\overline{S_D}$	Q^n	Q^{n+1}	功能
0	0	0	×	不允许
		1	×	
0	1	0	0	置 0
		1	0	
1	0	0	1	置 1
		1	1	
1	1	0	0	保持
		1	1	

（b）简化真值表

$\overline{R_D}$	$\overline{S_D}$	Q^{n+1}
0	0	不允许
0	1	0
1	0	1
1	1	Q^n

2）特征方程

对于基本 RS 触发器，Q^{n+1} 与 $\overline{R_D}$、$\overline{S_D}$ 和 Q^n 的关系卡诺图如图 9-4 所示。

所以，基本 RS 触发器 Q^{n+1} 的特征方程为

$$\begin{cases} Q^{n+1}=\overline{\overline{S_D}}+\overline{R_D}Q^n \\ \overline{R_D}+\overline{S_D}=1 \text{（约束方程）} \end{cases}$$

由约束方程可知，$\overline{R_D}$ 和 $\overline{S_D}$ 不能同时有效，即二者不能同时为“0”。

3）状态转移图

描述触发器的状态转换关系及转换条件的图形称为状态转移图。基本 RS 触发器的状态转移图如图 9-5 所示。图中箭头表示状态转移的方向，圆圈表示状态，标注表示转移的条件。

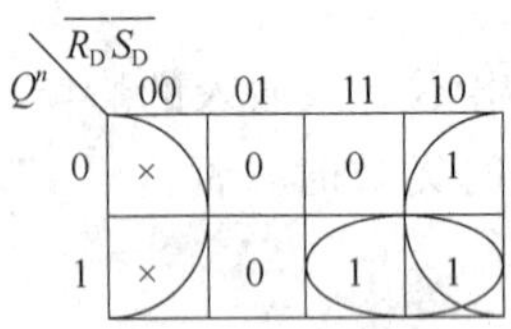

图 9-4 基本 RS 触发器 Q^{n+1} 的卡诺图

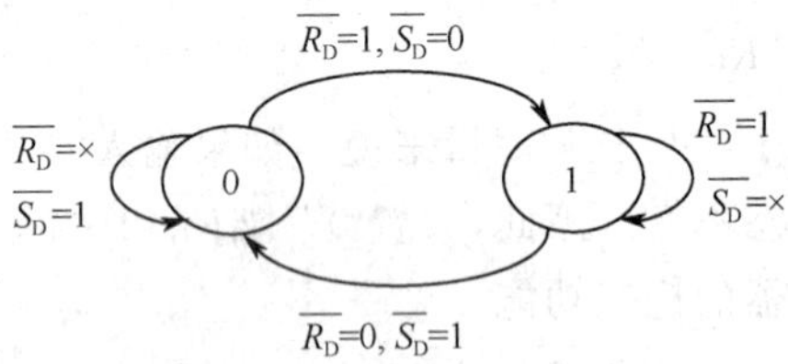

图 9-5 基本 RS 触发器的状态转移图

4）波形图

波形图又称时序图，是描述触发器的输出状态随时间和输入信号变化的规律的图形。基本 RS 触发器的波形图通过【例 9-1】来说明。

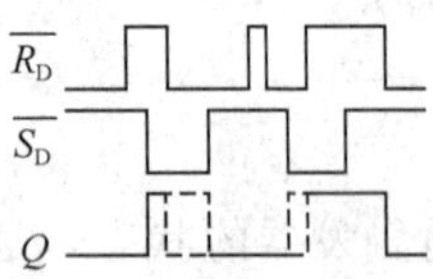

图 9-6 【例 9-1】图

【例 9-1】 根据图 9-6 输入 $\overline{R_D}$ 和 $\overline{S_D}$ 的状态，试画出基本 RS 触发器的输出 Q 的波形（设 Q 初态为 0）。

解：根据基本 RS 触发器的逻辑功能，可直接画出输出 Q 的波形如图 9-6 所示。图中虚线表示 $\overline{R_D}=\overline{S_D}=0$ 的情况，由于此情况不允许出现，故用虚线表示。

> 之前讨论的是两个与非门构成的基本 RS 触发器，两个或非门能否构成基本 RS 触发器？读者可以思考一下。

9.2.2 同步触发器

前面介绍的基本 RS 触发器的输入信号直接控制触发器的输出。在实际应用中，常常要求触发器在某一指定时刻输出随着输入信号的变化而变化，这一指定时刻可由外加时钟脉冲 CP 来控制。数字系统中采用的触发器，通常添加了时钟脉冲 CP。接下来介绍由时钟脉冲 CP 控制的 RS 触发器（简称同步 RS 触发器）和 D 触发器（简称同步 D 触发器）。

1. 同步 RS 触发器

其电路构成如图 9-7（a）所示。

相比基本 RS 触发器，同步 RS 触发器多了两个与非门和一个时钟脉冲 CP。

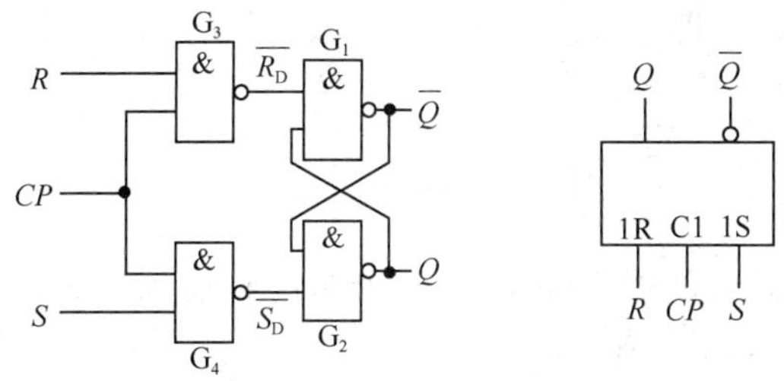

(a) 原理图　　(b) 逻辑符号

图 9-7　同步 RS 触发器

其原理如下：

1）当 $CP=0$ 时

此时 G_3 和 G_4 输出为“1”，即$\overline{R_D}=\overline{S_D}=1$。对基本 RS 触发器来说，当$\overline{R_D}=\overline{S_D}=1$ 时，功能为“保持”。

2）当 $CP=1$ 时

（1）若 $R=S=0$，G_3 和 G_4 输出为“1”，即$\overline{R_D}=\overline{S_D}=1$，功能为“保持”。

（2）若 $R=0$、$S=1$，G_3 输出为“1”，G_4 输出为“0”，即$\overline{R_D}=1$、$\overline{S_D}=0$，功能为“置 1”。

（3）若 $R=1$、$S=0$，G_3 输出为“0”，G_4 输出为“1”，即$\overline{R_D}=0$、$\overline{S_D}=1$，功能为“置 0”。

（4）若 $R=1$、$S=1$，G_3 输出为“0”，G_4 输出为“0”，即$\overline{R_D}=\overline{S_D}=0$。对基本 RS 触发器来说，该情况不允许出现。换句话来讲，对于同步 RS 触发器，输入端 R 和 S 不能同时为“1”。用约束方程表示为 $RS=0$。

由以上的分析可以得出同步 RS 触发器的状态真值表，如表 9-2 所示。

表 9-2　同步 RS 触发器状态真值表

CP	R	S	Q^{n+1}	功能
0	×	×	Q^n	保持
1	0	0	Q^n	保持
1	0	1	1	置 1
1	1	0	0	置 0
1	1	1	×	不允许

根据同步 RS 触发器的功能表，可以得出其特征方程为

$$\begin{cases} Q^{n+1}=S+\overline{R}Q^n \\ RS=0\ \text{（约束方程）} \end{cases}$$

其状态转移图跟基本 RS 触发器类似，在此不做详述。

【例 9-2】 同步 RS 触发器 CP 脉冲和输入 R、S 的波形见图 9-8，试画出输出 Q 的波形。

解：$CP=0$ 时，输出 Q 状态保持，且不随输入 R 和 S 的改变而改变；$CP=1$ 时，根据同步 RS 触发器的逻辑功能，输出 Q 随着输入 R 和 S 的改变而改变，可直接画出输出 Q 的波形如图 9-8 所示。图中虚线表示 $R=S=1$ 的情况，此情况不允许出现，故用虚线表示。

2. 同步 D 触发器

如果把同步 RS 触发器的输入端 D 接一个非门到输入端 R，就构成了同步 D 触发器，其电路构成如图 9-9（a）所示。

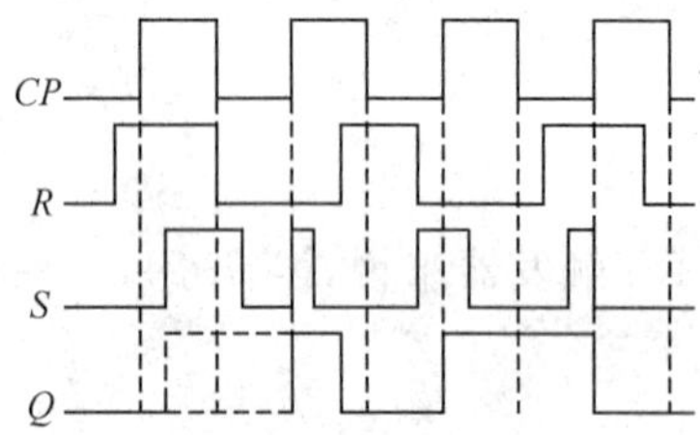

图 9-8 【例 9-2】图

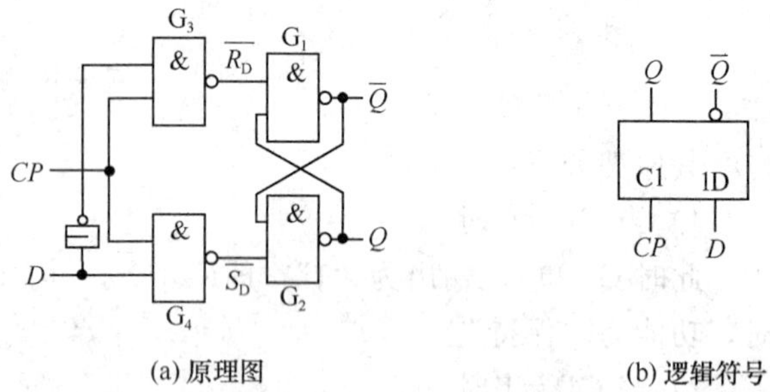

图 9-9 同步 RS 触发器

由于同步 D 触发器是由同步 RS 触发器变形来的，其功能分析就简单多了。在 $CP=1$的情况下，当 $D=0$ 时，相当于同步 RS 触发器 $R=1$、$S=0$ 的情况，此时输出 $Q=0$；当 $D=1$ 时，相当于同步 RS 触发器 $R=0$、$S=1$ 的情况，此时输出 $Q=1$。

由上述分析可知，同步 D 触发器的特征方程为

$$Q^{n+1}=D$$

由于 $D=S=\overline{R}$，约束方程 $RS=0$ 自动满足，故同步 D 触发器没有约束条件。

> 其实，同步 D 触发器的特征方程可由同步 RS 触发器的特征方程变化得到，读者可以自己推导一下。

9.2.3 同步触发器的空翻现象

前面重点介绍了基本 RS 触发器、同步 RS 触发器和同步 D 触发器。对于由时钟脉冲 CP 控制的同步触发器，当 $CP=1$ 时，其输出会随着输入的改变而改变，而当 $CP=0$ 时，其输出状态保持不变，这种触发方式称为电平触发。有些电路在 $CP=0$ 时，其输出随着输入的改变而改变，也属于电平触发。

以同步触发器为例，由于同步触发器在 $CP=1$ 的整个期间都接收输入信号的变化，如果输入信号变化多次，输出状态也会随之发生多次翻转。通常把在同一 CP 脉冲下引起同步触发器两次或两次以上翻转的现象称为空翻。图 9-10 描述了同步 D 触发器的空翻现象。

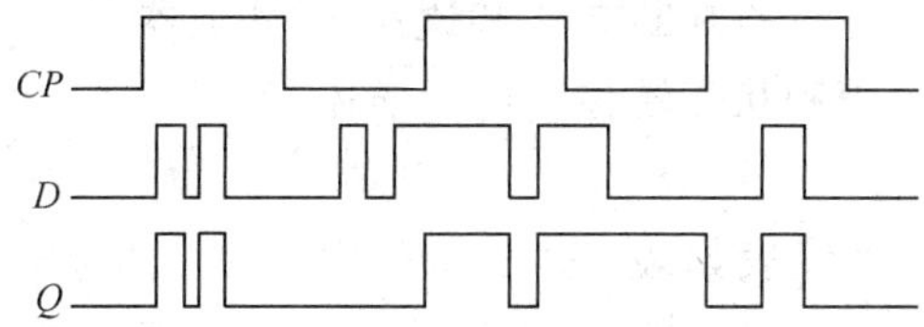

图 9-10　同步 D 触发器的空翻现象

D 触发器构成的二分频电路仿真

9.2.4　边沿触发器

对于时钟脉冲 CP 来说，一个完整的周期包含一个上升沿、一个下降沿、$CP=0$ 和 $CP=1$。同步触发器在 $CP=1$ 时，输入的变化会影响输出的变化。相对于同步触发器，边沿触发器的触发方式为边沿触发，即仅仅在该触发器的有效边沿来临时，其输出才会随着输入的改变而改变，在无效边沿、$CP=0$ 和 $CP=1$ 时，其输出都保持不变。

对边沿触发器的原理在此不做介绍，只介绍其应用。

1. 边沿 D 触发器

其逻辑符号如图 9-11 所示。

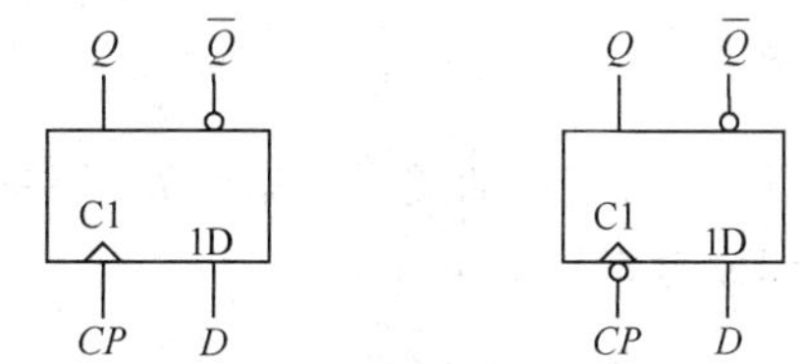

(a) 上升沿有效　(b) 下降沿有效

图 9-11　边沿 D 触发器的逻辑符号

对 D 触发器来说，如果 CP 端有动态符号“∧”，则该 D 触发器为边沿触发器。对图 9-11 所示的两种边沿 D 触发器来说，如果 CP 端加了符号“○”，则该 D 触发器为下降沿有效。

边沿 D 触发器的特征方程和同步 D 触发器的特征方程一样，都是 $Q^{n+1}=D$。

2. 边沿 JK 触发器

其逻辑符号如图 9-12 所示。

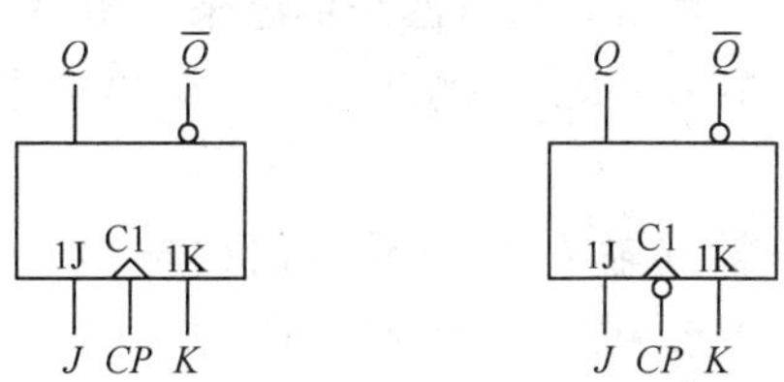

(a) 上升沿有效　(b) 下降沿有效

图 9-12　边沿 JK 触发器的逻辑符号

边沿 JK 触发器有效边沿的判断方法和边沿 D 触发器一样。接下来对其状态真值表、特征方程和状态转移图进行描述。

JK 触发器逻辑功能仿真

1）状态真值表

边沿 JK 触发器状态真值表如表 9-3 所示。由表 9-3 可知，边沿 JK 触发器的输入端 J 为“置 1”端，输入端 K 为“置 0”端，二者都为高电平有效。

表 9-3　边沿 JK 触发器功能表

J	K	Q^n	Q^{n+1}	功能
0	0	0 1	0 1	保持
0	1	0 1	0 0	置 0
1	0	0 1	1 1	置 1
1	1	0 1	1 0	翻转

2）特征方程

由表 9-3 可知，Q^{n+1} 与 J、K 和 Q^n 的关系卡诺图如图 9-13 所示。

由该卡诺图可得，边沿 JK 触发器的特征方程为

$$Q^{n+1}=J\overline{Q^n}+\overline{K}Q^n$$

3）状态转移图

由以上的分析可得边沿 JK 触发器的状态转移图如图 9-14 所示。

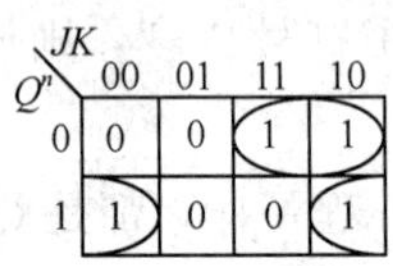

图 9-13　边沿 JK 触发器 Q^{n+1} 的卡诺图

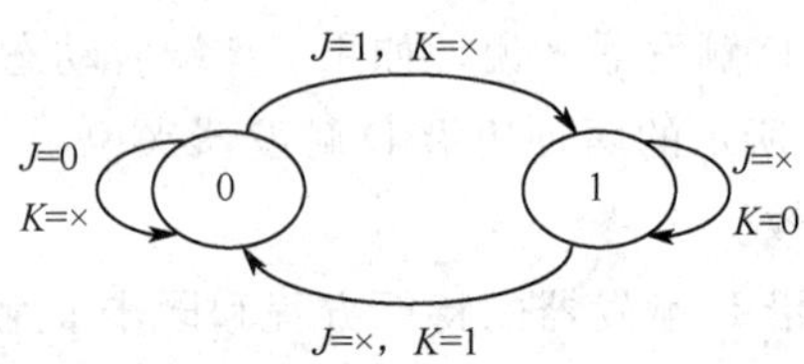

图 9-14　边沿 JK 触发器的状态转移图

为了加深对边沿触发器的理解，通过两个例题来说明。

【例 9-3】 根据图 9-15 中 A、B、J 的波形，试画出边沿 JK 触发器输出 Q 的波形（设 Q 的初态都为 0）。

解： 由于边沿 JK 触发器的输入 K 是异或门的输出，由 A、B 的波形可画出 K 的波形，再根据 J、K 的波形和时钟脉冲 CP 的下降沿，画出输出 Q 的波形如图 9-16所示。

【例 9-4】 已知边沿 D 触发器和边沿 JK 触发器组成的电路如图 9-17 所示，画出输出 Q_0 和 Q_1 的波形（设两个触发器的初态都为 0）。

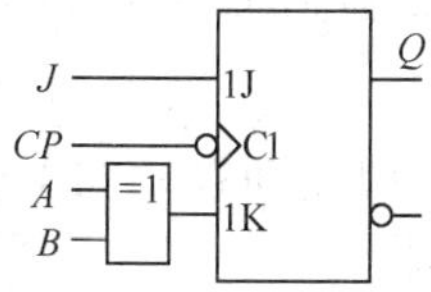

图 9-15　【例 9-3】图

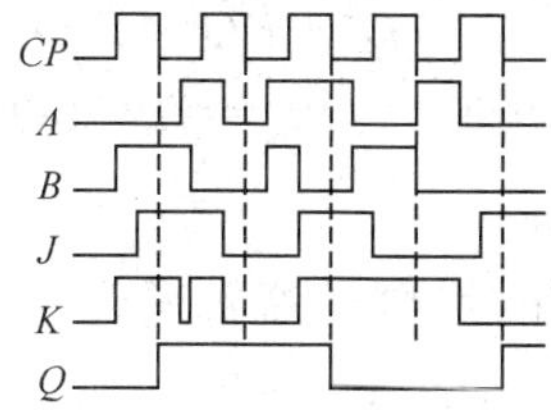

图 9-16　输出波形图

D触发器构成同步四进制计数器电路仿真

解：由图 9-17 可知，边沿 D 触发器和边沿 JK 触发器都是上升沿有效，时钟脉冲分别为信号 A 和 B。对于边沿 D 触发器，$Q_0^{n+1}=D$；对于边沿 JK 触发器，由于 $J_1=Q_0^n$、$K_1=\overline{Q_0^n}$，根据其特征方程 $Q^{n+1}=J\,\overline{Q^n}+\overline{K}Q^n$，可得 $Q_1^{n+1}=Q_0^n$。

其输出波形如图 9-18 所示。

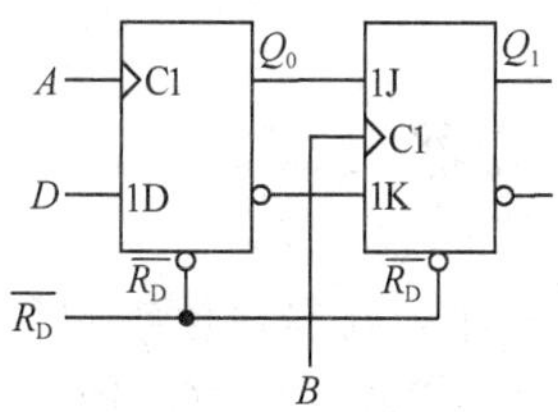

图 9-17　【例 9-4】图

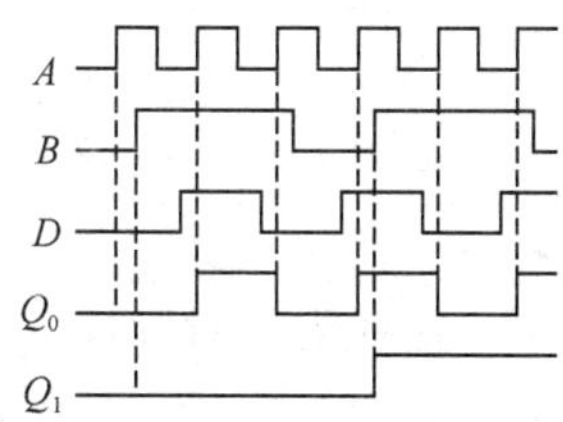

图 9-18　输出波形图

9.2.5　触发器逻辑功能的转换

根据实际需要，将某种逻辑功能的触发器经过改接或增加一定的门电路，能实现另一种逻辑功能的触发器。

1. 将边沿 JK 触发器转换为边沿 D 触发器

边沿 JK 触发器的特征方程为 $Q^{n+1}=J\,\overline{Q^n}+\overline{K}Q^n$；边沿 D 触发器为 $Q^{n+1}=D$。如果令 JK 触发器的输入 $K=\overline{J}$，则 JK 触发器的特征方程就转换为

$$Q^{n+1}=J\,\overline{Q^n}+\overline{K}Q^n=J\,\overline{Q^n}+JQ^n=J$$

令 $J=D$，则 JK 触发器就实现了 D 触发器的功能。

由上升沿有效的边沿 JK 触发器转换为 D 触发器的原理图如图 9-19 所示。

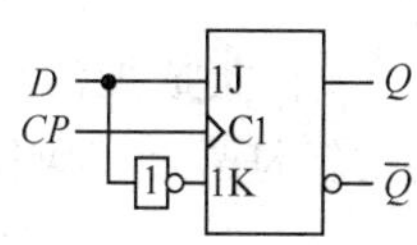

图 9-19　JK 触发器转换为 D 触发器

2. 将边沿 JK 触发器转换为 T 触发器

T 触发器的逻辑功能可以描述为：在时钟脉冲 CP 有效边沿的作用下，当 $T=0$ 时，$Q^{n+1}=Q^n$，功能为“保持”；当 $T=1$ 时，$Q^{n+1}=\overline{Q^n}$，功能为“翻转”。

如果令边沿 JK 触发器的输入 $J=K=T$，则其特征方程就转换为

$$Q^{n+1}=J\overline{Q^n}+\overline{K}Q^n=T\overline{Q^n}+\overline{T}Q^n=T\oplus Q^n$$

即 T 触发器的特征方程为 $Q^{n+1}=T\oplus Q^n$。由该特征方程可知：当 $T=0$ 时，$Q^{n+1}=Q^n$；当 $T=1$ 时，$Q^{n+1}=\overline{Q^n}$。

由下降沿有效的边沿 JK 触发器转换为 T 触发器的原理图和逻辑符号如图 9-20 所示。

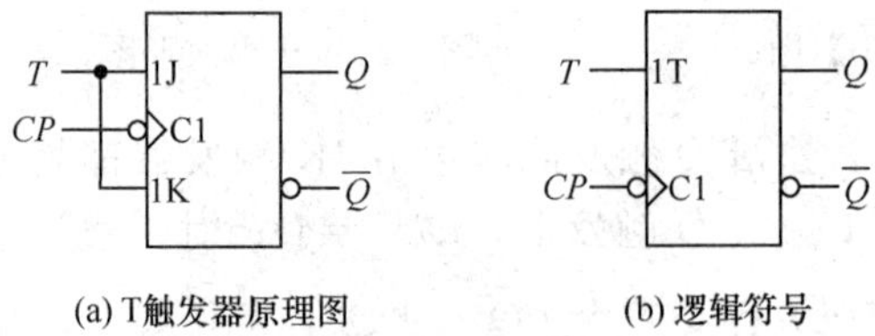

图 9-20　T 触发器

9.3　计　数　器

在数字系统中，往往需要对脉冲的个数进行统计，以实现数字测量、运算和控制，实现计数功能的电路称为计数器。计数器的应用非常广泛，数字、钟表、电子计分牌等都要用到计数器；计算机中的程序计数器、指令计数器和分频器要用到计数器；数字化仪表中的压力、时间、温度等物理量的 A/D、D/A 转换都要通过脉冲计数器来实现。通常对计数器进行如下分类。

按触发方式分为同步计数器和异步计数器。在同步计数器中，所有触发器由同一时钟脉冲控制，各触发器的状态同时改变；在异步计数器中，各触发器的状态不是同时改变。相比异步计数器，同步计数器运行速度快，但电路较复杂。

按计数长度（或称为容量）分为二进制计数器、十进制计数器和 N 进制计数器。

按计数器的增减分为加法计数器、减法计数器和可逆计数器。

本节主要介绍几个常用的集成计数器及其应用。

9.3.1　集成计数器 74161

1. 逻辑符号和引脚图

4 位集成加法计数器 74161 是十六进制计数器，其计数范围为 0000～1111。74161 的逻辑符号和引脚图如图 9-21 所示。

2. 功能介绍

图 9-21（a）中，各个引脚功能如下。

C1：时钟脉冲，上升沿触发。

$D_3D_2D_1D_0$：预置数端，也可以称为并行数据输入端。

$\overline{CR}$：异步清零端，低电平有效。只要$\overline{CR}=0$，则 $Q_3Q_2Q_1Q_0=0000$，即无条件清零。

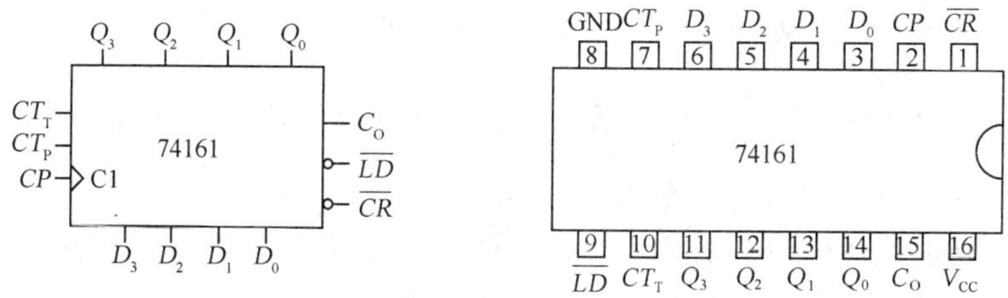

(a) 逻辑符号　(b) 引脚图

图 9-21　74161 的逻辑符号和引脚图

$\overline{LD}$：同步置数端，低电平有效。要实现同步置数，必须满足两个条件：①$\overline{CR}=1$；②$\overline{LD}=0$ 且 CP 上升沿到来时。当满足此两个条件时，D_3、D_2、D_1 和 D_0 的值分别赋给 Q_3、Q_2、Q_1 和 Q_0。从$\overline{CR}$和$\overline{LD}$的功能可以看出异步和同步的区别，同时也可以看出$\overline{CR}$的优先级高于$\overline{LD}$。

CT_T 和 CT_P：计数器工作状态控制端。正常计数时，$CT_T=CT_P=1$。

C_O：进位输出端。当计数状态为 1111 时，C_O 输出一个高电平信号，该信号持续一个时钟周期。

其功能表如表 9-4 所示。

表 9-4　74161 功能表

CP	$\overline{CR}$	$\overline{LD}$	CT_T	CT_P	Q_3	Q_2	Q_1	Q_0	功能
×	0	×	×	×	0	0	0	0	异步清零
↑	1	0	×	×	D_3	D_2	D_1	D_0	同步置数
×	1	1	0	×	保持				保持
×	1	1	1	0	保持（$C_O=0$）				保持
↑	1	1	1	1	计数				加法计数

根据 74161 的功能，正常计数时，其状态转移图如图 9-22 所示。

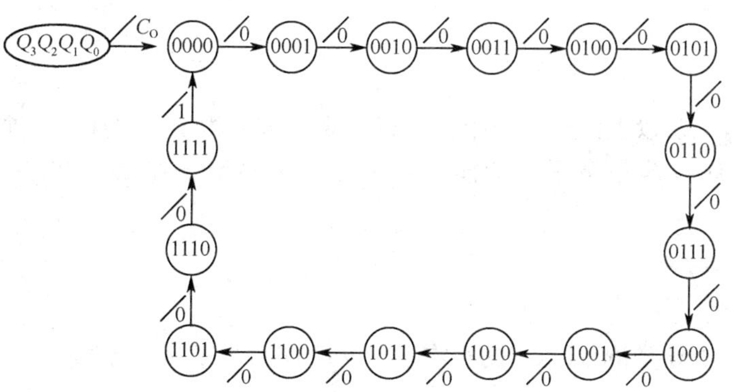

图 9-22　74161 的状态转移图

74161 芯片逻辑功能仿真

假如时钟脉冲 CP 的周期为 T，从 74161 的状态转移图可以看出：Q_0 的周期为 $2T$，

即频率为 CP 脉冲的$\frac{1}{2}$；Q_1 的周期为 $4T$，即频率为 CP 脉冲的$\frac{1}{4}$；同样，Q_2 和 Q_3 的频率分别为 CP 脉冲的$\frac{1}{8}$和$\frac{1}{16}$。换句话说，Q_0、Q_1、Q_2 和 Q_3 分别实现了 2 分频、4 分频、8 分频和 16 分频，这就是计数器的分频功能。

与 74161 功能类似的是 74163，二者具有相同计数模数，都为十六进制计数器，区别是 74161 是异步清零，而 74163 是同步清零。

9.3.2 集成计数器 74160

74160 也是四位集成加法计数器，其逻辑符号和引脚图与 74161 相同，如图 9-20 所示。74160 为十进制计数器，4 位输出为 8421BCD 码的形式，即计数范围为 0000～1001。当计数状态为 1001 时，C_O 输出一个高电平信号，该信号持续一个时钟周期。跟 74161 一样，74160 也是异步清零和同步置数。其状态转移图如图 9-23 所示。

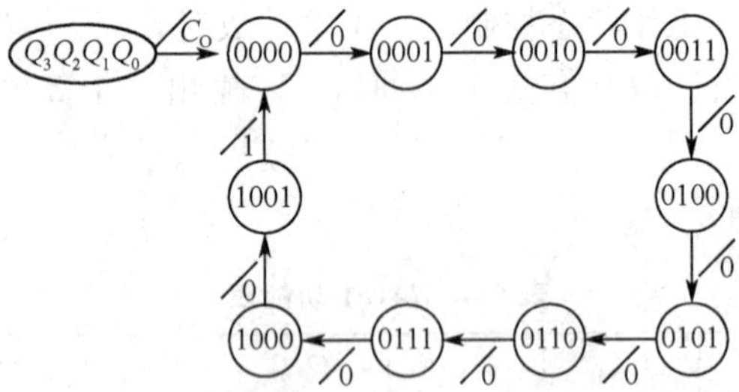

图 9-23 74160 的状态转移图

74160 芯片逻辑功能仿真

> 74160 的四个输出 Q_3、Q_2、Q_1 和 Q_0 能否实现分频功能？如果能实现，分别实现的是多少分频？读者可自行分析。

9.3.3 构成 N 进制计数器

1. 级联法

所谓级联法，即通过把两个及以上的计数器串接，以实现模数的相乘。比如，一个五进制计数器和一个六进制计数器相级联，就能实现三十进制的计数器。74390 和 74290 是级联法的典型应用。

2. 清零法

以 74161 为例。由于 74161 异步清零端$\overline{CR}$的存在，故 74161 可以实现小于 16 的任意进制计数器。

图 9-24 (a) 是 74161 采用清零法实现十二进制的方法。74161 从 0000 开始计数，当 Q_3 和 Q_2 第一次出现同时为“1”，即 $Q_3Q_2Q_1Q_0=1100$ 时，与非门输出为“0”，即 $\overline{CR}=0$，74161 进行异步清零，相当于 1100 这个状态刚出现即被清零，可以认为状态

1100 并没出现。计数范围为 0000～1011，共 12 个状态，可参看图 9-24（a）。

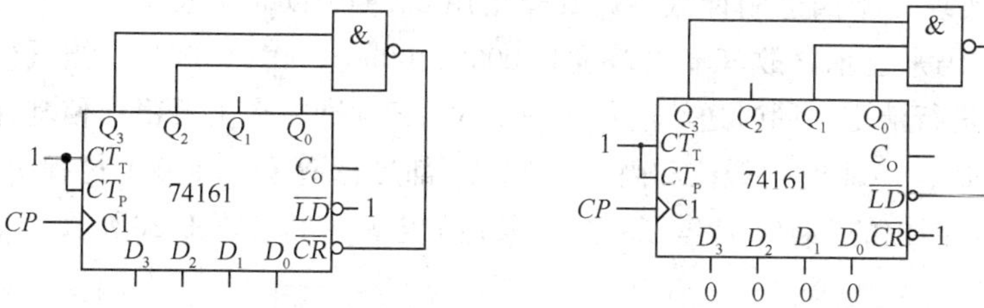

(a) 清零法　　(b) 置数法

74161 清零法构成十二进制计数器仿真

图 9-24　74161 实现十二进制计数器

3. 置数法

同样以 74161 为例。由于 74161 同步置数端$\overline{LD}$的存在，74161 同样可以实现小于 16 的任意进制计数器。

图 9-24（b）是 74161 采用置数法实现十二进制的方法。74161 从 0000 开始计数，当 Q_3、Q_1 和 Q_0 第一次出现同时为“1”，即 $Q_3Q_2Q_1Q_0=1011$ 时，与非门输出为“0”，即$\overline{LD}=0$，74161 进行同步置数。由于同步置数的条件是：①$\overline{CR}=1$；②$\overline{LD}=0$ 且 CP 上升沿到来时，才能实现。由于$\overline{CR}=1$ 已经满足，故要想实现同步置数，必须要等下一个 CP 上升沿，所以 1011 这个状态保持了一个周期，等下一个 CP 上升沿到来，状态 1100 即将出现时，进行置数，即 $Q_3Q_2Q_1Q_0=0000$。计数范围为 0000～1011，共 12 个状态，可参看图 9-25（b）。

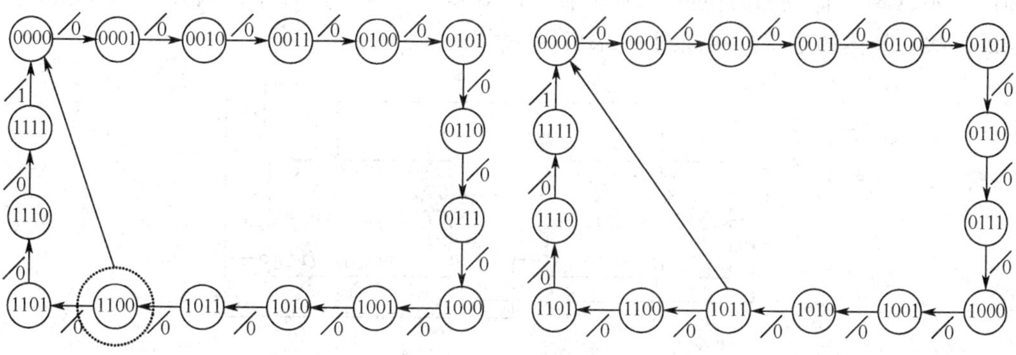

(a) 清零法状态转移图　　(b) 置数法状态转移图

图 9-25　74161 实现十二进制计数器的状态转移图

> 从图 9-24 可以看出同步和异步的区别。如果采用 74163，该如何实现？读者可以自己思考一下。

4. 实现任意进制计数器

计数器在实际使用时，单纯采用上述三种方法中的某一种难以实现，通常采用级联法后再利用清零法或置数法来改变其进制。

【例 9-5】 用 74161 实现二十四进制计数器，其输出用 8421BCD 码来表示。

解：由于输出用 8421 码来显示，故其输出范围是 0000、0000～0010、0011。当低位 74161 的输出为 1001 时，进行清零，同时送给高位 74161 的 CP 脉冲一个上升沿，使其计数一次。当总的输出为 0010、0011 时，低位和高位的 74161 都进行清零。在整个过程中，低位的 74161 清零了两次，高位的 74161 清零了一次。具体的电路连接如图 9-26所示。

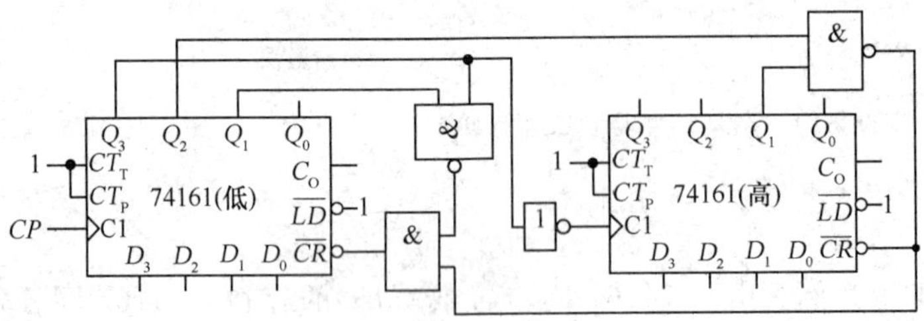

图 9-26 【例 9-5】图

该方法采用的是异步方式，采用同步方式同样可以实现。画出该电路对应的时序图，有助于理解，读者可自行分析。

【例 9-6】 用 74160 实现二十四进制计数器，其输出用 8421BCD 码来表示。

解：【例 9-5】采用的是异步方式，本题采用同步方式来实现。

由于 74160 本身就是十进制计数器，当低位的 74160 的输出为 1001 时，自动清零，同时送给高位 74160 的 CT_T 和 CT_P 一个有效信号，使其计数一次。当总的输出为 0010、0011 时，低位和高位的 74160 都进行清零。在整个过程中，两片 74160 都只清零了一次。具体的电路连接如图 9-27 所示。

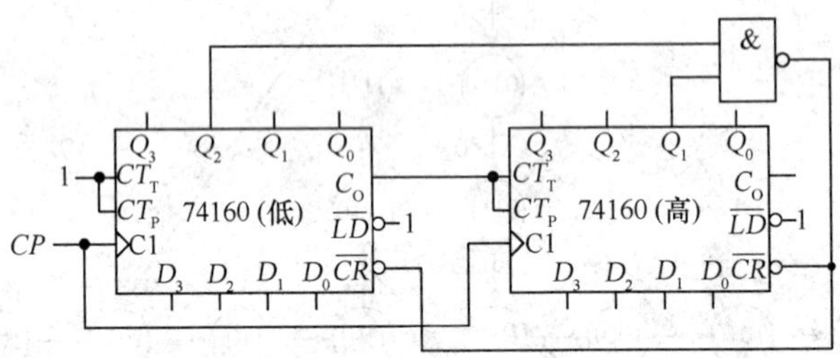

图 9-27 【例 9-6】图

9.4 寄 存 器

数字电路中，用来暂时存放二进制数据或指令的电路称为寄存器。一个触发器只能寄存一位二进制数，要存放多位二进制数就需要多个寄存器。现代数字系统都把要处理的数据或指令先寄存起来，以便需要时随时取用。

寄存器存取数码的方式分为并行和串行两种。并行方式是数码各位从各对应位输入端同时输入到寄存器中；串行方式是数码从一个输入端逐位输入到寄存器中。

按照功能的不同，寄存器分为数码寄存器和移位寄存器。下面分别进行介绍。

9.4.1　数码寄存器

数码寄存器具有存放数码和清除原有数码的功能，同时只能并行输入数据，需要时也只能并行输出。

图 9-28 所示电路是由上升沿有效的边沿 D 触发器构成的四位数码寄存器。在时钟脉冲 CP 上升沿的作用下，四位待存放的数码 $D_0 \sim D_3$ 并行送给 $Q_0 \sim Q_3$。

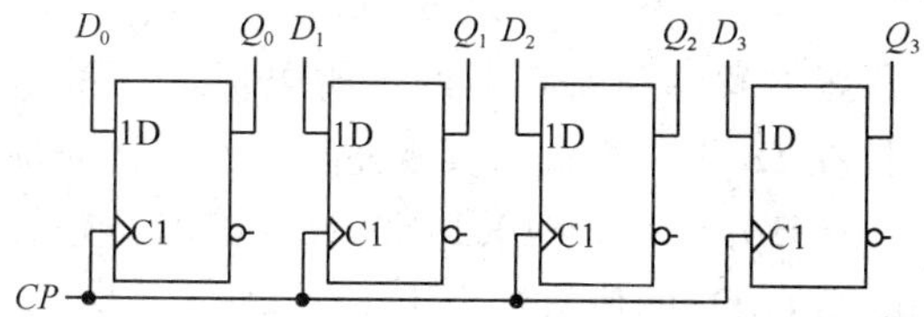

图 9-28　四位数码寄存器

9.4.2　移位寄存器

移位寄存器不仅能存放数码，而且具有移位的功能。移位寄存器可分为单向移位寄存器和双向移位寄存器，其中单向移位寄存器又分为左移寄存器和右移寄存器。图 9-29所示电路是由上升沿有效的边沿 D 触发器构成的四位右移移位寄存器。

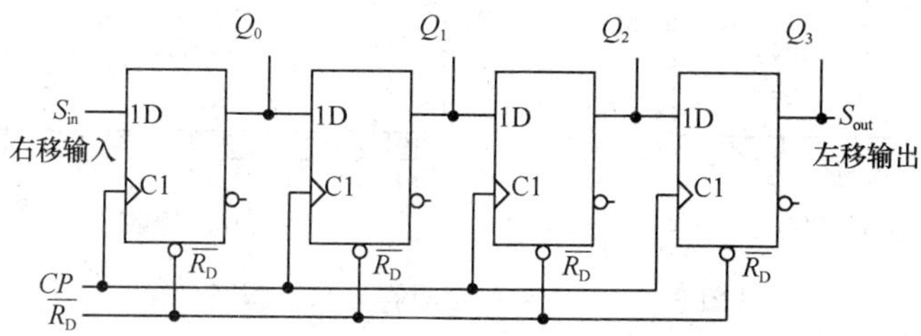

图 9-29　四位右移移位寄存器

其工作过程如下：先令$\overline{R_D}=0$，此时 $Q_0Q_1Q_2Q_3=0000$，然后把$\overline{R_D}$置为“1”。假设要存放的数码是 1011，即把 1011 按从右向左的顺序依次送给 S_{in}。第 1 个 CP 上升沿到来时，S_{in}把“1”送给 Q_0，Q_0 把初态“0”送给 Q_1，Q_1 把初态“0”送给 Q_2，Q_2 把初态“0”送给 Q_3，此时 $Q_0Q_1Q_2Q_3=1000$；第 2 个 CP 上升沿到来时，S_{in}把“1”送给 Q_0，分析过程同上，此时 $Q_0Q_1Q_2Q_3=1100$；第 3 个 CP 上升沿到来时，S_{in}把“0”送给 Q_0，此时 $Q_0Q_1Q_2Q_3=0110$；第 4 个 CP 上升沿到来时，S_{in}把“1”送给 Q_0，此时 $Q_0Q_1Q_2Q_3=1011$。根据分析，经过 4 个时钟周期后，4 个数码全部存放到寄存器中，此时可以从 4 个触发器的输出端把数据并行输出。如果再经过 4 个时钟脉冲，所存放的 4 个数码便逐位从输出端 Q_3，即 S_{out}串行输出。

左移移位寄存器的情况，通过【例 9-7】来说明。

【例 9-7】 电路如图 9-30 所示，设电路初态为 $Q_0Q_1Q_2Q_3=1011$、$\overline{R_D}=1$，试分析经过 8 个时钟周期后，$Q_0Q_1Q_2Q_3$ 的值为多少。

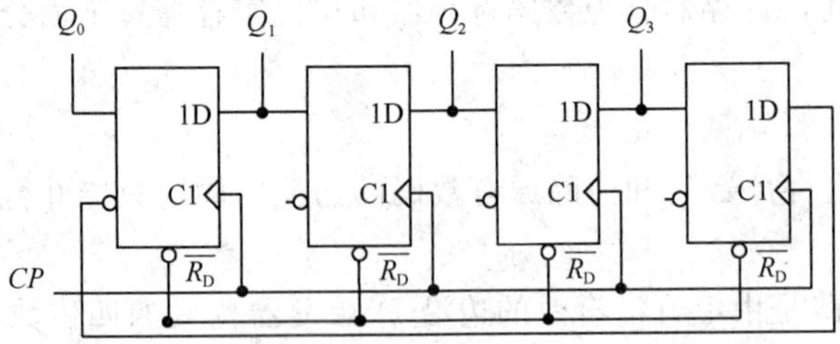

图 9-30 【例 9-7】图

解：左移移位寄存器跟右移移位寄存器的分析类似，从图 9-30 可以看出，4 个触发器首尾相连，其中Q_0接在 D_3 上，以此来实现左移。经过 8 个时钟周期后，其状态变化为 1011→0110→1101→1010→0100→1001→0010→0101→1011。由此可知，该电路经过 8 个时钟周期后，$Q_0Q_1Q_2Q_3$ 的值依然为 1011。

9.4.3 集成多功能移位寄存器 74194

1. 逻辑符号和管脚图

74194 是双向移位多功能寄存器，其逻辑符号和引脚图如图 9-31 所示。

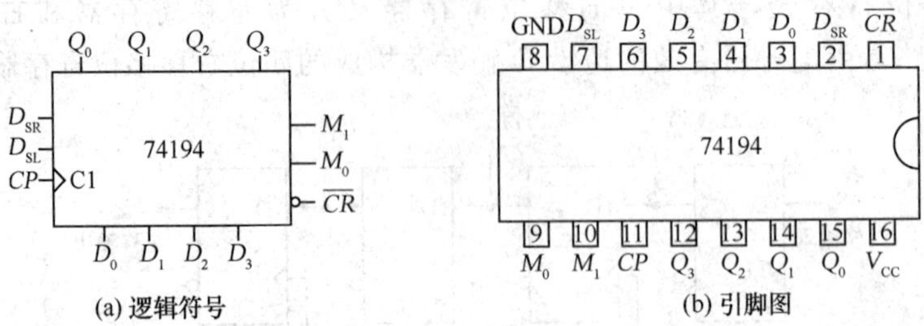

图 9-31 74194 的逻辑符号和引脚图

图 9-31（a）中，各个管脚功能可参考 74194 如表 9-5 所示的功能表。

表 9-5 74194 功能表

CP	$\overline{CR}$	M_1	M_0	D_{SL}	D_{SR}	Q_0^{n+1}	Q_1^{n+1}	Q_2^{n+1}	Q_3^{n+1}	功能
×	0	×	×	×	×	0	0	0	0	清零
0	1	×	×	×	×	Q_0^n	Q_1^n	Q_2^n	Q_3^n	保持
↑	1	1	1	×	×	D_0	D_1	D_2	D_3	并行存取
↑	1	0	1	×	0	0	Q_0^n	Q_1^n	Q_2^n	右移
↑	1	0	1	×	1	1	Q_0^n	Q_1^n	Q_2^n	
↑	1	1	0	0	×	Q_1^n	Q_2^n	Q_3^n	0	左移
↑	1	1	0	1	×	Q_1^n	Q_2^n	Q_3^n	1	
↑	1	0	0	×	×	Q_0^n	Q_1^n	Q_2^n	Q_3^n	保持

2. 典型应用

1）顺序脉冲发生器

74194 能实现顺序脉冲发生器，又称为环形计数器。

图 9-32（a）是由 74194 构成的能自启动（启动信号为低电平有效）的顺序脉冲发生器。该顺序脉冲发生器其实是一个四进制计数器，四个输出端在每个时钟脉冲的上升沿时仅有一个输出为“1”，对应的波形如图 9-32（b）所示。

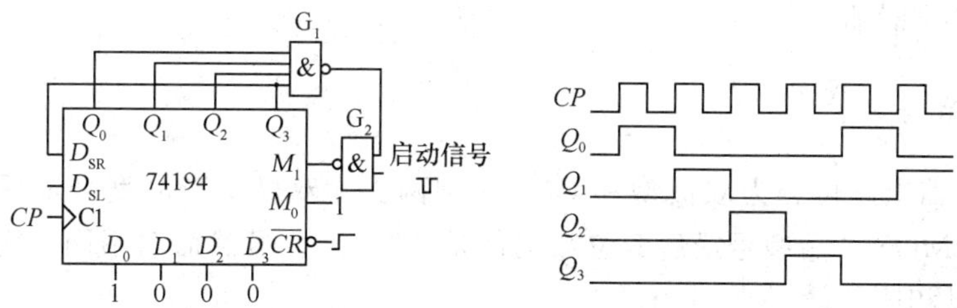

(a) 顺序脉冲发生器　(b) 波形图

图 9-32　74194 构成能自启动的顺序脉冲发生器

其原理如下：在启动信号为低电平前，74194 的输出 $Q_0Q_1Q_2Q_3=0000$。此时，G_1 输出为“1”，G_2 输出为“0”，即 $M_1M_0=01$，74194 实现右移。由于 Q_3 与 D_{SR} 相连，因此其输出依然为 $Q_0Q_1Q_2Q_3=0000$。如果启动信号为低电平，则 G_2 输出为“1”，由于满足 $M_1M_0=11$，74194 实现并行存取，即 $Q_0Q_1Q_2Q_3=1000$。实现并行存取后，G_1 输出始终为“1”，启动信号已经恢复为高电平，此时 G_2 输出为“0”，即 $M_1M_0=01$，74194 实现右移，同时 D_{SR} 的值由 Q_3 提供。

2）扭环形计数器

图 9-33（a）为 74194 实现扭环形计数器的原理图，图 9-33（b）所示为其对应的输出波形，由图可知，该扭环形计数器的模数为 8。

同理可知，如果要实现六进制计数器，只需把图 9-33（a）中非门的输入端接至 Q_1；如果要实现四进制计数器，只需把图 9-33（a）中非门的输入端接至 Q_2。

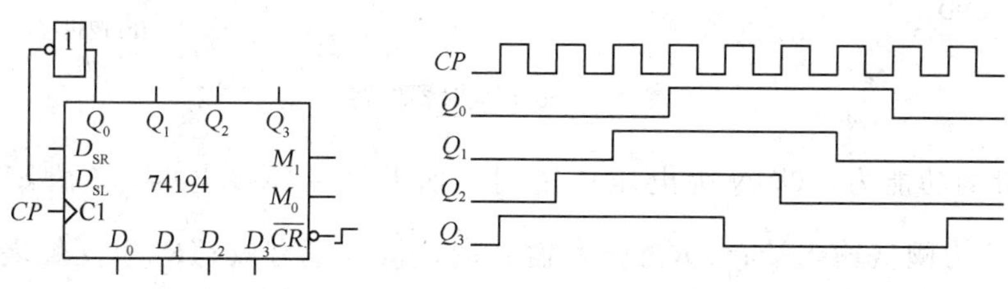

(a) 扭环形计数器　(b) 波形图

图 9-33　74194 构成扭环形计数器

9.5 555定时器和单稳态触发器

555定时器是一种模拟电路和数字电路相结合的中规模集成电路。由于使用灵活、方便，只需接少量的阻容元件就可以构成单稳态触发器和施密特触发器。因此，555定时器在波形的产生与变换、检测、控制、家用电器、报警、电子玩具等诸多领域都有广泛的应用。

*9.5.1 555定时器

1. 电路结构

555定时器电路可分为双极型和CMOS型两类。双极型产品型号最后三位数码都是“555”，CMOS产品型号最后四位数码都是“7555”。虽然命名不同，但它们的引脚排布和功能是相同的。

555定时器电路如图9-34所示。它由三个阻值为5kΩ的电阻组成分压器、两个电压比较器C_1和C_2、基本RS触发器、放电管VT_1以及缓冲器G_4组成。

对于电压比较器来说，有

$$\begin{cases} 当\ u_+ > u_-\ 时 & u_o = 1 \\ 当\ u_+ < u_-\ 时 & u_o = 0 \end{cases}$$

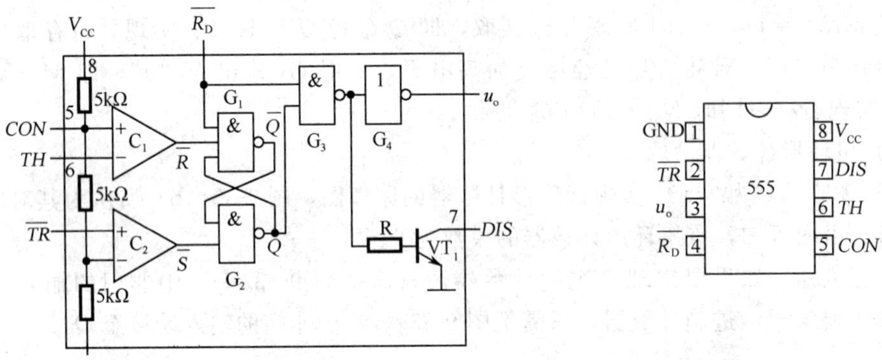

(a) 原理图 (b) 逻辑符号

图9-34 555定时器电路

各管脚的功能为：*CON*为电压控制端，如果没有外接电压，该脚默认电压为$\frac{2}{3}V_{CC}$；*TH*为阈值输入端；$\overline{TR}$为触发输入端，低电平有效；$\overline{R_D}$为复位端，低电平有效；*DIS*为放电端；u_o为输出端，为了提高电路的带负载能力，在输出端设置了缓冲器G_4，因此其输出电流可达200mA，可直接驱动发光二极管、继电器、指示灯、扬声器等。

2. 功能描述

当 CON 没有外接电压时，3 个电阻对电源电压进行分压，每个电阻上的压降为 $\frac{1}{3}V_{CC}$。换句话说，比较器 C_1 的同相输入端（即 CON 端）电压为 $\frac{2}{3}V_{CC}$，比较器 C_2 的反相输入端电压为 $\frac{1}{3}V_{CC}$。555 定时器的工作状态可分为以下四种情况。

(1) 当 $U_{\overline{TR}}<\frac{1}{3}V_{CC}$、$U_{TH}<\frac{2}{3}V_{CC}$时，比较器 C_1 输出为“1”、C_2 输出为“0”，即 $\overline{R}=1$、$\overline{S}=0$。此时 $Q=1$，放电管截止，输出 $u_o=1$。

(2) 当 $U_{\overline{TR}}<\frac{1}{3}V_{CC}$、$U_{TH}>\frac{2}{3}V_{CC}$时，比较器 C_1 输出为“0”、C_2 输出为“0”，即 $\overline{R}=0$、$\overline{S}=0$。此时 $Q=\overline{Q}=1$，放电管截止，输出 $u_o=1$。

(3) 当 $U_{\overline{TR}}>\frac{1}{3}V_{CC}$、$U_{TH}<\frac{2}{3}V_{CC}$时，比较器 C_1 输出为“1”、C_2 输出为“1”，即 $\overline{R}=1$、$\overline{S}=1$。此时基本 RS 触发器状态保持，放电管和输出状态也保持。

(4) 当 $U_{\overline{TR}}>\frac{1}{3}V_{CC}$、$U_{TH}>\frac{2}{3}V_{CC}$时，比较器 C_1 输出为“1”、C_2 输出为“0”，即 $\overline{R}=0$、$\overline{S}=1$。此时 $Q=0$，放电管导通，输出 $u_o=0$。

根据以上分析，可得 555 定时器的功能表，如表 9-6 所示。

表 9-6　555 定时器功能表

$\overline{R_D}$	$U_{\overline{TR}}$	U_{TH}	u_o	放电管状态
0	×	×	0	导通
1	$<\frac{1}{3}V_{CC}$	×	1	截止
1	$>\frac{1}{3}V_{CC}$	$<\frac{2}{3}V_{CC}$	保持	保持
1	$>\frac{1}{3}V_{CC}$	$>\frac{2}{3}V_{CC}$	0	导通

如果 CON 外接电压时，记为 U_{CON}，该功能表如何修改，读者可自行分析。

9.5.2　单稳态触发器

1. 单稳态触发器的特点

触发器可分为双稳态触发器和单稳态触发器。双稳态触发器在触发条件满足时，从一个稳态转变到另一个稳态，即“0”和“1”都是稳态。单稳态触发器只有一个稳态，另一个状态为暂态，在触发条件满足时，从稳态转变到暂态，经过一段时间后又自行恢复到稳态。

图 9-35 中 (a) 是普通触发器的输出波形，(b) 是单稳态触发器的输出波形，从两个图中可以看出两类触发器的区别。对于单稳态触发器暂态维持的时间 t_w 与触发脉冲

无关，仅取决于电路的参数。

图 9-35　两种触发器的工作波形

2. 由 555 定时器构成的单稳态触发器

图 9-36 所示是由 555 定时器构成的单稳态触发器。图中，R 和 C 是外接元件，触发脉冲由触发输入端 2 脚送入。

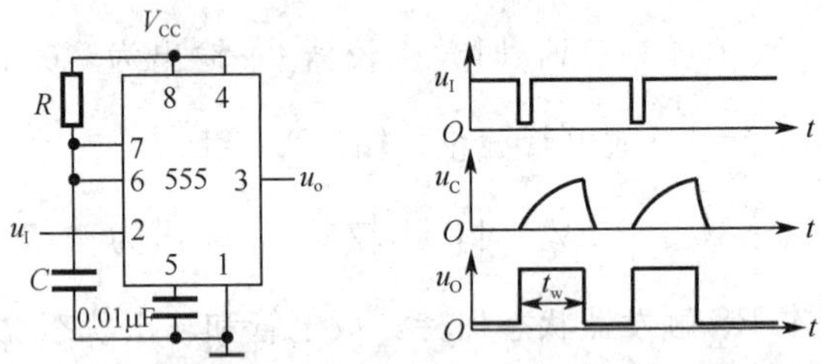

图 9-36　555 定时器构成的单稳态触发器

555 定时器构成单稳态触发器电路仿真

电源 V_{CC} 接通瞬间，电路有一个稳定的过程，即电源 V_{CC} 通过电阻 R 对电容 C 进行充电。当 u_C 上升到 $\frac{2}{3}V_{CC}$ 时，根据表 9-6 可知，输出 $u_O=0$，放电管 VT_1 导通，电容 C 通过 VT_1 放电至 $u_C=0$，此时电路进入稳定状态。

当触发信号 u_I 由高电平变为低电平时，根据表 9-6 可知，输出 u_O 从“0”变为“1”，放电管 VT_1 截止，此时电路进入暂稳态。由于放电管 VT_1 截止，电源 V_{CC} 通过电阻 R 对电容 C 进行充电。当 u_C 上升到 $\frac{2}{3}V_{CC}$ 时，由于触发信号早已消失，此时放电管 VT_1 导通，电容 C 通过 VT_1 放电至 $u_C=0$，此时电路又进入稳定状态。

u_C 从“0”充电至 $\frac{2}{3}V_{CC}$ 所需的时间，即为输出 u_O 脉冲宽度（简称脉宽）t_w，该参数取决于 R 和 C 的值，其关系式为

$$t_w = RC\ln 3 \approx 1.1RC$$

3. 单稳态触发器的应用

1）脉冲整形

实际应用时，输入脉冲的波形往往是不规则的，如幅度不齐、边沿不陡，不能直接输入到数字电路。因为单稳态触发器的输出只有“0”和“1”两种状态，合理地调节 RC 的值，就可以把不规则的输入信号整形成幅度和宽度一定的矩形波。

2）定时或延时

输出 u_O 的脉宽 t_w 仅仅取决于 R 和 C，通过改变 R 和 C 的值，可以进行定时或延时控制。

9.6 存　储　器

存储器用来存放数据、资料和运算程序等二进制信息，它是一些数字系统和电子计算机不可缺少的部分。其按功能分为随机存储器（random access memory，RAM）和只读存储器（read-only memory，ROM）。早期的存储器多采用磁芯作为存储单元，随着集成电路技术的迅速发展，半导体存储器已经完全取代了磁芯存储器。

存储器的存储容量和存取时间是反映系统性能的两个重要指标。显然，存储容量越大，记忆的信息就越多，系统的功能也就越强；存取时间的长短，直接反映系统的工作速度。

目前，存储器已不单纯用于存储信息，还可以实现组合逻辑电路的功能。如果配以适当的触发器网络，也可以实现时序逻辑电路。

9.6.1　随机存储器（RAM）

RAM存储单元的内容可按需随意取出或存入，且存取的速度与存储单元的位置无关。这种存储器在断电时将丢失其存储内容，故主要用于存储短时间内使用的程序。

按存储信息的不同，RAM又分为静态RAM（static RAM，SRAM）和动态RAM（dynamic RAM，DRAM）。

静态RAM的存储单元由静态MOS电路或双极型电路组成。MOS型RAM存储容量大、功耗低；双极型RAM的存取速度快。

动态RAM的原理是利用MOS管栅极电容的电荷存储效应。由于漏电流的存在，电容上存储的信息（电荷）不能长久保存，为了保护原来存储的信息不变，必须定期对存储信息的电容进行充电（或称为刷新），这正好解释了RAM的易失性。动态RAM只有在进行读写操作时才消耗功率，因此功耗极低，适合制作大规模集成电路。

作为精细的集成电路，RAM对环境的静电荷非常敏感。静电会干扰存储器内电容器的电荷，引致数据流失，甚至烧坏电路。因此触碰随机存取存储器前，应先用手触摸金属接地，释放掉人体所带静电。

9.6.2　只读存储器（ROM）

ROM是一种只能读出事先所存数据的固态半导体存储器。其特性是一旦储存资料就无法再将之改变或删除，资料也不会因为电源关闭而消失。ROM所存数据，一般是装入计算机前事先写好的，计算机工作过程中只能读出，而不像随机存储器那样能快速地、方便地加以改写。

ROM结构简单，读出方便，因而常用于存储各种固定程序和数据。除少数品种的只读存储器（如字符发生器）可以通用之外，不同用户所需ROM的内容不同。为便于使用和大批量生产，进一步开发了可编程只读存储器（programmable ROM，PROM）、可擦除可编程序只读存储器（erasable programmable read-only memory，EPROM）、一次编程

ROM（one time programmable read-only memory，OTPROM）和电可擦除可编程只读存储器（electrically erasable programmable read-only memory，EEPROM）。

大部分 ROM 用 MOS 场效应管制成。在制造过程中，将资料以一特制光罩（mask）烧录于线路中，其资料内容在写入后就不能更改，所以有时又称为“光罩式只读存储器”（mask ROM）。此存储器的制造成本较低，常用于计算机的开机启动。

下面对几种 ROM 一一介绍。

PROM 内部有行列式的熔丝，根据需要利用电流将熔丝烧断，写入所需的资料，但仅能写录一次。

EPROM 可利用高电压将资料编程写入，擦除时将线路曝光于紫外线下，资料可被清空，并且可重复使用，通常在封装外壳上预留一个石英透明窗以方便曝光。EPROM 需用紫外光长时间照射才能擦除，使用很不方便。

OTPROM 的写入原理类似于 EPROM，但是为了节省成本，编程写入之后就不再擦除，因此不设置透明窗。

EEPROM 的原理也类似于 EPROM，但是擦除的方式是使用高电场来完成，因此不需要透明窗。其克服了 EPROM 的不足，但集成度不高，价格较贵。

快闪存储器是一种新型的存储单元，其结构同 EPROM 相似。该存储器集成度高、功耗低、体积小，又能在线快速擦除，因而获得飞速发展，并有可能取代现行的硬盘和软盘而成为主要的大容量存储媒体。

*9.7 可编程逻辑器件

20 世纪 70 年代发明可编程逻辑器件（programmable logic device，PLD）后，出现了可编程阵列逻辑（programmable array logic，PAL）、通用阵列逻辑（generic array logic，GAL）等简单的 PLD，它们结构简单，设计灵活，对开发软件的要求低，但它们规模小，难以实现复杂的逻辑功能。随着电子技术的发展，随后出现了复杂的可编程逻辑器件（complex programmable logic device，CPLD）、现场可编程门阵列（field programmable gate array，FPGA）。由于这些器件的相继出现，数字系统的设计变得更灵活、功能更强大、集成度更高、速度更快。

9.7.1 CPLD 器件

CPLD 是从 PAL 和 GAL 器件发展出来的器件，相对而言其规模大，结构复杂，属于大规模集成电路范围。它具有编程灵活、集成度高、设计开发周期短、适用范围宽、开发工具先进、设计制造成本低、对设计者的硬件经验要求低、标准产品无须测试、保密性强、价格大众化等特点，可实现较大规模的电路设计，几乎所有应用中小规模通用数字集成电路的场合均可应用 CPLD 器件。目前，CPLD 的应用已深入到网络、仪器仪表、汽车电子、数控机床、航天测控设备等方面。

经过几十年的发展，许多公司都开发出了 CPLD 可编程逻辑器件，比较典型的是 Altera、Lattice、Xilinx 世界三大公司的产品。如 Lattice 的 ispLSI 系列、Xilinx 的

XC9500 系列、Altera 的 MAX7000S 系列和 Lattice 的 Mach 系列等。

用户可以根据自己的需要，采用 CPLD 自行构造逻辑功能。其基本设计方法是借助集成开发软件平台，用原理图、硬件描述语言等方法，生成相应的目标文件，通过下载电缆将代码传送到目标芯片中（该过程称为在线编程），实现设计的数字系统。其设计过程如下：在计算机上打开集成开发软件（Altera 公司的 Max＋pluxII）→画原理图或写硬件描述语言（VHDL、Verilog 等）→编译→仿真（查看逻辑输出结果是否正确）→选择芯片→锁定引脚→再编译→MAX＋PLUSⅡ的编程器配合 Altera 的下载线缆，将用于芯片编程的程序文件传送到包含 CPLD 芯片的系统板上，对芯片进行在线编程。只要在系统硬件设计时充分考虑到兼容性，可做到同样一块系统板，下载了数字钟的程序时就是一个数字钟，下载了抢答器程序时就是一个抢答器。

9.7.2 FPGA 器件

FPGA 是在 PAL、GAL、CPLD 等可编程器件的基础上进一步发展的产物。它是作为专用集成电路（ASIC）领域中的一种半定制电路而出现的，既解决了定制电路的不足，又克服了原有可编程器件门电路数有限的缺点。

FPGA 采用高速 CMOS 工艺，功耗低，可以与 CMOS、TTL 电平兼容，内部有丰富的触发器和 I/O 引脚，况且 FPGA 是 ASIC 电路中设计周期短、开发费用低、风险小的器件。可以说，FPGA 芯片是小批量系统提高系统集成度、可靠性的最佳选择之一。

目前以硬件描述语言（VHDL、Verilog 等）所完成的电路设计，可以经过简单的综合与布局，快速的烧录到 FPGA 上进行测试，是现代 IC 设计验证的技术主流。

FPGA 采用 CMOS SRAM 工艺，因此单元电路逻辑需上电再配置，掉电后配置数据丢失，需另配 ROM 保存配置。即采用在线重新配置的方法（in-circuit reconfiguration，ICR）为器件定义功能。另一方面，如果在上电时给 FPGA 配置不同的程序可以实现不同的功能，增加了 FPGA 使用的灵活性。

FPGA 的主要生产厂商有 Altera、Xilinx、Actel 和 Lattice。其中 Altera 和 Xilinx 主要生产一般用途的 FPGA，其主要产品采用 RAM 工艺。Actel 主要提供非易失性 FPGA，产品主要基于反熔丝工艺和 FLASH 工艺。

9.7.3 CPLD 和 FPGA 的性能差异

尽管 FPGA 和 CPLD 都是可编程 ASIC 器件，有很多共同特点，但由于 CPLD 和 FPGA 结构上的差异，具有各自的特点。

(1) CPLD 更适合完成各种算法和组合逻辑，FPGA 更适合于完成时序逻辑。换句话说，CPLD 更适合于触发器有限而乘积项丰富的结构，而 FPGA 更适合于触发器丰富的结构。

(2) CPLD 采用连续式布线结构，消除了分段式连线的延时不固定、不可测的缺陷，但布通率下降，在逻辑复杂时，不能充分利用片内资源。而 FPGA 采用分段式布线结构，资源之间的连接通路是随机可编程的，使信号的传输路径具有随机性。这种连线方式的优点是布线灵活、布通率高，缺点是信号的延时不固定、不可测。

(3) CPLD的速度比FPGA快，并且具有较大的时间可预测性。这是由于FPGA是门级编程，而CPLD是逻辑块级编程，并且其逻辑块之间的互联是集总式的。

(4) 在编程上FPGA比CPLD具有更大的灵活性。CPLD采用EEPROM或FAST FLASH技术，通过修改具有固定内连电路的逻辑功能来编程，其编程次数可达1万次。FPGA是基于SRAM技术，通过改变内部连线的布线来编程，其优点是可以编程任意次，可在工作中快速编程，从而实现板级和系统级的动态配置。FPGA可在逻辑门下编程，而CPLD是在逻辑块下编程。

(5) CPLD比FPGA使用起来更方便。CPLD在系统断电时编程信息不会丢失，无需外部存储器芯片，使用简单。FPGA的编程信息在系统断电时会丢失，每次上电时，需从器件外部将编程数据重新写入SRAM中，使用方法复杂。

(6) FPGA的集成度比CPLD高，具有更复杂的布线结构和逻辑实现。

(7) CPLD保密性好，FPGA保密性差。

(8) 一般情况下，CPLD的功耗要比FPGA大，且集成度越高越明显。

上述是CPLD与FPGA的各自的特点和差异，有些可编程器件兼有CPLD与FPGA的优点，具体的要从器件的资料中去了解。

9.8 技能训练

9.8.1 JK触发器的测试与应用

(1) 测试设备：数字电路综合测试仪1台，数字万用表1块，集成芯片74112和集成芯片7404各1块。

(2) 测试电路：集成芯片74112的引脚图和逻辑符号如图9-37所示。

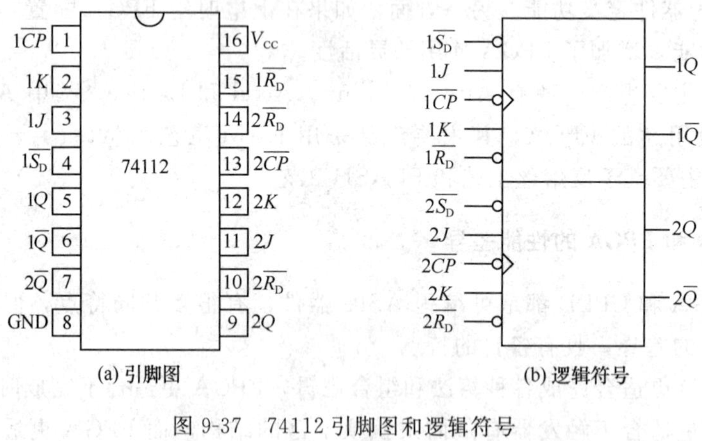

(a) 引脚图　　(b) 逻辑符号

图9-37　74112引脚图和逻辑符号

(3) 测试程序：

① 按图9-37 (a) 所示接好电路（16脚接+5V，8脚接GND）。

② 检查正确无误后，打开电源。

③ $1\overline{S_D}$接“0”，$1\overline{R_D}$接“1”，改变 J、K、CP（分别置“0”或“1”），观察输出端 Q 和$\overline{Q}$的变化，并将观察结果记入表 9-7 中。

表 9-7　74112 使能端测试表

$\overline{S_D}$	$\overline{R_D}$	J	K	CP	Q	$\overline{Q}$
0	1	×	×	×		
1	0	×	×	×		

④ $1\overline{S_D}$接“1”，$1\overline{R_D}$接“0”，改变 J、K、CP（分别置“0”或“1”），观察输出端 Q 和$\overline{Q}$的变化，并将观察结果记入表 9-7 中。

结论：$1\overline{R_D}$为________（清零/置数）端，________（高/低）电平有效。$1\overline{S_D}$为________（清零/置数）端，________（高/低）电平有效。为了使输出为“0”状态（$Q=0$，$\overline{Q}=1$），则 $1\overline{R_D}$应接________（高/低）电平，$1\overline{S_D}$应接________（高/低）电平。为了使输出为 1 状态（$Q=1$，$\overline{Q}=0$），则 $1\overline{R_D}$应接________（高/低）电平，$1\overline{S_D}$应接________（高/低）电平。

⑤ 把$\overline{R_D}$和$\overline{S_D}$都接“1”，按照表 9-8 所示要求测试其逻辑功能。（注意：时钟脉冲 CP 由数字电路实验系统中的单次脉冲输出提供，不能用开关直接提供）。

表 9-8　74112 功能测试表

J	K	CP	Q^{n+1}	
			$Q^n=0$	$Q^n=1$
0	0	↑		
		↓		
0	1	↑		
		↓		
1	0	↑		
		↓		
1	1	↑		
		↓		

结论：当 $J=0$、$K=0$ 时，JK 触发器具有________功能（置 0/置 1/保持/翻转）；当 $J=0$、$K=1$ 时，JK 触发器具有________功能（置 0/置 1/保持/翻转）；当 $J=1$、$K=0$ 时，JK 触发器具有________功能（置 0/置 1/保持/翻转）；当 $J=1$、$K=1$ 时，JK 触发器具有________功能（置 0/置 1/保持/翻转）。

JK 触发器 74112 是________（上升/下降）沿有效的触发器。

⑥ D 触发器逻辑功能测试。将 JK 触发器的 J 端经非门后接 K 端，将 J 作为输入（相当于 D），这样就构成了 D 触发器。根据表 9-9 所示要求测试 D 触发器的逻辑功能。

表 9-9　D 触发器功能测试表

D	CP	Q^{n+1}	
		$Q^n=0$	$Q^n=1$
0	↑		
	↓		
1	↑		
	↓		

结论：JK 触发器________（可以/不可以）转换为 D 触发器。

9.8.2　集成同步计数器的测试和应用

（1）测试设备：数字电路综合测试仪 1 台，数字万用表 1 块，集成芯片 74161、集成芯片 7400、集成芯片 7404 各 1 片。

（2）测试电路：集成芯片 74161 的逻辑符号和引脚图如图 9-38 所示。

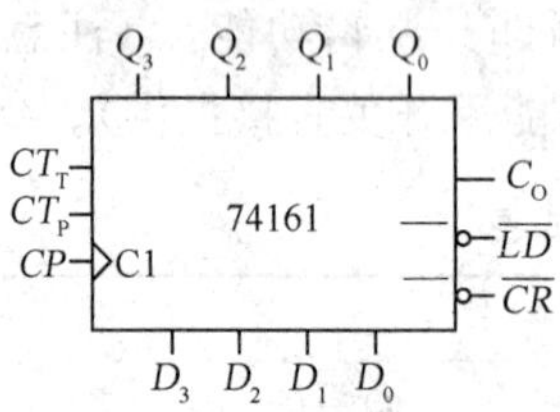

(a) 逻辑符号

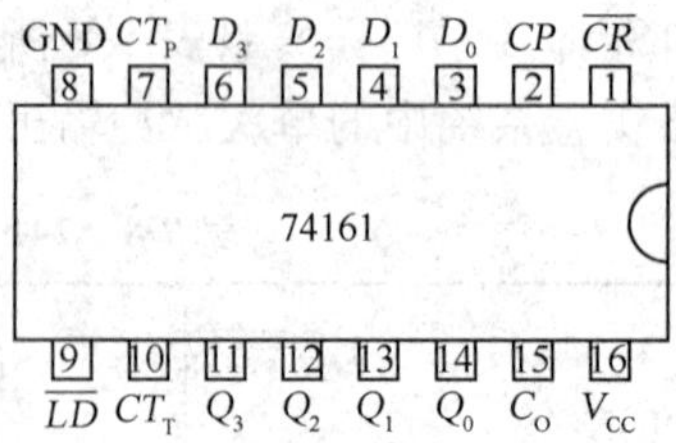

(b) 引脚图

图 9-38　74161 的逻辑符号和引脚图

（3）测试程序：

① 按图 9-38（b）所示接好测试电路（16 脚接+5V，8 脚接 GND）。

② 检查接线无误后，打开电源。

③ 将$\overline{CR}$接“0”，改变 CT_T、CT_P、$\overline{LD}$和 CP 的状态，观察 $Q_3Q_2Q_1Q_0$ 的变化，将结果记入表 9-10 中。

结论：当$\overline{CR}$为低电平时，无论 CT_T、CT_P、$\overline{LD}$和 CP 的状态如何变化，输出 $Q_3Q_2Q_1Q_0$ 的状态始终为________，所以我们称$\overline{CR}$为异步清零端，且它是________（高/低）电平有效。

④ 将$\overline{CR}$接“1”，$\overline{LD}$接“0”，改变置数输入 $D_3D_2D_1D_0$ 的输入状态，当 CP 脉冲为“↑”和“↓”时，观察输出 $Q_3Q_2Q_1Q_0$ 的状态变化，将结果记入表 9-10 中（如果状态保持，填写 $Q^{n+1}=Q^n$；如果置数，填写 $Q^{n+1}=D$）。

结论：当$\overline{CR}$为高电平、$\overline{LD}$为低电平，改变置数输入 $D_3D_2D_1D_0$ 的输入状态，输出 $Q_3Q_2Q_1Q_0$ 的状态________（变化/不变化）。当 CP 脉冲________（上升/下降）沿到来时，输入端 $D_3D_2D_1D_0$ 的输入状态才反映在输出端 $Q_3Q_2Q_1Q_0$。所以我们称$\overline{LD}$端为同步置数端，因为它和________同步。

所以，置数的条件是：(a)$\overline{CR}$应为________（高/低）电平；(b)$\overline{LD}$应为________（高/低）电平，且必须等到 CP 脉冲________（上升/下降）沿的到来。

⑤ 将$\overline{CR}$接“1”，$\overline{LD}$接“1”，分别将 CT_TCT_P 置为 00、01、10、11，观察随着 CP 脉冲的变化，输出 $Q_3Q_2Q_1Q_0$ 的状态变化，将结果记入表 9-10 中。

结论：当$\overline{CR}$为高电平、$\overline{LD}$为高电平时，随着 CP 脉冲的变化，若 CT_TCT_P 为 00 或 01 时，输出 $Q_3Q_2Q_1Q_0$ 的状态________（变化/不变化）；若 CT_TCT_P 为 10 时，输出 $Q_3Q_2Q_1Q_0$ 的状态________（变化/不变化），但 $C_o=0$；若 CT_TCT_P 为 11 时，输出 $Q_3Q_2Q_1Q_0$ 的状态________（变化/不变化），且呈现计数状态，每记满________个时钟，输出状态重复循环，所以 74161 是________（2/4）位二进制计数器，又称为模________（2/4/8/16）计数器。

表 9-10　74161 各功能测试表

CP	$\overline{CR}$	$\overline{LD}$	CT_T	CT_P	Q_3	Q_2	Q_1	Q_0
×	0	×	×	×				
↑	1	0	×	×				
↓	1	0	×	×				
↑ ↓	1	1	0	0				
↑ ↓	1	1	0	1				
↑ ↓	1	1	1	0				
↑ ↓	1	1	1	1				

⑥ 用 74161 构成任意进制计数器。用 74161 实现计数状态为 1～8 的八进制计数器，根据测试结果画出输出波形，分析 4 个输出分别实现的是几分频。

知 识 小 结

• 时序电路由组合电路和记忆存储电路组成，其输出不仅取决于当前的输入，而且跟之前的电路状态也有关。故时序电路具有记忆功能，触发器是最常用的存储器件。

• 触发器的类型、符号、特征方程、触发方式如表 9-11 所示。

表 9-11　触发器种类

触发器类型	基本 RS 触发器	同步 RS 触发器	同步 D 触发器	边沿 D 触发器	边沿 JK 触发器	T 触发器
逻辑符号	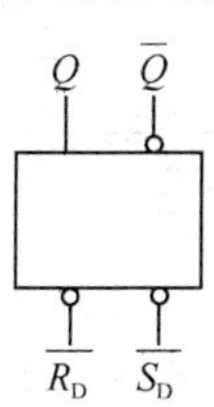	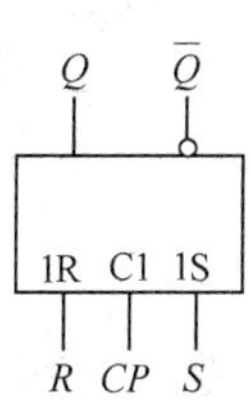	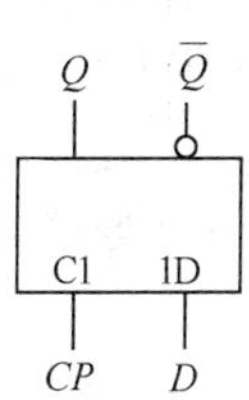	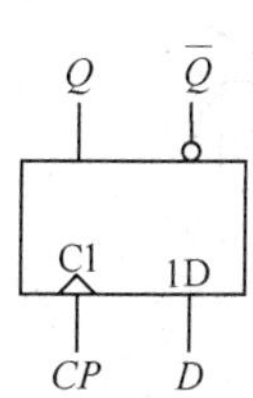	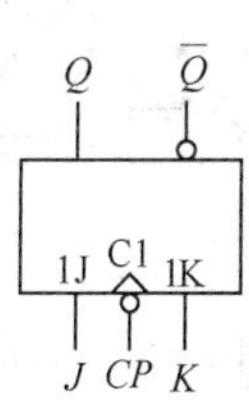	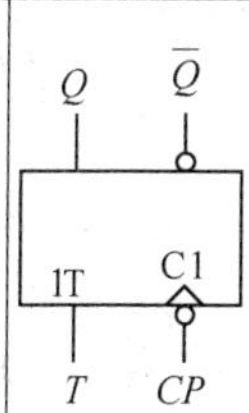

续表

触发器类型	基本 RS 触发器	同步 RS 触发器	同步 D 触发器	边沿 D 触发器	边沿 JK 触发器	T 触发器
特征方程	$\begin{cases}Q^{n+1}=\overline{\overline{S_D}}+\overline{R_D}Q^n\\ \overline{R_D}+\overline{S_D}=1\\ \text{（约束方程）}\end{cases}$	$\begin{cases}Q^{n+1}=S+\overline{R}Q^n\\ RS=0\\ \text{（约束方程）}\end{cases}$	$Q^{n+1}=D$	$Q^{n+1}=D$	Q^{n+1} $=J\overline{Q^n}+\overline{K}Q^n$	Q^{n+1} $=T\oplus Q^n$
触发方式	无	电平触发	电平触发	上升沿触发	下降沿触发	下降沿触发

• 计数器是用来累计脉冲数目的逻辑器件，n 个触发器可以组成 n 位二进制计数器，可以累计 2^n 个时钟脉冲。四个触发器可以组成一位十进制计数器，n 位十进制计数器由 $4n$ 个触发器组成。

• 集成计数器 74161 和 74160 的功能端：清零端和置数端。

• 同步和异步的区别。

• 寄存器是用来暂存二进制数据或指令的逻辑器件。一个触发器只能寄存一位二进制数，要存放多位二进制数就需要多个寄存器。

• 数码寄存器和移位寄存器的原理。

• 集成多功能移位寄存器 74194 的应用。

• 555 定时器是将电压比较器、触发器、分压器、放电管等集成在一起的逻辑器件。

• 555 定时器构成单稳态触发器的原理。

• 单稳态触发器脉宽的计算。

• 存储器和可编程逻辑器件非重点内容，本章只做了简单的介绍。随着电子技术的发展，可编程逻辑器件的发展也是日新月异，其速度更快、密度更高、频带更宽。相应的数字系统也变得设计更灵活、功能更强大、集成度更高、速度更快。有兴趣的读者可查阅相关的参考书。

思考与练习

9.1　如图 9-39 所示电路，试分析在何种情况下，两个功能端 $\overline{R_D}$ 和 $\overline{S_D}$ 才能起到直接置“0”和置“1”的作用。

9.2　边沿 JK 触发器如图 9-40（a）所示，试根据 9-40（b）所示 J、K 的波形，画出输出 Q 的波形。

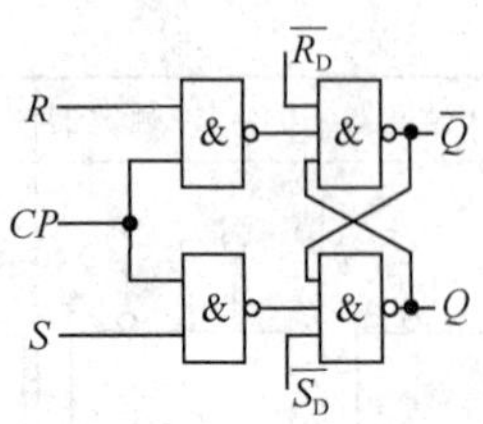

图 9-39　习题 9.1 图

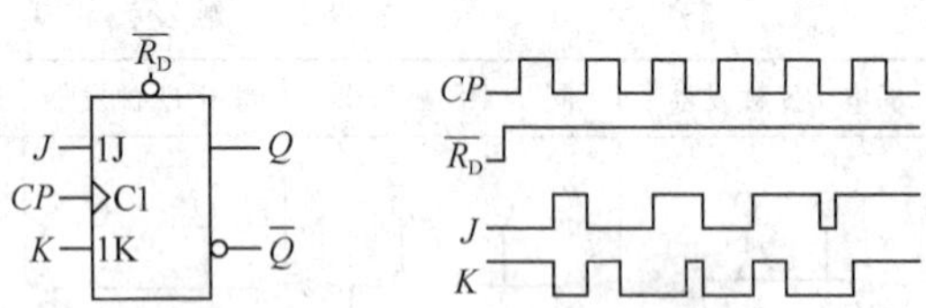

(a) 电路图　(b) 波形图

图 9-40　习题 9.2 图

9.3　如图 9-41 所示的四个触发器，试画出每个触发器的输出波形（设四个触发器的初态都为 0，至少画 5 个时钟周期）。

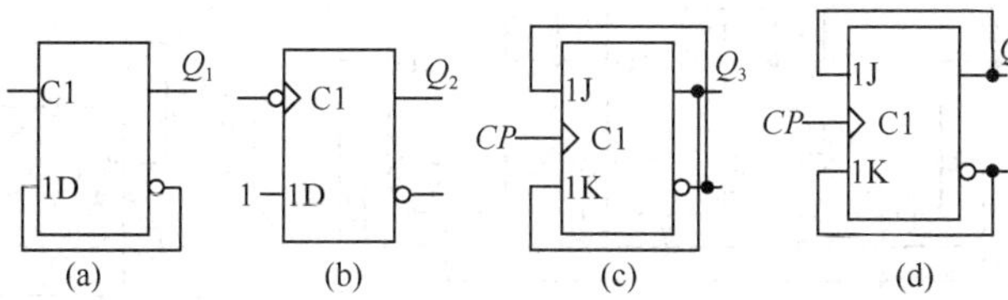

图 9-41　习题 9.3 图

9.4　由两个边沿 D 触发器组成的电路如图 9-42 所示，试画出两个触发器的输出波形（设两个触发器的初态都为 0，至少画 5 个时钟周期）。

9.5　由边沿触发器组成的电路如图 9-43 所示，若时钟脉冲 CP 的频率为 f，试分析两个触发器的输出 Q_0、Q_1 的频率各为多少。

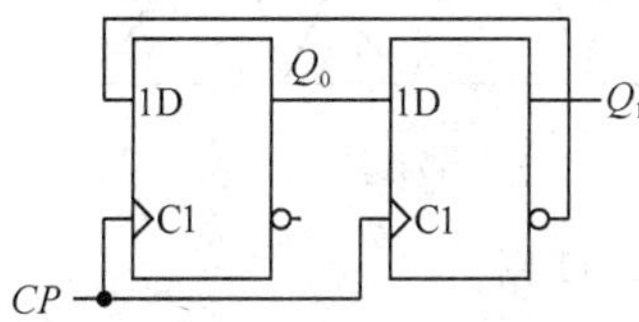

图 9-42　习题 9.4 图

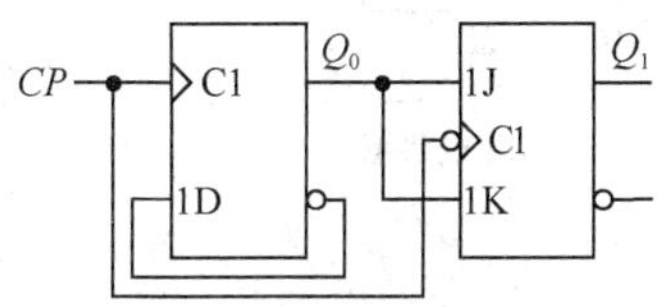

图 9-43　习题 9.5 图

9.6　试分析图 9-44 所示电路构成计数器电路的进制。

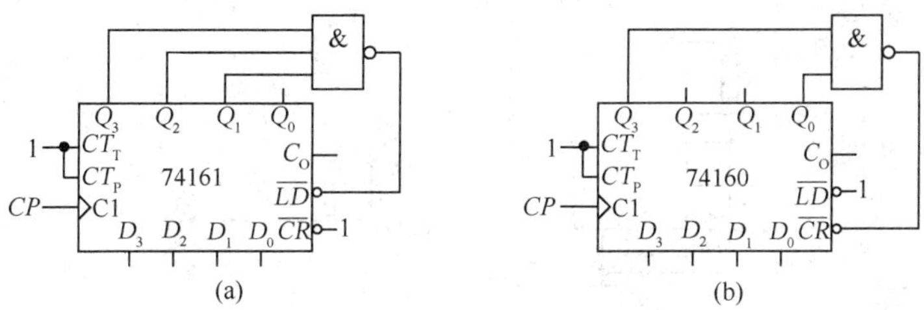

图 9-44　习题 9.6 图

9.7　试用 74160 和必要的门电路构成一个用于电子钟内小时部分的十二进制计数器。

9.8　查阅相关资料，试总结集成计数器 74161、74163、74160 和 74162 之间的区别和联系。

9.9　由四个边沿 D 触发器组成的寄存器电路如图 9-45 所示，设电路初态为 $Q_0Q_1Q_2Q_3=0000$、$\overline{R_D}=1$，试分析经过 30 个时钟周期后，$Q_0Q_1Q_2Q_3$ 的值为多少。

9.10　集成寄存器 74194 和非门组成的电路如图 9-46 所示，已知 74194 初态未知，试画出该电路可能的状态转移图。

9.11　如图 9-47（a）所示的 555 定时器电路，把阈值输入端 TH 和触发输入端 $\overline{TR}$ 相连作为输入端，试根据（b）图所示的输入波形，试画出其输出波形。

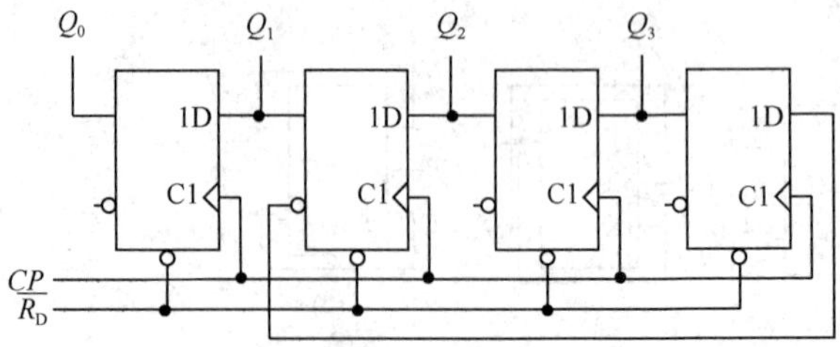

图 9-45 习题 9.9 图

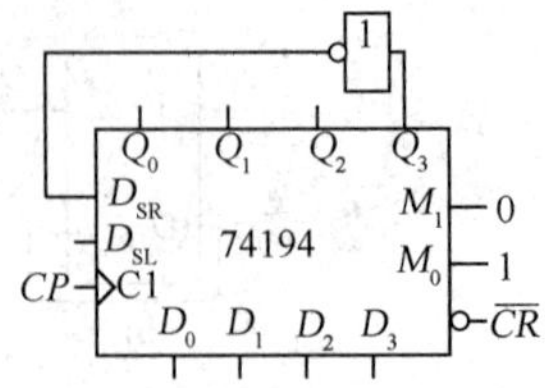

图 9-46 习题 9.10 图

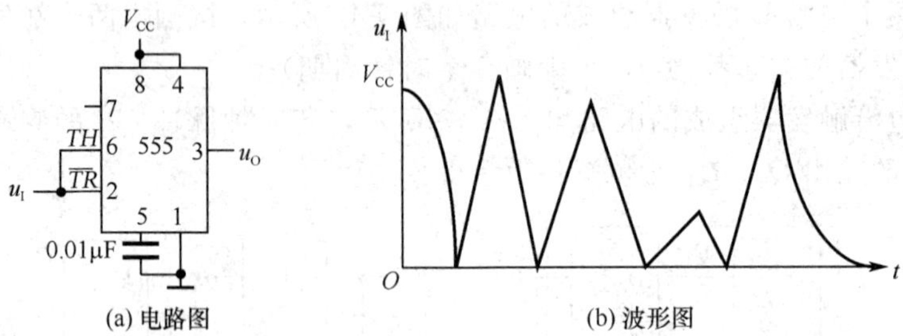

图 9-47 习题 9.11 图

9.12 如图 9-48（a）所示的单稳态触发器电路中，当触发输入 u_I 由高电平变为低电平时，试画出电容两端的电压 u_C 和输出电压 u_O 的波形。如果 $R=11.5\text{k}\Omega$、$C=0.02\mu\text{F}$，其脉冲宽度为多少？

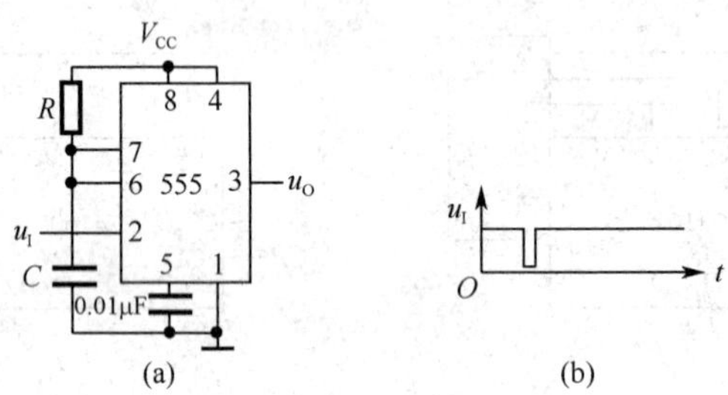

图 9-48 习题 9.12 图

9.13 如图 9-48（a）所示的单稳态触发器，$R=500\text{k}\Omega$、$C=10\mu\text{F}$、$V_{CC}=5\text{V}$，试分析：

（1）求输出脉冲 t_w 的宽度；

（2）若将电源电压 V_{CC} 由 5V 增至 10V，t_w 是增加、减小还是不变？

9.14 简要列出 CPLD 和 FPGA 各自的优缺点。

第 10 章

数/模和模/数转换器

随着电子技术的迅猛发展，模拟信号和数字信号的相互转换非常重要，这在计算机控制、通信及检测、数字信号处理等领域体现得非常明显。比如，用计算机对生产过程进行控制时，必须把模拟信号转换成相应的数字信号，计算机才能接受并进行处理；计算机对数字信号处理后，再把数字信号转换成模拟信号，这样才能实现对被控制的模拟信号进行控制。

把模拟信号转换成数字信号的电路称为模/数转换器（analog to digital converter，ADC）；把数字信号转换成模拟信号的电路称为数/模转换器（digital to analog converter，DAC）。本章重点介绍 D/A 转换器和 A/D 转换器的基本原理，对 D/A 转换器集成芯片的使用方法也做了详细介绍。

10.1 应用示例

如何将自然界中的模拟信号转换为数字信号进行处理和传输？如何将数字信号重新转换为模拟信号？这在日常生活中是普遍存在的。图 10-1 是一个数/模和模/数转换接口的示意图。

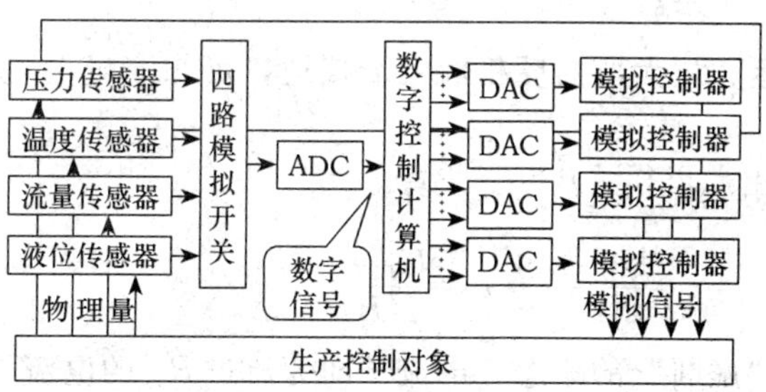

图 10-1　数/模转换和模/数转换示意图

生产控制对象中很多待测量的物理量，如压力、温度、流量、液位等，通过各种传感器测得其相应的模拟电压值，再通过四路模拟开关进行选择，通过模/数转换器（ADC）分别将其转换成相应的数字信号送入到计算机中处理，之后再通过四路数/模转换器（DAC）将数字信号转换为模拟信号送入模拟控制器，分别控制压力、温度、流量和液位。

10.2　D/A 转换器

D/A 转换器是将一组输入的二进制数转换成相应数量的模拟电压或模拟电流。

数字量是用二进制代码按数位组合起来表示的。对于有权码，每位代码都有相应的位权。为了将数字量转换成模拟量，必须将每一位代码按其位权的大小转换成相应的模拟量，然后将代表各位的模拟量相加，所得的总模拟量就与数字量成正比，从而实现了数字量到模拟量之间的转换。

D/A 转换器有多种类型，基本上分为权电阻网络 D/A 转换器、T 形电阻网络 D/A 转换器和权电流型 D/A 转换器。本节以权电阻网络 D/A 转换器和 T 形电阻网络 D/A 转换器来说明其工作原理。

10.2.1　权电阻网络 D/A 转换器

图 10-2 是 4 位二进制数的权电阻网络 D/A 转换器的原理图。

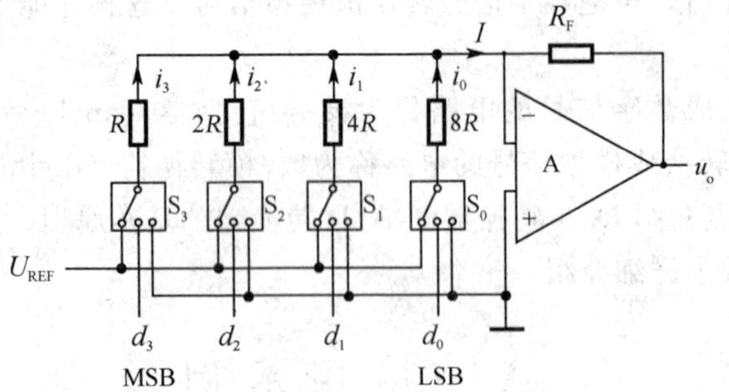

图 10-2　权电阻网络 D/A 转换器

由图 10-2 可知，该 D/A 转换器有四个呈倍数关系的电阻，分别是 R 、2^1R 、2^2R 和 2^3R ，它们对应的电子开关分别由输入数码 d_3、d_2、d_1 和 d_0 来控制。当输入数码为“1”时，电子开关打向左边，否则打向右边。以 d_3 为例，当 $d_3=1$ 时，根据运算放大器“虚短”的概念，运算放大器的反相输入端接地，可知流过电阻 R 的电流 $i_3=\dfrac{U_{REF}}{R}$；当 $d_3=0$ 时，$i_3=0$。由此可得：$i_3=\dfrac{U_{REF}}{R}d_3$。

同理，$i_2=\dfrac{U_{REF}}{2^1R}d_2$、$i_1=\dfrac{U_{REF}}{2^2R}d_1$、$i_0=\dfrac{U_{REF}}{2^3R}d_0$。

根据运算放大器“虚断”的概念，电流 I 即为流过 R_F 的电流，其值为 $I=i_3+i_2+i_1+i_0$。即

$$I=\frac{U_{REF}}{R}d_3+\frac{U_{REF}}{2^1R}d_2+\frac{U_{REF}}{2^2R}d_1+\frac{U_{REF}}{2^3R}d_0=\frac{U_{REF}}{2^3R}(2^3d_3+2^2d_2+2^1d_1+2^0d_0)$$

故输出电压 u_o 为

$$u_o=-I\cdot R_F=-\frac{U_{REF}R_F}{8R}(2^3d_3+2^2d_2+2^1d_1+2^0d_0)$$

对于 n 位输入的权电阻网络 D/A 转换器，其对应的输出为

$$u_o = -\frac{U_{REF}R_F}{2^{n-1}R}(2^{n-1}d_{n-1} + 2^{n-2}d_{n-2} + \cdots + 2^1d_1 + 2^0d_0)$$

式中，$2^{n-1}d_{n-1}+2^{n-2}d_{n-2}+\cdots+2^1d_1+2^0d_0$ 为输入二进制数码 $d_{n-1}d_{n-2}\cdots d_1d_0$ 的权的展开式。令 $D_n = 2^{n-1}d_{n-1} + 2^{n-2}d_{n-2} + \cdots + 2^1d_1 + 2^0d_0$，即 D_n 为输入二进制数码 $d_{n-1}d_{n-2}\cdots d_1d_0$ 对应的十进制数，则

$$u_o = -\frac{U_{REF}R_F}{2^{n-1}R}D_n$$

由以上的推导可以看出，权电阻网络 D/A 转换器原理比较简单，但由于使用的电阻阻值各不相同，位数多时，其阻值相差很大，这给转换精度带来很大影响。同时，权电阻网络对制作集成电路也很不利，因此在集成 D/A 转换器中很少采用该电路。

10.2.2　T 形电阻网络 D/A 转换器

T 形电阻网络 D/A 转换器是目前用得较多的一种，由于该转换器只有阻值为 R 和 $2R$ 的电阻，便于集成，所以给制造带来了方便。四位二进制数的 T 形电阻网络 D/A 转换器如图 10-3 所示。

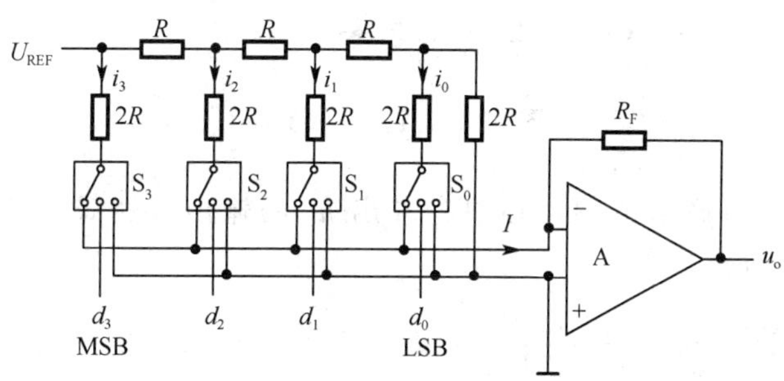

图 10-3　T 形电阻网络 D/A 转换器

根据图 10-3，输入数码 d_3、d_2、d_1 和 d_0 的状态分别控制四个电子开关。当输入数码为“1”时，电子开关打向左边，否则打向右边。根据运算放大器“虚短”的概念，不管电子开关打向左边还是右边，阻值为 $2R$ 的电阻下端都相当于接地。换句话说，该电阻网络等效电阻不变，流经所有阻值为 $2R$ 的电阻的电流也不变。

根据分析可知：$i_3=\frac{U_{REF}}{2R}$、$i_2=\frac{U_{REF}}{4R}$、$i_1=\frac{U_{REF}}{8R}$、$i_0=\frac{U_{REF}}{16R}$。由于运算放大器反相端的电流 I 与控制输入端 d_3、d_2、d_1 和 d_0 有关，由此可得电流 I 的表达式为

$$I = i_3d_3 + i_2d_2 + i_1d_1 + i_0d_0 = \frac{U_{REF}}{2^4R}(2^3d_3 + 2^2d_2 + 2^1d_1 + 2^0d_0)$$

故运算放大器的输出电压为

$$u_o = -I \cdot R_F = -\frac{U_{REF}R_F}{2^4R}(2^3d_3 + 2^2d_2 + 2^1d_1 + 2^0d_0)$$

上式括号中是四位二进制数 $d_3d_2d_1d_0$ 的权的展开式。

如果令 $R_F=R$，$U_{REF}=16\text{V}$，$d_3d_2d_1d_0=1101$，则

$$u_o = -\frac{U_{REF}}{2^4}(2^3 d_3 + 2^2 d_2 + 2^1 d_1 + 2^0 d_0) = -13V$$

上式说明输出模拟电压的幅度与输入数字量的大小成正比。

由以上分析可知，对于 n 位输入的 T 形电阻网络 D/A 转换器，其对应的输出为

$$u_o = -\frac{U_{REF}}{2^n}(2^{n-1} d_{n-1} + 2^{n-2} d_{n-2} + \cdots + 2^1 d_1 + 2^0 d_0)$$

为了加深对 T 形电阻网络 D/A 转换器的理解，通过【例 10-1】来进一步说明。

【例 10-1】 T 形电阻网络 D/A 转换器如图 10-4 所示，若 $U_{REF}=12V$、$R=R_F=20k\Omega$，估算 u_o 的输出范围。

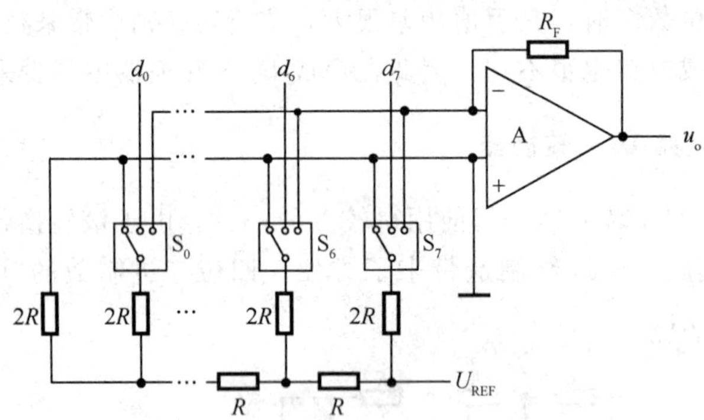

图 10-4 【例 10-1】图

解：要估算 u_o 的输出范围，必须先求出 u_o 的输出表达式，其分析方法类似于图 10-2所示电路。可得

$$u_o = -\frac{U_{REF} R_F}{2^8 R}(2^7 d_7 + 2^6 d_6 + \cdots + 2^0 d_0)$$

把 $U_{REF}=12V$，$R=R_F=20k\Omega$ 代入上式，可得

$$u_o = -\frac{3}{2^6}(2^7 d_7 + 2^6 d_6 + \cdots + 2^1 d_1 + 2^0 d_0)$$

当 $d_7 d_6 \cdots d_1 d_0 = 00000000$ 时，此时 u_o 最小，$u_o = 0V$；当 $d_7 d_6 \cdots d_1 d_0 = 11111111$ 时，u_o 最大，$u_o = -11.95V$。

故 u_o 的输出范围为$-11.95 \sim 0V$。

10.2.3 D/A 转换器的主要性能指标

1. 分辨率

分辨率是 D/A 转换器的最小输出电压（即输入的数字代码只有最低位为 1）与最大输出电压（即输入的数字代码全为 1）之比，由输入数字代码的位数决定。比如，8 位 D/A 转换器的分辨率为

$$\frac{1}{2^8 - 1} = \frac{1}{255} \approx 0.0039 = 0.39\%$$

2. 转换精度

D/A 转换器的转换精度是指输出电压的实际值与理论值之间的偏离程度，即最大静态转换误差，通常用最大误差与满量程输出电压之比的百分数表示。转换精度是由于零点误差、运算放大器的温度漂移、环境温度以及转换器的位数等原因所引起的。

3. 转换时间

从输入的数字代码起，到输出电压或电流达到稳定值所需的时间，称为 D/A 转换器的转换时间。转换时间是反映 D/A 转换器工作速度的指标，转换时间越小，表示 D/A转换器工作速度越快。目前，在不包含参考电压源和运算放大器的单片集成 D/A 转换器中，转换时间一般不超过 1μs。

10.2.4　集成 D/A 转换器

常用的集成 D/A 转换器有 AD7520、DAC0832、DAC0808 和 DAC1230 等。以 AD7520 为例，介绍集成 D/A 转换器的应用。

AD7520 是一款 CMOS 工艺制造的 10 位 D/A 转换芯片，由于其接口简单、转换控制容易、通用性好、性价比高等优点得到广泛应用。其内部采用倒 T 形电阻网络，网络电阻 R=10kΩ，模拟开关是 CMOS 型的。图 10-5（a）中点画线框内为 AD7520 的内部结构，应用时集成运放是外接的。

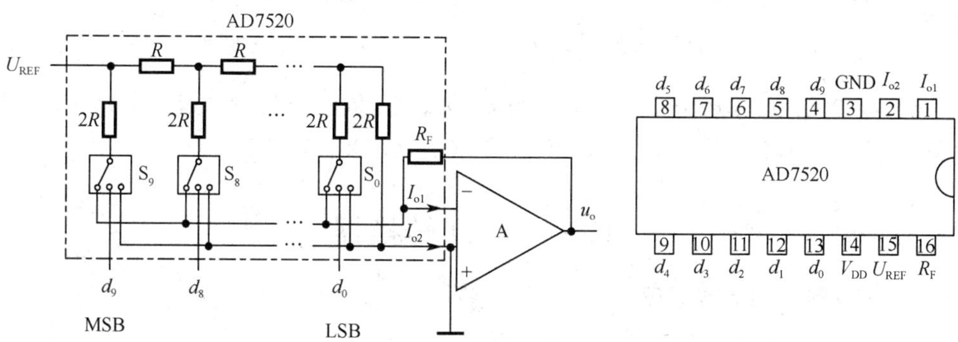

(a) 原理图　　(b)引脚图

图 10-5　AD7520 的内部结构和管脚图

图 10-5（b）中，各个引脚功能如下：$d_9d_8\cdots d_0$ 为 10 个数字量输入端；I_{o1} 为模拟电流输出端，接集成运放的反相输入端；I_{o2} 为模拟电流输出端，一般接地；V_{DD} 为 CMOS 模拟开关的电源；U_{REF} 为参考电压源，接正负电源均可；R_F 为反馈电阻，其值为 10kΩ。

【例 10-2】 AD7520、74161 和运放组成如图 10-6 所示电路。

（1）分析 74161 组成电路的计数长度，并画出相应的状态转移图。

（2）设 U_{REF}=12V，写出在时钟脉冲 CP 作用下，输出 u_o 的幅值。

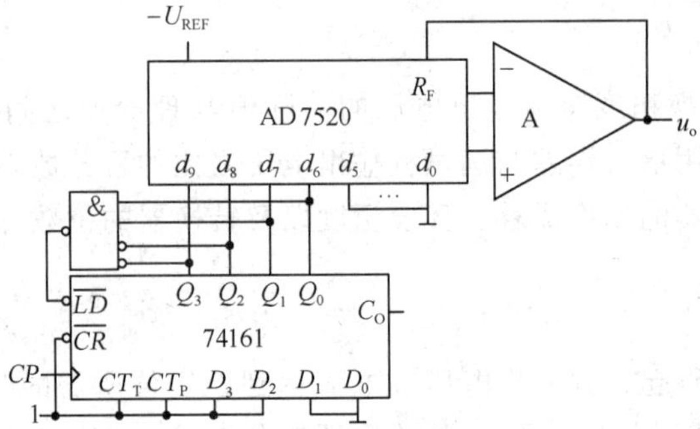

图 10-6 【例 10-2】图

解：(1) 预置数端 $D_3D_2D_1D_0=1100$，当输出 $Q_3Q_2Q_1Q_0=0011$ 时，实现置数。其状态转移图如图 10-7 所示。

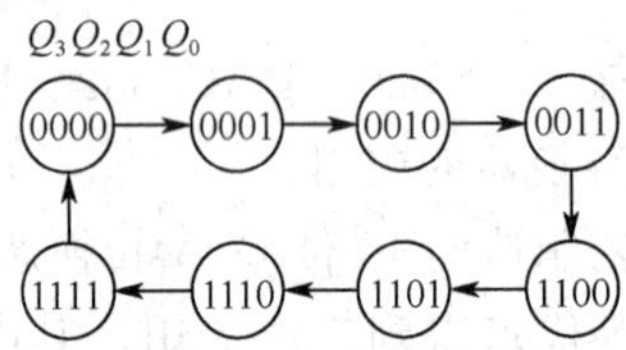

图 10-7 【例 10-2】题中 74161 状态转移图

(2) 根据图 10-5 (a) 中 AD7520 的原理图，可计算出集成运放的输出：

$$u_o=\frac{U_{REF}R_F}{2^{10}R}(d_9 2^9+d_8 2^8+\cdots+d_0 2^0)$$

由于 $Q_3Q_2Q_1Q_0$ 分别接 $d_9d_8d_7d_6$，当 $Q_3Q_2Q_1Q_0$ 依次取值时，对应的输出 u_o 分别为 0V、0.75V、1.5V、2.25V、9.0V、9.75V、10.5V、11.25V。

10.3 A/D 转换器

10.3.1 A/D 转换的基本原理

为了将时间和幅值都连续的模拟信号转换成数字信号，A/D 转换需要经过采样、保持、量化、编码四个过程。

1. 采样和保持

采样是对一个时间上连续的模拟信号进行周期性的抽取样值，使模拟信号变成时间上离散的脉冲串。图 10-8 所示是采样的工作过程，其中 $u_I(t)$ 为输入的模拟量，$S(t)$ 为采样脉冲，$u_o(t)$ 为采样输出信号。

采样脉冲的频率 f_s 越高，采样越密，采样值就越多，其转换后的输出就越能真实地反映输入信号。反之，f_s 小，采样就疏，采样值就少。为了使转换后输出能真实地反映输入信号，采样频率必须满足

$$f_s\geqslant 2f_{Imax}$$

式中，f_{Imax} 为输入信号的最高频率，这就是采样定理。一般取 $f_s=(2.5\sim3)f_{\mathrm{Imax}}$。

从图 10-8 中的采样输出波形可以看出，两个采样点之间的时间段没有输出信号，由于采样脉冲的持续时间很短，要把一个采样输出信号数字化，需要将采样输出得到的瞬时模拟信号保持一段时间。也就是说，采样和保持两个过程是合二为一的。图 10-9 所示是采样-保持后的工作波形。

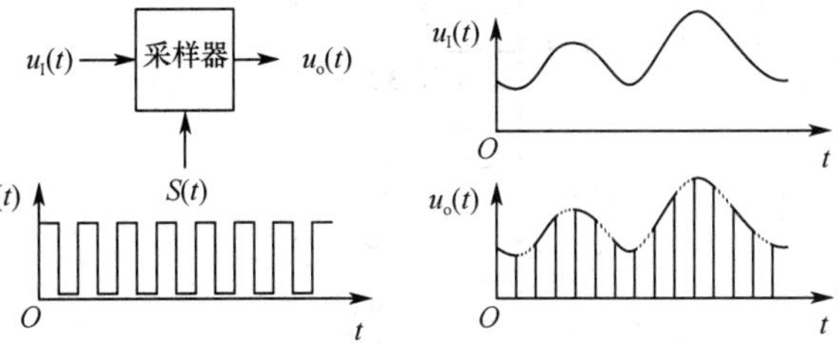

图 10-8　采样的工作过程

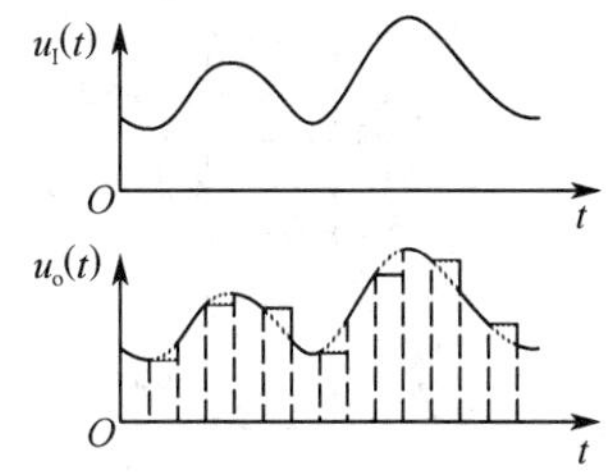

图 10-9　采样-保持输出波形

2. 量化和编码

采样-保持后的信号仍然是一个时间上离散的模拟量，任何一个数字量只能是某个最小数量单位的整数倍。在用数字量表示采样电压时，也必须把它转化成这个最小数量单位的整数倍，这个过程称为量化，所以规定的最小数量单位称为量化单位，用 Δ 表示。

把量化后的结果转换为需要的代码称为编码，该代码就是 A/D 转换的输出信号。

模拟信号是连续的，量化时不一定能被量化单位 Δ 整除，因此量化过程不可避免地会引入误差，这种实际输入电压与量化值之间的偏差称为量化误差。显然，数字信号的位数越多，量化单位 Δ 就越小，量化误差也越小。比如，10 位二进制数可以把信号分成 $2^{10}=1024$ 挡，则量化单位 $\Delta=\frac{1}{2^{10}}$，量化误差小于 0.1%。

A/D 转换器有只舍不入法和有舍有入法两种量化方法。

假设把 0～+1V 的模拟电压信号转换成三位二进制代码，可取 Δ=(1/8)V，并规定凡数值在 0～(1/8)V 之间的模拟电压都当作 0×Δ 看待，即量化为 0，用二进制数 000 表示，以下采用相同的方法，如图 10-10（a）所示，最大量化误差可达 Δ，即(1/8)V。

为了减小量化误差，通常采用图 10-10（b）所示的划分方法，取量化单位 Δ=(2/15)V，并将代码 000 所对应的模拟电压规定为 0～(1/15)V，即 0～Δ/2。这时最大量化误差将减小为 Δ/2=(1/15)V。通过两种方法进行对比可知，有舍有入法量化误差更小，也更能反映输入的模拟信号。

10.3.2　A/D 转换器电路

A/D 转换器种类很多，常用的有并联比较型 A/D 转换器、逐次逼近型 A/D 转换器和双积分型 A/D 转换器。其中，并联比较型转换速度快，但精度不高；逐次逼近型转换精度高；双积分型转换速度慢，但精度高、抗干扰能力强。

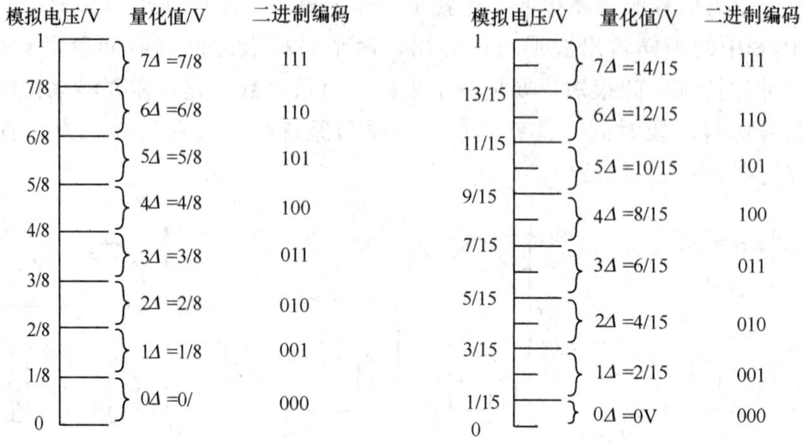

(a)只舍不入法　　(b)有舍有入法

图 10-10　两种量化方法

1. 并联比较型 A/D 转换器

图 10-11 所示电路是三位并联比较型 A/D 转换器，它由基准电压源 U_{REF}、电压比较器、电阻分压器、寄存器和优先编码器五部分组成。U_{REF} 为基准电压源，u_i 为输入模拟电压，幅值在 $0 \sim U_{REF}$ 之间；$d_2 d_1 d_0$ 为输出的三位二进制代码；CP 为时钟控制信号，上升沿有效。

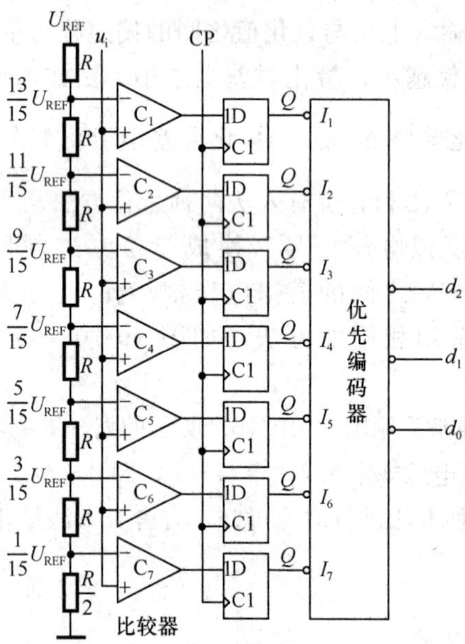

分压器　　寄存器

图 10-11　并联比较型 A/D 转换器

每个电阻分得的电压如图 10-11 所示，它们的大小决定比较器的输出状态。根据各比较器的参考电压值，可以确定输入模拟电压值与各比较器输出状态的关系。比较器的输出状态由 D 触发器存储，经优先编码器编码，得到数字输出量。优先编码器输入端的优先次序为 $I_7 I_6 \cdots I_1$，优先级别最低的输入端 I_0 未使用。由此可得数字输出与模拟输入及比较器输出状态的关系，如表 10-1 所示。

表 10-1　三位并联比较型 A/D 转换器输入与输出关系对照表

u_i	Q_7	Q_6	Q_5	Q_4	Q_3	Q_2	Q_1	d_2	d_1	d_0
$0 \leqslant u_i < \frac{1}{15}U_{REF}$	0	0	0	0	0	0	0	0	0	0
$\frac{1}{15}U_{REF} \leqslant u_i < \frac{3}{15}U_{REF}$	1	0	0	0	0	0	0	0	0	1
$\frac{3}{15}U_{REF} \leqslant u_i < \frac{5}{15}U_{REF}$	1	1	0	0	0	0	0	0	1	0
$\frac{5}{15}U_{REF} \leqslant u_i < \frac{7}{15}U_{REF}$	1	1	1	0	0	0	0	0	1	1
$\frac{7}{15}U_{REF} \leqslant u_i < \frac{9}{15}U_{REF}$	1	1	1	1	0	0	0	1	0	0
$\frac{9}{15}U_{REF} \leqslant u_i < \frac{11}{15}U_{REF}$	1	1	1	1	1	0	0	1	0	1
$\frac{11}{15}U_{REF} \leqslant u_i < \frac{13}{15}U_{REF}$	1	1	1	1	1	1	0	1	1	0
$\frac{13}{15}U_{REF} \leqslant u_i < U_{REF}$	1	1	1	1	1	1	1	1	1	1

并联比较型 A/D 转换器转换速度快，但转换精度低，且所需的硬件较多。如果想降低量化误差，所需的硬件则按几何级数增加，故这种 A/D 转换器成本高，一般场合较少使用。

2. 其他 A/D 转换器

对于逐次逼近型 A/D 转换器和双积分型 A/D 转换器，本章不做介绍，有兴趣的读者可自己查看相关的参考书。

10.3.3　A/D 转换器的主要技术指标

1. A/D 转换器的转换精度

在 A/D 转换器中用分辨率和转换误差来描述转换精度。

1）分辨率

分辨率通常用 A/D 转换器输出的二进制代码的位数 n 来表示，它说明 A/D 转换器对输入信号的分辨能力。二进制代码的位数 n 越多，误差越小，转换精度越高。比如：A/D 转换器输出为 8 位二进制数，输入模拟电压范围为 0～10V，则该 A/D 转换器可以分辨的最小模拟电压为 10×2^{-8} V＝39mV。

2）转换误差

转换误差表示 A/D 转换器实际输出的数字量与理想输出数字量之间的偏差，取其中的最大偏差作为转换误差的指标。转换误差通常以相对误差的形式出现，并以 LSB 为单位。比如，给出转换误差$\leqslant \pm \frac{1}{2}$LSB，表示实际输出的数字量和理想输出数字量之间的误差不大于最低有效位的一半。

2. A/D 转换器的转换速度

A/D 转换器通常用转换时间或转换速率来描述转换速度。转换速度主要取决于转换电路的类型，不同类型的 A/D 转换器，其转换速度差异很大。

10.4　技能训练：D/A 转换的测试和应用

（1）测试设备：数字电路综合测试仪 1 台，数字万用表 1 块，集成芯片 AD7520、集成运放 LM741 各 1 只。

（2）测试电路：如图 10-12 所示。

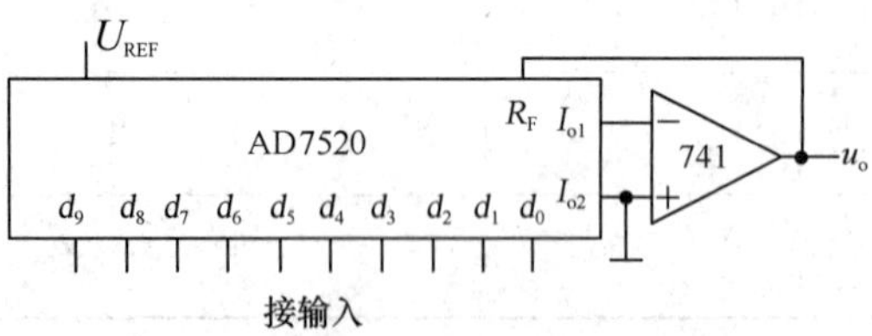

图 10-12　D/A 转换器测试电路图

（3）测试步骤：

① 按图 10-12 接好电路（14 脚接 V_{DD}，15 脚 U_{REF} 接 V_{CC}，3 脚接 GND）。

② 检查正确无误后，打开电源。

③ 完成 AD7520 的逻辑功能测试，把实验结果记录到表 10-2 中。

表 10-2　AD7520 的逻辑功能测试表

输入数字量										输出模拟量	
d_9	d_8	d_7	d_6	d_5	d_4	d_3	d_2	d_1	d_0	V_{CC}=5V	V_{CC}=10V
0	0	0	0	0	0	0	0	0	0		
0	0	0	0	0	0	0	0	0	1		
0	0	0	0	0	0	0	0	1	0		
0	0	0	0	0	0	0	1	0	0		
0	0	0	0	0	0	1	0	0	0		
0	0	0	0	0	1	0	0	0	0		
0	0	0	0	1	0	0	0	0	0		
0	0	0	1	0	0	0	0	0	0		

续表

输入数字量										输出模拟量	
d_9	d_8	d_7	d_6	d_5	d_4	d_3	d_2	d_1	d_0	$V_{CC}=5V$	$V_{CC}=10V$
0	1	0	0	0	0	0	0	0	0		
1	0	0	0	0	0	0	0	0	0		
1	1	1	1	1	1	1	1	1	1		

结论：AD7520 可以将输入的________（数字/模拟）量变化为________（数字/模拟）量。当输入的数字量 $d_9d_8d_7d_6d_5d_4d_3d_2d_1d_0=0000000000$ 时，输出模拟量电压的值为________V。当输入的数字量 $d_9d_8d_7d_6d_5d_4d_3d_2d_1d_0=1000000000$ 时，如果 $V_{CC}=5V$，则输出模拟量电压值为________V，如果 $V_{CC}=10V$，输出模拟量电压值为________V。当输入的数字量 $d_9d_8d_7d_6d_5d_4d_3d_2d_1d_0=1111111111$ 时，如果 $V_{CC}=5V$，则输出模拟量电压值为________V，如果 $V_{CC}=10V$，输出模拟量电压值为________V。从以上测试可以看出输出模拟量的值与基准电压 U_{REF} 的值________（有/无）直接的关系。

知识小结

• D/A 转换器将输入的二进制数字信号转换成与之成正比的模拟电压或电流输出。D/A 转换器有多种类型，基本上可分为权电阻网络 D/A 转换器、T 形电阻网络 D/A 转换器和权电流型 D/A 转换器。

• n 位输入的 T 形电阻网络 D/A 转换器，其输出为

$$u_o=-\frac{U_{REF}}{2^n}(2^{n-1}d_{n-1}+2^{n-2}d_{n-2}+\cdots+2^1d_1+2^0d_0)$$

• D/A 转换器的主要性能指标有分辨率、转换精度和转换时间。

• A/D 转换器经过采样、保持、量化、编码四个过程，将输入的模拟电压转换成与之成正比的二进制数字信号。

• 采样时应遵循采样定理

$$f_s\geqslant 2f_{Imax}$$

式中，f_{Imax} 为输入信号的最高频率，一般取 $f_s=(2.5\sim 3)f_{Imax}$。

• A/D 转换器种类很多，按工作原理不同可分直接转换型 A/D 转换器和间接转换型 A/D 转换器。直接转换型直接将输入模拟电压转换成二进制数字信号；间接转换型则是将输入模拟电压转换成时间或频率，然后把这些中间量转换成二进制数字信号。

• A/D 转换器的主要技术指标有转换精度和转换速度，通常用分辨率和转换误差来描述转换精度。

思考与练习

10.1　权电阻网络 D/A 转换器电路如图 10-13 所示。

（1）导出电路输出 u_o 与输入 $d_3d_2d_1d_0$ 的关系式；

（2）若 $U_{REF}=12V$、$R=R_F=20k\Omega$，估算输出 u_o 的范围。

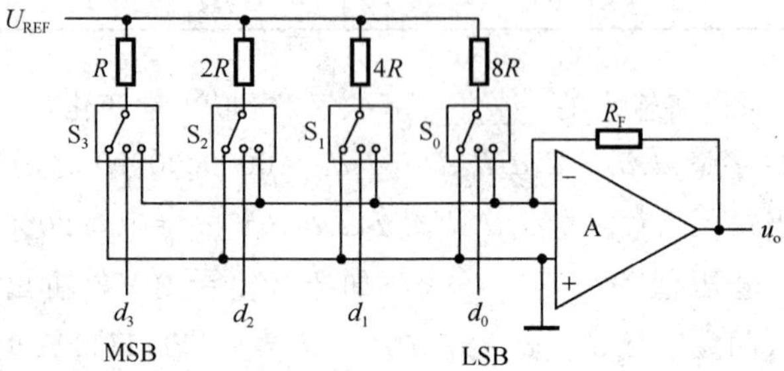

图 10-13　习题 10.1 图

10.2　倒 T 形电阻 D/A 转换器电路如图 10-14 所示，已知 $U_{REF}=12V$，$R=R_F=20k\Omega$，试求：

（1）输入为 00110111 时，其输出电压 u_o 的大小；

（2）输入为 10010010 时，其输出电压 u_o 的大小。

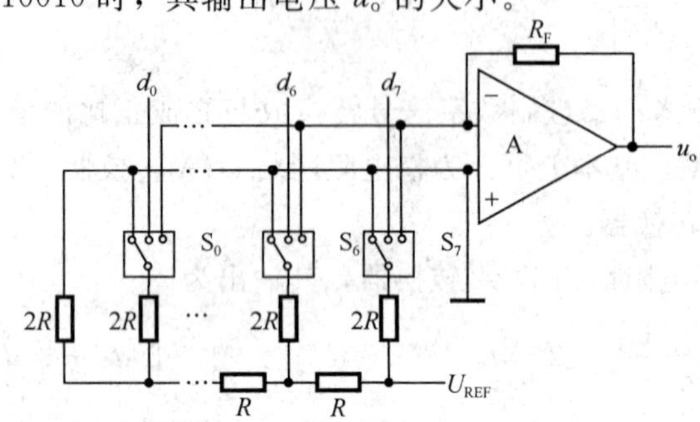

图 10-14　习题 10.2 图

10.3　由恒流源驱动的 T 形电阻网络 D/A 转换器电路如图 10-15 所示。

（1）导出电路输出 u_o 与输入 $d_3\cdots d_0$ 的关系式；

（2）若设想该电路为 8 位输入 $d_7\cdots d_0$ 的关系式，且已知 $I=2mA$，$R_F=10k\Omega$，试估算 u_o 的输出范围。

10.4　8 位权电阻网络 D/A 转换器电路如图 10-16 所示。

（1）若 $R_1=\frac{R_0}{2}$、$R_2=\frac{R_0}{2^2}$、…、$R_7=\frac{R_0}{2^7}$，写出输出 u_o 和输入 $d_7\cdots d_0$ 的关系式；

（2）第（1）小题中，若 $R_0=5M\Omega$、$R_F=20k\Omega$、$U_{REF}=12V$，估算 u_o 的输出范围。

10.5　试简述 A/D 转换的基本原理。

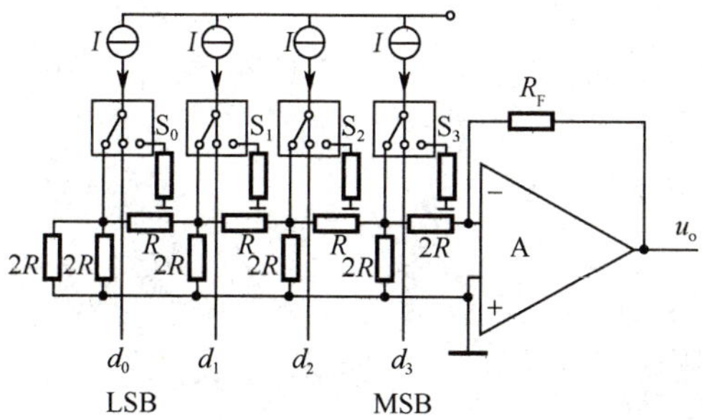

图 10-15　习题 10.3 图

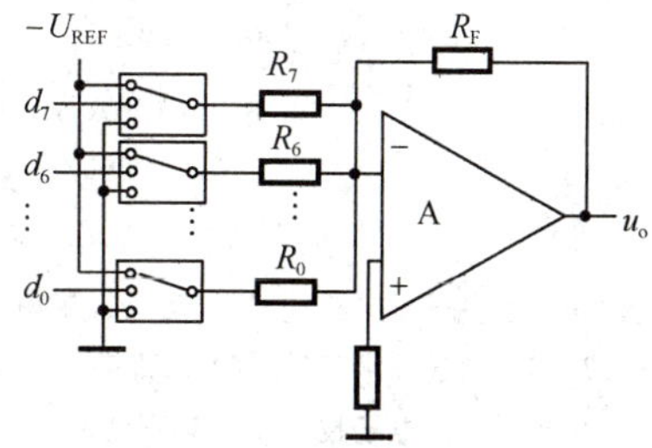

图 10-16　习题 10.4 图

参考文献

陈松，2003. 数字逻辑电路［M］. 南京：东南大学出版社.

何一鸣，2006. 电子技术基础［M］. 北京：电子工业出版社.

华成英，2006. 模拟电子技术基本教程［M］. 北京：清华大学出版社.

华永平，2007. 模拟电路设计与制作［M］. 北京：电子工业出版社.

康华光，1999. 电子技术基础［M］. 北京：高等教育出版社.

林知秋，2004. 电路基础［M］. 南昌：江西高校出版社.

田淑华，2003. 电路基础［M］. 北京：机械工业出版社.

汪临伟，2007. 电工与电子技术［M］. 北京：清华大学出版社.

吴立新，2002. 实用电子技术手册［M］. 北京：机械工业出版社.

阎石，2006. 数字电子技术基础［M］. 北京：高等教育出版社.

叶晓慧，2007. 电子技术基础［M］. 武汉：华中科技大学出版社.

张桂芬，2009. 电子技术基础［M］. 北京：人民邮电出版社.

张洪润，廖勇明，2009. 模拟电路与数字电路［M］. 北京：清华大学出版社.

周元兴，2008. 电工与电子技术基础［M］. 北京：机械工业出版社.

(TM-1018.0102)

"十二五"职业教育国家规划教材
经全国职业教育教材审定委员会审定
高职高专电子信息类系列教材

- 电路基础
- 电路分析与应用
- 电工基础(修订版)
- 电工电子学
- 电工电子技术项目教程
- 实用电工电子技术
- 电路与电子技术简明教程(第四版)
- 电路与电子技术实训教程
- 电子电工操作技能实训
- 模拟电子技术
- 模拟电子技术实训教程
- 实用模拟电子技术教程(修订版)
- 实用模拟电子技术实训教程
- 数字电子技术
- 数字电路与逻辑设计(第二版)
- 数字电路与逻辑设计实训教程
- 单片机原理与应用(修订版)
- EDA技术及其应用
- Protel DXP基础与应用(修订版)
- AutoCAD教程(第二版)
- AutoCAD 2008 实训教程(修订版)
- 电子信息专业英语(修订版)
- 可编程控制器(第二版)
- 电子测量技术与实训简明教程
- 电子工艺与实训简明教程
- 传感器与检测技术(第二版)
- 传感器与检测技术实训教程(修订版)
- 彩色电视机原理及维修技术
- 数字平板电视技术
- SMT制造工艺与生产管理
- 移动通信技术(修订版)
- 数字通信技术
- 数字信号处理(修订版)
- 高频电子技术(修订版)
- 变频器应用技术(第二版)
- PLC与控制技术(三菱版)
- PLC与控制技术(西门子版)
- 计算机控制技术
- 过程控制系统的分析与调试
- 自动化综合实训教程
- 变流技术的实现(修订版)
- 电机控制技术
- 工厂供配电技术
- 自动机与生产线(第二版)

www.sciencep.com

ISBN 978-7-03-063388-0

为便于多媒体教学,
本书配有电子课件等教学资源,
可到网站www.abook.cn下载。

职教技术出版中心
http://www.abook.cn

定价:48.00元